Birgit Maria & Peter Niedner

GESETZE DES ALLS

Bitte fordern Sie unser kostenloses Verlagsverzeichnis an:

Smaragd Verlag
In der Steubach 1
57614 Woldert (Ww.)
Tel.: 02684.978808
Fax: 02684.978805
E-Mail: info@smaragd-verlag.de
www.smaragd-verlag.de

Oder besuchen Sie uns im Internet unter der obigen Adresse.

© Smaragd Verlag, 57614 Woldert (Ww.)
Deutsche Erstausgabe Januar 2008
Cover: Nach Vorlage eines Buntglasbildes, hergestellt aus mundge-
blasenem Glas von Birgit Maria Niedner
Umschlaggestaltung: preData
Satz: preData
Printed in Czech Republic
ISBN 978-3-938489-55-0

Birgit Maria & Peter Niedner

GESETZE DES ALLS

Smaragd Verlag

Über die Autoren

 **Birgit Maria und Peter Niedner (MANGATA®)** leben in dem Wissen, immer schon unter der bewussten Führung der göttlichen Kraft gelebt zu haben, sind also seit ihrer Kindheit wissend mit der Geistigen Welt verbunden. Auch sie gingen durch Zeiten des Zweifels, doch beide fanden den Weg, Vertrauen zu leben.

Durch tiefgreifende, langjährige, teils schmerzhafte Schulung durch verschiedenste Wesenheiten der Geistigen Welt, die Aufgestiegenen Meister genauso wie die Engel, Erzengel, Metatron, das Göttliche an sich, haben sie Zugang erhalten zu dem Wissen über die Universellen Gesetze, welche immer und überall Gültigkeit haben. Birgit Maria und Peter haben für sich gewählt, die Universellen Gesetze und somit Göttliche Liebe zu leben. In ihrer Einheit ergänzen sich die Fähigkeiten und Neigungen der beiden Medien, die jede Seele dort in Empfang nimmt, wo sie sich auf ihrem evolutionären Weg befindet, und sie mit Liebe stützt und begleitet, ohne Zwänge, Dogmen oder Vorschriften.

Birgit Maria und Peter arbeiten in ihrem eigenen Zentrum, geben Seminare und Einzelstunden, channeln, schreiben Bücher, erstellen Buntglasbilder, alles immer und stets im Vertrauen zum göttlichen Sein und durch Führung der Geistigen Welt.

www.mangata.de
kontakt@mangata.de

Inhaltsverzeichnis

Vorwort von Biggy und Peter

Liebe Leserin, lieber Leser,

wir freuen uns außerordentlich, dass dieses Buch nun in deinen Händen liegt und wünschen uns von ganzem Herzen, dass es dir auf deinem Lebensweg Unterstützung bietet und dein Leben bereichert.

Das Anliegen aller aus diesem Gesamten, das da eins ist und zu dem auch du gehörst, ist, dir beim Verstehen, Erkennen und Begreifen der Universellen Gesetze behilflich zu sein und dich zu begleiten auf deinem Weg.

So ist dieses Buch entstanden. Das war der Wunsch der Geistigen Welt, dich zu unterstützen, dir „Nahrung" zu bieten, dein Verstehen zu fördern, dich zu schulen in dem, was sich „Die Universellen Gesetze" nennt und dir so dabei behilflich zu sein, diese immer und jederzeit gültigen Gesetze nach und nach zu verstehen und in dein Leben integrieren zu können.

Selbst wenn jemand, durch sein bisheriges Leben geprägt, der Meinung wäre, dass das alles „Unsinn" ist, können wir euch sagen:

Die Universellen Gesetze gelten immer und überall.

Wir beide haben vollkommen verschiedene Lebenswege hinter uns, man kann sogar sagen, wir haben zwei verschiedene, absolut gegensätzliche Leben gelebt. Und doch haben wir uns in dieser Welt gefunden.

Nun arbeiten wir zusammen, leben zusammen, sind glücklich zusammen, und unser Anliegen ist es, die Menschen teilhaben zu lassen an unserem Wissen, sie zu schulen und zu lehren, damit sie fähig sind zu erkennen, dass alle Möglichkeiten in ihnen selbst vorhanden sind, sie sie also nur noch „zum Leben" erwecken müssen.

Die Sprache in diesem Buch, die Ausdrücke, die Formulierungen, der manchmal doch recht lange Satzbau –, all das ist normalerweise nicht die Art, wie wir sprechen und kommunizieren. Da dies jedoch durchgehend rein gechannelte Texte sind, sind sie so wiedergegeben, wie wir sie in der jeweiligen Meditation empfangen haben. Dadurch ergibt sich zum Teil ein doch recht langer Satzbau, der es unmöglich macht, allein durch Zeichensetzung die Betonung sowie Sprechpausen im geschriebenen Wort aufrechtzuerhalten. Aus diesem Grund war es der ausdrückliche Wunsch der Geistigen Welt, die Text in der Art und Weise zu notieren, wie sie jeweils gesprochen worden waren, nämlich einen Zeilenumbruch einzuhalten, sobald ein gedanklicher „Absatz" im durchgegebenen Text enthalten war. Wir haben teilweise zusammen, teilweise jeweils alleine die Texte entgegengenommen und für euch aufgeschrieben.

Da diese Texte von Anfang an dafür bestimmt waren, ein „Buch" zu werden, werdet ihr auch immer wieder in den Texten als „Leser" angesprochen, und es wird auch auf das Buch hier wörtlich Bezug genommen.

Eigentlich hatten wir beide nicht vor, ein Buch zu schreiben, denn wir sind der Überzeugung, dass geschriebenes Wort Bestand hat, also eine Energie in sich trägt, die schwer wieder rückgängig zu machen ist, falls wir denn doch mal unsere Meinung ändern sollten. In diesem Fall allerdings hatten wir fast keine Chance.

Wir hätten „Nein" sagen können.

Aber es war nun einmal so, dass von Anfang an die klare Ansage aus der Geistigen Welt kam, es sei der Wunsch, die oft nur an „Wissende" weitergegebenen Weisheiten jetzt in Form eines Buches unter die Menschheit zu bringen.

So haben wir die Texte für euch notiert. Und das Schöne war, die Durchsagen kamen in einer Aneinanderreihung, dass wir fast keine Arbeit mehr hatten mit der „Sortierung" dieser ganzen Texte.

Es war eine Arbeit von mehr als drei Jahren.

In dieser Zeit hielten wir konsequent unser „Date" mit der Geistigen Welt ein, das da hieß: Jeden Montag um 19.00 Uhr schreiben wir das Buch.

Egal, wo wir gerade waren, sei es am Grand Canyon oder am Amazonas, ob zu Hause in unserem Meditationszimmer oder in unseren Räumen, in denen wir unsere Kurse und Seminare abhalten, sei es an der Donau oder im Wald, immer waren wir bereit und haben unser Diktiergerät mit uns getragen. Und so war es auch für uns eine Freude zu sehen, welche wunderbaren Orte für unsere Treffen ausgewählt wurden und welchen Bezug sie zum jeweiligen Text hatten. Und glaubt uns, auch wir haben viel, viel gelernt in dieser Zeit.

Da es unsere feste Überzeugung ist, dass jeder Mensch seinen ureigensten Lebensweg hat, es keinen für alle Menschen allgemein gültigen Weg gibt und es nichts gibt, was falsch ist, haben wir jetzt nur noch eine Bitte an dich:

Lies diese Texte mit Aufmerksamkeit. Sie sind keine leichte Unterhaltungsliteratur, sondern tiefes universelles Wissen.

Nimm dir Zeit und Ruhe für diese Texte.

Studiere sie.

Lese sie aufmerksam.

Und versuche, auch zwischen den Zeilen zu lesen und zu verstehen, was gemeint ist.

Öffne dein Herz und spüre in diese Texte hinein.

Fühle, was mit den geschriebenen Worten gemeint ist .

Und entscheide dann für dich, ganz alleine für dich, welcher dieser Texte für dich richtig ist, welcher dieser Texte dich auf deinem Lebensweg weiterbringt.

Entscheide dich für die Texte, die dich jetzt, in diesem Moment, wo du sie liest, ansprechen und halte dir die Möglichkeit offen, dass, wenn du das Buch noch einmal zur Hand nimmst, es dir erneut Bereicherung verschaffen kann, indem ein dir zuvor unverständlicher Text jetzt vielleicht, wo du weiteres Wissen in deinen Zellen eingelagert und somit in dein Leben integriert hast, wieder erneute Anregung sein kann.

Du bist für dich der- oder diejenige, der/die entscheiden muss. Somit ist es unerheblich, ob andere Menschen bereits gemeint haben, dieses Buch wäre vollgepackt mit Weisheiten, oder aber dieses Buch wäre vollkommener Unsinn, denn du bist für dich alleine verantwortlich.

So versuche, aus diesem Buch so viel Nutzen zu ziehen, wie es für dich nur irgend möglich ist. Versuche, für dich zu entscheiden, welche dieser Worte dich auf deinem Lebensweg begleiten sollen, können und dürfen.

Dabei wünschen wir dir gutes Gelingen. Und vor allen Dingen, auch bei aller Arbeit: Immer viel Freude und Spaß.

Sei dir gewiss, dass du diesen Weg niemals alleine gehen musst, sondern immer alle Helfer des Universums auf deiner Seite hast.

Gott zum Gruße.
Gott zum Gruße.

Biggy und Peter,
im Herzen und in Liebe mit dir verbunden.

Vorwort von Erzengel Michael

Meine Lieben,

es ist mir eine Ehre, das Vorwort zu diesem Buch schreiben zu dürfen.

In Anwesenheit aller, die da sind mit euch, die da Teil haben am Gesamten, das ihr die Geistige Welt nennt, im Beisein all meiner Freunde, die da sind ein Teil von Gott, dem Allmächtigen, möchte ich nun die Worte sprechen, die da sind die einleitenden Worte zu diesem Werk.

Ich nenne dieses Buch ein Werk, denn das ist es.

Wir haben alle zusammen geholfen, haben uns „Zeit" genommen, haben immer und immer wieder Absprachen getroffen, so dass zu jeder Arbeitsstunde, die für dieses Buch angesetzt war, derjenige aus unseren Reihen bereit war zu sprechen und so dieses, ich sage es noch einmal, „Werk" entstehen konnte.

Wir waren angewiesen auf die Unterstützung derer, die sich bereit erklärt haben, uns als Kanal zu dienen, und dafür möchten wir uns ausdrücklich bedanken, denn uns ist sehr wohl bewusst, dass die beiden sich nicht unbedingt darum „gerissen" haben.

Also hier noch einmal unser ausdrücklicher Dank.

Ihr Menschen,

es war uns ein großes Anliegen, Wissen unter euch zu bringen.

Es ist uns ein großes Anliegen, dass das Wissen der Gesetze, die allüberall Gültigkeit haben, sich auch in euren Köpfen einnistet, ihr sozusagen die Möglichkeit erhaltet, dieses allumfassende Wissen zu integrieren und zu leben.

Was hilft es, wenn keiner davon weiß in seiner Bewusstheit, wenn wir zwar wissen, dass ihr es in euch tragt, ihr aber keinen Zugang dazu gefunden habt?

Was hilft es, wenn wir zwar wissen, dass ihr all euer Wissen, die gesamte göttliche Weisheit, in euch tragt, ihr aber durch euer menschliches Verständnis es nicht einmal im Ansatz erahnen könnt.

Wir haben also den Auftrag bekommen, jetzt das Wissen unter euch zu mehren, es euch zugänglich zu machen auf recht einfache Art und Weise. Als geeignetste Methode erschien uns in eurer Welt, es als manifestiertes geschriebenes Wort in Umlauf zu bringen.

Wir bitten euch:

Lest dieses Buch in dem Wissen darum, dass Weisheit enthalten ist.

Weisheit bedeutet für uns „Universelles Wissen", Wissen also, das das Sein als Gesamtes regelt, ohne Ausnahme, das Gesamte, das ihr im Laufe der Texte erkennen werdet als das „Alles ist Eins".

Lest diese Texte in dem Wissen darum, dass sie euch bereichern und euch auf eurem Lebensweg Stütze und Halt geben können und ihr so an ein Wissen gelangen könnt, das euch immer und ewig zur Seite stehen kann.

All dieses Wissen ist notwendig, um Meister zu werden.

All dieses Wissen muss integriert sein.

All dieses Wissen müsst ihr in euch tragen.

Und all dieses Wissen müsst ihr leben.

Dann habt ihr es geschafft.

Dann seid ihr Meister.

Denn nur die Anwendung und das vollkommene Integrieren dieses Wissens ist es, was euch den Weg ins Licht gehen lassen kann.

Wenn ihr diese Texte lest, seid euch dessen bewusst, es ist kein „Zufall", dass gerade der entsprechende Meister oder Engel gerade spricht.

Es ist immer ein perfektes Zusammenspiel vorhanden in diesem Universum, und so ist es von enormer Wichtigkeit für euch zu erkennen, warum gerade dieser oder jener den jeweiligen Text spricht.

Die Energien der jeweiligen „Sprecher" sind in den Texten eingelagert, und so habt ihr die Möglichkeit zu erspüren, zu fühlen, zu begreifen, wie sich genau die verschiedenen Wesenheiten aus der Geistigen Welt „anfühlen".

Probiert es aus.

Fühlt die Texte.

Fühlt die, die euch gerade diesen Text vermitteln.

Denn durch das große Wissen um die Zeit, ihr euch also bewusst macht, dass Zeit nicht existiert, könnt ihr auch als darum Wissende begreifen, dass jeder Text, egal wann er durchgegeben wurde in diesen drei Jahren, immer und zu jeder Zeit die Energie desjenigen vermittelt, der da gesprochen hat, so als spräche er jetzt, in diesem Moment. Und das ist es, was ihr euch klarmachen müsst.

Es ist tatsächlich so:

Er spricht JETZT, immer in dem Moment, wo du, der Leser, es gerade liest.

Sei dir also bewusst, welchen Text auch immer du gerade liest, dass der Erzengel, der Aufgestiegene Meister, immer anwesend ist in diesem Moment.

Und so kannst du lernen, ihn zu fühlen, ihn wahrzunehmen.

Und du kannst sogar, wenn du das möchtest, mit ihm direkt Kontakt aufnehmen beziehungsweise den Kontakt aufrechterhalten, um dich mit ihm zu unterhalten, dir Rat zu holen, eine Bitte auszusprechen, dir Unterstützung im Verstehen zu erbeten, was auch immer du für ein Anliegen hast.

Im Grunde genommen ist es ganz einfach:

ICH BIN MICHAEL.

Setze dich einfach hin, mit den Füßen flach auf den Boden, und schließe die Augen.

Und nun empfinde, nimm wahr, fühle einfach, wie sich das jetzt anfühlt.

Das bin ich, Michael.

Jeder, der diesen Text jetzt liest, wird MICH spüren können.

So, wie es mit all den anderen Texten in diesem Buch ist.

Lest ihr einen Text von Serapis Bey, dann wird er präsent sein.

Lest ihr einen Text von Jesus Christus, wird Jesus Christus präsent sein.

Lest ihr einen Text von Metatron, wird Metatron präsent sein.

So ist dieses Buch aufgebaut.

Der Leser ruft automatisch das geistige Wesen an, das diesen Text durchgegeben hat.

Und so ist es auch hier.

So wünsche ich euch viel Freude bei eurer Arbeit, denn das ist es, wenn ihr dieses Buch lest. Denn nichts, was dort niedergeschrieben steht, wird einfach so an euch vorbeiziehen.

Es wird in euch arbeiten und mit euch, wenn ihr es denn so wollt.

Ich grüße euch,
ich grüße euch.

Euer großer Freund,
Michael.

1. EINFÜHRUNG IN DAS BUCH

Die Universellen Gesetze

(Erzengel Michael)

So:
Nun sprechen wir über die universellen Gesetze.
Ich, Michael, bin heute gekommen,
gekommen mit meinem Schwert,
um euch zu zeigen
meine Macht und meine Größe.
Gehabt euch wohl
im Scheine meines Seins,
denn nichts gibt es,
was euch in meiner Gegenwart schaden könnte.

Ich bin der Führer der Heerscharen,
und mir folgt ein Heer an geschulten Engeln.
Ich führe auch euch alle,
und heute, meine Lieben,
führe ich euch mit Worten.
Denn dieses Buch soll geschrieben werden,
geschrieben in weisen Worten,
geschrieben in Hingabe und in Demut.
So beginnen wir heute mit unserer Einführung.

Die Universellen Gesetze, von denen dieses Buch handelt,
sind Gesetze, die im gesamten Universum gültig sind.
Und nicht nur das.
Sie sind gültig aller Orten.
Doch dafür fehlt im Moment der Einblick.
Wenn ihr kommt zum Ende des Buches, werdet ihr verstehen.
Wenn ihr geschaut die vielen, vielen Lehren, die in diesem Buch enthalten sind,

dann werdet ihr verstehen,
werdet ihr Stückchen für Stückchen begreifen
und euch wohler und wohler fühlen
in dem Gedanken an die große Macht,
an das Göttliche,
in dem Gedanken
an das große Eine.
Ich freue mich, euch einweisen zu dürfen in diese große Weisheit
und will euch nun Folgendes sagen:

Lest dieses Buch Wort für Wort.
Lasst jedes einzelne Wort in euch gleiten
und fühlt es.
Lest langsam und aufmerksam.
Denn nichts kann euch mehr entgegenstehen als das schnelle „Ich
kenne das schon alles".
Nichts kann euch mehr behindern als das großmütige „Pah, ist ja eh'
nichts Neues"- Gefühl.

So setzt euch in eine ruhige Ecke.
Setzt euch, wo ihr ungestört,
und lauscht diesen, in Stille geschriebenen Worten.
Und wisset wohl,
es sind mehr als Worte,
es sind mehr als nur Buchstaben.
In jeder Zeile,
in jedem Satz,
in jedem Kapitel,
steckt so vieles an Wissen,
so vieles an Weisheit,
so dass ihr immer und immer wieder aufnehmen könnt Neues.
Selbst wenn ihr es wieder und wieder lesen werdet,
es sind die Worte so gewählt,

dass es euch lehrt,
wieder und wieder aufs Neue,
dass es euch erklärt,
immer und immer wieder.
Und immer, wenn ihr meint, begriffen zu haben
und ihr euch entscheidet, auf ein Neues zu lesen,
werdet ihr wieder entdecken
eine Nuance mehr,
einen Hauch mehr,
einen Deut mehr,
und nach und nach
wird sich euer Wissen weiten
und mehren.
Und so füllt sich euer Sein mit Dingen,
die schlummern in euch,
in tiefster vergrabener Schicht,
Dinge, die euch längst als Wissen zur Verfügung stünden,
ließet ihr sie bloß in euer Bewusstsein.
So aber bedarf es der Lehre eines Weisen.
So aber könnt ihr schöpfen aus Worten, welche gegeben an einen Kundigen,
gegeben an eine Person, die wandelt dort auf Erden, um für euch zu sein.

Denn ich sage euch:
Nehmt auf die Weisheit und nährt euch damit.
Nehmt auf die Worte und lasst sie eindringen in euer Bewusstsein.
Genießt das, was ihr empfindet.
Genießt das, wie es sich anfühlt.
Lasst euch fallen.
Lasst euch fallen.
Lasst euch fallen.
Und vergesst nicht, dass es wichtig ist,

nicht alles verstehen zu wollen.
Schaltet ab euren Verstand in der Weise,
dass er nicht mit Logik zerlegt die Worte,
sondern dass er bereit ist, aufzunehmen
und bereit ist,
seine Arbeit zu tun in der Weise,
dass er wie bei einem Puzzle das Wissen Stückchen für Stückchen in
die Ordnung bringt,
und so aus den Teilchen ein Ganzes werden kann,
ein Ganzes an Wissen.
Denn nach und nach wird sich das Puzzle immer mehr als Ganzes
zeigen.
Nach und nach
wird sich alles zusammenfügen,
und euer Wissen wird sich mehren.

Liebe Freunde dort auf Erden,
liebe Freunde, die ihr alle gegangen seid, um euren Weg zu gehen.
Lasst euch lehren.
Seid bereit zu wissen.
Seid bereit, Wissen anzunehmen.
Ich liebe euch
und stehe euch bei.

Mit meinem Schwert wache ich über euch.
Und nichts kann euch geschehen, außer, ihr selbst lasst es zu,
außer, ihr selbst beginnt zu zweifeln.
Denn Zweifel ist der größte Feind des Wissens.
Zweifel ist der größte Feind des Lichts.
So aber, ohne Zweifel, kann all das Geschriebene hier euch zugute
kommen
und euch füllen mit Wissen und Licht.
Und je mehr ihr eure Zweifel, eure Ängste fallen lasst,

umso mehr werdet ihr auch spüren,
uns alle hier im Reiche des Lichts,
werdet ihr erfühlen
den Unterschied zwischen mir und all den anderen,
werdet ihr von selbst erfahren
wer wer ist,
wer sich wie anfühlt,
wer für was zuständig ist,
wer was für euch tun kann.
Ihr werdet wissen.

Doch nicht jetzt schon Angst bekommen,
nicht jetzt schon.
Nein.
Gar nicht sollt ihr euch ängstigen,
gar nicht.
Denn ich sagte euch schon, Angst lässt euch zweifeln.
Und Zweifeln lässt euch Angst haben.

Traut euch selbst.
Traut euch selbst zu, zu entscheiden.
Traut euch zu, zu wählen.
Traut euch zu, für euch selbst zu stehen,
für eure Meinung,
für euer Sein.
Denn wisst ihr eigentlich, wie viele von euch gar nicht mehr sich selbst leben,
wie viele von euch das tun, was ein anderer wünscht?
Wisst ihr eigentlich, wie sehr ihr euch demütigt, euch klein macht, euch unterordnet?
Wisst ihr, wie viele von euch sich quälen, sich sorgen, sich hassen?
Wisst ihr, wie viele sich vor Eifersucht verzagen, sich in Wut versetzen, sich mit Worten beschimpfen?

Wisst ihr, wie viele sich beleidigen, sich mobben, sich intrigieren?
Und wisst ihr, im Gegensatz dazu,
wie viele sich lieben und ehren,
sich achten,
sich mit Respekt begegnen,
sich schätzen,
sich empfinden,
sich fühlen,
sich wahrnehmen
als lichtvolle Wesen,
als huldvolles Sein,
als das Göttliche, was sie sind?

Seht ihr, wie viele es sind, die sich stören in ihrer eigenen Energie,
wie viele es sind, die sich behindern?
Das ist es, was wir ändern wollen mit diesem Buch.
Das ist es, was sich ändern muss dort auf Erden.
Denn nichts ist gefährlicher
als diese nieder-schwingenden Energien,
gefährlicher, um dir den Weg zum Licht zu verbauen.

Nur Wissen bringt dich weiter,
Wissen über die wahren Dinge, die da geschehen,
Wissen, das dir nur hinter den Kulissen zugänglich ist,
den Kulissen, die gebaut für das große Spiel des Karmas,
den Kulissen, die erschaffen für dieses Sein als Mensch.

So wisse wohl,
du, der du Mensch bist,
dass du geschaffen, um zu leben auf der Erde,
zu leben auf Mutter Erde,
um so nach und nach zu durchschauen das Spiel, das dort gespielt
wird.

Denn gekommen bist du,
um zu lernen.
Und wieder und wieder bist du gekommen,
und wieder und wieder wirst du kommen,
bis du begriffen hast,
bis du erkannt hast,
bis du Licht geworden,
bis du also das bist, was du bist.

Dieses Buch soll dir helfen dabei.
Dieses Buch soll dir zur Seite stehen.
Dieses Buch soll für dich sein und dir als Stütze dienen,
als Leitfaden,
als weises Geleit.

Folge ihm.
Folge seinen Worten.
Und finde dich dabei.
Folge ihm.
Und finde deinen Weg,
dein Wirken, dein Können.
Finde dich.

So übergebe ich dir nun dieses Buch in Liebe und Dankbarkeit.
Achte dein Sein.
Achte dein Licht.
Achte dich selbst.

Ich verneige mich vor dir, der/die du Licht bist.
Ich verneige mich vor dir.

MICHAEL

Gesetze des Alls
(Metatron)

Die Gesetze des Alls
sind die Gesetze der Weisheit.
Die Gesetze des Alls
sind die Weisheit des Göttlichen, die Weisheit des Allwissenden.
Die Gesetze des Alls sind allwissend.
Sie alle zusammen
in deinem Bewusstsein
geben dir die Kraft,
die Macht und die Größe,
zu wirken auf Erden,
wie Gott selbst es täte.
Das Wissen um all diese Gesetze erhebt dich in den Stand des Meisters.
Benutze sie weise.
Benutze sie rein *(aus der Neutralität heraus).*

Denn ohne Reinheit und Weisheit kommt dir das Wissen abhanden,
all das, was du vielleicht schon erworben hattest, wird wieder von dir
weichen, und du wirst unwissend sein,
doch das ist, wie es dir erscheinen mag, als ob du wissend wärest.
Es erscheint dir, als ob du sehr weit gegangen wärest auf deinem
spirituellen Weg,
doch in Wahrheit wirst du unwissend sein,
wenn du die Reinheit und Wahrheit in deinem Tun vergisst,
wenn du dich blenden lässt von deinem Bedürfnis nach Macht,
deinem Sehnen nach Anerkennung,
deinem Wunsch nach Bewunderung.
All das wird führen dazu, dass du verlieren wirst an Erkenntnis,
zugleich mit deinem dir eigenen Stolz auf „ich weiß",
ohne dass du wirklich wissend bist.

Halte also stets aufrecht die Verbindung zu uns,
zu den Engeln, den Meistern, zu deinem Team,
und vergiss nie, die Wahrheit wahrhaftig zu leben.
Vergiss nie, dass du Licht bist, dass du von Geist durchdrungen.
Höre auf die Worte der Weisheit
und lass zu, dass deine innere Stimme dich führt,
hin zu den Menschen, die wissend sind
und dich führen, dich lehren können.
Nimm an die Führung
und lass dich nicht blenden von fremden Worten,
die dir vielleicht Unreinheit unterstellen mögen,
Unreinheit, weil du wähltest, diesen Weg zu gehen.

Vergiss nie mehr, wer du bist.
Vergiss nie mehr, wohin du gehst.
Vergiss nie mehr, woher du kamst.

Die Wahre Liebe ist es, die du suchst,
diese Liebe aus Reinheit und Licht geboren,
diese Liebe, die in dir wohnt, ohne dass du es weißt,
diese Liebe, die du bereits bist,
die du also gar nicht im Außen zu suchen brauchst,
weil sie in dir steckt,
in dir und in allem.
Denn Geist ist es,
Geist ist es, der in allem wohnt.
Und Geist ist es, der die Liebe in sich trägt,
der diese Liebe ist,
der dieser göttlichen Liebe ebenbürtig ist, weil er sie ist.

Du Mensch dort auf Erden,
du, der du Geist bist
und nur vergessen hast,

der du Licht bist
und durch den Nebel der Inkarnation gingest,
du Mensch, den wir so sehr lieben,
weiche nicht ab von deinem Weg.
Komm zu uns und lass dich führen.
Komm zu den Engeln dort auf Erden und lass dich leiten.
Lausche den Worten aus dem Munde unserer Freunde, die dort auf
Erden wandeln,
denn diese Worte sind Weisheit, für deine Ohren bestimmt.

Ich, Metatron,
ich, der ich von Gott kam,
von Gott bin,
ich, der ich heute hier stehe und diese Worte spreche,
ich rate dir, oh Mensch,
lausche diesen Worten in diesem Buch,
lausche ihnen aus tiefstem Herzen,
lausche ihnen und empfinde sie in deinem Herzen,
lausche ihnen und spüre sie in deinen Zellen.
Empfange sie, diese Worte, als Geschenk Gottes.
Empfange sie als etwas Großes,
etwas Reines,
etwas von Gott Beseeltes,
denn Gott wünscht dieses Buch.
Er wünscht diese Worte dort auf Erden.
Er wünscht, dass es nun an der Zeit ist,
über das All zu sprechen,
über das All zu lehren,
nicht nur die Eingeweihten,
nein,
jeder soll es erfahren,
jeder soll es wissen,
jedem soll es zugänglich sein,

jeder, der wünscht zu wissen, soll unterwiesen werden.

Das Licht Gottes durchdringt diese Schrift,
und ihr Menschen sollt es fühlen können.
Es soll euch zugänglich sein.
Ihr sollt es wahrnehmen können.
Das ist sein Wille.

Ich, Metatron, stehe hier und spreche zu euch,
und ich sage euch:

Glaubt an euch,
glaubt an euer Licht,
und nichts kann euch umstoßen,
denn nichts ist mächtiger als das Licht,
nichts hat mehr Stärke als das Licht selbst.
Zaudert nicht,
hadert nicht,
denn nichts ist tödlicher für die Größe des Lichts
als euer Hadern mit Gott,
nichts ist mächtiger in seinem Vernichten des Lichts
als euer Zweifel.
Darum glaubt an euch,
steht zu eurem Licht,
auch wenn es schwer sein mag,
auch wenn es euch scheinbar kostet an Willen, an Kraft.
In Wahrheit ist es Größe, die ihr dazugewinnt,
ist es Licht, das sich mehrt,
ist es Liebe, göttliche Liebe, die zu euch findet.

Glaubt mir, ihr Lieben,
glaubt mir,
ich, Metatron, bin heute zu euch gekommen,

um euch zu umarmen,
euch zu lehren.
Nichts kann euch umstoßen, außer ihr selbst,
nichts euch vom Weg abbringen, außer ihr selbst,
nichts euch ins Wanken bringen, außer ihr selbst,
denn all das, was von Außen kommen mag,
all das, was an euch herangetragen wird an Beeinträchtigung,
sind die Fänge des Zauderns,
die Fänge des Zweifels.
Denn erst wenn ihr wahrhaftig steht in eurem Licht, kann nichts euch
mehr umstoßen,
und all das Herangetragene wird euch zwar begleiten,
wird euch jedoch nur lehren auf eurem Weg, ohne euch mehr anzukratzen,
ohne euch mehr stolpern zu lassen,
und selbst all die Verbindungen, die von Mensch zu Mensch gelegt,
um euch zu beeinträchtigen,
um euch Energie abzuziehen,
um euch zu behindern,
sie laufen nur so lange, wie ihr es zulasst,
denn nichts geschieht ohne euer Einverständnis, nichts.
Alles, alles geschieht, weil ihr es wollt,
auch wenn es euch nicht im Bewusstsein klar erscheint,
ihr habt gewählt,
und sei es nur, dass ihr gewählt habt, dieses oder jenes lernen zu
wollen.
Ihr seid es, die es zulassen, ihr selbst.
Darum seid nie böse mit den anderen,
sondern bedankt und verneigt euch vor ihnen,
denn ohne sie wäret ihr nicht weitergegangen auf eurem Weg der
Erkenntnis,
und das ist es, was ihr wollt, – Erkenntnis.
Oder nicht?

Ohne Erkenntnis könnt ihr nicht beenden euren Weg,
den ihr durch all eure Inkarnationen gehen werdet.
Ihr schreitet von einem Erkennen zum nächsten,
und all das Erkannte wird gespeichert und verwertet,
und all das, was ihr begriffen habt,
all das, was ihr verstanden habt,
wird ad acta gelegt,
ist abgehakt, ist erledigt.
So kommt eins nach dem anderen, eins zum anderen,
und auch wenn ihr manchmal viele, viele Leben geht, bis ihr ein Ding
begriffen,
das macht nichts.
Denn es ist in Ordnung.
Denn entscheidend ist, ihr habt begriffen
und könnt nun zum nächsten übergehen.
Wie gesagt, eins nach dem anderen.

Doch erschreckt nicht.
Je weiter ihr fortschreitet auf diesem Weg,
umso schwieriger mag er manches Mal erscheinen.
Doch in Wahrheit ist es nur so, dass die „Gegner" sich ändern,
denn sie sind euch immer ebenbürtig.
Niemals habt ihr zu kämpfen mit einem Gegenüber,
das euch unterlegen oder überlegen, niemals.
Immer ist euer Lernpartner, euer „Feind", wenn ihr ihn so nennen mögt,
euch ebenbürtig in seiner Kraft.
Doch ihr habt auch hier die Wahl.
Denn lasst ihr diese Auseinandersetzung hinter euch,
habt ihr hinzugewonnen an Größe und Macht
und seid herausgetreten aus dieser Ebenbürtigkeit in eine neue Dimension.

Ihr selbst seid es nämlich, die ihr euch ebenbürtig haltet.

Ihr selbst wählt, ebenbürtig zu sein, auch wenn es längst nicht mehr
stimmen mag.

Doch erkennt ihr euer wahres Sein,
dann seid ihr Licht
und schreitet auch ins Licht,
schreitet direkt ins Licht.

Wenn ihr einen Partner gefunden,
einen ebenbürtigen Partner,
der strahlt im gleichen Licht wie ihr,
wenn ihr gefunden euren Seelenpartner,
dann nehmt ihn bei der Hand und geht gemeinsam,
ja, geht gemeinsam den Weg,
und es wird euch ein Leichtes sein.

Meine Lieben,
meine Geliebten,
es war mir eine große Freude, heute zu euch zu sprechen.

Wer mich kennt, weiß um meine Energie,
weiß um das, wie ich mich anfühle,
wie man mich schauen kann.

Lasst es zu, mich zu schauen.
Lasst es zu
und mein Licht wird euch berühren
und in euch dringen.
Mein Licht wird eure Zellen küssen
und sie füllen mit Liebe.
Eure Frequenz wird sich heben,
und ihr werdet im Licht stehen.
Lasst es zu …

So beende ich nun diese Sitzung
und grüße euch,
berühre eure Herzen,
und streiche über eure Haut.
Das Licht sei mit euch
und Gott segne euch,
Amen.

Begreift endlich, ihr Menschen

(Die Weiße Bruderschaft)

Wo bist du, Mensch, wo?
Wo läufst du, Mensch, wo?
Wohin gehst du, Mensch, wohin?
Lass uns teilhaben.
Lass uns bei dir sein.
Lass uns mitgehen.

Doch was ist deine Wahl?
Du wählst das Vergessen.
Du wählst das Alleinsein.
Du wählst, ohne uns zu sein,
denn du bist überzeugt davon, dass du die wahre Größe besitzt,
überzeugt davon, dass du das Größte auf Erden,
und alles andere ist dir nicht ebenbürtig,
alles andere ist geringer als du.
Das ist es, was du denkst.
Ist das nicht Größenwahn?
Ist das nicht schon Wahnsinn?
Was glaubst du, wer du bist?
Was glaubst du wirklich?
Verstehst du nicht, was das wirkliche Leben bedeutet?
Verstehst du nicht, was es bedeutet, du selbst zu sein?
Warum nur denkst du, dass alle, die gerade beginnen zu erkennen,
nicht ganz richtig im Kopf sind?
Wieso maßt du dir an zu glauben, dass alle außer dir verrückt sind,
wenn sie nur hinschauen auf die wahre Realität?
Warum nur denkst du, du weißt?

Seltsam, seltsam,
denn womit erlaubst du dir, es zu begründen,

womit erlaubst du dir, es zu erklären,

es zu erklären, dass du andere für dem Wahnsinn nahe erklärst,

zu erklären, dass du dir anmaßt, andere als etwas durchgeknallt zu bezeichnen?

Was bist du doch für ein überhebliches Wesen.

Was ist nur aus dir geworden.

Hat der Schleier des Vergessens dich so überheblich gemacht?

Hat der Schleier des Vergessens dich so größenwahnsinnig werden lassen?

Wo bist du nur hingegangen,

du als Mensch.

Wo bist du, Mensch,

du, als Mensch?

Denn eines ist sicher:

Du, als das lichtvolle Wesen, das du bist,

du würdest nie auf diese Art werten,

würdest nie auf diese Art entscheiden und urteilen.

Du, als das, was du wirklich bist,

du würdest wissen,

denn du weißt.

Du würdest wissen, denn du bist Wissen.

Du würdest wissen, denn du bist Geist.

Du bist Licht.

Du bist göttlich.

Alles ist eins, erinnerst du dich?

Alles ist eins.

Und du hast es vergessen.

Dieses Spiel ist so traurig.

Dieses Spiel ist so traurig.

Alle, alle habt ihr eine Aufgabe.

Alle, alle habt ihr euer Tun, euer Sein, euer Handeln definiert.

Alle, die ihr da unten seid,
habt entschieden, was ihr zu tun gedenkt.
Und was macht ihr?
Was tut ihr bloß?
Wo ist euer Strahlen geblieben, euer Leuchten?
Wo ist euer helles Sein?
Als klitzekleines Steinchen habt ihr es verpackt
und tragt es nun in euch,
so klein und so winzig,
dass ihr es nicht mehr zu erkennen vermögt,
so klein und so winzig,
dass es sich für euch nicht mal mehr erahnen lässt.
Was macht ihr bloß?

So lange schon schauen wir euch zu.
So lange schon versuchen wir, euch zu geleiten,
doch ihr ruft uns nicht.
Ihr bittet nicht.
Ihr wählt nicht, Kontakt mit uns zu haben.
Wo seid ihr, ihr Seelen?
Wo seid ihr, ihr Menschen?
Denn es ist an der Zeit.
Es ist jetzt an der Zeit.

Kommt zu euch.
Besinnt euch.
Wacht auf.
Wir sind da für euch.
Wir erwarten euch.

Kommt zu uns.
Kommt, und wir nehmen euch bei der Hand.
Kommt, und wir führen euch ins Licht,

ihr Seelen,
ihr wundervollen Seelen,
ihr, die ihr wähltet das Spiel des Vergessens,
ihr, die ihr wähltet das Spiel des Begreifens,
das Spiel des Karmas.
Begreift endlich.
Beendet das Spiel.
Löst das Karma
und kommt zurück zum Licht.

So viele Helfer haben wir auf Erden,
so viele lichtvolle Wesen,
so viele Engel.
Folgt ihnen,
lauscht ihnen,
berührt sie,
fühlt sie,
glaubt ihnen,
hört auf euer Herz und lasst euch führen zum Licht.
Es ist so einfach, zu gehen den Weg ins Licht.
Es ist so einfach.

Ihr lasst euch täuschen von Geschichten über das Schwere auf die-
sem Weg.
Ihr lasst euch täuschen von Menschen, die sich selbst als erleuchtet
erklären.
Doch warum lasst ihr euch blenden?
Warum?
Folgt denen, die das Wahre leben,
ja,
folgt denen, die die Weisheit in sich tragen.
Ihr erkennt sie.
Ihr wisst um sie.

Doch lasst ihr sprechen eure Gedanken statt euer Herz,
denn lauschtet ihr eurem Herzen, werdet ihr wissen.

Überall sind unsere Engel postiert,
überall sind sie zu finden, unsere Meister,
und ihr Licht erhellt den Tag und die Nacht,
ihr Licht leuchtet für euch,
ihr Licht ist für euch da zum Geleit,
denn ihr braucht dieses Geleit,
ihr braucht dieses Strahlen,
ihr braucht dieses Lachen, das das Licht in sich birgt.
Folgt ihm, diesem Strahlen.
Folgt diesen Menschen.
Es sind jene, die die Liebe leben.
Ja, jene, die Größe leben.
Und meist erschreckt ihr vor ihrer Größe,
meist erschreckt ihr vor ihrer Macht,
meist erschreckt ihr vor ihrem vermeintlich kalten Herzen.
Doch nicht kalt ist ihr Herz, sondern rein,
nicht kalt ist ihr Herz, sondern weise,
nicht Emotionen überschwemmen unsere Engel, sondern Reinheit
und Güte.
Und aus dieser Reinheit und Güte heraus leben sie ihre Größe,
leben sie ihr Licht für euch.

Lasst euch nicht täuschen von ihrem für euch scheinbar normalen
Leben.
Lasst euch nicht täuschen davon, dass sie Kinder gebären oder zeu-
gen,
dass sie Beziehungen eingehen,
dass sie Freunde besitzen,
denn auch Engel, wenn sie auf Erden weilen, befinden sich in einem
Körper,

auch Engel, wenn sie auf Erden weilen, müssen die Regeln auf Erden
beachten,
die Regeln der Illusion.

Ist es ihnen auch gestattet und sind sie auch fähig, diese Regeln zu
brechen, indem sie leben im Licht und in ihrer Größe,
sind sie auch fähig, all die Gesetze des Universums aus den Angeln
zu heben,
verweilen sie doch dort unten auf Erden, um für euch da zu sein,
um für euch zu sein,
für euch zu strahlen,
für euch zu leiden.
Denn es ist nicht einfach, als Engel dort zu leben,
nicht einfach, der Illusion bewusst Stand zu halten.

Oft scheint es als vermeintlich besser, im Nichtwissen zu verweilen,
denn Nichtwissen gilt als ein Synonym für Nicht-verantwortlich-sein-
Müssen für das, was man tut.
Doch auch da trügt der Schein,
auch da liegt eine falsche Vorstellung zu Grunde.
Denn nichts geschieht ohne eure Wahl, nichts geschieht einfach so.
Alles, alles habt ihr gewählt.
Alles, alles geschieht nach euren Wünschen.

Ihr Lieben,
ihr Geliebten,
wir haben harte Worte gebraucht,
haben schonungslos heute gesprochen,
doch es musste sein,
es musste geschehen.
Ihr hört nicht.
Ihr wählt nicht bewusst auf der euch gegebenen bewussten Ebene.
Ihr schlendert dahin.

Ihr schludert.
Ihr schleift.

Was ist bloß los,
was ist bloß los?

Wir möchten so gerne euch führen, euch geleiten.
Wir möchten so gerne für euch da sein.
Wir wissen, wie schwer es ist,
denn auch wir waren inkarniert,
auch wir waren dort auf Erden und haben gelitten,
auch wir haben das durchlebt,
das Nicht-Erkennen,
das Nicht-Wissen,
das Nicht-Vorhandensein des Lichts.

Wir können nicht eingreifen,
wir können nichts tun für euch,
wir können nicht helfen,
denn ihr wählt, uns als nicht existent zu betrachten,
ihr wählt, uns zu negieren.
Was macht euch denn so wütend?
Was ist es denn, was euch so in Rage bringt?
Wenn ihr schon nicht wissend sein wollt,
wenn ihr schon nicht teilhaben wollt am Aufstieg,
so lasst doch diejenigen den Weg beschreiten,
die gewählt haben, ihn zu gehen.
Lasst die Engel ihre Arbeit tun,
lasst die Meister euch führen,
lasst das Licht sich verbreiten.
Es gibt keinen Grund, dagegenzusteuern,
keinen Grund, dagegenzuhalten.

Geht in die Stille, in die Ruhe,
und anerkennt die Wahl des anderen,
anerkennt die Wahl eines anderen, der bereit ist, ins Licht zu gehen.
Wertet nicht.
Wertet nicht mehr und urteilt nicht,
denn alles Werten und Urteilen fällt auf euch zurück.

Ihr selbst seid Großes.
Ihr selbst seid Weisheit.
Doch das zu begreifen fällt euch schwer,
weil ihr so viel Energie dafür aufwendet zu vergessen,
so viel Energie dafür aufwendet, nicht wissen zu wollen,
nicht sehen zu wollen,
nicht fühlen zu wollen.
Es kostet euch unendlich viel Kraft und Energie,
unendlich viel Licht,
denn das Licht will sein,
das Licht will sich ausbreiten,
das Licht will präsent sein,
du, der du das Licht bist, willst präsent sein,
du, der du das Licht bist, willst leben,
dich ausdrücken,
willst dein göttliches Erscheinen leben.
Und lässt du es zu,
lässt du es geschehen,
erhebst du dich aus dem Stand des Menschseins,
erhebst du dich aus dem Stand des Karmas,
erhebst du dich aus dem Stand des kleinen, unscheinbaren Nichts
hin zu Gott,
hin zu dem großen Einen,
hin zum Geist,
zum All,
zum Alles-ist-eins.

Lass es geschehen,
lass es geschehen,
lass es geschehen.

Und es wird erfreuen dein Herz,
erfreuen deine Seele,
erfreuen dich, der du bist nichts anderes als das Licht selbst,
der du bist nichts anderes als die Liebe selbst,
der du bist nichts anderes als das göttlich allumfassende Alles ist
eins.
Und du bist das Licht,
du bist Größe,
du bist Weisheit.
Nimm es an und lebe es.
Nimm es an und sei es.
Nimm es an und sei es.

Und so wird sich vollziehen die Prophezeiung,
die Vorhersage,
dass alle Menschen werden gehen ins Licht,
und es wird wandeln sich das ganze Schauspiel der Illusion,
wird wandeln sich das ganze Ebenbild Gottes auf dieser Ebene
hin zu Gott selbst,
und es wird eins sein alles Leben, alles Sein,
Einssein im Licht und im Schein Gottes,
Einsein im All,
Einssein im Alles ist eins.

Verstehst du nun?
Verstehst du?

Du bist es, der entscheidet,
und du,

und du,
und du,
und haben alle Dus entschieden,
habt ihr alle entschieden, Licht zu sein,
habt ihr alle entschieden, diesen Weg zu gehen,
wird sich auflösen die Erde,
wird sich auflösen die Galaxie,
wird sich auflösen das Karma,
denn nichts wird bestehen, außer dem Licht.

So sei es, und so wird es sein.
Und so ist es.

Ich bin
und bin es immerdar.
Ich bin und bin es immerdar,
jetzt und in alle Ewigkeit.

2. WEISHEIT

Was ist Weisheit?

(Metatron)

Wir sprechen also heute über Weisheit.

Was ist Weisheit?
Was ist das?
Denn es ist nicht das, was ihr Menschen euch an Wissen aneignet,
über Technik, über Chemie,
über Physik,
über die Sterne,
und doch ist es all das auch.

Weisheit ist Gott.
Weisheit ist das Allmächtige.
Weisheit beinhaltet jegliches Wissen.
Weisheit beinhaltet alles, was es je zu wissen gab, und alles, was es
je zu wissen geben wird.
Weisheit also ist Gott.

Und wisst ihr Menschen, was es mit Gott auf sich hat,
wisst ihr es?

Gott, der Allmächtige,
so genannt aus einem einzigen Grund,
er ist es, der wissend ist,
wissend im Sinne von Weisheit,
denn er sieht alles, hört alles, weiß alles,
und das, was ihr Menschen vermeintlich zu wissen scheint,
auch wenn ihr ein Mensch mit gigantischem Wissen seid, zehn Sprachen sprecht und sonst euch hervorhebt,
seid ihr noch lange nicht wissend.

Ihr habt euch nur ein besonders schlaues Köpfchen ausgesucht für diese Inkarnation.
Doch dieses schlaue Köpfchen hilft euch nicht wirklich weiter,
denn das Geheimnis ist es ja, dahinter zu schauen,
hinter dieses Wissen,
hinter all das nur erdenkliche Wissen, das den Menschen möglich ist zu erlangen,
denn das Dahinter, das für euch Verborgene, das „Nicht-Beweisbare" oder vermeintlich „Nicht Beweisbare" ist es ja gerade, worum es geht.

Weisheit ist also etwas Verborgenes,
liegt im Verborgenen.
Und die wirklich Großen,
die wirklich Weisen auf dieser Erde werden niemals,
hört ihr,
niemals,
herumgehen und damit prahlen.
Sie werden niemals große Anzeigen schalten, worin steht:
„Der größte Seher der Welt",
„Die größte Heilerin der Welt kommt in eure Stadt".
Niemals.
Die wirklich großen Weisen, die gibt es,
ja, sie gibt es durchaus,
aber wo sucht ihr sie bloß, ihr Menschen?
Sie sind unter euch
und erscheinen euch vielleicht unscheinbar
oder zu esoterisch.
Glaubt eurem Herzen und nicht eurem Geldbeutel, eurer Logik oder den festgefahrenen Normen, wie ein Heiler auszusehen hätte.
Sie sind unter euch.

Weisheit verbirgt sich, und doch ist sie allgegenwärtig.

Ihr müsst nur schauen,
schauen mit eurem Herzen.

Weisheit ist etwas, was es zu erlangen gilt,
denn mit der Weisheit Gottes seid ihr allmächtig wie er,
denn ihr seid Kinder Gottes.
Ihr seid von Gott geschaffen und seid ein Teil von ihm,
und so ist es, dass auch ihr die ganze göttliche Weisheit erlangen werdet,
indem ihr zulasst, dass sie euch nach und nach ins Bewusstsein gelangt,
euch auffüllt, sich in euch ausbreiten kann.
Denn das Geheimnis der Weisheit ist, dass ihr sie seid.

Ihr seid Weisheit.
Denn nichts geschieht ohne euch.
Nichts in eurem Leben geschieht ohne eure Einwilligung.
Ihr selbst seid es, die da wählen,
und wählen könnt ihr nur aus einem einzigen Grund,
weil Weisheit in euch ist,
als das göttliche Licht, das da in euch leuchtet und euch an euren Ursprung erinnert,
an euer Sein.
Und wenn ihr bedenkt, dass Zeit nicht existiert,
so ist wiederum das Vergangene und das Jetzt und auch die Zukunft eins,
und so müsst ihr nicht erlangen die euch noch fehlende, große Weisheit,
sondern sie nur in euch zum Vorschein bringen,
und all euer Wissen,
all eure Weisheit, wird zum Vorschein kommen.

Weisheit ist etwas Großartiges.

Denn nur mit dieser Weisheit seid ihr fähig, die Materie zu beherrschen,
euren Gedanken die Macht zu verleihen, die sie bereits besitzen.
Mit der göttlichen Weisheit seid ihr fähig zu lenken und zu steuern.
Alles.
Euer gesamtes Leben.
Der Preis allerdings ist, es auch umzusetzen,
denn ohne das erforderliche Handeln nach dem Erkennen,
ohne die Tat, die aus dem Wissen der Weisheit geboren wurde,
wird sich dein Leben nicht ändern.
Höre also auf dein Herz,
höre auf deine innere Stimme
und handle auch.
Gehe in die Tat
und vermeide, dir zu überlegen, wen du alles damit berühren könntest.
Vermeide, dir zu überlegen, ob es „weise" wäre, das oder jenes zu tun,
denn „wäre" ist wie „hätte", „täte", „sollte" und so weiter.
Kein „wäre" gibt es bei der Weisheit,
kein „sollte ich?",
kein „wäre es vielleicht besser, wenn?",
nein, Weisheit ist klar in ihrer Aussage.
Weisheit ist eindeutig.
Denn nichts anderes ist es als dein ureigenstes Wissen,
was dir vermittelt wird durch dein Dich-wohl-Fühlen,
ein tiefes inniges zufriedenes Dich-wohl-Fühlen,
und danach musst du handeln.

Und wenn es dir so erscheinen mag, dass du einfach nicht „weißt",
was du hier oder bei jenem zu entscheiden hast, dann gehe in die
Geduld,
gehe in das Vertrauen,
gehe in die Ruhe,
und sage dir selbst, dass es kommen wird,

dass das Wissen in dir ist,
dass du Weisheit bist
und vielleicht nur in diesem Moment keinen Zugang findest.

Du bist immer, immer, immer wissend, glaube mir.
Niemals bist du unwissend.
Und wenn du uns um Hilfe bittest, sind wir für dich da.
Doch im Grunde bist du selbst es, der weise ist, der wissend ist.
Unsere Hilfe ist von Vorteil, gewiss,
doch im Grunde könntest du es allein.

Ich sage nicht: Tue es allein,
nein, im Gegenteil,
ich sage: Bitte uns,
erbete dir die von dir gewünschte Hilfe,
immer,
zu jeder Zeit,
zu jeder Sekunde und für ewig.
Und doch bist du es, die handelt,
bist du es, der handelt,
der, der entscheidet, der sich fügt, der sich auflehnt, sich gefangen
nehmen lässt,
in Meinungen, in Verstrickungen verhaftet bleibt,
der, der sich anlehnt an Menschen, die dir nicht unbedingt zum Besten
gereichen.
Und warum tust du das?
Weil du deinem Unwissen mehr vertraust als deinem Wissen,
weil du überzeugt bist, zu den Tausenden zu gehören, die unwissend
sind,
und die Weisheit denen vorbehalten sein möge, die etwas Besonderes sind auf dieser Erde.
Du täuschst dich.
Denn alle seid ihr weise,

alle wissend,
nur verschüttet ist euch der Zugang,
verschüttet durch eure eigene Wahl.
Denn im Zuge der Inkarnation,
im Zuge des Weges dorthin auf die Erde
geht ihr durch den Schleier des Vergessens,
durch den Nebel des Trugbildes,
den es für euch langsam und stetig zu lüften gilt,
um so, nach und nach, euch wieder eurem Wissen, eurer euch eigenen Weisheit zu nähern.

Alles ist göttlich

(Hilarion)

Schau, verehrter Leser, verehrte Leserin,
schau den Himmel,
schau das Blau,
schau die Weite.

Was siehst du?
Was ist es, das dich berührt?
Es ist ein Gefühl, ein Empfinden,
es ist ein Sich-Anfühlen,
ein Sich-in-dir-Ausbreiten,
ein dich-Erfüllen.
Warum ist es so?
Warum steckt so viel Größe in diesem Blau,
so viel Macht in dieser Weite?
Warum erfüllt dich dieser Anblick mit so einem Glück?

Es ist Gott, den du schaust,
es ist seine Liebe, die du erfühlst,
seine Schwingung,
sein Sein.
Es durchdringt dich,
es berührt dich,
ER berührt dich.
Und wenn du es zulässt,
wenn du bereit bist,
dann erfüllt es dich so,
dass du dich angleichst mit deiner Frequenz der ihren,
dass du dich angleichst mit deiner Liebe der des Himmels.

Das Blau in seiner Kraft ist einmalig.

Gott selbst hat es geschaffen,
wie auch er all die anderen Dinge erschuf.
Gott selbst hat geschaffen die Dinge um dich,
und gewählt hat er den Unterschied in der Schwingung.
Das ist es, was die Dinge unterscheidet.
Das ist es, was sie differiert.

Mensch, wo bist du,
wo gehst du,
wo stehst du?
Willst du begreifen, dann schau den Himmel.
Willst du wissen, dann beginne damit, den Himmel zu schauen,
denn er vermittelt dir zutiefst, was es zu verstehen gibt.
Er allein ist fähig,
dir als Unbedarftem zu zeigen,
wie sich ein Ding anzufühlen vermag.
Er allein ist fähig, dir zu zeigen, was Größe ist,
die wahre Größe,
die von Gott gegebene Größe,
diese Weite,
dieses Unendliche,
dieses Lichtvolle.
Das ist es, was dir den ersten Eindruck vermitteln kann,
das, was dir die erste Ahnung schenken kann
von der Unendlichkeit der Welten der Geistigen Ebenen,
all die Engel,
all die Meister,
all die Wesen der Geistigen Welt.
Alle sind sie enthalten in diesem strahlenden Himmelsblau, dieser
Weite ins Nichts.

Wenn du also die Lust verspürst,
als einer, der noch nie daran gedacht hat,

als einer, der sich noch nie mit diesem Thema beschäftigt hat,
wenn du also magst,
du willig bist,
wenn du tatsächlich wissen willst,
dann beginne damit, dich ins Gras zu legen,
spüre den Rücken auf Mutter Erde,
fühle ihre Wärme, ihre Kraft,
und breite die Arme aus.
Schaue den Himmel und lass die Gedanken ziehen,
lass deine Gedanken ziehen,
und lass zu, dass neue Gedanken deinen Kopf betreten,
solche, die du noch nicht kanntest.
Lass zu,
dass dir Dinge, die dir zuvor vielleicht unwahrscheinlich oder gar zu
seltsam erschienen, um es zulassen zu können,
dass genau solche Gedanken nun dein Sein erfüllen.
Schau diesen wunderbaren Himmel und beginne, dich in dieser Weite
zu verlieren,
beginne, dich aufzulösen
und dich als eins zu empfinden mit allem.
Und du wirst sehen,
du wirst begreifen,
du wirst beginnen zu wissen.
Genieße es.
Genieße es mit jeder Zelle, die deinen menschlichen Körper ausmacht.
Genieße es und werde rein dadurch.
Genieße es und wachse dadurch.
Genieße es und werde weise dadurch.
Sei frei zu denken, wonach dir ist,
und die wahre Freiheit wird zu dir kommen,
wahre Freiheit, die Weite beinhaltet,
welche der des Himmels gar nicht unähnlich ist.

Weite, die jedoch in ihrer Größe dir noch nicht zugänglich ist.
Darum beginne mit dieser Übung.
Beginne mit diesem wundervollen Im-Gras-Liegen
und genieße es,
tue es,
und du wirst dich finden.

Gott zum Gruße,
für heute ist es genug,
Gott zum Gruße.

3. DAS GESETZ DER SCHWINGUNG

Alles ist Schwingung

(Hilarion)

Gegrüßet seist du,
gegrüßet seist du,
gegrüßet seist du Licht Gottes.
Ich bin Hilarion.

Ich bin der Hüter der Weisheit,
der Hüter der Gesetze des Alls.
Ich bin gekommen zu lehren die Gesetze,
zu lehren die Menschen.
Wir beginnen also.

Alles ist in Bewegung,
alles ist in Bewegung.
ALLES.

Du selbst, der du dieses gerade liest, bist Schwingung,
bist in Bewegung,
bist Licht.
Du, die du gerade liest,
bist nichts anderes als sich bewegende Teilchen,
bist nichts anderes als Milliarden von sich bewegenden Teilchen.
Es bewegt sich in einer rasenden Geschwindigkeit,
und diese Geschwindigkeit macht dich aus.
Diese Geschwindigkeit ist es, die dich definiert.
Eine ganz bestimmte Frequenz ist es, in der du schwingst,
du, als dieser Mensch, diese Person, die du gerade bist.

Du als Hubert, als Hans, als Grete, als Marie,
du hast deine ureigenste Schwingung,

und das macht dich,
dich als dieser Mensch, der du bist in dieser Inkarnation, aus.
Doch bist du noch mehr.
Du bist zusammengesetzt aus hunderten von anderen Schwingungen,
hunderten von anderen Frequenzen,
je nachdem, was du schaust,
wirst du erkennen.

Schaue deine Leber, deine Milz,
schaue dein Gehirn,
schaue deine Blase,
schaue deine Knochen, deine Muskeln,
schaue dein Blut,
schaue all die Dinge, all das fleischliche Sein,
schaue all das, was dich als Körper definiert,
und jedes ist in sich anders,
jedes ist in seiner eigenen Schwingung.
Und das ist es, was es unterscheidet,
das ist es, was es als sich selbst definiert.
Die Leber ist die Leber und nichts anderes,
und die Leber in dir ist die Leber, die dich ausmacht, keine andere.
Deshalb schwingt diese Leber in dir in einer ganz bestimmten Frequenz.
Sie schwingt für dich, sie macht dich aus.
Keine andere Leber schwingt so,
es ist deine
es bist du.
Und so ist es mit all deinen Organen, alle deinem Körperlichen,
all deinem physischen Sein.
Es ist alles die dir eigene Schwingung,
die dich ausmachende Schwingung.
Und nimmst du alles zusammen,
bildest du aus diesem Zusammenspiel ein Gesamtes,

so kommt nichts anderes dabei heraus
als genau du.
DU, nichts anderes.
Es kann nichts anderes sein.
Ein Hubert kann kein Hans sein,
die Grete nicht die Marie,
denn du bist du.
Und du hast gewählt, du zu sein.
Hast du also gewählt, genau so zu sein, wie du gerade bist,
hast du auch genau diese Schwingung gewählt.
Es macht dich aus.

Doch was bist du noch?
Was ist es noch, was dich als dich definiert?
Es sind deine Gedanken,
dein Fühlen,
dein Empfinden,
und auch das ist Schwingung.
Auch das ist eine ganz bestimmte Schwingung.
Kein anderer Gedanke gleicht dem deinen,
kein anderer Gedanke schwingt in der gleichen Frequenz,
auch wenn es scheinen mag, dass du und eine andere Person Gleiches zum gleichen Zeitpunkt denken,
auch wenn es scheinen mag, dass ihr euch einig seid,
glaube mir,
das eine ist dein Gedanke, und das andere ist der Gedanke einer anderen Person.
Es ist eine andere Frequenz.
Vielleicht sich nah,
vielleicht nicht weit voneinander entfernt von ihrer Höhe,
doch es ist anders.

Um Gleiches mit Gleichem zu treffen

bist du weit gegangen auf deinem Weg zum Licht,
ja, es ist möglich,
ja, es ist möglich,
doch darüber zu sprechen ist noch nicht angebracht.

Wir sprechen also von verschiedener Welt,
von verschiedener Schwingung,
und schon habe ich vorausgegriffen.
Denn was passiert, wenn nichts sich gleicht,
was ist dann geschehen,
wenn nichts sich gleicht,
wenn alles seine eigene Schwingung hat,
wenn alles unterschiedlich schwingt?

Es ist eine verschiedene Welt,
es ist ein verschiedenes Weltbild,
es ist deines.

Und es ist das Weltbild dieser anderen Person.
Aber weißt du,
es ist nicht nur dein Weltbild und deren Weltbild, nein,
es ist deine Welt,
und es ist die Welt des anderen,
und die Welt dieses anderen,
und die Welt jenes anderen.
Es ist die Welt deiner Mutter,
die Welt deines Vaters,
die Welt deiner Freundin,
die Welt deines Freundes,
die Welt deines Lehrers,
usw. usw. usw.

Jeder, jeder, jeder lebt in seiner Welt.

Jeder kreiert seine eigene Welt.
Jeder lebt seine eigenen Gedanken.
Und es geht nicht anders, es ist anders nicht möglich,
denn wenn alles Schwingung ist,
wenn alles schwingt in seiner ureigensten Frequenz,
dann ist alles unterschiedlich,
alles ureigen,
alles eigen.

Lass dich nicht verwirren,
lass dich nicht verwirren.
Es ist die größte Wahrheit, die dahinter steht,
dass nichts wirklich ist
und doch alles eins ist,
dass nichts wirklich existiert
und doch alles eins.

Groß ist Gott in seinem Wirken,
groß in seinem Ausdruck,
und du, der Mensch,
bist ein Teil von ihm.
Du, der Mensch,
kreierst eine seiner Welten,
eine seiner lichtvollen Welten,
indem du wählst,
indem du willst,
indem du denkst.
Und du hast die Macht, die er dir gegeben,
die Macht zu gestalten,
und die Macht zu zerstören.
So sei es dir gegeben, zu schaffen eine Welt,
und gegeben, sie wieder zu zerstören,
indem du aufsteigst ins Licht,

und diese Welt,
diese von dir geschaffene Welt,
hinter dir lässt,
indem du sie wandelst,
indem du sie auflöst,
indem du sie veränderst,
und nach und nach sie umhüllst mit deiner dir von Gott gegebenen Liebe,
umhüllst mit der dir eigenen Kraft
und mit dem Licht, das du bist.
Wandle deine Welt,
wandle sie mit der Macht deiner Gedanken, die nichts anderes sind als Größe,
als Wille,
als Licht
und als Liebe.
Und die Frequenz deiner von dir erschaffenen Materie wird sich wandeln,
die Frequenz der von dir geschaffenen Ereignisse wird sich verändern,
und du wirst schauen ein neues Weltbild.
Dieses wirst du wandeln in eine neue Welt,
die dich hinführt zu Gott,
hinführt zum Licht.

Die Frequenz all der von dir geschaffenen Dinge,
sei es dein Haus, sei es das von dir verspeiste Essen,
oder auch du selbst,
du als der Verbund von Zellen,
all das wird sich wandeln,
in dem Maße, in dem du es wünschst.
Das Licht wird mit dir sein,
das Licht wird in dir sein,

und dein Leuchten wird sich mehren,
und dein Strahlen wird sich vermehren,
und die Menschen werden staunen ob deiner Ausstrahlung,
deiner Größe,
deiner Frische,
deiner Jugend.

Niemand wird dich umzuwerfen wissen,
niemand dich greifen können,
wenn du gehst den Weg,
wenn du erkannt hast das Prinzip der Schwingung
und erkannt hast die Möglichkeiten ihrer Anwendung.
All die Gesetze sind da, sie zu brechen,
sie zu beherrschen,
sie zu wandeln,
denn nur durch Beherrschen der Gesetze wirst du wahrlich verändern
deine Welt.
Das ist es, was du tun musst, wenn du gelangen willst zu Gott.
Studiere die Gesetze,
nutze sie,
benutze sie
und setze sie ein in deinem täglichen Leben.
Mache sie dir zu eigen
und mehre dein Wissen.

Das Gesetz der Schwingung ist es, das dir die Basis gibt.
Und wisse wohl,
du bist es,
du,
die das Zepter der Macht in Händen hält,
du bist es.
Denn nur du bist es, der deine eigene Welt zu ändern vermag,
du,

und Gott allein,
du und seine Meister.
Doch du bist es, der es tun muss,
der es studieren muss,
der den Weg gehen muss.
Denn das ist es, was es zu lernen gilt,
das Begreifen der Gesetze
und das Anwenden dieser.

So lasse ich dich nun alleine und grüße dich,
grüße dich aus meiner Welt,
von der aus ich heute Verbindung aufgenommen habe zu deiner
Welt,
zu deiner ureigensten Welt.
Und wundere dich nicht, wenn ich dich anspreche,
dich als Leser,
wo du doch ein anderer Leser bist als der, der morgen dieses Buch
liest.
Es ist so.
Glaube mir.
Ich meine DICH.
Und ich meine dich auch,
und DICH,
und DICH,
und DICH.

Es ist mir möglich durch Anwenden der Gesetze,
glaubt mir.
Auch wenn ihr noch nicht versteht, es ist mir möglich.

So grüße ich euch,
grüße euch im Licht und Schein Gottes,
grüße euch im Namen Gottes,

Gott zum Gruße,
Gott zum Gruße,
Gott zum Gruße.

☆☆☆☆☆

4. DAS GESETZ DER ENTSPRECHUNG

Die Entsprechung (I)

(Ein Treffen mit den Meistern. Es spricht der Maha Cohan.)

Gott zum Gruße,
Gott zum Gruße.
Ich bin der Meister der Aufgestiegenen Meister,
ich bin der Maha Cohan.
Höre auf meine Worte.

Diese Runde ist versammelt in einem innigen Kreis.
Du weißt, wir wollen mit dir über die universellen Prinzipien sprechen.
Öffne dich und lass es geschehen.
Gut so.
Nun lausche.

Gott ist oben,
und ihr Menschen seid unten.
Das ist keine Wertigkeit,
sondern nur eine Tatsache.
Oben und unten ist gleich.
Oben entspricht dem Unten,
unten entspricht dem Oben.
Wir sprechen über das Prinzip der Entsprechung.
Allem liegt etwas zugrunde, dem es entspricht,
alles hat eine Gegenseite, der es entspricht.
Wie unten, so oben,
wie oben, so unten.

Ihr auf dieser physischen Ebene erlebt Dinge, die euch einmalig erscheinen.
Dem ist nicht so.

Alles hat eine Entsprechung.
Ihr fühlt euch oft alleine und einsam,
aber das seid ihr nicht.
Seid ihr euch der Entsprechung bewusst, wisst ihr plötzlich, dass ihr
nicht mehr alleine seid.

Leid existiert nicht, denn Leid ist nur eine Form der Darstellung.
Leid ist nichts Schlechtes, denn es wird gebraucht, um begreifen zu
können.
Auch begreifst du damit das Prinzip der Entsprechung.
Auf allen Ebenen geschieht das Gleiche.
Wie oben, so unten.

(Was meinst du mit „auf allen Ebenen geschieht das Gleiche"?)

Die Sonne erhellt den Himmel,
und sie erhellt dein Herz.
Ihre Schwingung ist, wie sie ist,
ihr Lachen bleibt ihr Lachen,
auf allen Ebenen.

Die Entsprechung (II)

(Wieder sind alle Meister in einer Runde versammelt,
es spricht der Maha Cohan.)

Gott zum Gruße,
Gott zum Gruße,
ich bin der Meister der Meister,
ich bin der Maha Cohan,
ich grüße dich.

Wir sprechen über das Prinzip der Entsprechung,
wie oben, so unten.

Tanzen ist toll,
Tanzen macht Spaß,
Tanzen ist Ausdruck von Lebensfreude.
Auch oben gibt es Tanzen,
dort ist es das Gefühl des Tanzens,
die Freude,
das Gefühl dieser Lebensfreude,
nur eben auf rein geistiger Ebene,
rein und licht,
Freude als Licht,
Freude aus Licht und Schwingung bestehend.
Getanzte Liebe gibt es hier und dort, oben und unten,
und glaube mir, diese Freude im Oben fühlt sich durchaus wie Tanzen
an.
Kein Bild ist es.
Es ist reiner Geist, und doch ist es Tanz.

Oder nimm das Leid.
Leid ist Leiden,
doch was ist Leid?

Leid ist eine Schwingung.

Und diese Schwingung hat ebenso eine Entsprechung auf den anderen Ebenen.

Auch oben gibt es „Leid",

es ist jedoch nicht das, was du unter Leid verstehst,

nein,

es ist eine Schwingung,

ein Leben dieser Schwingung,

ein Fühlen,

ein Sein,

so wie eben auch der Tanz seine Entsprechung hat im Oben wie im Unten.

Oder drehen wir das Ganze um.

Oben das Licht, das Helle, das Reine,

oben Gott, die Erzengel,

und doch kannst du unten es wahrnehmen,

kannst es fühlen.

Wieso?

Weil das Prinzip der Entsprechung wirkt.

Auch auf deiner Ebene kannst du die Erzengel fühlen,

kannst sie sehen, sie wahrnehmen,

denn sie transformieren sich,

sie passen sich an,

sie sind da, und du fühlst sie.

Das heißt nicht, dass ihre Schwingung die der deinen ist, nein.

Die Schwingung der Erzengel ist jedoch auch auf dieser Ebene erfahrbar,

und auch auf der nächst höheren,

und auf der nächst höheren,

und auf der noch höheren,

und so weiter, bis ganz nach oben,

dort oben, wo reiner Geist herrscht,

dort, wo reines Ich Bin, reines All, reiner Gott thront.

Schön, dass es dieses Prinzip gibt, denn so kannst du alles erfahren,
alles aus allen Ebenen ist dir zugänglich,
alles ist reiner Geist,
und das ist der Schlüssel,
denn weil alles reiner Geist ist,
hat alles den gleichen Ursprung,
und so ist alles erfahrbar auf jeder Ebene.

Gott liebt dich,
und er liebt dich immer, egal, wo du stehst.
Bist du hier als kleiner Mensch,
bist du dort,
Gott liebt dich.
Ob du hier bist auf dieser Erde, als Mensch geboren,
oder ob du schon aufgestiegen bist und auf höherer Ebene den Menschen dienst,
es ist egal,
er liebt dich.
Und du, du kannst ihn wahrnehmen.

Auch er ist auf jeder Ebene zugegen,
das Prinzip der Entsprechung macht es möglich.
Die Blume, die im Sonnenlicht erstrahlt, enthält Gott genauso in sich
wie der Erzengel, der dir in der Meditation erscheint.
Zwei verschiedene Ebenen, siehst du?
Der Obdachlose im Straßengraben trägt Gott genauso in sich wie die
Sonne, die dich anstrahlt.
Gott ist überall und jederzeit.

Und durch das Prinzip der Polarität,
von dem wir später noch sprechen, *)
erkennst du auch, dass Hass, Neid, Gier, Mord und Totschlag usw.
nicht wirklich böse sind,
und so eine Entsprechung im Oben nicht eine „böse" Entsprechung
braucht.

Weise ist das Universum,
denn es ist reiner Geist,
so wie du, der Mensch, auch reiner Geist bist.
Reiner Geist ist der Ursprung allen Seins,
und so ist die Verbindung hergestellt zwischen dir, dem Menschen auf
dieser Erde,
zu dem Höchsten, dem Göttlichsten, dem Schönsten und Reichsten,
denn der Geist verbindet alles,
denn er ist eins.

Wir, die Meister, die aufgestiegen sind,
die Meister, die auf der Erde gelebt haben,
wir haben gefühlt wie ihr,
gelebt und gelacht wie ihr,
geweint und getrauert wie ihr.
Wir wissen, was es heißt, Mensch zu sein, und doch wissen wir
mehr.
Das Prinzip der Entsprechung kommt uns zugute,
es hilft auch uns zu verstehen.

---

*) (Metatron: Das Gesetz der Polarität behandelt die Gegensätze, die in Wahrheit doch eins sind. Für dieses Wissen, das in diesem Buch nach Außen getragen wird, ist es unerheblich, darüber genauer Bescheid zu wissen. Deshalb hat die geistige Hierarchie beschlossen, das Gesetz über die Gegensätze, die im Grunde doch eins sind, im zweiten Buch zu erklären. Wir werden es also innerhalb dieses zweiten Buches, dem Buch der Liebe, in einer Lektion genauer erklären, da es für das Verständnis um die Liebe, diese wertungsfreie bedingungslose Liebe, unbedingt vonnöten ist, dieses Gesetz zu verstehen und zu verinnerlichen.)

Und so wie ihr auf eurer Ebene weilt, so sind wir auf unserer,
und doch gibt es die Verbindung,
und die Verbindung heißt Entsprechung.

Lassen wir es gut sein für heute,
lassen wir es gut sein.

Gott zum Gruße, ihr Menschen,
Gott zum Gruße.

Gott zum Gruße,
Gott zum Gruße.

Licht

(Die Aufgestiegenen Meister)

Licht:
Licht ist Energie.
Licht ist nichts anderes als Energie.

Du stehst also gerade in einem Energiefeld, das du als Licht wahrnimmst.
Es schwingt in einer bestimmten Frequenz und in einer bestimmten Weise, so dass es genau das ist, was es ist.
Du kannst es fühlen!
Du nimmst es wahr!
Warum?
Weil du dich geöffnet hast für das Oben und du so wahrnehmen kannst, dass oben und unten das Gleiche ist.
Wie oben, so unten.
Du nimmst es wahr, weil du das Oben anerkannt hast,
und dadurch hast du deine Realität erweitert.
Sie war auch vorher schon groß und weit, die Realität, nur in deinem Bewusstsein war es nicht verankert.
Dies musste erst geschehen,
und jetzt ist es für dich wahr.
Wie oben, so unten und wie unten, so oben.
Das, was du oben fühlst, das Licht, die Engel, die Erzengel,
ist nichts anderes, als wenn du fühlst einen Menschen,
wenn du fühlst einen Baum, eine Blume, einen Stein oder einfach nur die Luft in einem Raum.
Oben Gott und unten die kleine Raupe,
oben die unendlichen Weiten, die Zeitlosigkeit, die Weite, das All,
unten die Erde, das Materielle, das menschliche Sein,
und doch ist es das Gleiche,
doch ist es aus demselben gemacht, aus Geist.

Und beginnst du, Geist wahrzunehmen, Geist zu begreifen,
hast du den Schlüssel zur ersten Tür in der Hand.
Du kannst wahrnehmen, dass oben und unten sich spiegeln,
dass oben und unten sich gleichen,
gleichen in ihrem Innersten, in ihrem ureigensten Sein,
gleichen in ihrem Geist,
gleichen in Gott.
So ist das Licht, das du wahrnimmst in der Meditation,
das Licht, in dem du gerade stehst,
und du selbst, der Mensch an sich,
nicht unterscheiden,
denn beides ist das gleiche Licht,
beides ist Geist, ist Energie.
Denn alles ist Licht.

Das Licht also ist ein Energiefeld.
Es ist oben wie unten gleich,
denn es ist gleich im Geiste,
gleich in seiner Göttlichkeit,
gleich in seinem Wesen.

Du badest im Licht,
du nimmst es wahr in der Meditation,
doch du fühlst es auch in dem Menschen dir gegenüber, wenn du dich
öffnest für diese Art Wahrnehmung,
fühlst es in allem Sein,
egal, ob Stein, Baum oder Engel,
es ist das Gleiche.
Das ist gemeint mit: Wie oben, so unten.
Der Kern ist der gleiche,
wobei das Wort „Kern" nur ein Versuch ist, es zu erklären.
Wir müssen eure Worte benutzen, um euch verstehen zu lehren,
so kann es immer nur ein Bild sein,

ein Bild, das ihr wahrnehmen könnt
bis zu dem Moment, wo ihr euch öffnet,
mehr und mehr,
schleichend,
und ihr ein Bild nicht mehr braucht,
wo ihr von selbst versteht, weil Verstehen euch durchdringt,
nicht weil Verstehen euch vom Kopf her einleuchtet,
nein, weil es euch durchdringt wie das Leben an sich.
Es durchdringt euch wie das Licht,
und wenn es so weit ist, dass Verstehen euch durchdringt wie Licht,
dann ist das der Moment, wo es beginnt.
Es beginnt der Aufstieg.

Verstehen bedeutet Weisheit,
Verstehen bedeutet Wissen,
Verstehen bedeutet Einssein mit Gott.
Es bedeutet das Begreifen der Zeitlosigkeit zugleich mit der Zeit in eurer Welt,
das Begreifen der Materielosigkeit zugleich mit dem Verstehen des Sinns und Zwecks der Materie,
das Verstehen des Raums zugleich mit dem Verstehen des nicht existenten Raums, der Illusion.
Das ist es, was Verstehen bedeutet,
das ist euer Ziel,
beides zu leben,
beides zu wissen.

Lasst euch treiben, hin zu diesem Wissen,
lasst euch führen, hin zu dieser Weisheit.
Lasst zu, weise zu sein,
lasst zu, groß zu sein,
und ihr seid es.
Lasst es geschehen, und ihr lebt es.

72

Lasst Gott in euch sein, und ihr fühlt ihn in euch.

Es ist nicht nötig, sich zu verstecken, denn Hilfe ist da.
Immer.
Es ist nicht nötig, klein zu sein, denn Hilfe ist da.
Es ist nicht nötig, schwach zu sein,
denn Größe heißt, das zu leben, was man ist,
das zu sein, was man ist,
und Hilfe ist da.
Immer.

Hast du erst einmal erkannt, dass oben wie unten ist, und auch unten
wie oben,
wirst du leben frei und ungebunden,
denn diese Aussage birgt die volle Weisheit der Einigkeit.
Nichts mehr trennt diese Einheit in deinem Geist, in deinem Denken.
Oben und unten ist eins, und du wirst fähig sein, es zu leben.
Du wirst fähig sein, es so zu leben, dass es dir wohltut
und du dich nicht getrennt fühlst vom Oben.
Du wirst fähig sein, so zu leben, dass du dich wohl fühlst und stark und
aufrecht durch die Welt gehen kannst,
ohne Angst, ohne suchen zu müssen,
denn du hast gefunden.
Du bist weise geworden.
Du hast den ersten Schritt getan.

Die drei Ebenen

(Die Aufgestiegenen Meister)

Du lebst als Mensch auf der untersten Ebene.
Es gibt mehrere dieser Ebenen,
du bist auf der untersten, auf der materiellen Ebene,
der mit Zeit behafteten,
der mit Angst behafteten,
der mit Materie, Raum und Zeit,
und als solcher der untersten Ebene zugeordnet.
Du als Mensch, und auch die Tiere,
du als Mensch, die Tiere und auch die Pflanzen,
ihr drei, der Mensch, das Tier, die Pflanze,
ihr bildet die unterste Ebene.
Zu den Pflanzen zähle ich auch die Steine, die Mineralien, die Natur,
eben all das, was du wahrnimmst mit deinen Sinnen, den Sinnen, die
dir als Mensch gegeben in dieser irdischen Welt.
All das, was du also wahrnimmst mit diesen fünf Sinnen,
bildet die unterste Ebene.

Steigst du auf ein bisschen, auf dieser Leiter der Wahrnehmung,
nimmst du also mehr wahr, als der Mensch das üblicherweise tut,
dann nimmst du die zweite Ebene wahr,
die Zwerge, die Elfen, die Trolle,
das sind die Elementarwesen,
das sind die „Vögel der Geisterwelt",
die Engel der unteren Ebene,
die verstorbenen Seelen der Menschen.
Du kannst sie fühlen, sehen, riechen, schmecken, oder aber alles auf
einmal,
auch hören kannst du sie,
vielleicht kannst du nur eines von all diesen Sinneseindrücken,
doch alles ist gleich wahr.

74

Nimmst du noch mehr wahr,

ist also deine Wahrnehmung auf noch feinere, noch höhere Schwingung ausgerichtet,

nimmst du die Engel wahr und die Erzengel,

nimmst du wahr die Elohim und die Seraphim,

nimmst du wahr Christus, Gottes Sohn, und die Aufgestiegenen Meister, so wie du uns wahrnimmst,

du nimmst Gott genauso wahr wie alles andere,

und doch ist es nicht alles,

denn alles wahrnehmen heißt, alles wissen,

also alle Weisheit,

das hat nur Gott allein.

Auch wir wissen nicht alles,

auch wir nehmen nicht alles wahr,

doch vieles, vieles mehr als ihr,

doch auch wir arbeiten an uns,

auch wir hoffen auf Aufstieg,

auch wir wollen weiterkommen auf unserem Weg,

so wie ihr auch.

☆☆☆

Lasst die Furcht beiseite
(Die Aufgestiegenen Meister)

Wir helfen euch,
helfen euch, wo wir können,
helfen euch so viel, wie es geht.
Ihr müsst nur bitten, ihr müsst es wollen.
Bittet uns, und wir sind da,
bittet uns, und wir greifen ein,
bittet uns, und wir tun.

Wir sind also die dritte Ebene,
und ihr seid die erste Ebene,
aber erschreckt nicht.
Nichts hat eine Wertung, nichts hat eine Zensur.
Jeder ist recht so, wie er ist,
jeder hat die Möglichkeit zum Aufstieg,
jeder hat die Freiheit zu tun, was er für richtig hält.
Wenn ihr also auf der ersten Ebene
und wir auf der dritten,
und gleichzeitig gilt: wie oben, so unten und wie unten, so oben,
so heißt das:
Nichts unterscheidet euch von uns.
Nichts!!
Und wenn ihr das begriffen habt, dann weicht auch die Ehrfurcht,
und ihr seid fähig zu erkennen eure eigene Macht und Größe.

Verwechselt nicht Ehrfurcht mit Demut.
Demut ist wichtig und immer angebracht,
Ehrfurcht beinhaltet die Furcht,
und Furcht ist tödlich.
Furcht lähmt, Furcht behindert.
Ehrfurcht ist unangebracht, Demut ist wichtig.

Wenn ihr also unterscheidet und es auch lebt in dieser wichtigen Unterscheidung,
dann erlangt ihr Größe, und das Licht kann euch durchfluten,
und ihr strahlt wie die Sonne,
strahlt wie der hellste Schein.
Und ihr wandelt auf der Erde und gebt Freude und Licht.
Lasst also die Furcht beiseite und lebt euer Licht.
Strahlt in dem Licht, das in euch ist,
denn das Licht, das das gleiche ist wie oben,
das Licht, das das gleiche Licht ist, das die Engel durchdringt,
das Licht, aus dem ihr geschaffen seid, genauso wie das Universum daraus geschaffen ist,
genauso wie alle anderen Universen, alle anderen Dimensionen, alles andere Sein,
lebt es.
Und seid euch immer bewusst:
wie oben, so unten,
wie unten, so oben.

Nichts ist größer,
nichts ist kleiner,
nichts ist mehr, und nichts ist weniger,
nichts hat mehr Bedeutung als das andere,
nichts ist geringer in seinem Sein als ein anderes.
Alles, alles, alles ist sich gleich,
gleich in seinem Licht,
gleich in seiner Größe,
gleich in seinem Wert.
Und wenn es dir scheint, dass eines geringer sein möge,
dann ist es, weil du schaust, du als Mensch,
denn schautest du als Wesen des Lichts,
dann würdest du erkennen das Gleiche im anderen,
und Licht würde sich als Licht erkennen.

Lebe also dich selbst als Licht
und erkenne das Licht in jedem Stein,
in jedem Grashalm, in jedem Blatt.
Sei dir immer und ewig bewusst, dass du Licht bist,
und nichts als das Licht.

Lebe es.
Sei es.
Tue es.
Und du wirst ein für allemal begreifen können,
dass oben und unten ein und dasselbe ist,
ein und dasselbe Licht,
ein und dasselbe Sein,
ein und dieselbe Größe.
Du hast den Schlüssel zur Weisheit in der Hand.

Gott zum Gruße,
Gott zum Gruße.

Erkenne dich selbst

(Die Aufgestiegenen Meister)

Gott zum Gruße,
Gott zum Gruße,
du Wesen der unteren Ebene,
du Mensch mit feststofflichem und feinstofflichem Körper.
Du bist gleichzeitig wie einer von uns,
ein feinstoffliches Wesen, zum Beispiel ein Engel.
Du unterscheidest dich in nichts von dem feinstofflichen Engel, der du
bist, zu dem Menschen, der du bist,
außer in deiner ureigensten Wahrnehmung.
Du selbst bist also der, der die Unterscheidung herstellt.
Nicht die Sache an sich unterscheidet sich, also der Engel vom
Mensch,
sondern du bist derjenige, der unterscheidet,
denn du als Mensch tendierst dazu, das menschliche Sein als das
Wahrere zu sehen.
Du denkst, dass das, was dir scheint durch deine fünf Sinne, mehr Wahrheit besitzt als das, was dir scheint durch sonstige Wahrnehmung.
Dass du aber Geist bist und also von Geist durchdrungen,
das gilt es erst zu begreifen.
Hast du erst begriffen,
gibt es kein Zurück mehr ins menschliche Anschauen dieser Dinge.
Die Realität weitet sich,
und du, der Mensch, begreifst plötzlich die unendlichen Ausmaße der
großen Wahrheit,
der Weisheit,
des Seins.
Fängst du also an zu begreifen,
erhebst du dich aus dem menschlichen Sein
und beginnst das zu sein, was du in Wirklichkeit bist,
nämlich Geist.

Verstehe nicht falsch,

auch bist du Geist, wenn du dir nicht bewusst bist, es zu sein,

doch ab dem Moment des Bewusstseins deiner wahren Identität,

nämlich des Geistes,

ab diesem Zeitpunkt lebst du anders.

Du wirst Liebe leben,

reine, unparteiische, neutrale, alles durchdringende, endlose Liebe.

Nichts wird dich mehr abhalten von dieser Liebe,

nichts dich mehr hindern, sie zu leben,

denn du bist diese Liebe,

du bist Geist,

und Geist ist Liebe.

Sei du selbst,

und du bist Liebe.

Beende das Werten und das Urteilen,

beende das Über-andere-Nachdenken,

lass es sein, wie es ist, denn es ist gut so.

Wenn Oben und Unten eins sind,

wenn Oben das Gleiche wie Unten,

wenn also gilt: wie oben, so unten und wie unten, so oben,

dann ist alles Geist, und alles ist Liebe,

und wenn alles Liebe ist, so ist alles Licht,

egal, auf welcher Ebene du weilst,

egal, wie sehr du dir schlecht vorkommst

und egal, wie einer vermeintlich schlecht sein mag,

sei es als Mörder, Dieb oder sonst auf eine Art,

egal, wie sehr einer neidet, hasst oder sonst etwas tun oder sein

möge, was ihr gemeinhin verurteilt,

lasst es sein,

lasst es geschehen.

Nehmt es wahr als das, was es ist:

Es ist Liebe.

Es ist Geist.
Es ist Energie.
Und: Es ist göttlich!
Auch wenn es dir unbegreiflich erscheinen mag, es ist wahrlich göttlich.
Das Licht durchdringt alles,
auch den Mörder, auch den Bettler, auch den Dieb.
Wenn du fähig bist, sie alle zu lieben
und in all diesen Menschen das Göttliche zu sehen, wahrzunehmen und anzuerkennen,
dann hast du begriffen, was es bedeutet: Wie oben, so unten.

So sei es, so ist es.
Nimm es.
Nimm diese Weisheit und fühle sie.
Nimm sie und begreife sie.
Nimm sie und integriere sie in dein Leben.
Du bist Geist.
Ich bin Geist.
Wir sind Geist.
Der Mörder ist Geist.

Niemandem steht es zu, zu urteilen,
niemandem steht es zu, zu werten,
niemandem steht es zu, zu sagen: Ich weiß,
außer Gott allein.
Auch wir geben unser Wissen,
doch Gott allein weiß.

Lebe es

(Hilarion)

Gott zum Gruße,
ich bin Hilarion.
Ich spreche nun.
Ich spreche nun über das Prinzip: Wie oben, so unten, wie unten, so oben.

Ich bin Hilarion,
der Hüter dieser Prinzipien,
der Hüter der Weisheit der universellen Prinzipien,
ich bin Hilarion,
der Hüter dieses Schatzes.

Schön, dass wir begonnen haben mit dem Prinzip der Entsprechung „wie oben, so unten".
Es ist so weise, so wahr.
Ich liebe dieses Gesetz, denn es birgt alles, was es zu sagen gibt, alles, was es zu wissen gibt.
Mit diesem einen Gesetz, diesem einen Prinzip,
hast du so viel Wissen in der Hand,
dass du nicht mehr nötig hast zu wissen über die anderen.
Und doch lehren wir sie.
Als Gesamtes erst bist du wissend,
als Gesamtes erst hast du Weisheit an der Hand.
Doch das Gesetz des „wie oben, so unten" ist das erste,
das, was den Einstieg birgt,
das, was es als Erstes zu begreifen gilt.
Sei dir also immer dieses ersten Prinzips bewusst.
Vergiss es nie, vergiss es nie.
Sei dir immer und überall bewusst, dass es so ist, wie es ist,
und du kannst nicht mehr anders, als <u>nicht</u> zu werten, nicht zu urteilen,

nicht zu hassen, nicht zu zerteilen in Gut und Böse.
Lebe es immer und ewig.
Lebe.
Sei es.
Tue es.
Und das Licht wird dich durchdringen,
und du wirst strahlen in diesem Licht, hell und schön.
Groß und weise wirst du erscheinen den anderen Menschen,
und das ist gut so,
es ist richtig,
es ist richtig.

5. ALLES IST EINS

Alles ist Geist

(Die Aufgestiegenen Meister)

Gott zum Gruße,
Gott zum Gruße.

Wir haben das Prinzip der Entsprechung erst einmal beendet,
später werden wir wieder darüber sprechen,
wenn wir alle anderen Gesetze besprochen haben,
später dann werden wir alle Gesetze noch einmal durchgehen
und sie so alle miteinander verbinden.
Das ist wichtig, denn alle greifen ineinander,
alle haben miteinander zu tun,
alle bedingen einander,
alle existieren nur im Zusammenspiel.
Erst das Zusammenspiel ergibt das Ganze,
erst das Zusammenspiel bedeutet Weisheit.
Lasst uns also beenden das Sprechen über das erste Prinzip,
das Prinzip des „wie oben, so unten" und „wie unten, so oben".
Wir wenden uns also nun einem anderen Prinzip zu:

Alles ist Geist

Das wisst ihr schon.
Wir haben ausführlich darüber gesprochen, als wir über das Prinzip
der Entsprechung sprachen,
und doch gibt es noch etwas zu sagen,
gibt es etwas, was euch noch an Wissen fehlt.
Geist ist das Ureigenste,
das, was alles durchdringt.
Wir haben das Wort „Geist" dafür gewählt,
weil es dem am nächsten kommt, was wir damit ausdrücken wollen.

Geist bedeutet: „Alles ist eins".

Alles ist eins beinhaltet das Wort „All".
All = Alles.
All ist unfassbar in seinem Sein, in seiner Größe.
All ist so groß, so mächtig, so wissend und so weise,
dass es für den menschlichen Verstand nicht fassbar ist.
Denn All beinhaltet das ganze Wissen,
die ganze Weisheit,
das ganze Sein.
Und Sein findet auf allen Ebenen statt,
Sein bedeutet Existenz,
und Existenz kann alles sein,
die Existenz auf Erden genauso wie Existenz auf einem anderen Planeten,
ob du als Mensch dir nun bewusst bist, oder nicht,
Leben oder eben Existenz auf anderen Planeten findet sehr wohl statt.
Leben auf anderen Planeten hat nur eine Form und Ausdrucksweise,
die dir als Mensch nicht geläufig ist.
Existenz gibt es überall,
im gesamten Universum, im gesamten Sein,
in allen Dimensionen, in allen Ebenen.
Du brauchst es nicht zu wissen,
und es existiert trotzdem.

Das All weiß.
Das All ist das einzig Wissende,
das, was schuf, und das, was schaffen wird.
Es durchdringt alles und ist in allem,
es durchfließt alles
und belebt alles.
Nichts ist ohne das All,
nichts ist frei vom All.

All ist Leben an sich,
ohne Notwendigkeit, sich zu zeigen,
ohne Notwendigkeit, sich zu präsentieren.
Es ist.

Das All durchdringt alles.
Und alles, jede kleinste Zelle, jedes Steinchen, jedes noch so un-
scheinbare Sein ist durchdrungen von ihm, dem All.
All ist Geist, und Geist ist fassbar.
Geist ist der Ausdruck, den das All wählt, um es begreifen zu können.
Und doch ist Geist nicht das All.
Denn All ist unfassbar, ist groß, ist mächtig,
ist das, was es ist, ohne Bedürfnis, sich darzustellen.
Es wählt den Geist, um sich zu zeigen,
es schuf den Geist, um sich darzustellen,
es existiert im Geist, um fassbar zu sein.
So will es das Gesetz,
und so lautet das Gesetz:
„Alles ist Geist".

Und damit ist gemeint, dass Geist alles durchdringt, obwohl Geist
nicht alles ist,
denn alles ist nur das All.
Und das All ist unendlich und somit selbst mit dem Wort „Alles" nicht
greifbar,
denn „Alles" beschränkt es auf ein Ganzes,
ein Ganzes, das „Alles" beinhaltet,
doch das trifft nicht zu auf das All,
denn das All ist unendlich
und somit nicht greifbar und nicht mit dem Wort „Alles" zu definieren.

Das All ist weise,
das All ist Güte,

das All ist Größe,

und in seiner Weisheit, seiner Güte und seiner Größe lässt es zu, dass wir es greifen können,

greifen auf unmögliche Art und Weise.

Und diese Art und Weise ist das Begreifen des Geistes.

So haben wir einen Schlüssel in der Hand,

so haben wir die Möglichkeit hinzuschauen,

hinzuschauen auf das eine Große,

hinzuschauen auf den Geist,

hinzuschauen auf das All, ohne aber zu wissen, was es tatsächlich ist.

Geist ist überall.

Geist durchdringt alles und jeden.

Und so können wir begreifen,

so können wir verstehen.

Das All jedoch in seiner Unendlichkeit,

in seiner Macht, in seiner Größe,

ist wahrlich Weisheit,

ist wahrlich unfassbar.

Bleiben wir bei dem Geist und genießen die Weisheit des Verstehens des Geistes,

denn haben wir begriffen den Geist,

erahnen wir die Weisheit des Alls.

Haben wir die Fähigkeit, Geist zu leben, egal auf welcher Ebene,

haben wir einen Blick auf das All erlangt,

und das Wissen um das All wird uns durchdringen, uns beleben, uns führen.

Denn niemals lässt das All uns allein,

niemals lässt es uns im Stich.

Es hat immer Helfer zur Seite,

und auch das auf jeder Ebene.

Da es alles und jeden durchdringt,
ist es fähig zu lenken und zu leiten,
fähig zu führen und zu unterstützen,
und das Handeln im All wird zur Selbständigkeit,
es verselbständigt sich sozusagen,
es wird zum Muss.

Handeln im All,
das ist wahre Liebe.
Es ist das, was sich von selbst einstellt,
wenn du handelst im Wissen um „alles ist Geist",
denn du weißt nun,
„alles ist Geist" bedeutet nichts anderes als „alles ist vom All durchdrungen".

So lebe in dieser Gewissheit.
Lebe es und lebe nichts anderes,
denn die Unendlichkeit des Alls kennt keine Grenzen,
und grenzenlos ist auch dein Sein,
denn durchdrungen bist du vom All,
und da du durchdrungen bist vom All,
bist du ein Teil von ihm,
du hast Anteil an ihm,
das All ist in dir,
du bist im All.
Nichts trennt euch,
nichts hindert euch.
Ihr seid verbunden auf ewig.
So lebe den Grundsatz: „Alles ist Geist"
und wisse stets um die große Wahrheit, die dahinter steht:
„Alles ist vom All durchdrungen".

So beenden wir nun diese Sitzung
und grüßen im Geiste,
grüßen im All,
grüßen mit Würde und Wahrheit,
grüßen mit Liebe und Sein.
Das All ist in uns,
das All ist in dir,
das All verbindet uns,
das All durchdringt uns.
Lebe es, dieses Wissen, und trage es mit Würde.

Gott zum Gruße, du lichtvolles Wesen,
Gott zum Gruße.

Alles ist möglich – Die Macht der Gedanken

(Die Aufgestiegenen Meister)

Gott zum Gruße,
Gott zum Gruße.

Stelle dich ins Licht und komme an.
Stelle dich ins Licht.

Okay.

Das Licht, in dem du gerade stehst, ist Geist.
Denn alles ist Geist.
Doch Geist ist nur die Ausdrucksform des Alls,
das All, das alles durchdringt, das alles belebt.
Also ist es das All, das dich gerade durchdringt,
das All, das du gerade als Licht wahrnimmst.
Es, das All, hat sich entschieden, sich dir als Licht zu zeigen,
du hast dich entschieden, es sehen zu wollen,
es fühlen zu wollen.
Das ist die Voraussetzung.
Du musst selbst entscheiden,
du als Mensch entscheidest, ob du wissen willst oder nicht,
ob du sehen willst oder nicht.
Du wählst. Du entscheidest.
Und zwar immer.
Denn dem Mensch ist gegeben die absolute Entscheidungsgewalt.
Du allein bist es, der wählt, was für dich richtig ist.
Willst du Weisheit?
Du bekommst Weisheit!
Willst du Wissen?
Du bekommst Wissen!
Willst du Kontakt zum All?

Du bekommst ihn!
Nichts gibt es, was nicht geht.
Alles ist möglich.
Alles!
Denn das All ist weise, ist groß und mächtig,
und du, du bist durchdrungen vom All.
Du bist Geist,
und Geist ist die Ausdrucksform des Alls.
Wenn du also Geist,
wenn du vom All durchdrungen,
dann ist alles möglich.
Wenn du entscheidest und es geschieht,
dann geschieht es, weil All dich durchdringt.
Hast du begriffen, dass Geist All ist,
dann hast du begriffen die Macht deiner Gedanken,
denn Gedanken sind das, was du willst.
Gedanken sind der Spiegel deines Wollens,
Gedanken sind du selbst,
und wenn du die bist, die wählt,
dann sind deine Gedanken das, was du gewählt hast.

„Alles ist All, und alles ist vom All durchdrungen", bedeutet also:
Deine Gedanken und das All sind eins,
nicht nur du und das All sind eins,
auch deine Gedanken und das All sind eins.
So ist da ein Band, das du wissen musst, um zu leben im Geiste,
ein Band zwischen deinen Gedanken und dem All,
das dir, wenn du dir dessen bewusst bist, ermöglicht,
zu leben in Einheit mit dem All.
Denn denkst du und setzt das Gesetz des freien Willens zugrunde,
weißt du, dass das, was du denkst, sein wird,
dass das, was du denkst, ist.

Und je mehr du dir dessen bewusst bist,
umso schneller,
umso intensiver,
umso geradliniger
werden deine Gedanken wahr sein,
werden sie geschehen,
werden sie sich manifestieren.

Pass also auf, was du denkst.
Hüte dich vor deinen Gedanken,
die etwas bewirken können, was du vielleicht gar nicht wahrhaben
wolltest,
pflege deine Gedanken in dem Wissen, dass es sein wird, wie du
denkst,
hüte deine Gedanken wie einen Schatz, der kostbar ist,
hüte deine Gedanken wie Geschenke, die es zu verteilen gilt,
so dass sie den erfreuen, dem du sie schenken mögest,
dass sie dem zugute kommen, dem du sie gönnst,
dass sie das bewirken, wo auch du glücklich darüber sein würdest.
Liebe deine Gedanken.
Liebe sie wie dich selbst,
denn du bist das, was du denkst.
Deine Gedanken und du, das ist eins,
weil alles eins ist, eben das All.

Denke dir Licht, und du wirst stehen im Licht,
denke dir Finsternis, und sie ist da.
Alles geschieht, wie du es wählst,
alles geschieht, wie du es möchtest.
Ist das All nicht weise?
Ist es nicht groß?
Ist es nicht gütig in seiner Entscheidung, dich, Mensch, wählen zu
lassen?

Hast du begriffen die Macht deiner Gedanken, kannst du alles erreichen,
alles geschehen lassen,
alles entstehen lassen,
alles vernichten.
Doch hüte dich vor falschen Machtgelüsten,
hüte dich vor falschen Zielen
und dem Genuss der Selbstsucht,
denn auch das ist All,
auch das ist Größe, ist Weisheit, ist Güte:
Das Gesetz der „Ursache und Wirkung",
das Gesetz, das besagt, dass all das, was du aussendest, auch wieder zu dir zurückfällt,
all das, was du tust, seine Auswirkung hat,
und zwar eine Auswirkung auf dich selbst.
So wird das, was du aussendest, auch zu dir kommen,
das, was du gibst, wirst du erhalten,
das, was du zeigst, wird sich dir zeigen.
Darum wähle deine Gedanken genauso weise wie deine Taten.

Gott zum Gruße,
Gott zum Gruße.

 ☆ ☆ ☆

Die Illusion

(Die Aufgestiegenen Meister)

Gott zum Gruße,
Gott zum Gruße.

Das All ist Geist, und Geist ist in allem.
Alles ist Geist,
alles ist vom All durchdrungen,
und so wird klar, dass alles eins ist, alles ist Geist.
Doch wenn alles Geist ist,
dann ist das Einzelne nicht mehr das Einzelne,
denn es ist das gleiche wie das andere,
es ist Geist.
Ist jedoch alles das Gleiche, alles Geist,
was unterscheidet dann?
Was ist es, was den Stein unterscheidet von dem anderen Stein?
Was ist es, das dich unterscheidet von dem anderen Menschen,
oder gar, was unterscheidet dich vom Stein?
Wenn alles Geist ist und alles eins, alles vom All durchdrungen
und doch unterscheidet es sich,
dann wollen wir nun sehen, wie es dazu kommt,
denn es steht Aussage gegen Aussage, und doch ist beides wahr.
Es ist wahr, dass beides eins ist.
Und es ist wahr, dass beides zwei ist.
Es ist ein Paradoxon,
ein Paradoxon, wie es viele gibt im All,
denn weil das All das All ist, kann es erscheinen auf allen Ebenen.
Weil es durchdringt jedes Sein,
kann es erscheinen in jeglicher Form,
sei es als eins oder als getrennt,
sei es als „alles ist eins" oder als „alles ist verschieden",
und beides ist Wahrheit, beides ist Realität.

94

Du kannst schauen aus verschiedenen Blickwinkeln,
du kannst wahrnehmen auf verschiedenen Ebenen,
wenn du erkannt hast, dass alles Geist ist und Geist bedeutet, dass
alles vom All durchdrungen ist,
dann weißt du viel, sehr viel.
Und doch musst du begreifen, es bedeutet nicht, dass das Getrenntsein nicht mehr wahr ist.
Es ist beides.
Und du musst beides leben.
Du muss schaffen zu leben in der Welt der Illusion, in der gilt:
Materie, Zeit und Raum sind existent,
und gleichzeitig musst du leben das Wissen um den Geist, der besagt:
Das All ist unendlich,
die Zeit existiert nur als Illusion,
der Raum ist Illusion,
die Materie ist Illusion,
nichts ist wirklich,
nichts ist wahrhaftig,
und doch ist es wahr.
Denn du, du lebst auf der untersten Ebene,
und dort existiert die Zeit,
dort existieren Raum und Materie.
Sei dir also bewusst der Illusion zugleich mit dem Wissen um die Existenz und lebe beides,
denn beides zu leben bringt Weisheit,
beides zu leben ist der Weg zur Weisheit,
beides zu leben ist der Schlüssel dazu, Macht über die Gesetze des
Universellen Seins zu erlangen.

Lebst du jedoch getrennt,
das heißt, lebst du als Mensch und lebst in der Vorstellung der Illusion
alleine, weil du glaubst, du seist weise,
dann wird es dir schlecht ergehen,

denn beherrschen wirst du die Illusion erst mit dem Leben aller dir gegebenen Wahrheiten.

Nimm also an das, was dir gegeben, und wandle es um,
wandle es um, anstatt es zu ignorieren,
wandle es um, anstatt so zu tun, als existiere die Welt nicht, weil sie nur Illusion ist.

Es ist wahr, ja, die Welt ist Illusion,
doch um sie zu beherrschen musst du anwenden die Kraft der Umwandlung
und nicht die Kraft der Verneinung,
denn Verneinung bedeutet Leugnen der universellen Gesetze.

Erkenne die Gesetze an,
lebe sie, integriere sie und:
Beherrsche sie.
Und du wirst Meister sein.

Denn der Meister weiß sie zu lenken,
weiß die Gesetze anzuwenden,
weiß um die Macht der Umwandlung.

Er weiß, dass er die Gesetze beherrschen lernen kann, so wie ein Kind lernen kann,
nämlich in dem er es einfach tut, es einfach ist.

Denn bist du, was du bist,
wirst du geführt werden,
und du wirst von selbst den Weg der Weisheit gehen,
die Welt wird sich dir offenbaren,
der Geist, der dahinter steht, wird sich dir zeigen,
das All, das alles durchdringt, wird mit dir Kontakt aufnehmen.

Darum lass es geschehen, lass es sein,
lass die Welt die Welt sein,
lass die Illusion die Illusion sein,
lass alles so sein, wie es ist,
und du wirst weiterkommen auf deinem Weg,

weiterkommen auf dem Weg zur Weisheit.

Darum stelle dich nicht selbst dazwischen, indem du die Welt ignorierst und die Illusion zu deiner Wahrheit machst.

Lebe beides und sei beides,

und so wirst du erkennen den Geist in allem,

so wirst du verstehen das „Wie oben, so unten" und „wie unten, so oben".

Denn wäre nur die Illusion die Wahrheit und sonst nichts,

oder wäre nur das Oben wahr und nicht auch das Unten,

was wäret ihr dann, ihr Menschen,

und was wäre das Gesetz „wie oben, so unten",

es hätte seine Gültigkeit verloren.

So aber hat es seine volle Wirkung,

seine volle Kraft.

Ihr alle, ihr Menschen, ihr Tiere, ihr Pflanzen,

ihr da auf der untersten Ebene,

ihr könnt uns wahrnehmen,

ihr könnt erkennen, wer ihr wirklich seid,

indem ihr euch selbst achtet in eurer Realität,

genauso wie ihr achtet die Realität des Höheren,

des Reinen,

des Geistes.

Seid weise

und schreitet fort auf dem Weg zur Weisheit,

denn um die Existenz des Geistes zu wissen bedeutet zwar einen Riesenschritt Richtung Wahrheit,

Richtung Weisheit,

doch das ist nicht genug.

Schreitet also fort auf eurem Weg und lasst die Wahrheit zu euch kommen.

Lebt in der Gewissheit, dass Geist in allem ist,
All alles durchdringt,
und gleichzeitig erkennt an,
dass die Illusion des menschlichen Daseins eure Grundlage ist, um zu
existieren als Mensch.

Die grenzenlose Freiheit der Wahl

(Die Aufgestiegenen Meister)

Des Weiteren wollen wir sprechen mit euch
über die Grundsätze, die euch zum Menschen befähigen.

Menschsein bedeutet, frei zu sein.
Menschsein bedeutet zu wählen und die Ergebnisse der eigenen
Wahl zu leben.
Das ist Freiheit.
Was wäre mehr frei, als alles selbst bestimmen zu können, als selbst
wählen zu können?
Ist es nicht traumhaft,
ist es nicht schön?
Ich denke, und es geschieht,
ich wähle, und es wird sein,
ich will, und es sei.
Was für eine Macht.
Was für ein Geschenk.
Und Gott gab es uns.
Gott schenkte es uns, das freie Wählen,
das Wollen.
Gott, der das All ist,
Gott, der weise ist und gütig,
Gott in seiner Größe und Wahrhaftigkeit.

(Was ist der Unterschied zwischen Gott und dem All?)

Gute Frage!!
Gott ist Größe,
und das All ist Größe.
Gott ist allwissend,
das All ist allwissend.

Gott ist weise,
das All ist weise.
Gott und das All – es ist eins.
Gott und das All sind allumfassend, sind unendlich, sind grenzenlos.
Gott und das All
sind eins.
Sind gleich.
Bleiben gleich.
Sind eins!

(Warum wählt ihr das Wort Gott und dann wieder das Wort All?)

Es ist gleich,
es bleibt gleich,
es ist eins.

(Okay)

Wir sprachen also über die grenzenlose Freiheit des Menschen.
Er kann alles.
Er lebt all das, was er will,
all das, was er gewählt hat,
all das, was er noch wählen wird.
Der Mensch hat die Freiheit zu sein, zu werden und gewesen zu sein,
was auch immer er wünscht.
Er hat die Freiheit zu wünschen, zu wählen, zu sein.
Nichts gibt es, das ihn hindert,
nichts, was sich ihm in den Weg stellt.
Was er wählt, geschieht.

Warum also weiß der Mensch das nicht?
Warum also jammert der Mensch über sein Schicksal?

Warum also begreift er nicht seine Größe, seine Macht, sein Dasein?
Weil er Mensch ist.
Und als Mensch lebt er eingebettet in die Illusion der Materie, der Zeit und des Raums.
Als Mensch lebt er diese Illusion so perfekt,
dass er vergessen hat, wer er wirklich ist.
Er hat vergessen, dass er reiner Geist ist,
hat vergessen, dass er vom All durchdrungen ist wie alles andere auch,
hat vergessen, dass er wahrnehmen kann,
dass er fühlen kann,
dass er erkennen kann,
und so lebt der Mensch in dieser Illusion und ist sich ganz sicher, dass es Realität ist,
dass all das um ihn real ist.
Er lebt in der Gewissheit, dass die Welt die Welt ist,
dass die Erde die Erde ist,
dass das Universum das Universum ist,
und er, der Mensch, eben der Mensch ist.
Schade,
denn würde er begreifen seine wahre Identität, würden die Grenzen fallen,
die Grenzen, die ihn hindern zu verstehen,
die Grenzen, die ihn davon abhalten, liebenswert zu sein,
die Grenzen, die ihn werten und urteilen lassen.
Er würde wissen um die Macht seiner Gedanken,
um die Kraft seines Wollens
und die Größe seiner selbst.
Und plötzlich wäre es unnötig zu kämpfen,
unnötig, sich zu wehren,
unnötig, sich anzufeinden.
Das Leben als Mensch wäre mit Licht durchflutet.
Je mehr sich die Menschen ihrer selbst bewusst werden, umso mehr

hebt sich die Schwingung und umso mehr Licht wird sein auf dieser Ebene.
Es wäre so einfach, so leicht,
doch der Mensch wählt selbst.
Er bestimmt.
Er hat die Freiheit zu entscheiden

Der Mensch:
Will er, geschieht es.
Wählt er, geschieht es.
Denkt er, geschieht es.

Die Macht der Gedanken ist gnadenlos.
Die Macht der Gedanken hat absolute Kraft.
Denn das All ist in allem,
und so auch in dir, dem Menschen,
in deinen Gedanken,
in deiner Wahl.

Du besitzt also die Macht des Ganzen,
du besitzt die Macht des Geistes,
du besitzt die Macht der Umwandlung.
Im Wissen um die universellen Gesetze ist dir alles möglich.
Darum studiere sie gründlich.
Studiere sie so, dass du verstehen kannst,
denn Verstehen bedeutet Macht,
Verstehen bedeutet Wissen,
Verstehen bedeutet tatsächlich das Anwenden dieser Freiheit, zu wählen.
Denn erst durch das Verstehen wirst du fähig sein, deinen Gedanken diese Macht zu geben,
diese Macht zu leben,
diese Macht zu sein.

Wähle weise,
wähle sorgsam.
Lebe weise
und lebe sorgsam,
so dass all das, was du wählst, in Erfüllung gehen möge
und dir und all den anderen Wesen im All zum Besten gereiche.
Die Macht deiner Gedanken soll Kraft besitzen,
Kraft und Macht,
auf dass du fähig bist zu entscheiden, zu wählen und zu wollen
und du auch fähig bist, es geschehen zu lassen im Sinne und im Wollen des Alls,
im Wünschen und im Wesen des Seins,
im Lachen und in der Freude des Geistes.

Lebe weise und in Liebe, lebe groß und lebe still
im Wissen um deine Macht
und in der Stille der Zurückgezogenheit.
Die Macht sei dir gegeben,
die Größe der Stille auch.
So bist du fähig zu schweigen,
fähig, groß zu sein, ohne es wissen zu lassen,
fähig, Macht zu leben, ohne Angriff zu bieten.

Gott zum Gruße,
Gott zum Gruße.

Ob du es glaubst, oder nicht

(Die Aufgestiegenen Meister)

Gott zum Gruße,
Gott zum Gruße.

Wir sprachen über die Macht der Gedanken,
darüber, dass der Mensch die Macht besitzt zu wählen und zu sein,
was er wünscht,
darüber, dass er alles bekommen kann,
alles sich ihm zeigen wird,
alles sein wird, was er wünscht,
und er so den Schlüssel der Macht bereits besitzt, ohne es zu wissen,
denn all das, was ihn umgibt in seiner Welt,
all das, was ihn umgibt,
hat er selbst gewählt,
sei es jetzt in seinem Sein als Mensch,
oder auch in seinem Sein als nicht inkarnierte Seele,
er hat gewählt.
Denn er ist immer Seele,
er ist immer ein Wesen der Geistigen Welt,
ob er es weiß oder nicht,
ob er es glaubt oder nicht,
er ist es.

Jeder braucht seine Zeit, um zu begreifen,
jeder seinen Raum, um zu sein,
seinen Raum, um zu werden,
seinen Raum, um zu begreifen, dass er immer schon ist,
und es gar nicht notwendig ist zu werden,
weil er eben schon ist.
Er war, er ist, er wird sein,
es ist das Gleiche,

denn er ist einfach, was er ist,
ein Wesen Gottes,
ein Wesen, das Gott in sich trägt,
ein Wesen, das das All in sich trägt,
eben ein Wesen, vom All durchdrungen.
So ist es und ist es auf ewig,
so war es, so ist es, und so wird es sein.

Das All durchdringt alles,
das All ist in allem,
und so auch im Menschen.
Und weil es so ist,
weil es also alles durchdringt,
und weil das All das All ist,
das All, das ungreifbar ist,
das All, das eins ist, also Einheit bedeutet,
dieses All, das nicht unterscheidbar ist,
nicht trennbar, nicht teilbar,
das nicht vermehrbar
und auch nicht verkleinerbar,
das All, das ist, wie es ist,
ohne dass man ihm etwas wegnehmen könnte,
du nicht und auch sonst keine Macht,
dieses All durchdringt alles,
und weil es das tut,
weil es alles und jeden durchdringt,
bist du als Mensch ein Wesen, bist du ein Sein,
durchdrungen vom All,
nicht ein Teil vom All bist du, nicht ein Stück davon, nein,
du bist durchdrungen so, wie alles andere Sein auch,
und so ist alles eins,
so ist alles in allem,
denn eins ist das All.

Alles in allem.
Das ist die große Weisheit, die es zu begreifen gibt.
Und möglich nur durch die Tatsache, dass das All das All ist,
nicht teilbar, sondern eins.
Alles in allem,
begreifst du jetzt?
Alles in allem.

Und durch dieses „Alles in allem" kannst du erkennen,
dass Zeit nicht existieren kann.
Denn Zeit wäre nur möglich, wenn wir Teile von etwas wären,
Teilstücke, die die Macht hätten, selbst zu entscheiden,
Teilstücke, die die Größe hätten, selbst zu wählen,
so könnten wir auch wählen
die Vergangenheit, die Zukunft, das Jetzt,
und nur so wäre es möglich.

Gilt aber „Alles in allem"
als „alles ist vom All durchdrungen",
und „das All ist eins",
so ist es unmöglich, etwas Eigenes zu sein,
unmöglich, ein Ich zu sein,
ein einzelnes, abgetrenntes Ich.

Wieder sprechen wir über ein Paradoxon,
denn wir sagen: Ein Ich ist nicht,
und wir sagten:
Der Mensch hat die Freiheit zu wählen.
Und beides ist wahr,
beides stimmt.
Und erst die Einheit beider Aussagen
macht das Ganze zur wahren Wahrheit,
erst beides zusammen macht den Menschen aus,

beides zusammen gibt ihm die Macht, die dem Menschen eben gegeben ward.

Er, der Mensch – vom All durchdrungen,

er, der Mensch – die Seele,

es gilt beides.

Und weil beides gilt, ist der Mensch das, was er ist,

ein Wesen der Geistigen Welt,

ein himmlisches Wesen,

ein Wesen, das nur vergessen hat, dass er es ist,

ein Wesen, das erst wieder begreifen muss, dass er das ist,

und nichts anderes.

Begreift der Mensch also und erkennt er sein Sein,

erkennt er auch die Wahrheit beider Aussagen.

Begreift er die Gültigkeit,

versteht er die Wahrheit beider Aussagen,

und dann,

und das ist das Schöne,

dann wird er es leben

und genießen,

und sein,

auf allen Ebenen,

in all seinen Daseinsformen,

auf allen Planeten,

und auf allen Wegen.

Er wird es sein, das Göttliche und „das, was selbst wählt",

er wird beides sein.

Denn das Vereinigen beider Seiten, das Verschmelzen, die Kommu-
nion,

die geschieht erst ganz zum Ende unseres Weges,

es geschieht, wenn wir verschmelzen mit dem All

und nichts mehr sind als eins mit dem All,

die Erlösung,

die absolute Freiheit,

die Einigkeit im Geist.
Doch zuvor leben und sind wir beides,
und je mehr wir um dieses wissen,
je mehr wir es integrieren, es leben,
umso mehr Weisheit durchdringt uns,
umso mehr göttliche Führung kommt uns zugute.
Wir leben dann im Wissen um all die Wesen, die uns geleiten,
die uns unterstützen, uns zur Seite stehen,
und sind uns gleichzeitig bewusst, Mensch zu sein.
Wir leben in Führung und in Demut,
und es ist eine Freude
und ein Genuss.

So lasst es uns tun.
Lasst uns diese Art der Freiheit leben.
Lasst uns leben in Einheit und in dem Wissen,
dass jeder seinen Platz hat und gebraucht wird,
sei es als Engel,
als Aufgestiegener Meister,
oder als du, der du dort unten auf der Erde lebst.
Wir alle haben unseren Platz,
wir alle haben unsere Aufgabe,
wir alle gehen unseren Weg.

Lebe und sei, was du bist,
lebe und sei du selbst,
denn bist du du selbst,
geschieht alles von selbst,
und das, was von selbst geschieht, ist Weisheit,
ist Größe.

Begreife also dein Leben als etwas Wundervolles,
als etwas Großes, und lebe es auch so.

Die Zeit

(Die Aufgestiegenen Meister)

(Wir möchten noch einmal auf die Zeit zurückkommen,
die Erklärung, warum Zeit nicht existiert)

Ja,
die Zeit,
die Zeit besagt, dass etwas zu einem bestimmten Zeitpunkt passieren
wird oder schon passiert ist,
sie besagt, dass du alt bist oder jung,
sie sagt uns, wann wir etwas zu tun haben oder nicht,
sie zeigt uns, wann wir uns zu ärgern haben.
Die Zeit teilt den Tag ein und die Nacht,
sei teilt das Jahr ein und …,
immer, immer ist sie da und bestimmt auf ihre Weise
was oder wann wer zu tun hat oder nicht.
Doch gewählt habt ihr sie, ihr Menschen.
Ihr braucht sie, um euch zu arrangieren,
euch zu treffen,
ihr benutzt sie, um Kuchen zu backen,
ins Kino zu gehen,
ihr habt sie gewählt, um den Morgen Morgen zu nennen
und den Abend Abend,
doch würdet ihr hören auf euere innere Stimme,
hättet ihr Verbindung zu eurem wahren Sein,
wäret ihr euch also bewusst,
dass ihr vom All durchdrungen,
dann bräuchtet ihr sie nicht, die Zeit,
denn wenn jeder hört auf seine Führung,
jeder geht nach seinem inneren Wollen,
geschähe alles von selbst.

Denn,
wie schon gesagt:
Sei du selbst,
und alles ist gut.
Du würdest die treffen, die du treffen sollst,
du würdest das lernen, was du lernen sollst,
du würdest das sein, was du bist.
Doch man muss auch sehen,
Zeit und Mensch gehören zusammen,
denn gewählt habt ihr das Dasein als Mensch zusammen mit der Illusion,
und Illusion bedeutet leben in Zeit, Raum und Materie,
und obwohl also Zeit, Raum und Materie nicht gelten im universellen
Sein,
denn All ist nicht veränderbar,
weil All das All ist,
ist es doch existent in seiner Form der Illusion,
die Illusion, die das All gewählt hat,
die das All geschaffen hat,
geschaffen durch euren Willen,
eurem Wunsch, es zu leben, um begreifen zu können,
euer Wunsch, es als genau diese Illusion leben zu wollen,
so lange, bis ihr begreift.
Das All ist weise und allmächtig,
und so gewährt es
der Zeit ihren Platz,
dem Raum und auch der Materie,
denn es gab euch den freien Willen,
und ihr wähltet.

Gott zum Gruße,
Gott zum Gruße.

Friede sei in dir

(Die Aufgestiegenen Meister)

Gott zum Gruße,
Gott zum Gruße.

Stelle dich ins Licht und lausche ...

Gott Vater,
der Vater allen Seins,
Gott Vater,
er ist das All.
Er ist das ganze Sein,
und er ist überall zugleich.
Er ist in jedem, und jedes trägt ihn in sich,
er gibt Licht in jedes Sein,
und dadurch hat alles die Möglichkeit, zu strahlen im Licht,
zu sein ein Wesen des Lichts,
zu leuchten im Schein Gottes.
Und Tatsache ist,
dass auch jedes Sein es tut und es ist.
Jedes Sein ist Licht und erstrahlt im Licht,
jedes Sein ist Licht.
Schaue also hin,
schaue genau hin.
Lass all das beiseite, was dir den Blick vernebelt,
lass all das sein, was dich hindert, es zu erkennen, es wahrzunehmen.
Lass all das fallen, was dich zum Werten, zum Verurteilen zwingen möchte,
und genieße dein Wissen um die Vollkommenheit der Seelen.
Genieße dein Wissen um den Geist,
dein Wissen um Gott.

Gott ist in allem,
und alles ist von Gott durchdrungen.
Gott ...,
er ist das All.
Das All ...,
es ist Gott.
Nur die Wörter sind verschieden, je nachdem, für wen es geeignet erscheint,
je nachdem, wer welches Wort lieber benutzen möchte,
doch ist es das Gleiche,
es ist das Eine,
das Allwissende,
das einzig Große.

Bleibe treu in deiner Suche nach dem All,
bleibe treu auf deinem Weg, dich dem All zu nähern,
bleibe treu in deinem Sein
und du wirst finden.
Lebe gelassen und weise,
lebe, die Freiheit zu wählen und wähle weise,
lebe gesund und zufrieden.
Und achten sollst du deinen Schmerz
in dem Wissen,
dass auch der Schmerz Wahrheit birgt,
dass auch der Schmerz dir Wege eröffnet,
die dir verborgen blieben ohne ihn,
dass der Schmerz dir Möglichkeiten gibt, die du wähltest zu haben.

Schlimm ist der Krieg,
schlimm das Töten,
so sagt ihr,
doch was lehrt es euch?
Das ist es, was ihr versuchen müsst zu erkennen!

Was lehrt es euch?
Und nicht _eine_ Antwort gibt es,
nicht die eine einzige Antwort,
sondern viele.
Denn jeden lehrt es etwas anderes,
jedem sagt es etwas anderes,
jedem zeigt es etwas anderes auf,
und so kann jeder lernen für sich, für seinen individuellen Weg,
für sich selbst.
Das heißt nicht, dass wir den Krieg begrüßen,
nein,
denkt das nicht.
Frieden ist das höchste Gut auf Erden,
Frieden,
denn er bringt das Lachen,
die Freude,
das Glücklichsein,
doch wenn Krieg eben da ist und aus Gründen, die ihr vielleicht nicht
verstehen könnt,
dann lauscht auf euer Inneres,
lauscht auf die Antwort,
die euch sagen möchte, was es für euch bedeutet,
für euch persönlich,
für euren Weg,
euer Wissen,
eure Neigung.
Erforscht es,
findet es heraus und lernt daraus.
Vielleicht sind es Gedanken, die ihr zu ändern habt,
vielleicht sind es Worte, die nie gesprochen werden hätten sollen,
vielleicht aber auch ...
ist es die fehlende Ruhe, die Gelassenheit.

Oder aber es geht um Wut
oder um Hass?
Auch ihr tragt zu der Situation bei, auch wenn ihr gar nicht dabei seid
vor Ort,
doch ihr denkt,
ihr redet darüber,
ihr schimpft oder lobt,
und so seid ihr ein Teil des Geschehens,
so verbindet ihr euch mit dem Geist
und werdet zu Ursache,
zu Verursachern.
Ihr seid Teil der Schöpfung geworden,
Teil des Schaffens,
Teil des Werdens.
Und glaubt ja nicht, dass es unerheblich ist, was ihr da tut,
was ihr da denkt, was ihr da redet,
denn stellt euch vor,
es reden tausend Leute das Gleiche,
beziehungsweise 100.000 Leute denken das Gleiche,
oder eine Million tun das Gleiche,
was für eine Kraft,
was für eine Ansammlung von Energie,
was für eine Macht!
Und ihr seid ein Teil dieser Macht, ihr seid ein Teil dieses Geschehens.
Also hütet euch vor euren Gedanken
und denkt rein,
denkt weise,
denkt in Ruhe und in Gelassenheit.
Schenkt Frieden durch eure Gedanken,
schenkt Frieden durch eure Worte,
schenkt Frieden durch euer Tun.
Liebt sie, die Menschen,
liebt sie.

Und liebt sie alle,
und wirklich alle.
Denn jeder von ihnen trägt göttliches Licht in sich,
jeder von ihnen trägt Weisheit in sich,
jeder von ihnen ist Geist.
Liebe sie also,
liebe sie
und fühle dich frei dadurch.
Liebe sie
und erkenne dein Handeln,
dein Handeln in Gott,
dein Handeln in Güte,
dein Wirken im Licht und im hellen Schein des Alls.
Nichts kann dich aufhalten, Frieden zu denken,
nichts dich hindern.
Du allein hast die Wahl,
du allein, und alle anderen auch.
Ihr alle seid frei in eurer Entscheidung
und frei in eurem Denken,
und der Gedanke „Friede sei mit dir"
sei jedem vergönnt.
J e d e m !

Friede sei mit dir,
es bedeutet wahrlich Freiheit.

6. DAS GESETZ VON URSACHE UND WIRKUNG

Ursache und Wirkung
(Die Aufgestiegenen Meister)

Gott zum Gruße,
Gott zum Gruße.

Ein neues Gesetz werden wir heute beginnen, ein neues Gesetz, es ist:
Das Gesetz der Ursache und Wirkung,
das Gesetz des „was ich tue, fällt auf mich zurück",
des „was ich denke, wird geschehen",
aber auch, was vor tausend Jahr geschah,
mag jetzt erst seine Wirkung haben,
was vor hunderten von Leben sich als Ursache vollzog,
mag vielleicht jetzt erst seine Auswirkung haben,
und weil dieses Gesetz so eine enorme Wirkung hat
auf alles, was geschieht,
auf alles, was du denkst,
auf alles, was du bist,
ist es auch so wichtig und so groß in seiner Aussage.
Im Ansatz habt ihr schon verstanden,
denn in den anderen Kapiteln kommt zur Genüge vor,
was deine Gedanken bedeuten,
was deine Taten bedeuten,
deine Worte,
doch das Entscheidende ist, dass das, was du aussendest, also Gedanken, Taten und Worte,
nicht nur geschehen, weil du die Macht besitzt, es geschehen zu lassen,
sondern dass es sich auch auswirkt

116

auf das, was auf dich zurückfällt,
auf das, was mit dir geschehen wird,
auf das, was du erleben wirst.

Ursache und Wirkung,
das ist etwas Merkwürdiges,
etwas Einmaliges im Universum,
etwas Großes.
Es ist notwendig, um das Spiel des Vergessens und des Wiederfindens spielen zu können.
Es ist notwendig, um als Mensch den Weg zur Erleuchtung gehen zu können.
Ohne dieses Gesetz der Ursache und Wirkung
würde das Menschsein nicht funktionieren,
würde die Illusion keinen Sinn ergeben,
wäre der Weg, den die Seele beschreitet, bis zu ihrem Ziel, der Verschmelzung mit dem All,
wäre also dieser Weg sinnlos.
So aber,
mit diesem großen Gesetz,
hat der Mensch die Möglichkeit zu wachsen,
zu verstehen
und seine Wahl zu ändern,
so zu ändern, dass die Ursache eine andere wird,
oder so zu ändern, dass die Wirkung eine andere wird,
denn nicht nur die Ursache kann geändert werden,
sondern auch die Wirkung darauf.
Durch Anwenden aller universellen Gesetze im Gemeinsamen
kann auch dieses Gesetz,
diese Kraft, die in dem Gesetz der Ursache und Wirkung wohnt,
aufgehoben werden.

Haben wir nicht gesagt, der Mensch hat die Freiheit zu wählen?
Haben wir nicht erkannt, dass er die absolute Macht besitzt, sein Universum zu gestalten?
Dann muss es doch möglich sein,
dieses Gesetz zu beherrschen,
es zu dirigieren,
es aufzuheben.
Und das ist es auch.

Doch weit fortgeschritten musst du sein auf deinem Weg.
Viel, viel Wissen musst du dir angeeignet haben,
viel, viel Verständnis musst du aufbringen über die Prinzipien des Geistes.
Denn erst das Verstehen gibt dir die Möglichkeit, etwas zu ändern,
erst das Verstehen gibt dir die Macht in die Hände,
die Macht, die Ursache bewusst zu sein,
die Macht, die Wirkung bewusst zu lenken.
Du als Mensch hast die Größe, es zu tun,
denn hättest du es nicht,
wärest du ein dem Gesetz ausgeliefertes Nichts,
das nichts zu entscheiden hätte.
Du weißt jedoch bereits,
wie sehr du fähig bist zu entscheiden,
wie sehr du Macht hast zu steuern.
Nutze also dein Wissen
und werde bewusst zu Ursache,
werde bewusst zu einer Ursache, die rein ist,
zu Ursache, die Liebe in sich trägt,
die weise Worte birgt
und die allen zum Guten gereiche.
Werde bewusst zu einer großartigen weitreichenden Ursache,
so dass all das, was als Wirkung darauf folgen möge,
großartig und weise sei,

dass all das, was folgen möge, rein sei,
rein und von Gottes Weisheit durchdrungen,
rein und im Licht erstrahlend.

Ein wundervolles Leben wirst du führen,
ein wundervolles Leben leben,
wenn du bewusst zu reiner, lichter Ursache wirst
und nichts dich hindern kann, es zu tun,
nichts dich abhalten kann,
Ursache, aus Liebe geboren, zu leben.
Denn sei dir auch dessen bewusst:
Kein Handeln gibt es in deinem Leben,
das nicht Ursache wäre,
kein Tun, das nicht eine Wirkung zur Folge hätte.
All das, was du also tust,
all das, was du denkst,
all das, was du glaubst,
all das, was du lebst,
ist Ursache.
Und es hat auch all das Gesagte,
das Gedachte,
eine Auswirkung.
Etwas wird geschehen, weil du zuvor gedacht hast, dass ...,
etwas wird sein, weil du gesagt hast, dass ...,
etwas wird passieren, weil du getan hast.

Wir nennen das Prinzip von Ursache und Wirkung auch Karma,
und dieses Wort Karma bedeutet nichts anderes
als:
„Lebe in Reinheit und in Weisheit,
und Reinheit und Weisheit wird dir widerfahren!"

Was ist Wirkung, was ist Ursache?

(Die Aufgestiegenen Meister)

Du fragst dich vielleicht,
was ist Wirkung, und was ist Ursache?
Was von den beiden ist das, was gerade passiert,
gerade eben?

Kann es beides sein?
Kann ich beides zugleich erleben?
Wenn ich einen Brief schreibe,
schreibe ich ihn dann, weil ich zum Beispiel antworte auf einen Brief,
der an mich gerichtet war?
Das wäre dann die Reaktion auf etwas Vorausgegangenes, also eine
Wirkung.
Oder schreibe ich, und ich bin der- oder diejenige, die begonnen hat,
die also zuerst schreibt,
bin ich also die Ursache für den Brief, der zu mir kommen wird als
Antwort auf meinen?
Oder aber geht der Briefwechsel schon länger hin und her,
habe ich also schon viele, viele Briefe erhalten und schon viele, viele
Briefe geschrieben?
Und somit ist beides gleichzeitig wahr?
Es ist Ursache und Wirkung zugleich?
So oder ähnlich könntest du fragen,
und es wäre eine sehr weise Frage.
Es <u>ist</u> eine sehr weise Frage.
Und die Antwort lautet: JA.
Es ist beides zugleich.
Es ist immer beides zugleich.
Selbst wenn du überzeugt davon bist, dass du zum Beispiel die bist,
die mit dem Briefschreiben angefangen hat oder gerade eben an-
fängt,

glaube mir,

es ist beides.

Es ist Ursache,

und es ist Wirkung,

denn für dich nicht überschaubar, nicht einsehbar

ist all das Vorangegangene,

all das bereits Erlebte, Gesagte, Gefühlte,

all die Kommunikation, die ohne Worte geschieht,

all die Verbindungen, die sich auf geistiger Ebene abspielen,

all das, was du erlebt hast in vorangegangenen Leben,

was du getan hast,

was du warst.

Denn glaube mir,

du magst zwar jetzt gerade ein lieber Mensch sein,

aber du hast gewiss alle möglichen Spielarten des „Bösen" schon hinter dir.

Das musst du auch,

denn wie willst du begreifen, wie verstehen,

wenn du keine Ahnung hast.

Wie willst du lieben,

wenn du nicht verstehst?

So musst du alle Schattenseiten des Lebens selbst leben,

musst alle Nuancen des Gutseins gelebt haben,

musst nach und nach begreifen,

was es bedeutet, Ursache zu sein,

und was es bedeutet, dessen Auswirkung zu spüren

und auch leben zu müssen.

Denn nichts entkommt diesem Gesetz.

Es ist all-gültig.

Nichts entgeht diesem Gesetz,

denn es ist all-mächtig.

Nichts kann es hindern zu sein,
denn es ist Teil der Illusion,
Teil des Weges, den der Mensch zu gehen hat,
Teil des großen Plans, den es zu erforschen gilt.

So sei dir immer bewusst, dass du Ursache bist,
und wieder hast du einen weiteren Schlüssel in der Hand,
einen Schlüssel, der dir eine Tür öffnet.
Und diese Tür bringt dich weiter auf deinem Weg des Erkennens,
weiter auf deinem Weg zum All.
Mit dem Verstehen dieses Gesetzes
kannst du ändern dein gesamtes Universum,
dein gesamtes Sein,
all das, was dich umgibt.
Denn schenkst du ein Lächeln,
kommt es auch zu dir zurück,
schenkst du ein Strahlen,
wirst auch du angestrahlt,
schenkst du Freude,
wird auch Freude in dein Herz Einzug nehmen.

Die Wirkung seiner eigenen Ursache zu erkennen macht Freude,
das Lächeln, das man ausgesendet hat, wieder empfangen zu dürfen,
ist einfach göttlich.
Darum gib all dein Licht als Strahlen nach außen,
schenke all deine Freude als Glück deiner Umgebung,
gib all dein Herz als Liebe deinen Mitmenschen,
und die Wirkung wird gigantisch sein,
die Wirkung, die folgt auf die Ursache,
die Wirkung darauf, was du gegeben hast, was du gedacht hast.

Erkennst du den Zusammenhang der ersten drei Gesetze?
Erkennst du die Beziehung?

„Alles ist Geist" ...
Ohne dieses gäbe es das Gesetz des Karmas nicht,
und das erste Gesetz, das der Entsprechung, das besagt: Wie oben,
so unten,
ohne dieses ...
erkennst du nun den Zusammenhang der Gesetze?
Erkennst du die Verbindung?

Ohne das Gesetz „Alles ist Geist" gäbe es kein Karma,
es wäre unmöglich, Ursache und Wirkung zu leben
oder gar zu sein.

☆ ☆ ☆

Du bist der Stein

(Die Aufgestiegenen Meister)

Gott zum Gruße,
Gott zum Gruße.

Das Karma,
es ist umwerfend,
es ist gigantisch,
es ist unser Weg.
Alles, alles ist von ihm beeinflusst,
und alles wird von ihm gelenkt.
Es gibt nichts ohne es,
es gibt nichts außer ihm,
außer Gott will es so,
außer das All wählt, dass es genug ist,
außer das All bestimmt, dass es vorbei ist,
das Spiel des Karmas,
das Werden und Sein im Karma,
das Leben und Vergehen im Karma.

Du bist ein Stein, der rollt und rollt und rollt,
immer weiter hinfort
auf seinem Weg zum Glück, zum Ziel, zum Finale,
zur großen Verschmelzung mit Gott.
Du bist ein Stein, der da liegt,
und harrst der Dinge, die da kommen,
sei es Wut oder Hass,
sei es der Fuß, der dich tritt,
oder die liebevolle Hand, die dich hochhebt.
Du bist der Stein, der geschliffen ward vom Wasser, den Emotionen,
vom Wind, der Härte,
von Händen, der Kreativität,

von Gedanken, dem Geist.
Du bist der Stein, der da liegt,
und wartet auf seinen Werdegang,
wartet auf das, was geschehen mag.
Du bist der Stein, der geworfen wird,
der gefangen wird,
der getreten wird,
geschubst,
zerbrochen
und heil gemacht,
der hochgeworfen in den Himmel
und runterfällt mit einem schmerzlichen Knall auf den Boden.
Du bist der Stein, der grün ist zur Freude aller,
oder gelb, um den Himmel zur Erde zu bringen,
der rosa ist, um die Liebe verströmen zu lassen,
oder braun, um alles am Boden zu halten.
Jede Farbe kannst du sein,
jede Farbe, jede Form warst du schon.

Alles ist möglich,
alles kann geschehen,
alles kann sein,
der Stein, der im All schwebt,
der Stein, der als Meteor durch das Universum saust,
der Stein, der vom Himmel fällt und am Boden zerbirst,
der Stein, der als Geschenk in einer wunderschönen Schachtel überreicht wird,
der Stein, der die Herzen erwärmt,
der Stein, der die Stimmung kühlt,
der Stein, der das Kind erfreut,
der Stein, der die Frau erleichtert, wenn sie ihn um den Hals trägt,
der Stein, der dem Mann in den Weg gelegt wird, damit er stolpere,
um so wieder auf den rechten Pfad zu finden,

der Stein, der dir als Felsen im Weg liegt und nichts mehr möglich erscheinen lässt.

All das bist du,
all das hast du jetzt oder in anderen Leben gelebt,
all das kennst du als deine Aufgaben,
und all das wirst du erfüllen,
sei es jetzt, oder im Vergangenen oder in der Zukunft,
es ist egal,
denn es ist eins.
die Vergangenheit, das Jetzt und die Zukunft,
es ist eins.
Und in diesem Eins wirst du alles gewesen sein,
alles gelebt haben,
alles vollendet haben,
vollendet, um zu verstehen,
vollendet, um zu begreifen,
vollendet, um zu vergeben,
und vollendet, um dein Karma aufzulösen.
Ja,
dein Karma aufzulösen.
Denn nur durch das Sein all dieser Rollen,
das Sein all dieser Leben in den verschiedenen Aspekten
wirst du frei sein,
wirst du begreifen,
und du wirst all das abgearbeitet haben, was es für dich zu tun gibt,
all die Wut, die es noch zu leben gibt, wirst du gelebt haben,
all den Hass, all den Neid und all die Eifersucht,
und wenn du schon fortgeschritten bist auf deinem Weg zur Weisheit,
wenn du schon angefangen hast zu begreifen, zu verstehen,
wenn du also schon Einblick hast in das Prinzip der universellen Gesetze,
dann wirst du fähig sein, dein Karma auf andere Weise zu lösen,

es auf andere Weise anzugehen,
nicht mehr leben müssen die Wut, denn du vergibst,
du wirst nicht mehr leben den Hass, denn du hast vergeben,
du wirst frei sein,
du bist frei,
du lebst im Geist,
und der Geist lebt in dir.
So will es das Gesetz,
so weise hat es das All bestimmt.
Du wirst vergeben,
vergeben dir selbst und so auch den anderen,
dir selbst und so auch der Welt,
dir selbst,
und so auch allen Wesen, die dich begleiten,
und das Vergeben ist Liebe,
ist Liebe, die grün und neutral,
die unendlich und weise
alles durchdringt,
denn sie ist das All.

Dein Karma

(Die Aufgestiegenen Meister)

Dein Karma löst sich,
dein Karma entschwindet,
wie Nebel entrinnt es deinen Fingern,
entrinnt es deinem Leben,
entrinnt es deinem Sein.
Und übrig bleibst du,
rein und vollkommen im Geiste,
rein und vollkommen in deinem Sein,
rein und vollkommen in deiner Weisheit,
rein und vollkommen im All.

Du und das All,
ihr werdet verschmelzen,
ihr werdet eins.
Ihr gehört zusammen in Ewigkeit.
Lass es geschehen,
lass es geschehen
und trauere nicht der Wut hinterher,
trauere nicht um das Ausrichten der anderen Leute,
um das Schwatzen über ihr Tun, ihre Kleidung, ihr Gehabe,
trauere nicht um den Verlust des Neides
oder um den Wunsch, besitzen zu wollen,
warum auch.
Nur weil du glaubst, Mensch zu sein bedeutet dieses?
Nur weil du glaubst, Mensch zu sein heißt zu neiden, zu wüten, Emotionen zu haben?
Sei weise
und erkenne in deiner Weisheit,
Aufstieg bedeutet, dass du frei sein wirst,
frei in deinem Sein,

frei von Karma,

frei von menschlichem Fühlen,

und dass es trotzdem möglich ist, dieses Leben als Mensch zu leben.

Es ist möglich,

und es ist schwer.

Aber hindert dich das?

Hindert es dich, den Weg zum Aufstieg zu wählen?

Hindert es dich, Licht zu wollen?

Nein,

das darf nicht sein!

Du willst Licht,

du willst Freiheit,

du willst Weisheit,

also gehe diesen Weg, der dich führt zum Leben ohne Karma,

zum Sein ohne Auf und Ab,

zum Existieren im Licht.

Denn nicht das Karma ist das Erstrebenswerte, das dir Befriedigung verschafft, sondern der Weg zum Licht ist es.

Nicht das Karma, das dich denken lässt „dem haue ich jetzt aber auch eine rein" oder „dem zeige ich es aber jetzt", oder so ähnlich,

sondern dein Weg ins All,

dein Weg zurück zur Einheit bringt dir das Glück.

Und nie wurde gesagt, dass es einfach ist,

nie behauptet, es sei leicht.

Denn wäre es leicht, hätte es nicht eines so enormen Aufwands an Regeln und Weisungen bedurft,

so eines enormen Aufwands an Spielanweisungen.

So aber sind die Regeln klar,

und das Karma,

das Gesetz der Ursache und Wirkung,

ist ein Teil dieses Spiels,

ein Teil dieses Weges zurück,

und du gehst ihn.
Lass also zu zu begreifen,
und der Weg ist gar nicht mehr so weit,
das Ende gar nicht mehr so fern.
Das Licht ist nah,
das All ist nah,
und je mehr du begreifst,
desto mehr wirst du gewahr, dass es direkt vor deiner Nase steht, das Licht,
begreifst du, dass es schon in dir steckt, das Licht,
erkennst du, dass du es bist, das Licht.
Und je mehr du das alles als Wirklichkeit in dein Leben integrierst,
umso mehr wirst du auch das Gesetz von Ursache und Wirkung durchschauen,
und du wirst die Fähigkeit erlangen,
es mit Liebe zu durchbrechen,
mit Liebe und dem Wissen um das All.

Sei also dieses Licht.
Sei es und fühle es in dir.
Lebe es
und verbreite es durch dein Sein.
Verbreite es so,
dass all die, die böse mit dir sein mögen,
es wahrnehmen können und das Böse, das sie gegen dich vorbringen mögen, sich umwandle in Ruhe und Frieden.
Strahle es so aus, dass das Karma sich selbst zur Auflösung bringt und es nicht mehr nötig ist, Wut zu haben.
Strahle es so aus, dass die Menschen um dich dich als strahlendes Wesen wahrnehmen,
und es ihnen nicht mehr möglich erscheint, etwas Ungutes zu tun.
In diesem Sinne
beenden wir unsere Sitzung.

Lass es wirken.
Lass es sein.
In Liebe und Ehrfurcht,
Gott zum Gruße,
Gott zum Gruße.

7. VERTRAUEN

Vertrauen I.

(Metatron)

Gott zum Gruße, meine Lieben,
Gott zum Gruße.

Ich bin Metatron.
Heute möchte ich mit euch sprechen über das Vertrauen,
denn Vertrauen ist das, woran es euch immer wieder mangelt.

Vertrauen in die göttliche Führung, in das göttliche Licht,
Vertrauen in euer ureigenstes Team,
Vertrauen in eure ureigenste Führung,
Vertrauen dahingehend, dass ihr auf Erden gekommen seid, um zu lernen,
um zu gehen diesen Weg
und dieses Vertrauen umzusetzen mit der Kraft eures Willens,
mit der Macht eurer Gedanken,
mit der Größe eures Lichts, geboren aus eurem Herzen.

Ich weiß, dass jeder Einzelne von euch sagen würde:
„Das weiß ich doch alles",
doch wenn ihr euch euren Alltag betrachtet, so werdet ihr feststellen
und müsst auch vor euch selbst zugeben, dass der Großteil eures Tages von euch durchlebt wird außerhalb dieser Zentrierung im Herzen.

Jeder von euch weiß, wie es funktioniert, sich zu erden und sich im Herzen zu zentrieren *(siehe unter „Meditationen" am Ende des Buches)*, um in der Neutralität sich aufzuhalten, sich zu befinden,
und doch lasst ihr zu, dass es anderen Menschen möglich ist, euch dort herauszuziehen oder auch zu schubsen und ihr nicht einmal euch

selbst betrachtet, denn ihr seid es, die es zulasst,
sondern wenn ihr es überhaupt in dem Moment registriert, neigt ihr
eben dazu, dieser anderen Person die „Schuld" zuzuschieben.
Doch wisset:
Alles, was geschieht, geschieht, weil ihr es so bestimmt, es so zulasst
oder es eben so wählt.

So kann es natürlich sein, um zu begreifen, ihr seid Licht in jeder
Sekunde, ihr durch diesen Wunsch, es zu begreifen, euch „Gegner"
wählt, die natürlich dann so machtvoll sein müssen, euch so anzugehen, dass ihr herauskippt, nur um es verstehen zu können, um es umsetzen zu können, um es begreifen zu können, so dass genau diese
Situation euch vielleicht das nächste Mal keinen Millimeter aus eurer
Zentrierung herausziehen kann.
Vielleicht ist es aber auch so, dass ihr immer wieder auf das gleiche Thema ansprecht, wie zum Beispiel eine Person, die Aggression
ausdrückt, sei es durch ihr körperliches Verhalten, die Körpersprache,
verbal oder auch einfach im Stillen. Auch jemand, der nach offiziellen
menschlichen Gesichtspunkten nicht als aggressiv gilt, kann durchaus Aggression ausstrahlen.
Es kann also sein, dass ihr durch jemanden, der Aggression ausstrahlt, auf welche Art auch immer, sofort den Mittelpunkt in eurem
Herzen verlasst und aus der Neutralität kippt, so wie ein anderer vielleicht aus der Neutralität kippt, sobald jemand, der vermeintlich besser, intelligenter oder was auch immer ist, er trägt zum Beispiel einen
Doktortitel, ist der Professor an der Uni oder er ist in euren Augen
einfach gescheiter, dass ihr darauf ansprecht und euch sofort „klein"
macht und aus eurem Licht kippt.

Wenn ihr euch klar seid, dass Vertrauen bedeutet, zuerst, und wirklich
zu aller-, allererst, Vertrauen in euch selbst zu haben,
Vertrauen dahinein zu geben, ihr seid Licht, ihr seid Gottes Kinder,
Gott wohnt in euch und ihr in Gott,

dann habt ihr den ersten großen Schritt getan, es in eurem Alltag zu leben.

Wir aus der Geistigen Welt, wir alle sind jederzeit bereit, euch zu unterstützen, euch zu geleiten, euch zu führen, euch unsere Hilfe zu gewähren,
aber ihr müsst es wollen, ihr müsst den Wunsch dazu haben.

Sobald ihr herauskippt und euch selbst bemitleidet mit „Ich kann das nicht", „der ist viel besser als ich", „der ist hübscher, die ist hübscher", „die hat einen tollen Busen und ich nicht" –
mit jedem dieser Zweifel, mit jedem dieser Gedanken vollbringt ihr ein Urteil und eine Bewertung und Wertung.
Und sobald ihr in der Wertung seid, seid ihr nicht in der Neutralität.

Es gibt den Ausspruch: Jede einzelne Wertung vollbringt eine neue Inkarnation.
Vielleicht mag es nicht so sein, dass es jede einzelne ist, und ihr habt natürlich auch immer die Wahl, es zu neutralisieren durch Verstehen, durch Vergeben, durch Liebe, aber dennoch ist es eine klare Aussage.
Und das müsst ihr euch bewusst machen, dass jeder Gedanke über euch selbst eine Bewertung über euch selbst ist.

„Ich bin zu klein", sagt vielleicht der eine Mann. „Und ein anderer Mann mag einfach durch seine körperliche Statur schon Größe und Macht ausdrücken. Ich muss immer so kämpfen, damit ich beachtet werde, ein anderer Mann geht einfach in den Raum hinein und ist da."
Aber das hast du gewählt. Das ist das, was du dir als Ausgangsbasis gewählt hast für diese Inkarnation, und nur das, genau das, ist das Optimum dessen, um all das gehen zu können, all das zu vollbringen, was du dir vorgenommen hast.
Und das gilt für jeden von euch, für jeden einzelnen Menschen.

Jeder geht in die Inkarnation mit dem Körper, den er für sich als das Optimum erwählt hat. Das bezieht sich auch auf die Wahl des Männlichen oder Weiblichen. Denn auch dadurch erschaffe ich mir das Optimum dessen, um zu lernen, um zu verstehen, dass ich Licht bin, dass ich Gottes Kind bin, dass ich die Neutralität für mich zu finden und zu leben habe, in jeder Sekunde, zu jeder Zeit.

Und auch du, der du gewählt hat, homosexuell zu sein, beides zu leben, das Männliche und das Weibliche, auch für dich bedeutet es das Optimum, denn auch du kannst dadurch Dinge begreifen, erkennen und auch umsetzen, die dir vielleicht nicht so schnell klar werden würden, die dir nicht so leicht begreiflich wären, wenn du tatsächlich Mann oder Frau in einem Körper gewählt hättest.

Ihr müsst verstehen, dass ihr dieses Optimum an Körper mit hunderttausenden von Facetten und Nuancen ausgestattet habt, und es ist mühselig, andere zu beneiden, denn es würde euch sowieso nicht weiterbringen. Eure Wahl ist die, die für euch die besten Voraussetzungen bringt.

Und so nehmt es an und seid euch bewusst darüber, dass ihr dadurch die bestmögliche Voraussetzung habt, um in das Vertrauen zu gehen.

ICH LIEBE MICH SELBST ist der Grundsatz für Vertrauen in Gott, denn Gott liebt dich. Gott liebt jeden von euch.

Und wenn ihr Gottes Kinder seid, Gottes Licht in euch tragt, Gott in euch tragt so, wie ihr in Gott seid, dann ist es selbstverständlich, Liebe euch selbst gegenüber zu empfinden, göttliche Liebe, neutrale wertungsfreie Liebe.

Und niemand hat das Recht, darüber zu urteilen und zu werten.

Niemand hat das Recht, euch Grenzen zu setzen.

Niemand hat das Recht, euch auf eurem Weg zu behindern, euch in eurem Erkennen und Verstehen einzugrenzen.

Ihr habt die Wahl.

Ihr habt sie immer, zu jeder Zeit, zu jeder Sekunde, Tag und Nacht.

Und die Ausrede kenne ich gut: „Ich weiß davon ja gar nichts. Ich bin doch nicht der, der gewählt hat. Das war vielleicht mein Unterbewusstsein, aber ich weiß davon nichts."

Die Ausrede gilt nicht, denn ihr seid alles, alles zusammen.

Ihr seid der physische Körper und all eure energetischen Körper, der feststoffliche und der feinstoffliche, und all das macht euch aus.

Und jeder von euch ist sich darüber im Klaren, dass er die Möglichkeit hat, sich zu verbinden mit seinem Höheren Selbst, seinem eigenen Ich, das da frei ist von Wertung und Urteil und euch somit ermöglicht, Neutralität zu leben, immer, jeden Tag, jede Stunde.

Immer!

Egal, wem ihr gegenübertretet, wem ihr gegenübersitzt,

egal, ob es eine schwierige hartnäckige Besprechung sein sollte oder ein Gesellschaftstreffen, eine Party, ein Fest, ob es ein Familienzusammentreffen ist, oder was auch immer,

ihr habt das Recht, die Möglichkeit, die Wahl,

immer das zu sein, was ihr seid, nämlich Licht.

Es ist Feigheit, es nicht zu leben.

Ich benutze das Wort Feigheit in diesem Zusammenhang, weil es für das, was ich sagen möchte, nicht wirklich das passende Wort gibt und durch eure Sprache bestimmte Ausdrucksformen vorgegeben sind, und ich so eben das passendste Wort gewählt habe.

Vielleicht könnt ihr Feigheit als Synonym von Nicht-mutig-Genug sehen.

Doch warum verlässt euch der Mut, um ins Vertrauen zu gehen?

Was soll geschehen?

Was soll passieren?

Vertrauen bedeutet, alles loszulassen, aus der Hand zu geben, und zu wissen,
dass wir für euch sind, neben euch stehen, hinter euch stehen, euch den Rücken stärken,
dass all das, was geschieht, und mag es aus menschlicher Sicht noch so erschreckend wirken, nicht wirklich erschreckend oder schreckhaft sein kann, denn es ist das, was euch weiterbringt auf eurem Weg und euch begreifen lässt.

Es ist wichtig, durch die Reibung zu gehen, denn ohne Reibung kein Verstehen, kein Begreifen,
ohne Reibung kein Licht.

Es wird nicht leicht sein, und es ist nicht leicht, diesen Weg konsequent zu verfolgen.
Wir haben ja schon mehrmals über Konsequenz und Disziplin gesprochen, und das ist es auch, was ihr unbedingt braucht, um euer Ziel zu erreichen.
Es hat nichts mit Dogmatismus zu tun. Es ist einfach ein Wissen, das tief in eurem Herzen wohnt, dass alles recht geschieht und alles in harmonischer Ordnung ist,
egal, ob ihr euch das Bein brecht, ihr stolpert, ihr Grippe habt oder eine „schlimme" Krankheit.
Es ist zu eurer Schulung gedacht, egal, ob euch Tod begegnet oder Freude, egal, ob euch Verzweiflung begegnet oder Spaß, egal, ob euch Trauer begegnet, egal, was es ist.

All die vielen, vielen Emotionen, von den Menschen kreiert,
all diese Emotionen wie Aggression, Wut, Neid, Eifersucht und alles, was euch so einfällt, was hochschwappt in hohen Wellen, ist dazu da, euch zu verführen, um aus der Mitte gezogen zu werden oder zu kippen,
euch zu verführen, das Vertrauen zu verlassen,

und sobald ihr nur einen Hauch von Zweifel in dieses Vertrauen gebt,
seid ihr schon herausgekippt,
habt ihr die Mitte des Herzens verlassen,
habt ihr euch abgewendet von der Neutralität, von der wertungsfreien
göttlichen Liebe.

Gott zum Gruße.

Ich segne euch,
ich segne euch,

Gott zum Gruße.

Euer Metatron.

Vertrauen II.
(Erzengel Michael)

Gott zum Gruße,
ich bin Michael,
und ich bin heute mit dem Schwert gekommen,
denn ich möchte harte Worte gebrauchen.

Das Vertrauen ist das A und O in eurem Leben.

Ohne Vertrauen habt ihr keine Chance, diesen Weg zu gehen, den ihr
für euch gewählt habt, diesen Weg des Begreifens und Erkennens.
Ohne das Vertrauen in eurem Herzen ist es unmöglich
Gott zu finden,
Gott zu schauen,
Gott zu erkennen,
Gott zu fühlen,
zu erspüren.

Es mag sein, dass es euch für Momente, für kurze Momente möglich ist, innerhalb einer Meditation, doch es wird euch nicht, und das
möchte ich betonen, es wird euch nicht auf euren Weg führen, wenn
ihr das Vertrauen nicht mit in eurem Herzen tragt.

Vertrauen ist die Grundvoraussetzung dafür, dass jemand aus unseren Reihen hier einen oder mehrere von euch Menschen bei der Hand
nimmt, geleitet und führen kann.
Vertrauen ist die Grundvoraussetzung dafür, dass ihr überhaupt erkennt, in welche Richtung es denn nun geht, wo dieser Weg für euch
beginnt, wo der erste Schritt getan werden muss.
Vertrauen ist das, was in euer Herz als kleiner Same gepflanzt werden muss, und zwar von euch selbst.
Niemand sonst kann das tun für euch.

Ihr selbst müsst diesen Samen säen,
und ihr müsst ihn gießen mit euren Gedanken, so dass er wachsen
und gedeihen kann.

Niemand sonst kann euch durch Worte überzeugen,
niemand kann euch überreden,
kein Buch kann euch tatsächlich vermitteln, erklären, was ihr zu tun
habt,
denn ihr selbst müsst es für euch wählen.

Der Wunsch muss in euch sein, in jeder eurer Zellen.
Der Wunsch muss einprogrammiert sein, in jeder einzelnen eurer Zellen.
Der Wunsch des „Ich will gehen diesen Weg, den ich mir vorgenommen habe".

Ich will gehen diesen Weg, um zu lernen und zu begreifen.
Ich will gehen in das Licht.
Ich bin das Licht.
Ich war das Licht, ich bin das Licht, und ich werde das Licht.
Zu jeder Zeit bin ich Licht.
Ich bin aus dem Licht gekommen, und ich gehe in das Licht.

Das ist Vertrauen.
Das ist das Wissen um das Vertrauen.

Das Wissen um das göttliche Sein.
Das Wissen um das Alles-ist-eins.

Denn dieses Licht beinhaltet alles, was es zu wissen gibt.
Jegliche Weisheit Gottes,
jegliches Wissen, was dort im All herrscht und zu Hause ist,
und nur mit diesem Vertrauen erlange ich Zugang zu dieser Weisheit,
zu diesem Wissen,

denn die Gesetze des Alls,
die Gesetze des Universums sind überall gültig,
und nur, wenn ihr Vertrauen im Herzen tragt,
erhaltet ihr Zugang zu diesen Gesetzen.

Es gibt viele, viele dieser Gesetze, und vielleicht mag euch das eine in der Theorie bekannt sein, das sich da nennt „Gesetz von Ursache und Wirkung",
aber glaubt mir, es ist ein Bruchteil dessen, was es an Weisheiten und Lehren gibt in diesem Universum, in diesem göttlichen Sein.

Nur durch Vertrauen erlangt ihr Zugang zu diesem Wissen, zu dieser Weisheit.

All diese universellen Prinzipien sind immer und überall gültig,
und das heißt natürlich auch auf Mutter Erde, dort, wo ihr gewählt habt zu inkarnieren, zu leben, den Weg dieser Schulung zu gehen, indem ihr euch immer wieder dorthin begebt mit jeder neuen Inkarnation,
auch dort sind diese Gesetze gültig.
Und um sie zu erkennen, in jedem einzelnen Steinchen, in jedem Staubkorn,
müsst ihr in das Vertrauen gehen.
Es gibt keine andere Wahl.

Was ihr so liebt, ihr Menschen, das ist der Zweifel.
Jeder von euch kennt ihn so gut.
Zweifel zerbricht jegliches Wissen um das Göttliche.
Ein Moment des Zweifels lässt dich kilometerweit herausgleiten aus deinem Zentriert-Sein, aus deinem Vertrauen,
und jegliche Sekunde dieses kleinen Zweifels erfordert tiefgründige Arbeit an dir selbst, um wieder zurück in das Vertrauen zu gelangen.
So wundert es nicht, dass ich euch rate, den Zweifel gleich sein zu lassen.

Ihr seid der Chef in eurem Haus.

Ihr bestimmt, was Sache ist.

Ihr bestimmt, was vorgeht.

Und so bestimmt ihr auch über dieses Organ, das sich nennt Gehirn.

Es ist euch gegeben als Werkzeug.

Es ist euch gegeben, um es benutzen zu können als euer Werkzeug.

Es ist nicht dazu da, Chef zu sein über euch, Macht zu haben über euch.

Wenn ihr diese Gedanken Meister sein lasst und euch selbst zum Gesellen macht, habt ihr verloren.

Ihr müsst euch immer bewusst sein: Ihr seid der Chef. Ihr seid der Meister.

Und alles andere sind eure Schüler, sind eure Gesellen, jede Zelle, jedes Organ, jeder Knochen, jede Sehne, all eure Chakren, eure Energiekörper, all eure Gedanken.

Sie sind alle da, um euch zu dienen, euch zu unterstützen auf eurem Weg, euch das Optimum zu ermöglichen, um den Weg zu gehen.

Aber keinem von euch ist wirklich bewusst, dass er selbst, nur er selbst, der Meister ist.

Es geschieht, was ihr wählt.

Und wenn ihr Gedanken, die aus Zweifel geboren sind, bestimmen lasst, was geschehen mag und selbst einen Schritt zurücktretet, dann ist auch das eure Wahl.

Ihr habt die Macht und die Größe, euch selbst zu leben,

in diesem Verbund mit Gott zu leben.

Ihr habt die Macht und die Größe, in diesem Vertrauen zu stehen,

dieses Vertrauen in die Geistige Welt zu leben

und es sich zu nutzen, zu eigen zu machen.

Was ist so schwer daran, sich selbst zu leben?

Was ist so schwer daran, sich hinzustellen, auf zwei Beinen zu stehen, in eurer Größe und Kraft, die euch da gegeben ist von Gott und die ihr durch euer göttliches Sein selbst geschaffen habt?

Löst euch von Anerkennung und Tadel,
denn das sind die zwei Gegenüber, die euch als Erstes aus diesem Vertrauen, aus dieser Neutralität kippen können.
Ja, ich sage, auch die Anerkennung ist es, denn sobald ich mich von Anerkennung abhängig mache, bin ich nicht neutral,
sobald ich mich von Tadel, von Kritik abhängig mache, bin ich nicht neutral.
Verwechselt es nicht mit emotionslos.
Neutralität hat nichts mit emotionslos zu tun, emotionslos, so, wie ihr Menschen es definiert.
Ihr seid Meister des Geschehens.

In der Neutralität zu leben bedeutet, Herr jeder Sekunde zu sein,
zu jeder Sekunde zu bestimmen, was für mich das Beste ist,
sich zu lösen von den Emotionen anderer, mit der wir so gerne in Resonanz geht, wie zum Beispiel durch Mitleid.
Was ist Mitleid schon?
Mitleid ist ein Herauskippen aus der Neutralität und ein In-Resonanz-Gehen mit der Person, die Leid empfindet.

Es wäre so einfach zu sein, was ihr seid.
Es wäre so einfach.
Doch so lange ihr euch abhängig macht von Anerkennung und Tadel, ist es nicht möglich.
Das müsst ihr begreifen.
Und dieses Begreifen wiederum geschieht nur mit Vertrauen,
und so schließt sich der Kreis.

Beginnt mit dem Vertrauen.
Das ist der erste Schritt.

Beginnt mit Vertrauen in Gott,
Vertrauen in eure Führung,
Vertrauen in die Geistige Welt
und Vertrauen in euch selbst.

Nichts ist schlecht und gut an euren Taten,
auch nicht an euren vergangenen Taten.
Nichts ist schlecht und gut an euren Taten,
denn alles geschah zum rechten Zeitpunkt
und hat euch geführt dahin, wo ihr jetzt steht,
und immer habt ihr gehandelt aus dem momentanen Wissen heraus,
und ihr habt gelernt,
und was ist es anderes, was ihr wollt hier auf Erden als zu lernen?

Ihr habt gelernt.
Und jede neue Herausforderung beinhaltet das Lernen.
So ist auch jetzt und in Zukunft nichts recht oder schlecht, nichts gut
oder böse.

Es ist, was es ist.
Und ihr habt die Chance zu lernen.
Ihr wählt es.
Ihr trefft die Wahl.
Sobald du aber ins Urteil gehst über dich selbst,
sobald du dich selbst richtest, verlierst du die Mitte,
verlierst du das Vertrauen,
verlierst du die neutrale Sicht,
verlierst du das neutrale Erkennen und Begreifen,
das Anerkennen der Fakten als die Fakten, die sie sind, ohne sie zu
verurteilen.

Wenn du anerkennst, dass jeder, der dir begegnet, für sich wählt,
wenn du dies anerkennst, dass jeder das Recht der freien Wahl hat,

denn jeder ist Gottes Kind,
dann ist es dir unmöglich zu werten über anderer Leute Worte oder
Taten,
dann ist es unmöglich zu richten,
zu richten vielleicht sogar nach Moral und ethischen Gesichtspunkten,
zu richten nach religiösem Verständnis.
Es ist nicht mehr möglich,
denn du weißt um das Licht Gottes, das in jedem wohnt,
und das Recht zu wählen, was dieses Licht Gottes bedingt.

Und so gestehe auch dir zu, zu wählen.
Gestehe auch dir zu, du zu sein.
Gestehe auch dir zu, zu tun und zu lassen und zu wählen, was dir für
dich als angenehm und richtig erscheint,
denn du willst gehen diesen Weg des Lichts,
du willst gehen diesen Weg hin zu Gott,
du willst gehen diesen Weg, der dir das Wissen um all die Gesetze
des Alles vermitteln kann,
denn hast du sie erkannt diese Gesetze, hast du sie verstanden, hast
du sie begriffen, hast du sie integriert, dann bist du Meister geworden,
dann erst bist du Meister.
Und das ist dein Ziel.

So grüße ich euch,
Gott zum Gruße,
Gott zum Gruße,

euer Michael.

8. DIE FARBEN

Farben und Karma

(Hermes Trismegistos)

Gott zum Gruße, meine Lieben,
Gott zum Gruße.

Also denn, gehen wir es an.

Farben und Karma.

Oder, präziser gesagt:
Farben im Karma.

Karma ist ein Begriff, der sehr häufig missverstanden wird,
deswegen möchte ich als Erstes noch einmal versuchen,
klar zu formulieren, was Karma ist.

Karma ist das Gesetz von Ursache und Wirkung, oder:
Karma ist das Gesetz vom Ungleichgewicht in den Energien.

Wenn ein Mensch also auf einen anderen trifft und ihn zum Beispiel
auf Grund seiner körperlichen Überlegenheit zu Handlungen zwingt,
die der andere gar nicht begehen will, so baut er Karma auf.
Also, um es eindeutiger zu formulieren:
Ein zwei Meter großer Mann mit entsprechender Körperfülle und mit
Muskelpaketen ausgestattet trifft auf eine zierliche Frau und zwingt sie
auf Grund körperlicher Gewalt, für ihn Holz zu sammeln und Essen zu
kochen, dann hat er Karma aufgebaut.

Er hat nicht liebevoll gehandelt,
hat sie nicht aus der neutralen Liebe heraus gebeten
und ihr die Möglichkeit gegeben,

aus ihrem freien Willen heraus
seinem Wunsch zu entsprechen,
oder diesen Wunsch abzulehnen.

Das Karma, das in diesem Fall aufgebaut wurde,
hat große Braun-Anteile
und große dunkelrote Anteile,
dunkles Rot daher, weil es einen hohen Braun-Anteil hat.

Braun ist eine Farbe,
die innerhalb des Farbspektrums sehr langwellig ist,
schon sehr dicht am Schwarz ist,
und wenn diese Braun-Anteile mit dem Rot der Macht gekoppelt werden,
sind sie als ein dunkles Rot
für jemanden, der Aura- oder hellsichtig ist, zu erkennen.

So ergibt sich also ein Farbtupfer innerhalb der Energie, die da heißt:
Karma.

Ihr wisst aus den verschiedenen Abhandlungen über die Farben,
dass jede Farbe ihre eigene Frequenz hat,
jede Farbe ihre eigene Bedeutung hat.
Und selbstverständlich kann ich wie in einem Farbmalkasten diese
Farben miteinander vermischen.
Und feinste Nuancen ergeben einen anderen Schwingungsfaktor,
eine andere Frequenz, eine andere Aussage.

Ihr könnt euch das selbst vor Augen führen,
wenn ihr einen ganz einfachen Schulfarbkasten nehmt mit Wasser-
farben
und einfach anfangt, die Farben zu mischen,
vielleicht erinnert ihr euch ja noch aus eurer Schulzeit,

vielleicht ist es auch schon zu lange her
und ihr macht euch diesen Spaß einfach.
Mischt verschiedene Farben miteinander und seht, was dabei heraus-
kommt.

Ihr wisst, dass das Licht Gottes,
das Licht der reinen, bedingungslosen Liebe,
so, wie es an der Ursprungsquelle abgeschickt wird,
rein weiß ist.
Erst durch das Auftrennen der verschiedenen Anteile
kommen einzelne Farben zum Vorschein.
Ihr kennt das aus einem Prisma,
ihr kennt das vom Erscheinungsbild des Regenbogens,
das oder der die unterschiedlichen Farben sichtbar macht,
was auf der Erde dadurch möglich wird,
weil innerhalb der Atmosphäre die unterschiedlichen Farben
von der Atmosphäre gebremst werden, aufgespalten werden,
und so das reinweiße Licht sich zerlegt in seine einzelnen Anteile,
so wie ihr sie kennt:
Rot, Orange, Gelb, Grün, Blau, Lila, Magenta, usw.

Wir wollen an diesem Beispiel auch versuchen, euch zu verdeutlichen,
wie alles seine Entsprechung hat,
seine Parallelen hat,
wie alles sich zusammenfügt
zu einem Ganzen.

In jedem, ich sage jetzt einmal, Karma-Paket,
das eine Seele mit sich trägt,
sind alle Farben vorhanden,
denn das Karma, das eine Seele im Laufe ihrer vielen Leben aufgebaut hat,
hat alle Schattierungen.

Zu viele Emotionen an der falschen Stelle
bedeuten einen bestimmten Blau-Anteil.
Zuviel Gelb-Anteile an einer bestimmten Stelle
bedeuten zu viel Einfluss des Intellektes in die Entscheidungen,
eine nicht ausgewogene Entscheidung also zwischen Intellekt und
Emotion.
Usw., usw....

Wenn eine Seele jetzt also auf dem Wege des Aufstiegs
ein um das andere Ungleichgewicht bearbeitet,
versucht also, ihre karmischen Verstrickungen zu lösen, zu entwir-
ren,
dann führt das dazu,
dass diese Farbknäule, diese Farbverwirrungen, -verstrickungen
sich immer mehr auseinanderdividieren,
immer klarer erkennbar werden,
und dadurch auch immer klarer angegangen werden können,
bearbeitet werden können,
aufgelöst werden können.
Sucht euch das Wort aus, das euch am verständlichsten erscheint.

Ein Mensch, der an seinem Jähzorn arbeitet,
den er als Karma mitgebracht hat,
wird diese hohen Rot-Anteile, die zum Jähzorn gehören,
nach und nach aus seinem Karma entfernen.

Ein Mensch, der in seinen karmischen Bedingungen mitgebracht hat
ein Übermaß an Mitleidensfähigkeit,
hat große Blau-Anteile in seinem karmischen Paket
und wird diese nach und nach ausgleichen
und glätten, sage ich jetzt einmal,
entfernen aus diesem Paket.

Was übrig bleibt
ist also dann zum Schluss wieder ein reines, klares, weißes Licht,
denn wir reden ja davon,
dass übermäßige Anteile entfernt werden.

Ich führe also nach und nach alle meine Energien,
all mein Willen,
all mein Wissen,
alles, was ich bin,
alles, was mich als Seele ausmacht,
zurück auf den Ursprung der bedingungslosen Liebe,
der reinen Liebe, die nichts fordert,
die nichts voraussetzt,
die nichts erwartet,
sondern die einfach nur ist.

Und wenn ich am Ende des Aufstiegs
alle meine Frequenzen so ausgeglichen habe,
alle meine Erfahrungen aus den zurückliegenden Leben so ins Gleichgewicht gebracht habe,
dass sie alle in der Mitte sind,
alle ausgeglichen sind,
das Pendel nach keiner Seite mehr ausschlägt,
dann habe ich auch alle Farben innerhalb meines Karmapakets ausgeglichen,
und kein zu helles Gelb,
kein zu dunkles Rot,
kein zu verwaschenes Türkis,
kein zu dominantes Blau,
kein zu strahlendes was immer ihr wollt
ist mehr in diesem Karmapaket als Farbe erkennbar,
denn das Karma hat sich aufgelöst.

Es gibt kein Ungleichgewicht mehr
in irgendeiner Energie.
Und wenn ich kein Ungleichgewicht in irgendeiner Energie mehr
habe,
dann strahlt nur noch ein reines, helles Weiß.

Ich bin Hermes Trismegistos.

Die einzelnen Farben im Zusammenhang mit dem Karma

(Die Aufgestiegenen Meister, ein Treffen auf der Venus.)

Gott zum Gruße,
Gott zum Gruße,
du siehst, wir treffen uns heute auf der Venus.
Hier sind wir heute beisammen, sind wir heute eins im Grün.
Das Licht leuchtet im Grün der Venus,
im Strahlen ihres Seins,
in Liebe und in Anmut,
in Glückseligkeit und Freude.
Hier herrschen Frieden und Einigkeit,
hier herrschen Zufriedenheit und Licht,
hier bist du nun.
Und:
Das Karma ...
und das Grün ...,
es gibt einen Zusammenhang.
Das Karma und das Grün.

Karma ist nicht grün, Karma ist alles auf einmal,
und doch alles einzeln.
Die Farben haben sich nicht verschmolzen,
nicht verschmolzen zu einem strahlenden Weiß,
denn einzeln sind sie,
und doch sind sie alle da.
Karma muss die Farben einzeln enthalten, sonst könnte es nicht als Karma existieren.
Nur durch Getrenntsein vom weißen Licht, durch Getrenntsein vom Eins ist Karma möglich.
Nimm dem Karma das Rot, und es ist nicht mehr Karma.
Nimm ihm das Gelb, und es wäre nicht mehr Karma.

So aber,
weil es alle Farben enthält, in all seinen Nuancen,
so kann es als Karma existieren.
Erst zur Auflösung des gesamten Karmas,
zur Verschmelzung mit dem All,
erst zu diesem Zeitpunkt
beenden die Farben ihre Existenz in ihrem alleinigen Dasein
und beginnen, sich wieder zu verschmelzen, zu verbinden.
Erst wenn du den Weg gehst, der dein Karma auflösen wird,
der das Leben deines Karmas unnötig machen wird,
wenn du also beginnst zu verstehen,
dann werden die Farben bereit sein, sich zu verbinden,
zu verschmelzen,
und es entsteht Weiß,
das strahlendste, schönste, höchste Weiß, das du dir nur vorstellen
kannst,
das schönste reinste, gütigste Weiß, das überhaupt möglich ist.
Es ist das Weiß des Diamanten,
die Schwingung des reinsten Steines, den es sich überhaupt vorzustellen möglich ist,
und mehr noch,
das höchste, himmlischste, weißeste Weiß,
das niemandem mehr möglich ist, sich vorzustellen,
niemandem mehr möglich ist, als Mensch zu fühlen,
als Mensch zu empfinden.
Es ist so reines Weiß,
so reine Schwingung,
und so hochfrequent
dass es über jede Vorstellungskraft hinausgeht,
denn nur Gott allein weiß um diese Schwingung,
nur Gott allein kennt dieses Weiß, dieses Strahlen, dieses Licht.
Und doch ist es das, wo wir hin wollen,
das, wo wir uns hin bewegen,

auch wenn wir nicht wissen, wie es nun tatsächlich ist,
auch wenn wir es nicht greifen können mit unserem Verstand.

Das Grün (I)

(Die Aufgestiegenen Meister auf der Venus.)

Aber ist es nicht himmlisch zu wissen, was unser Weg ist?
Ist es nicht himmlisch zu spüren,
dass es etwas gibt, das wir nicht mehr greifen können,
nicht mehr erahnen können,
nicht mehr wählen können?
Denn Gott allein weiß,
Gott allein kennt es,
Gott allein führt es.
Und das Grün,
das, was die Venus umgibt,
das Grün der Liebe, der Neutralität,
das Grün, das ebenso im Karma enthalten ist,
das ist es, was wir uns zu eigen machen müssen,
das ist es, was wir benutzen müssen.
Haben wir die Schwingung des Grüns verstanden,
haben wir den Schlüssel zur Auflösung des Karmas in der Hand.
Haben wir das Grün erfühlt,
haben wir eine erste Ahnung davon, was es bedeutet zu lieben,
so zu lieben, dass es unnötig wird, zum Gegenschlag auszuholen,
so zu lieben, dass es also unnötig ist,
die üblicherweise folgende Wirkung auf die vorausgegangene Ursache zu vollziehen.
Vielmehr lässt uns das Grün in Liebe handeln,
in Liebe entscheiden,
und in Liebe eine Tat der „Vergeltung" wählen,
eine Tat der „Vergeltung", die nichts mehr mit dem menschlichen Wort
„vergelten" gemein hat,
denn dieses Vergelten bedeutet:
Verzeihen,
vergeben,

bedeutet, liebevolle Gedanken haben,
bedeutet, tatsächlich zu lieben.

Und wer kann mit menschlichen Emotionen vergelten, wenn er im Grün der Venus steht und mit Liebe vergelten kann?

Wer will dann noch mit menschlichem Verstand zum Gegenschlag ausholen, wenn er die Chance hat, die neutrale Liebe zu leben.

Wer will also vergelten,

wenn er die Möglichkeit hat,

sein Gegenüber einzuhüllen in Grün und in Liebe?

Das Rot (I)

(Die Aufgestiegenen Meister auf der Venus.)

Das Grün jedoch,
das Grün, das im Karma enthaltene Grün,
es ist schwer zu greifen, schwer zu erkennen.

Viel eher erkennen die Menschen das Rot,
ja, das Rot vor allem,
das Rot, das die Wut in sich trägt,
das Rot, das schreit nach Vergeltung,
das schreit nach einem Gegenzug,
das Rot, das dir die Brust schwellen
und dich die Worte des Hasses schreien lässt,
das Rot, das dich wütend, aggressiv und heiß auf Aktion sein lässt.
Dieses Rot ist es,
was den Menschen als Erstes verführen möchte,
was ihn lockt, ihm zuwinkt
und ihm seine Aufmerksamkeit abringen möchte,
das Rot,
das so gerne Beachtung finden möchte,
Beachtung vom Menschen,
von des Menschen Gedanken
und auch seinen Emotionen.

Das Gelb (I)

(Die Aufgestiegenen Meister, auf der Venus.)

Und auch das Gelb steht dem in nichts nach,
auch das Gelb buhlt um Aufmerksamkeit.
Es kann wie Gift sein,
Gift, das eindringt in den Menschen
und ihn denken lässt auf falschen Wegen,
denken lässt auf Abwegen,
ein Gelb, das ihn verleitet zu reden von anderen in abfälliger Weise
und in schlechtem Ton,
ein Gelb, das den Menschen Dinge sagen lässt, die er vielmals bereut
hinterher.
Es schleicht sich ein,
und es ist fähig, dir zu vermitteln, dass du es dringend brauchst,
dass du nicht leben solltest ohne es,
dass du so reden musst,
so sein musst,
dich so benehmen musst,
um dazuzugehören,
um so zu sein wie die anderen,
um das zu gelten, was es zu gelten gibt.
Doch höre nicht auf dieses Gelb,
lass es reden,
und gehe du deinen Weg,
lass es reden,
und treffe du deine eigene Wahl.
Und das Gelb wird sich wandeln in das himmlische Gelb Gottes,
es wird sich wandeln in das strahlende Gelb des Alls,
wird sich wandeln in das Wissen um Gottes Führung
und das Wissen, dass du vom All durchdrungen bist,
und so wird Weisheit dich durchfluten,
und du wirst eins werden mit Gott.

Das Rot (II)

(Die Aufgestiegenen Meister)

Auch dem Rot darfst du nicht Beachtung schenken,
denn auch das Rot will dich verführen.
Glaube an dich
und lass das Rot einfach sein, was es ist.
Lass es einfach das Rot der Wut sein
oder das Rot des Hasses,
und indem du es sein lässt, wird es sich wandeln
und wird werden zum Rot der Erde,
wird sich wandeln, um dir ein Grundstock zu sein,
ein Boden,
und du wirst stehen auf ihm,
und nichts wird dich mehr umstoßen,
nichts dir mehr den Halt nehmen können.
Dieses Rot wird deine Festung,
dieses Rot wird dein Kontakt zur Erde,
und du wirst stehen so fest, so stabil,
so verankert zwischen Himmel und Erde,
und dir wird erst jetzt möglich sein, deinen Weg zu gehen,
denn ohne Verankerung bist du instabil,
bist du nicht standhaft.
Aber mit diesem Rot –
wirst du es schaffen!

☆☆☆

Das Blau (I)

(Die Aufgestiegenen Meister auf der Venus.)

So, und nun sprechen wir vom Blau,
dem Blau im Karma,
dem Blau, das im Karma enthalten ist,
und das auch dir etwas sagen möchte,
das auch dich verführen möchte,
das auch von dir Beachtung finden mag,
das Blau, das viele als so harmlos einschätzen,
das Blau, das viele als nicht aussagekräftig vermuten,
das Blau, das ihnen kühl erscheint, oder sogar kalt.
Dieses Blau ist mitnichten harmlos,
es ist ein großer Verführer,
vielleicht sogar der größte von allen.
Es will dich ganz,
es will deine Gefühle,
es will deine Ansichten und dein Urteilungsvermögen,
es will dich lenken und leiten,
und du sollst ihm hörig sein.
Aber tue es nicht,
entscheide dich bewusst dagegen.
Tue es nicht.
Bist du nicht mehr fähig der neutralen Liebe,
dann solltest du das Blau zu deinem Führer erklären.
Blau heißt ein Leben der Gefühle.
Blau bedeutet Emotionen, und nichts als Emotionen.
Es bedeutet herumgeschmissen zu werden,
hin- und hergerissen zu werden
auf den Riesenwellen des Stresses,
auf den Riesenwellen, die der Sturm im Meer verursacht.
Und diese Wellen sind so groß, dass es für dich keinen Ausweg mehr
gibt.

Das Blau hat dich so im Griff, dass du hinfortgerissen wirst im Sturm
der Gefühle und nicht mehr fähig bist, deinem Verstand Aufmerksamkeit zu schenken,
ein ständiges aufgewühltes Empfinden wäre die Folge,
ein ständig nicht zur Ruhe kommendes Leiden.
Weist du aber das Blau in seine Schranken,
lässt du es einfach das Blau sein, ohne es zu bewerten,
ohne es handhaben zu wollen,
lässt du es also einfach sein,
wird es sich wandeln
in das Blau des Himmels,
und es wird sein ein warmes, helles Himmelsblau,
ein warmes, helles, engelsgleiches Gefühl,
das dich durchdringen wird
und dir dein Herz öffnet.
Dieses wunderbare Blau des Himmels, das dem Geist entspringt,
und dich durchdringen wird wie das All,
dieses wunderbare Blau
wird dir verhelfen zu Größe und Wachstum,
zu Weisheit und zum Ausdruck.
Und lässt du es zu, dass es dir nahe kommt,
dass es dich leitet in Anmut und Liebe,
wirst du tatsächlich wachsen,
und du wirst fähig sein zu strahlen in dem Maße, in dem du es bist,
fähig sein zu leuchten in dem Maße, in dem du tatsächlich leuchtest,
und je mehr du das Blau integrierst,
umso mehr wirst du dich ausdrücken in deinem Licht,
umso mehr wirst du sein, was du bist,
umso mehr werden die anderen dich erkennen als das, was du bist,
und du wirst es leben, du wirst es sein.
Darum hüte dich vor dem Blau
und integriere es weise in dein Leben,
in dein Sein.

Das Orange (I)

(Die Aufgestiegenen Meister auf der Venus.)

Gott zum Gruße,
Gott zum Gruße.

Warte eine Weile, bis das Grün der Venus dich vollkommen umgibt,
und nun sprechen wir wieder über das Karma,
über die Farben, die im Karma enthalten sind,
das Rot, das Gelb, das Grün, das Blau,
und nun kommen wir zum Orange.

Das Orange, das für die Weite steht,
für Ausdehnung, für Erkennen.
Doch zuallererst ist auch das Orange ein Verführer,
ein Verführer, der dir aufzeigen möchte, was du zu tun hast,
ein Verführer, der dir klarmachen will, was richtig und was falsch ist,
ein Verführer, der dir genau sagt, was immer schon war und was deswegen sein wird.
Glaubst du dem verführerischen Ton des Orange,
dann bist du gefangen in Glaubenssätzen,
gefangen in Normen,
gefangen im Denken, dass all das, was wichtig ist,
all das, was wahr ist,
es auch ist.
Nichts kann deine Meinung umstoßen, wenn du dem Orange die Macht überlässt,
wenn du dem Orange die Entscheidungsgewalt überlässt.
Du wirst festhängen in Ansichten und Dogmen,
und dein Handeln und Denken wird festgefahren sein.

Lässt du das Orange aber sein, was es ist,
lässt du es bleiben, auf seine verführerischen Worte zu hören,
wirst du mehr und mehr frei sein.

Die alten Dogmen verlieren ihre Gültigkeit, denn du wirst erkennen,
dass hinter deiner Wahrheit
eine noch viel größere Wahrheit auf dich wartet,
eine Wahrheit, die unermesslich für dich ist,
und doch so einleuchtend,
so übermächtig präsent,
dass du ihr einfach näherkommen willst.
Hast du einmal den Weg der Dogmen verlassen,
kannst du nicht mehr anders als zu wählen die dahinter stehende
Wahrheit.
Das Orange wird dir dann zum Guten verhelfen,
das Orange wird dir eine Stütze sein,
denn es hilft dir,
denn es hilft dir, rein zu sein,
es hilft dir, dich zu weiten,
hilft dir, dich auszudehnen
in deinen Gedanken,
in deinen Taten,
hilft dir, deinen Brustkorb zu weiten,
tief Luft zu holen,
die Brücke zu Shambala zu öffnen.
Alles, alles wird geweitet werden,
und das Orange wird dich durchdringen.

Darum nimm es an, das Gute im Orange.
Nimm es und liebe es.
Lass die Angst beiseite, denn ohne Angst kann das Orange seine volle Wirkung tun.
Lass die Angst beiseite, denn sie hindert dich, den Weg zu gehen,
sie hindert dich, das Weitende des Orange annehmen zu wollen,
sie hindert dich, die Dogmen fallenzulassen.
Denn die Angst will dir sagen, dass du nur mit ihr in Sicherheit leben kannst,

dass du nichts an Gedanken und Wertvorstellungen hergeben sollst,
dass du all das an Dogmen behalten sollst, um frei zu sein.

Es ist aber ein Trugschluss.
Denn frei bist du erst, wenn du das Orange nimmst
und es seine Arbeit tun lässt,
wenn du es nimmst und zu atmen beginnst,
wenn du es nimmst und anfängst, das Gefühl der Freiheit zu kosten.
Lass also fallen alle Dogmen
und bewege dich frei im Universum,
frei im Raum,
frei in der Zeit,
und wisse stets darum, dass diese Freiheit dir nur möglich ist,
weil du Geist bist.

Das Grün (II)

(Die Aufgestiegenen Meister auf der Venus.)

Okay,
und nun zum Grün!
Unser geliebtes Grün,
das Grün der Venus.

Auch das Grün ist enthalten im Karma,
auch das Grün ist vorhanden.
Doch wo ist es?
Wo?
Keiner nimmt es auf Anhieb wahr,
keiner erkennt es,
keiner weiß um seine Existenz!
Und doch ist es da,
doch ist es in gleichem Masse vorhanden wie Rot, Blau, Gelb und
Orange,
doch der Unterschied ist der, dass es unscheinbar bleibt.
Es drängt sich nicht in den Vordergrund wie die anderen,
es ist das, was es ist.
Und auch damit begnügt es sich:
Nie würde es von sich aus rufen und schreien, um Beachtung zu erlangen,
nie würde es von sich aus auf sich aufmerksam machen,
und doch ist es da.

Warum also ist es so schwer für den Menschen, es wahrzunehmen?
Warum so schwer?

Ja, eben, weil es still und leise einfach ist,
und still und leise einfach wirkt,
einfach das tut, was es zu tun hat.

Es wirkt im Stillen,
und doch hat es Größe,
es wirkt im Stillen, und doch hat es absolute Macht.
Das Grün ist unser Schlüssel zur Auflösung des Karmas,
das Grün ist das, was es zu entdecken gilt,
das, was es zu begreifen gilt,
das, was es zu erforschen gilt.
Ganz sanft, ganz leise Töne gibt es von sich,
und wenn du, der Mensch,
einmal ganz still sitzt und aufmerksam lauschst,
dann wirst du sie hören, diese sanften, leisen Töne des Grüns,
dann werden sie in dich dringen,
und du wirst beginnen, das Grün zu fühlen,
es wahrzunehmen,
es zu wollen.

Denn auch das ist ein Geheimnis des Grüns:
Hast du einmal seine Liebe vernommen,
hast du einmal gespürt, was es bedeutet, Grün zu fühlen,
hast du einmal wahrgenommen, wie es ist, wenn Grün dich durchdringt,
dann willst du mehr,
dann willst du es wissen,
und dann ist es geschehen.
Es ist der Moment gekommen, wo das Grün in dir zu wachsen beginnt,
wo es anfängt, das zu tun, was seine Aufgabe ist.
Dann beginnt dein Aufstieg.
Denn mit dem Grün schaffst du es, all den anderen Farben Paroli zu
bieten,
mit dem Grün schaffst du es, dass all die anderen Farben ihr Spiel als
Verführer beenden werden
und die volle Kraft

ihrer angenehmen und ihre hochgeschätzten Eigenschaften an Kraft
gewinnen.

Das Grün ist es, das du schauen musst,
das Grün ist es, das du wachsen lassen musst.
Liebe es, und du wirst Liebe erfahren.
Fühle es, und es wird dich durchdringen.
Sei es,
und du hast die Kraft, die Farben zu steuern,
alle Farben zu sein,
je nach deinem Belieben,
je nach deiner Art der Meditation,
je nach deiner Art, gerade im Leben zu agieren.
Sei das Grün,
lebe und liebe es,
und dein Karma beginnt sich zu wandeln,
dein Karma beginnt sich zu verändern,
denn du wirst langsam, nach und nach, immer mehr begreifen,
wie du die Wirkung auf die vorher gegangenen Ursachen wandeln
und in der Liebe des Grüns reagieren kannst,
wie du also die Wirkung, die dir vormals unabänderlich erschien,
plötzlich ändern kannst,
eben durch das Grün in dir,
und wie du zu einer Ursache wirst, die du selbst steuern kannst,
eben durch das Grün in dir,
denn Liebe lässt alles anders sein.
Die Liebe des Grüns lässt alles sich wandeln,
sei es Ursache
oder Wirkung.
Die Liebe des Grüns wandelt dein Karma,
und die Liebe des Grüns ermöglicht dir so
den Aufstieg in den Geist,
den Aufstieg zu Gott.

Das Violett (I)

(Die Aufgestiegenen Meister, wir treffen uns auf der Venus.)

Gott zum Gruße,
Gott zum Gruße.

So.
Und was fehlt uns noch für eine Farbe?
Eine Farbe im Spiel des Karmas,
eine wichtige Farbe ist noch nicht erwähnt,
es ist das Violett,
denn obwohl das Violett eine Mischung aus Rot und Blau ist,
ist es doch eine eigenständige Farbe,
ein eigenständiges Fühlen,
so wie das Grün es auch war.
So wie Grün eine Mischung ist aus Blau und Gelb,
und doch als eigenständig vorhanden im Karma,
so ist auch das Violett eigenständig vorhanden im Karma,
und so wie auch das Grün,
so wie auch das Grün nicht um Aufmerksamkeit buhlt,
nicht schreit, um gesehen zu werden,
so tut das auch das Violett nicht.
Auch das Violett lebt im Verborgenen, im Stillen,
und hofft auf seine Entdeckung,
hofft auf das Erkennen des Betrachters,
auf das Aufblitzen der Erkenntnis.

Das Violett sitzt da und wartet,
wartet geduldig,
bis es zur Kenntnis genommen wird
und es so zur Tat schreiten kann,
es so zur Geltung kommt und wirken darf,
und wenn es so weit ist, dass es auftauchen darf aus seiner Versen-
kung,

wenn also der Moment gekommen, wo es zu sprechen beginnt,
dann ergeht es dir wohl,
denn das wird der Moment sein, wo deine Wandlung beginnt,
der Moment,
an dem du beginnst, ein anderes Leben zu führen,
der Moment,
wo du bereit bist, etwas zu ändern,
und bereit bist, dich einzulassen auf Umwandlung,
auf Metamorphose,
auf Neues.
Lässt du das Lila in dich dringen,
wirst du dich also wandeln zum Guten hin,
wandeln zum Großen hin,
wandeln zum Licht.

Lila ist es, das dich zum Leuchten bringt,
Lila ist es, das dich zum Strahlen bringt,
und Lila ist es,
was dir Weisheit bringt,
Weisheit und Wissen,
so reich und allmächtig,
wie du es dir kaum vorzustellen wagst.

Doch eines ist gewiss:
Es wird nie von selbst deine Umwandlung forcieren.
Du musst es wählen, das Lila,
du musst es wollen.
Und willst du es,
wird es da sein für dich,
willst du es,
wird es dich geleiten,
dich führen
und dir zur Wandlung verhelfen.

Doch täusche dich nicht, indem du glaubst, bei dir gäbe es kein Lila.
Lila ist immer da,
Lila ist überall,
auch bei dir.
Du musst es wollen,
es wählen,
und es ist da!

Lass jedoch beiseite
die Vorstellung des reinen göttlichen Lilas,
des reinen göttlichen Violetts,
denn denkst du nur an das göttliche Violett
und lässt so das menschliche Violett beiseite,
wirst du dich schwer tun mit deiner menschlichen Seite,
mit deiner menschlichen Wandlung,
und was willst du mehr als Wandlung im menschlichen Dasein,
was willst du mehr als Wandlung, um es hier als Mensch zu leben.
Du musst hier auf dieser Ebene beginnen.
Du musst hier als Mensch mit der Wandlung beginnen.
Erst viel später wirst du dich wandeln zum Göttlichen, zum Reinen.
Der Beginn jedoch ist profan,
ist menschlich,
der Beginn vollzieht sich auf der untersten Ebene,
auf der Ebene des Menschlichen,
des Physischen,
auf der Ebene der Materie,
der Zeit,
des Raums.
Wandle ich mich im Menschsein,
wandle ich mich so zum Besten der Menschheit.

Gott zum Gruße,
Gott zum Gruße.

Das Violett (II)
(St. Germain)

Gott zum Gruße.

Ich bin St. Germain,
dein Freund und Helfer,
St. Germain,
der, der den lila Strahl betreut,
St. Germain,
derjenige, der dich geleitet auf deinem Weg der Erkenntnis.

Der lila Strahl ist allmächtig,
er reicht von oben bis unten,
vom Himmel zur Erde,
von den Engeln zu den Menschen,
er reicht von Gott
zu den kleinsten Wesen,
vom All
bis zu allen Zellen,
er ist in dir und in jedem anderen,
er durchdringt dich
und auch jeden anderen.

Ich bin es, der ihn hütet,
ich bin es, der ihn leitet,
ihn beschützt,
ihn unter sich hat,
und ihr seid diejenigen,
die ihn bewusst wählen können
oder ihn bewusst nicht wählen,
ihr könnt den lila Strahl haben wollen,
oder eben nicht,

ihr könnt Lila in euer Leben lassen,
oder eben nicht.
Von selbst wird es nicht kommen und sich bemerkbar machen,
außer ihr habt es gewählt,
von selbst wird das Lila nicht euren Weg kreuzen,
außer ihr wollt es so.

Auch Lila ist im Karma enthalten,
und es wartet auf eure Entscheidung,
auf euer Wollen,
auf eure Wahl.
Wollt ihr euch wandeln zum Guten,
wollt ihr wählen den Weg zu Gott,
wollt ihr leben in Einheit und Frieden,
wollt ihr Einssein mit dem All,
wenn ja,
dann habt ihr bereits gewählt,
und das Lila fängt an zu wirken,
wenn ja,
hat es bereits begonnen, euch zu durchdringen mit seiner Macht,
mit seiner Stärke,
mit seiner Kraft,
und es wird für euch schwer sein,
es wieder zu stoppen,
es zu hindern, das zu tun, was es nun tun will,
denn einmal in Gang gesetzt,
tut es das, was seine Aufgabe ist.
Es vollzieht eine Wandlung mit euch,
langsam,
schleichend
oder auch schnell und rasend,
je nachdem, wie ihr dazu steht,
je nachdem, wie ihr es wählt.

Es wird euch durchdringen,
und es wird füllen jede einzelne Zelle,
es wird durchdringen all eure Chakren
und wird versuchen, seine Arbeit zu tun.
Doch keine Angst,
immer noch habt ihr die freie Wahl,
immer noch bestimmt ihr, was vorgeht,
was sein soll,
was geschehen wird.
Nur das eine müsst ihr bedenken:
Das, was ihr entscheidet,
das, was ihr wählt,
ist nicht immer in eurem Bewusstsein,
ist auch nicht immer klar.
Ihr wählt zwar selbst,
aber oftmals wisst ihr es nicht,
oftmals ist es euch nicht wirklich bewusst,
denn ihr als Seele habt gewählt,
ihr als Seele habt euren Weg gewählt,
und ihr als Mensch habt es nicht wahrgenommen,
weil die Trennung oft noch zu groß
zwischen euch als Seelenwesen und euch als Mensch,
und doch seid ihr selbst es, die gewählt haben,
ihr selbst es, die entschieden haben, was mit euch geschehen soll,
entschieden haben, ob die Angst weichen soll,
ob ihr einen neuen Weg gehen wollt,
ob ihr Wandlung in euer Leben bringen wollt.

Ihr selbst wählt,
und ist es so, dass ihr euch entscheidet dafür,
dass das Lila in eurem Karma zu Wort kommen soll,
so wird es das tun.
Es wird wachsen in eurer Aufmerksamkeit,

wachsen in eurem Bewusstsein,
wachsen in eurem Leben,
und ihr werdet gehen einen neuen Weg,
gehen eine neue Richtung.
Vielleicht wird nichts mehr so sein wie zuvor, das mag sein,
doch glaubt mir,
es wird richtig sein,
es ist der richtige Weg.
Das Lila geleitet euch weise,
weise und froh,
und so werdet ihr bald erkennen,
dass auch der neue Weg Weisheit und Freude bedeutet,
denn nur die ersten Schritte sind es, die einen anderes glauben machen wollen,
doch haltet die Richtung,
und geht den Weg, der euch vorgegeben,
geht den Weg, der euch ruft,
und werdet wahrhaftig weise und froh.

Verzagt nicht zu hören auf eure Intuition,
denn eure Intuition, das seid ihr selbst,
ihr selbst und eure Verbindung zum All,
ihr selbst und euer Licht,
ihr selbst und eure Weisheit.
Und so kann es nur diesen Weg geben,
der euch geleitet im strahlenden Licht
und hin zu Gott.

Doch hört nun, was ich euch noch zu sagen habe,
denn es ist wichtig:

Wenn ihr geht auf diesem Weg,
wenn ihr euch entschieden habt,

wenn ihr habt kommen lassen das Lila in euer Leben,
so benutzt es weise,
benutzt es fair,
fair gegenüber anderen Menschen,
fair gegenüber anderen Personen,
denn nicht nur geführt werden bedeutet es,
es bedeutet auch führen!
Und sollte es euch bestimmt sein zu führen oder zu lehren,
werdet ihr das Lila ebenso brauchen
wie auf dem Weg zur Wandlung.
Führen bedeutet jedoch Verantwortung,
Verantwortung sich selbst gegenüber
und Verantwortung anderen gegenüber,
Verantwortung Gott gegenüber
und Verantwortung für das Sein, das Leben.

Wenn du also gewählt hast zu führen,
dann tue dies weise
und mit großer Verantwortung,
tue es weise,
und tue es still,
denn lautes Führen entzieht dir die Weisheit,
lautes Führen macht dich zum Narren,
lautes Führen füttert deine Eitelkeit,
und sonst nichts.
Führst du aber im Stillen
und in der dir angeborenen Ruhe,
führst du in dem Bewusstsein, dass Lila dir zur Seite steht
als ewige Stütze und leuchtende Kraft,
dann bist du Größe,
und du wirst stehen im Licht.
Wenn du aber Lautes bevorzugst,
wird das Lila dich überschwappen,

wird es dich überrollen,
und Kraft geht dir verloren.
Du wirst reden und reden,
und vielleicht magst du die Menschen im ersten Moment beeindrucken ob deiner schönen Reden,
vielleicht magst du Scharen der Anhänger um dich finden,
doch deine Worte werden nicht begleitet sein vom Licht,
deine Worte werden eine leere Hülle sein,
eine leere Hülle, die durch dein geschicktes Reden die Menschen beeindrucken kann,
doch bleiben sie leer.
Sprichst du aber in voller Harmonie mit dem lila Strahl,
bist du in voller Harmonie mit dem in dir wohnenden Lila,
dann sprichst du weise,
dann lebst du weise,
dann erstrahlst du weise,
und das, was du sprichst,
das, was du lebst,
das, was du ausstrahlst,
wird stehen in vollem Licht.
Gottes Licht wird es sein, das dich begleiten wird,
und Gottes Schein wird es sein, der aus dir leuchten wird,
Gottes Wille wird es sein, der aus dir sprechen wird,
und Gottes Wahrheit wird es sein, die in deinen Worten liegen wird.

So groß ist die Kraft des Lila,
so mächtig seine Natur.

Es liebt dich,
es lenkt
und geleitet dich.
Schaue es,
erkenne es

und lass es sein.
Gib ihm den Platz, der ihm zusteht
schenke ihm die Aufmerksamkeit, die ihm gebührt,
und alles wird gehen seinen richtigen Gang,
alles wird wandeln sich in dem Maße, wie es für dich zum Besten ist

Farbe im Karma

(Außerhalb von Raum und Zeit,
alle Aufgestiegenen Meister sind anwesend.)

Gott zum Gruße,
Gott zum Gruße.

Heute treffen wir uns auf dem Jupitermond Galea,
und du merkst,
dass das Licht einen grünen Schimmer trägt,
und nun auch einen gelben,
und nun einen orangen,
und einen roten,
einen braunen,
einen schwarzen,
einen blauen,
und spürst du, wie sie alle vorhanden sind, diese Farben,
wie sie alle gleichzeitig im Licht sind?
Alle sind sie da, diese Farben,
und alle waren sie zu Beginn da,
und doch hast du erst nur Grün wahrgenommen,
dann Gelb,
und nach und nach die anderen.
So ist es auch mit dem Karma.
Die Farben sind da.

Alle Farben sind enthalten,
und doch nehmt ihr Menschen sie nicht bewusst wahr.
Das helle, strahlende, weiße Licht jedoch bewusst wahrnehmen zu
können,
als lauter einzelne Farbtöne,
die zusammen das helle Licht als Mischung entstehen lassen,
das ist es, was es zu lernen gilt,

das Wissen um das Vorhandensein der einzelnen Bestandteile des Lichts,

das Wissen um das Vorhandensein der einzelnen Bestandteile des Karmas,

die Bestandteile sind die gleichen,

denn erinnert ihr euch an das Gesetz der Entsprechung?

Wie oben, so unten, wie unten, so oben.

Die Bestandteile sind also die gleichen,

nur was genau diese Bestandteile zu sagen haben,

was sie euch fähig machen zu leisten,

zu tun,

was sie euch fähig machen zu wählen,

das ist der Unterschied,

der Unterschied, den es eigentlich gar nicht gibt,

denn weil ihr ja wählen könnt,

weil ihr vom Geist durchdrungen

und so die freie Wahl habt,

könnt ihr auch wählen die Bedeutung der Farben für euch,

könnt ihr wählen die Wut im Rot

oder aber den Mut,

könnt ihr wählen die Angst oder aber ein Leben in Harmonie und Freiheit.

Das Karma ist euch gegeben, um den Weg zu gehen,

und das Wählen zu lernen,

um zu begreifen, dass ihr wählen könnt,

um zu begreifen, dass es nicht so sein muss, wie es ist,

dass euer Leben nicht zwingend in bestimmten Bahnen verlaufen muss.

Habt ihr erkannt den Sinn des Karmas,

habt ihr begriffen,

warum also Karma zu diesem Weg des Lernens dazugehört,

und habt ihr verstanden,
dass ihr daraus hervortreten könnt,
dass ihr wählen könnt,
dann könnt ihr es durchbrechen.
Und ihr werdet selbst zur bewussten Ursache,
ihr werdet zu bewusster Wirkung.
Das Karma kann sich auflösen,
kann sich zum Guten entfalten,
kann sich ausweiten in die himmlischen Weiten,
ins Licht
und ins All,
und so sein Ende finden,
denn ein Ende muss es finden,
denn nur mit einem Ende
steigst du auf.
Da aber Karma in dem Sein des Raums, der Zeit und der Materie
existiert,
also nur auf dieser Ebene überhaupt zum Zuge kommt,
hat es außerhalb dieses Raums,
außerhalb der Zeit und außerhalb der Materie,
keine Möglichkeit zu existieren.

Aufstieg bedeutet also,
all dies gleichzeitig zu verlassen
und hinüberzugleiten in ein Dasein ohne Zeit,
ohne Raum, ohne Materie
und ohne die Bürde des Karmas.

Magst du nicht auch frei sein?
Magst du nicht im Licht stehen
und als Licht in Glück und Freude existieren?
Dann tue es
und arbeite daran, dein Karma aufzulösen.

Arbeite daran,
dir bewusst zu sein, was Karma bedeutet.
Arbeite daran zu begreifen,
wie das Licht und die Farben das Karma beeinflussen,
und nutze dein erlangtes Wissen, um zu handeln.
Sei also bewusst Ursache.
Das ist der Beginn dieses neuen Weges.
Sei bewusst Ursache.
Und wenn du das beherrschst,
wirst du alsbald bemerken,
wie du als Wirkung dich veränderst,
wie du als Reaktion nicht mehr die Gleiche bist.

Handle also bewusst,
und das Spiel des Karmas,
das große Spiel des Lebens,
das wunderbar herrliche Spiel des Begreifens
wird langsam ein Ende finden,
und du wirst austreten aus der Zeit
hinein in das Sein im Licht,
und das All empfängt dich
mit Gloria und Jubelgesang,
denn die Freude ist groß,
die Freude ist groß,
die Freude ist groß.

So gehe diesen Weg.
Gehe ihn und liebe ihn.
Sei stark in deinem Wollen
und stark in deinem Tun.
Und die Engel stehen dir zur Seite und geleiten dich,
sie beraten dich
und führen dich,

und jeder der Aufgestiegenen Meister ist für dich da.
Bitte sie darum,
und es sei,
bitte um Hilfe,
und sie sei dir gewährt,
bitte um Beistand,
und er ist da.
Niemals wirst du allein gelassen,
niemals fallengelassen.
Gehe also den Weg, das Karma aufzulösen,
und wisse um deinen Beistand.
Gehe den Weg zum Licht
und begreife die Größe in deinem Tun.
Gehe den Weg
und wisse stets um die Wahrheit dahinter,
dass Karma, Zeit und Raum und Materie nur ein Teil des großen Weges sind,
ein Teil des Begreifenwollens der Seele,
ein Teil des Spiels, das es zu spielen gilt.
Jeder kommt ans Ziel,
jeder,
auch du.
Doch entscheiden dafür
musst du dich allein.

Gott zum Gruße,
Gott zum Gruße,
Gott zum Gruße.

Das Grün (III)

(Die Aufgestiegenen Meister)

Karma ist eine wunderbare Sache,
etwas Großes
und etwas Großartiges.
Karma ist von Grund auf Grün,
grün und rein,
so hat es begonnen.
Und grün und rein, das ist es, wo es enden wird.
Hat es das volle Grün erlangt, ist es neutral geworden,
hat es also das volle Grün erreicht,
bist du in der Neutralität angekommen,
und du bist frei.
Grün bedeutet Neutralität,
bedeutet wertungsfreies Urteilen,
wertungsfreie Liebe,
wertungsfreie Größe.
Unser Ziel heißt also Grün!

Es ist ein wunderschönes sattes Grün,
und wenn du nun die Augen schließt und es zulässt,
dass das, was hinter unseren Worten an Energie mitschwingt,
das, was an Licht und Liebe unsere Worte begleitet,
wenn du das fühlst
und dich voll und ganz in diese Energie begibst,
die da mit unseren Worten schwingt,
dann wirst du plötzlich das Grün vor Augen haben,
dann wirst du fühlen,
wirst du spüren,
wirst du empfinden,
das Grün, was gemeint ist mit wertungsfreier Liebe,
das Grün, das die Neutralität in sich trägt,

das Grün, das in deinem Herzen zu wohnen wünscht
und dich berühren möchte,
dich auffüllen möchte
und dich tragen möchte,
hoch zu den allerhöchsten Ebenen,
hoch zum Wissen um den Geist,
hoch zu Gott.
Lass es also zu und schließe die Augen,
und ... genieße.
Genieße diesen Augenblick.

Wenn du also nun gefühlt hast das Grün,
dann hast du eine Ahnung bekommen von der Schwingung der Freiheit
und der Schwingung der Liebe Gottes.

Wenn es nicht geklappt hat für dich, das Grün zu erspüren,
dann lass es so sein
und verzweifle nicht,
denn auch du bist Größe,
auch du bist im Ursprung göttlich,
auch du bist Licht.
Gib dir Zeit
und glaube mir,
auch du wirst es spüren können,
irgendwann,
irgendwo,
und sei es einfach nur, wenn du dieses Buch noch einmal zur Hand
nimmst
und noch einmal die Schwingung hinter den Worten auf dich wirken
lässt,
wenn du zulässt,
wenn du geschehen lässt.

Nun aber wieder zu unserem Thema, dem Karma.

Das Grün entspringt der Venus,
dort ist sein Zuhause,
dort ist das Grün geboren,
dort ist seine Heimat.
Und doch ist auch die Venus…
Teil der Illusion,
Teil des Spiels um die Materie
und Teil des großen Akts um die Zeit und den Raum.

Grün jedoch bleibt, was es ist,
Grün bleibt grün,
und als Grün ist es wiederum ein Teil des Ganzen,
ein Aspekt des Ganzen.
Grün ist.

(Sprecherwechsel innerhalb einer Sitzung)
(Thoth)

Ich bin ein Teil des Ganzen,
ein Aspekt des heiligen Grals,
ein Bruchstück des göttlichen Seins.
Ich bin Licht,
ich bin Freiheit,
ich bin Thoth.

Ich habe gelebt im alten Ägypten
und habe gelehrt die Prinzipien des Universums.
Ich bin der, der das Wissen brachte unter die Menschen,
ich bin der,
der dir das Grün nahebringen wird!
Denn Grün war mein Wesen,

grün war meine Welt,
und grün war es,
was ich vermitteln wollte.
Nicht so sehr Wunder waren es,
Heilungen, Zauberstücke,
nein,
es war das Grün, das mich so faszinierte,
das Grün, das mich so begeisterte,
so sehr,
dass ich es bin,
so sehr, dass ich es lebe,
dass ich es empfinde
und dass ich es weitertrage,
weitertrage zu den Menschen
und zu dir,
weitertrage im Sinne Gottes
und weitertrage
im Sinne des Geistes.

Thoth nannte man mich,
und Thoth bedeutet Freiheit,
denn wahre Freiheit ist nur möglich im Grün,
wahre Freiheit muss im Grün gelebt sein.
Ohne Grün kann niemand die Freiheit erlangen,
ohne Grün gäbe es kein Thoth,
kein mich.
Ohne Grün existierte ich nicht,
denn mein Name steht für das Göttliche,
für die Kraft und die Einheit,
für den Frieden und die Liebe,
und so repräsentiere ich den Frieden
und die Liebe
und schwebe im grünen Schein,

lebe im grünen Aspekt Gottes
und bin im Grün des „Alles ist eins".

So greife mich
und begreife mich,
berühre mich
und empfinde mich,
fühle mich
und wisse dadurch um die Wichtigkeit,
die Notwendigkeit
des wahren Grüns.
Ich achte dich in deinem Tun
und in deinem Bemühen,
Grün fühlen zu wollen.
Rufe mich, und ich begleite dich,
rufe mich, und ich führe dich,
rufe mich, und ich zeige dir den Weg!

(Wer bist du, wenn Hermes auch als Thoth bekannt war und gleichzeitig Hermes sich mir als Jesus offenbarte?)

Gute Frage.
Ich bin es,
ja, ich bin es, Hermes.
Ich bin Hermes,
ich bin Thoth,
und ich bin Jesus,
und alles ist eins,
und doch schwingt jeder Teilbereich meiner Seele
etwas anders,
schwingt jeder kleinste Unterschied in anderer Frequenz,
und das ist es, was mich zu Thoth macht,
oder was mich als Hermes Trismegistos leben lässt.

Ich bin es jedoch,
ich bin es jetzt
und immerdar,
und ich bin es auch, der entscheidet,
ob ich zu euch komme
als Jesus, der die Schwingung des Jesus in sich trägt,
oder ob ich erscheine als Thoth,
denn ist es angetan
als Thoth zu sprechen, dann tue ich es,
ist es notwendig.
Dann ist es angebracht,
und dann ist es wichtig.
Denn als Thoth schwinge ich anders,
spreche ich anders,
und als Thoth wird das, was ich zu sagen habe, anders klingen,
sich anders anfühlen.
Heute war es also notwendig,
als Thoth zu sprechen,
und so tat ich es.

(Er zieht sich zurück und auch die Aufgestiegenen Meister beenden den Kontakt.)

Das Gelb (II) – Die Freude

(Am Rande des Universums, ein Treffen mit Serapis Bey)

Gott zum Gruße, liebe Freunde,
Gott zum Gruße,
mein Name ist Serapis Bey.
Ich bin der Meister, der die Verbindung darstellt
zwischen den Welten des Himmels und den Welten der Erde.
Ich bin der Meister, der die Ebene der Inkarnation mit der Ebene des
hochfrequenten Lichts verbindet.
Ich bin der, der von Gott kam und auf Erden inkarnierte, ohne aber zu
müssen,
ohne es tun zu müssen.
Ich wollte es so
und konnte so die Verbindung herstellen zwischen euch und auch den
Meistern, die inkarniert waren,
und dem Göttlichen, dem Großen, dem Einen.

Ich bin das Licht,
und hell erleuchte ich euren Weg.
Ich bin fröhlich,
und das zeichnet mich aus.
Ich bin Freude,
und Freude zu vermitteln ist mein Anliegen,
denn Freude bringt Licht in die Herzen,
Freude lässt dich reifen,
dich groß erscheinen,
dich weise handeln.

Erst als Letztes wird die Freude weichen.
Als Letztes all der Emotionen, die dich verlassen werden,
wird die Freude gehen,
denn alle Emotionen werden dich verlassen.

Auf deinem Weg zum Aufstieg,
deinem Weg zum Licht,
löst sich das Karma auf.
Schreitest du also fort auf dem Weg zum Licht,
wirst du immer weniger deinen Emotionen erlegen sein,
immer seltener wirst du urteilen hart,
denn im Grün löst sich das Werten,
und das helle Licht tritt an die Stelle des Urteils.
Du wirst fähig sein zu lieben im Geiste,
doch die Freude bleibt dir erhalten bis zum Schluss.
Die Freude begleitet dich,
bis du erlangst die Grenze zum Übergang,
die Grenze zum Aufstieg,
zum Göttlichen Sein,
und das ist gut so,
es ist wunderbar.

Gott hat dir die Freude geschenkt,
also nutze sie,
lebe sie,
sei sie,
denn erst wenn du ganz in dieser Freude leben kannst,
ganz in dieser Freude aufgehen kannst
und Freude dir aus den Augen strahlt,
wenn du so voller Freude bist,
dass du den anderen fast himmlisch erscheinst,
dann erst ist der Moment gekommen,
wo du gehen kannst den Weg ins Licht.
Erst die Freude,
und mit ihr das Gehenlassen aller Wertung, alles Urteilens,
und erst über die Freude
führt dein Weg zu Gott.

Ich bin die Freude,
doch bin ich auch in dir und mit dir.
Darum lebe mich,
rufe mich,
und alles geht seinen Gang,
seinen Weg des Glücks.
Amen.

Wisst ihr eigentlich, was das Gelb bedeutet?
Wisst ihr eigentlich, was Gelb für euch tut?
Seid ihr euch eigentlich bewusst,
wie sehr ihr das Gelb benötigt,
um Freude haben zu können?

Gelb ist Größe,
und es ist Sonne.
Gelb ist Liebe zu Gott
und Vertrauen in ihn,
Vertrauen in das große Eine,
Vertrauen in das All.
Gelb ist strahlend wie das hellste Licht
und leuchtend wie Feuer.
Gelb ist die Hitze des Wissens
und die Hitze des Seins.
Ohne Gelb fühlst du dich verlassen
und klein,
denn ohne Gelb erkennst du nicht dein Sein,
erkennst du nicht Gott,
und du bist der Mensch, der meint, ein Mensch zu sein,
sonst nichts.
Wenn das Gelb erstrahlt in deinem Bauch,
wenn es hell erleuchten darf dein Sein,
wenn es wohnen darf in deinem Wesen

und du ihm erlaubst, dich zu füllen,
dich zu lieben,
und wenn auch du es liebst,
dann wirst du wachsen,
und mit deinem Wachsen geht einher
das Leuchten deiner Augen
und die Freude in deinem Leben,
das Lachen wird dich begleiten,
und die Menschen, die du treffen wirst,
werden ebenfalls Menschen sein, die dir zulachen.

Das gelbe Leuchten liebt es, sich selbst zu treffen,
es liebt es zu wachsen,
und so ist es nur natürlich, dass es sich wieder und wieder trifft,
wieder und wieder werden sich Menschen begegnen,
deren Gelb in Liebe erstrahlt,
und allein das Treffen entfacht die Freude,
allein das Sich-Bemerken bringt Freude in dein Leben,
ohne dass Worte gesprochen werden müssten,
ohne dass Berührung stattfinden müsste,
nur das reine Sein des anderen,
das reine Erkennen
bringt diese Art der Freude zustande,
und je mehr du diese Freude lebst,
umso mehr erstrahlt dein eigenes Sein, dein Gelb.

Saturn ist der Sitz des Gelb,
der Sitz all der Feuer der Menschen,
der Sitz all der gelben Kraft jedes Einzelnen von euch,
und weise ist es,
die Verbindung dorthin zu erlangen,
im Wissen um dieses ureigenste Feuer,
das dir die Kraft der Freude ermöglicht.

Bewusstes Handeln bedeutet Kraft,
und so bedeutet auch bewusstes Aufrechterhalten der Verbindung zu
deinem Feuer eine Macht, die dir unvorstellbar erscheint.
Doch glaube mir, sie ist der Schlüssel,
der Schlüssel zur Weisheit.
Denn immer musst du zuerst dich selbst erkennen,
dich selbst und dich als das Wesen, das dieses Spiel des Karmas
spielt,
dich selbst und all die Farben in deinem Sein,
all die Schwingungen,
all das Leuchten.

Und gehst du den Weg über die Freude,
bist du auf dem richtigen Weg.
Gehe ihn,
und du wirst wissen, dass du auf dem richtigen Weg bist.
Gehe ihn,
und alle Engel werden dich begleiten,
und wir Aufgestiegenen Meister werden um dich sein
und mit Freude deinen Weg der Freude erstrahlen lassen.
Wir lieben dich,
und wir begleiten dich,
doch wählen musst du selbst.
Du selbst wählst für dich das Gelb, das Grün, oder was auch immer,
wir helfen dir dabei, falls du das möchtest,
doch du entscheidest!

In diesem Sinne
möchte ich für nun beenden.

Gott zum Gruße, all ihr freudvollen Wesen,
und auch all die, die es werden wollen,

Gott zum Gruße,
ihr Menschen,
auch die, die noch blind ihres Weges gehen,
Gott zum Gruße,
ich liebe euch,
Gott zum Gruße.

Das Blau (II)

(Alle Meister sind anwesend, wir treffen uns auf dem Jupiter)

Gott zum Gruße,
Gott zum Gruße.

Heute wollen wir über das Blau sprechen,
denn auch das Blau will gelebt sein,
bevor es zur Auflösung des Karmas kommt.
Auch das Blau fordert Beachtung,
und auch das Blau ist enorm wichtig.

Jede Farbe muss intensiv gefühlt sein,
um sie am Ende in das Gesamte integrieren zu können,
und um so aus all den Farben
das Weiß entstehen zu lassen.

Blau also ist wichtig
und erstrahlt in seiner Schönheit,
es strahlt so unglaublich,
dass es fast scheint, als wäre es nicht von der Erde.
Blau hat solch feine Nuancen in sich,
dass es dir oft als himmlisch, als unglaublich erscheinen mag.
Kennst du jemanden mit solch strahlend blauen Augen, in die man
nicht blicken kann, weil es einen schmerzen würde?
Kennst du solche blauen Augen, bei denen man sich nackt und bloß
empfindet?
Das ist das Blau des Himmels,
das ist das strahlende Licht des Alls,
das ist das wunderbare Leuchten Gottes.
Nur wenige besitzen solche Augen,
noch sind es wenige,
doch es werden mehr.

Blau ist also nicht gleich Blau.
Das Blau, das wir meinen, ist das göttliche Blau,
das strahlende,
das des Himmels,
und nur wer Licht empfunden hat,
Licht gefühlt hat,
der weiß um dieses Blau.

Blau wohnt im Halschakra des Menschen,
und Blau liebt es zu sein.
Blau liebt es, sich zu zeigen,
und Blau wünscht nichts mehr, als sich darzustellen.
Der Mensch, der sich selbst lebt,
derjenige, der sich ausdrückt und sich selbst liebt in seinem Tun,
der Mensch, der sich gibt und sich sein lässt, wie er ist,
derjenige also, der das Grün schon integriert hat in sein Leben und
das Gelb als das Göttliche erkannt hat,
derjenige, der Gott zu seinem Führer ernannt hat,
der die Engel und die Erzengel,
die Meister,
und sich selbst,
die Menschen, all die Tiere und Pflanzen,
der, der alles Sein als durchdrungen vom All erkannt hat,
der ist es, der das Blau lebt,
das wunderbare Blau, das ihn so scheinen lässt,
wie er tatsächlich ist,
in Liebe und in der Liebe des Alls,
groß und mächtig,
strahlend und schön,
von Freude durchdrungen
und mit Grün im Herzen.
So lebt es, dieses Wesen,
und lebt im Blau.

*(Sprecherwechsel innerhalb der Sitzung,
der Maha Cohan tritt aus der Runde hervor)*

Ich bin es,
der Führer,
der Cohan,
ich bin es,
der Maha Cohan.
Ich bin das Blau,
und ich bin von Blau durchdrungen,
ich bin der Führer der Meister,
und weil ich das Blau so liebe,
bin ich geeignet, dies zu tun.

Sich zu leben und so zu sein, wie man ist,
das ist mein Anliegen,
das ist es, was ich euch beibringen möchte.
Traut euch.
Lebt einfach das, was ihr wünscht zu sein,
tut es, das, was ihr wünscht zu tun,
seid es, das, was ihr seid,
und euer Blau kommt zum Leuchten,
euer Blau wird erstrahlen,
und ihr werdet Freude empfinden.

Nicht wichtig ist das, was ihr oft wichtig nennt,
das Geld und die große Firma,
der Titel und das besondere Ansehen,
ihr seid es, die wichtig sind,
ihr allein,
und das müsst ihr begreifen,
das müsst ihr verinnerlichen.
Wenn ihr euch selbst als das Wichtige in eurem Leben erkannt habt,

dann ist es nur noch ein kleiner Schritt zum Ausdruck im Blau.
Niemand hat das Recht, euch zu sagen, was für euch richtig ist,
niemand hat das Recht, über euch zu urteilen.
Lebt einfach das, was ihr seid,
lebt so, dass es sich für euch gut anfühlt,
einerlei, ob es den Regeln und Gesetzen entspricht, die der Mensch
so gerne erfindet.
Ihr seid das Wichtige,
und ihr müsst leben,
ihr wollt aufsteigen,
und ihr wollt im Licht stehen.
Doch ohne zuvor das Blau gelebt zu haben,
ist Aufstieg unmöglich.
Ohne Blau entfaltet zu haben,
gibt es keine Auflösung des Karmas,
denn Karma will alles beseitigt haben,
alles bereinigt haben,
alles in Harmonie wissen,
und Harmonie erreichst du nur,
wenn du dich selbst lebst.
dich selbst zu leben bedeutet,
das Blau des Himmels zu leben.

Neptun ist der Planet, der für das Blau steht,
und Neptun ist der Planet, der dich unterstützen wird.
Er besitzt die Kraft des Blaus,
und Neptun trägt die Energie des Ausdrucks.
Neptun und ich, der Maha Cohan,
wir sind für dich da.
Lebe also das Blau
und wisse um die Wichtigkeit darum,
denn dein Weg zur Erlösung deines Karmas
führt dich unweigerlich zu dir selbst,

und der Weg zu dir selbst
geht im Ausdruck durch das Blau,
im Leben des Blaus.
Öffne dein Halschakra,
öffne dein Herz.
Sei du selbst,
und lebe dich selbst.

(Jetzt geht es weg vom Jupiter und hinab zu Neptun)

Ich bin der Maha Cohan.
Wir sind nun auf dem Neptun.
Und das Blau durchdringt dich,
es öffnet dein Chakra im Hals,
und es öffnet dein Herz.
Fühle es
und ertaste dich selbst,
fühle es
und integriere es.
Wir schicken dir die Energie des Neptun.

Liebe Freunde auf der Erde.
Wir schicken euch nun die Energie des Neptun.
Öffnet euch in eurem Geiste
und lasst das wirken, was an Energie mit diesen Worten schwingt,
lasst es geschehen,
und ihr werdet fühlen das Blau des Wassers.

Nehmt es auf,
und das Element Wasser wird mit euch sein.

Schließt nun die Augen,
und verweilt,

so dass die Energie zu euch kommen kann,
euren Hals benetzen kann
und euch durchdringen kann,
falls ihr das möchtet,
denn immer noch und immerdar habt ihr die Wahl.

Das Wasser des Neptun,
die Macht des Blaus
und die Liebe von mir,
Maha Cohan,
sei nun mit euch.

Blau ist auch der Erzengel Michael,
der große Erzengel Michael.
Er erstrahlt im Blau,
doch über ihn sprechen wir morgen.

Nun grüße ich euch,
ihr wundervollen Wesen dort auf der Erde,
Gott zum Gruße,
Gott zum Gruße.

Das Blau (III)

(Erzengel Michael, oben in der Höhe von Jupiter)

Gott zum Gruße,
Gott zum Gruße,
ich bin Michael,
der Blaue der Erzengel,
Michael, der Große,
Michael, der Starke.
Und meine Größe bedingt sich im Blau,
meine Macht bedingt sich dadurch,
dass ich das Blau bin,
das Blau, das für Ausdruck steht,
das Blau, das dafür steht, du selbst zu sein
und es auch zu leben.

Ich bin der Erzengel Michael,
und ich stehe für den Ausdruck des Seins,
dafür, du selbst zu sein,
und dass du dich als dich erkennst.
Ich, der Erzengel Michael,
erstrahle im Blau des Himmels
und repräsentiere die Schwingung des Blaus.
Willst du wissen, wie Blau schwingt, dann rufe mich.
Willst du wissen, wie es ist, sich selbst zu leben, dann erforsche
mich.
Willst du wissen, was es heißt, mächtig zu sein, dann lebe mich.
Denn ich bin das Blau des Himmels,
und ich bin es, der das Blau auf Erden bringt.
Ich und der Maha Cohan,
wir versorgen den blauen Strahl,
wir versorgen die Welt mit Blau,
und wir sorgen für all die, die im Blau stehen.

Groß ist die Kraft des Blaus
und groß sein Ausdruck.
„Der Wille geschehe", so heißt es,
und so ist es.
Denn du weißt bereits, dass du frei wählen kannst.
Der Wille geschehe,
das bedeutet wahrhaftig Macht.
Doch diese Macht wird dir erst zuteil,
wenn das Blau mit dir schwingt,
wenn du also geschafft hast, tatsächlich dich auszudrücken,
dich und nichts als dich selbst.
Denn dich selbst auszudrücken
bedeutet, Gott zu leben.
dich selbst auszudrücken
bedeutet, Licht zu sein.
Und wenn das Göttliche in dir scheinen darf, weil du es so gewählt
hast,
dann erscheint das Blau in dir,
und das Blau wiederum bewirkt, dass du das Göttliche in dir aus-
drückst.

Du und das Blau,
ihr müsst miteinander leben,
denn ihr seid eins.
Du und das Blau,
ihr müsst euch achten,
denn ihr könnt nicht ohne einander.
Nur über das Blau kommt das Sich-selbst-Ausdrücken zustande,
nur durch das Blau
lebst du dich selbst,
und lebst du dich wahrlich selbst,
lebst du auch die Macht, die Gott dir gegeben,
die Macht,

die jedem von euch zur Verfügung steht,
die Macht, die nur wartet darauf, gelebt zu werden.
Diese Macht ist es,
die all das ermöglichen wird,
was dir jetzt noch unglaublich erscheinen mag,
all das,
was du nur den ganz Großen zugestehen magst,
den Weisen, den Gurus,
den lang schon Meditierenden und weit Fortgeschrittenen.
Doch lass dich nie von der Zeit täuschen,
lass dich nie blenden von Ort und Raum,
denn was sagt es schon aus,
ob jemand in Europa weise ist oder in Asien.
Wenn wir alle denselben Ursprung haben,
den Ursprung, der sich Gott nennt,
wenn wir also alle zusammen das Eine sind
und jeder von euch viele, viele Leben gelebt hat, um dorthin zu gelangen, wo er jetzt steht,
was spielt dann der Ort
oder die Zeit für eine Rolle.
Was macht es, ob einer schon ein Leben lang lernt und meditiert und der andere erst begonnen hat, sich seiner selbst bewusst zu sein?
Jeder geht seinen Weg des Ausdrucks,
und jeder muss auch seinen eigenen Weg gehen,
und darum spielt auch Zeit keine Rolle,
darum auch benötigt der eine ein Leben lang und gelangt doch keinen Schritt weiter auf seinem spirituellen Weg,
und der andere vermag vermeintlich ein Neuling sein,
und doch lebt er so viel Weisheit und Reinheit,
doch drückt er sich so klar im Blau seines Seins aus.
Nur du,
du erkennst es nicht,
erkennst es nicht, weil du dich blenden lässt

von Zeit, Raum und Materie.
Du weißt um die Illusion deiner Welt,
und doch vergisst du es immer wieder.
Du weißt um die Kraft der Gedanken,
also lenke sie, deine Gedanken,
und werte nicht.

Der, der so vermeintlich schnell seinen Weg zu gehen scheint,
ist vielleicht in Wahrheit schon durch viele Tiefen gegangen
und hat schon viele, viele Leben gelebt.
Freue dich über des anderen Blau
und lass zu, dass es dich berührt.
Freue dich über das Wirken und das Sein dieser anderen Person
und erkenne, wie leicht es auch für dich sein möge, dich zu leben.
Täusche dich nicht hinweg mit Ausreden und Argumenten,
die dir weismachen wollen, warum es in deinem Leben kein Blau gibt.

Lass es einfach zu
und fordere dein Blau ein.
Lass es zu
und lebe dein Blau,
und du wirst sehen, wie sich aus einem einfachen, vermischten, dunklen Blau
langsam ein helleres, reineres Blau hervorhebt,
und je mehr du du bist,
je mehr du dich selbst wählst,
umso mehr wird sich die Schwingung des Blaus ändern,
und umso mehr wirst du dich wohlfühlen
in dem, was du tust,
und mit dem, was du bist.

Ich, der Erzengel Michael,
erhebe nun die Hände

und breite sie über dir aus.
Ich segne dich,
und ich biete dir meinen Schutz.
Ich segne dich,
und immerdar, egal, wo du sein magst, egal, was du tust:
Rufe mich,
erbitte mich,
und ich bin da.

Gott zum Gruße,
ihr Lieben,
Gott zum Gruße.

(Erzengel Michael, wir befinden uns nun auf dem Planeten Neptun)

Okay.
Siehst *(fühlst, spürst)* du die Wasser hier auf diesem Planeten?
Siehst die Wasser der Emotionen,
die Wasser der Gefühle,
der Empfindungen,
der Freude und der Trauer?
All das ist das Blau,
und all das gilt es zu leben,
all das gilt es zu fühlen
und zu sein.
Denn erst wenn du das Wasser in dir lebst,
das Wasser, das das Blau repräsentiert,
erst also, wenn du dieses Wasser von diesem Planeten in dein Leben
gelassen hast
und es voll und ganz auszudrücken vermagst,
dann erst hast du auch die Chance,
es wieder gehen zu lassen.
Erst wenn all das in dein Leben integriert ist

und all das von dir akzeptiert
und gelebt worden ist,
erst dann wird das Grün dazu beitragen, es wieder aufzulösen,
es neutral werden zu lassen,
erst dann wird das Gelb es erleuchten lassen
und das Vertrauen in Gottes Führung dich die Emotionen des Wassers weichen lassen wollen.
Das Blau des Wassers,
das Blau der Gefühle,
das Blau des Ausdrucks,
es sei dein.
Hole es dir
und wachse mit ihm.
Hole es dir
und lebe es.
Und wenn du genug davon hast,
wenn du genug dich selbst gelebt hast,
wird es sich integrieren in das Ganze
und sich mit all den anderen Farben verbinden,
und so wird entstehen das Weiß des Aufstiegs,
das Weiß der Erleuchtung,
das Weiß des Diamanten.

Alle Farben müssen weichen
und sich vereinigen, um Licht zu werden,
und nur der Weise weiß um seine Bestandteile,
nur der Weise weiß um das Blau im hellen Schein des Lichts,
weiß um das Grün, das Gelb, das Rot, das Orange.
Doch zuallererst lebe das Blau,
lebe dich selbst.
Doch vergiss nie,
dass auch immer und zu gleicher Zeit die anderen Farben ihr Recht
fordern,

immer und zu gleicher Zeit.
Darum ist es ratsam
und ist es weise,
die Farben zugleich zu fordern,
zugleich wachsen zu lassen
und zugleich zu leben,
um so den Weg ins Licht zu fördern
und auf diesem Weg Weisheit zu erlangen.

Das Wasser des Neptun sei also mit dir.

Das Blau (IV)

(St. Germain)

Ich bin St. Germain
und spreche heute zu dir,
obwohl wir noch bei dem Thema Blau sind,
obwohl wir also noch nicht das Thema Blau beendet haben,
bin ich es, der zu dir spricht.

Blau ist nicht meine Farbe,
meine Farbe ist Violett,
und zusammen mit Zadkiel
lebe und betreue ich den lila Strahl,
die lila Schwingung.

Blau jedoch ist auch für uns spannend,
und auch äußerst wichtig,
denn Blau ist im Violett enthalten.
Blau ist ein Teil von uns,
und nur über Blau kannst du zu uns gelangen.
Aber bedenke,
auch gilt:
Nur über das Violett kannst du zum Blau gelangen.
Wir arbeiten also zusammen,
und das so innig, so intensiv,
dass man uns fast nicht trennen mag,
und doch sind wir verschieden.
Blau ist der Ausdruck des Selbst,
doch was ein noch sehr, sehr wichtiger Aspekt des Blau ist,
ist seine Fähigkeit, dich zu einer Wandlung hin zu führen.
Die Wandlung ist also nicht unbedingt der erste Schritt,
das heißt, nicht unbedingt das Lila geht allem voran,
weil Lila eben Wandlung bedeutet, nein,

das Blau mag durchaus oft genug der Erste sein,
oder die Erste, je nachdem, wie du es siehst.
Das Blau vornean,
und es bewirkt etwas,
das dich leitet zu einer Umwandlung,
das dir verhilft, du selbst zu sein,
und während du dich wandelst in etwas, was du selbst bist,
während du also eine Wandlung vollziehst,
stehst du im violetten Licht.

Nichts kann in diesem Universum als Alleiniges bestehen,
nichts kann im All alleine sein,
außer das All selbst,
außer Gott alleine.
Doch alles andere,
seien es die Engel oder du dort auf der untersten Ebene,
du als Mensch,
wir alle sind immer eins mit den anderen,
und wir alle zusammen sind eins mit Gott.
Doch Gott alleine ist das Eine, ist eins.
Und so ist es verständlich, dass auch nie eine Farbe alleine ihre Wirkung vollzieht,
und auch du bei deinem Weg zum Aufstieg nie dich nur um eine Farbe kümmerst,
ob du dir nun dessen bewusst bist oder nicht.
Es wirken immer alle Farben ineinander und miteinander.
Das bedeutet auch,
dass nicht nur Blau und Violett zusammenarbeiten, nein,
es arbeiten immer alle mit,
alle diese tausende und abermilliarden von Farben,
dieses wunderbare, unendliche Farbspektrum des Himmels,
von dem du als Mensch nur einen winzigen Ausschnitt wahrnehmen kannst.

Alle diese schwingungsvollen Farben arbeiten mit dir
und für dich,
und alle diese Farben wollen nur eins
im Grunde ihres Seins,
sie wollen dich verbinden und eins werden,
das werden, was sie sind,
eins,
und das bedeutet nichts anderes,
als zu werden Licht,
Licht und Liebe.

Deine Aufgabe ist es, den Weg zu gehen
und so das Einswerden für dich und die Farben in deinem Sein zu
ermöglichen.
Breite deine Flügel aus
und fliege im Blau des Himmels,
schwebe im Glück der Freiheit
und sei dir bewusst, dass Blau dich leitet
und dir die Luft zum Atmen schenkt.

Blau ist das Wasser,
und Blau ist das Sein auf dem Planeten Merkur.
Blau ist das Fühlen des Ichs, wenn es sich neu entdeckt,
und Blau ist das Leben des Ichs, wenn es bereit ist, zu sich selbst zu
stehen.
Blau ist die Sprache der Musik, wenn sie sich zeigt als das, was du
empfindest,
und Blau ist das Buch voll deiner Worte, wenn es Worte sind, die deinem Herzen entspringen.

Der Merkur,
der wunderbare blaue Planet,
er liebt dich

und lädt dich ein, ihn zu besuchen,
lädt dich ein, ihn zu erforschen,
um so dich selbst zu finden und zu entdecken.
Merkur,
das bedeutet:
Sei du selbst.
Lebe dich.
Drücke dich aus in dem, was du bist.
Lebe dich
und lebe dich so, dass du immer und stets empfinden kannst, dass es
das ist, was dein Herz zu tun wünscht.
Das will dir Merkur sagen,
und das ist es, wofür der Maha Cohan steht.
Lebe dich und drücke dich aus mit deinem eigenen Ausdruck.

Lass deine Seele sprechen,
und dann endlich bist du es, die sprechen wird, der sprechen wird.
Lass deine Seele sprechen,
und endlich wird wahr
wofür das Lila so kämpft,
die Wandlung von dir zu dir selbst,
die Wandlung zu deinem Innersten, deiner Seele,
die Wandlung zu Gott, dem Allmächtigen,
und hin zu seinen Weiten,
hin zu seinen Heerscharen.
Erhebe dich aus deinem jetzigen Stand und lass zu, du selbst zu sein,
erhebe dich und wandle dich zu dem, was du bist,
erhebe dich und tu all das Notwendige, um du selbst zu sein,
und so vollzieht sich der Wille des Blaus in dir
und du wirst du,
du wirst zu dir selbst.

Amen.

Das Blau (V)

(Erzengel Michael)

Gott zum Gruße und Hallo.

Ich möchte noch etwas hinzufügen, um für dich letzte Klarheit zu
schaffen über Merkur und Neptun,
denn du bist etwas verwirrt,
und das nicht ohne Grund.

Merkur ist der Planet des Schweigens und zugleich der Planet des
Sich-Ausdrückens,
denn vergiss nicht,
auch das Schweigen ist eine hohe Gabe des Sich-Ausdrückens.
Erst der Weise weiß um die Macht des Schweigens,
und oft genug drückt er sich mit Schweigen aus,
und wirklich oft genug bewirkt er dadurch mehr, als er je vollbringen
könnte, würde er in diesem Moment sprechen.

Merkur ist also der Planet des Schweigens und des Sprechens,
der Planet des Ausdrucks,
und er schwingt in einem Blau,
das in seiner Schwingung genau das mit sich trägt:
das Schweigen und das Sprechen,
das Sich-so-Ausdrücken, was man ist,
sich also selbst zu leben.
Und die Kraft des Wortes M e r k u r
trägt ebenso diese Schwingung in sich,
eine Schwingung dieses Blaus.

Neptun ist die Macht der Emotionen,
die Kraft des Empfindens.
Und Neptun wacht über all diese Emotionen.

Emotionen wiederum spiegeln ihre Kraft und ihre Stärke im Wasser,
also im Element des Wassers.
Wasser steht für das Empfinden, das Fühlen,
und:
Wasser steht ebenso für Blau.
So hat alles eine Verbindung,
eine Verbindung durch das Blau,
eine Verbindung durch die Resonanz der Schwingung, die es jeweils
in sich trägt,
denn alles ist Schwingung,
alles ist in Bewegung,
doch dazu wird noch ein eigenes Kapitel geschrieben sein.

Neptun ist also die Kraft, die auf dem Merkur wohnt,
auf Merkur zu Hause ist,
und diese Kraft wacht über die Wasser,
wacht über all die Wasser aller Wesen, allen Seins,
und Neptun ist es, den du rufst,
wenn du um Hilfe bittest,
wenn du weinst,
wenn du lachst.
Die Seele des Merkur ist es,
die Seele dieses Planeten, die den Namen Neptun trägt.
Verbinde dich mit Neptun,
mit Merkur,
und lerne so, dich auszudrücken,
lerne so dein dir zur Verfügung stehendes Blau kennen
und:
Lerne es lieben.

Ich, der Michael,
wache über das gesamte Geschehen im Blau,
das gesamte Geschehen im Ausdruck,

und ich liebe es, dich dich leben zu sehen,
dich dich selbst ausdrücken zu sehen,
dich dich selbst empfinden zu sehen,
und die größte Freude ist mir,
dich wachsen zu sehen,
wenn du dich endlich dafür entscheidest, auch das Blau in dir zu leben.

Ich freue mich, für euch sein zu können,
ich liebe es, euch zu begleiten und zu geleiten,
und obwohl ich als der Mächtige, der Starke gelte,
der, der kühl und unnahbar seine Arbeit Verrichtende,
bin ich es, der dich zum Ausdruck führt,
in Liebe und in Gnade,
in Liebe und mit Freude.

Gott zum Gruße,
ihr wundervollen Wesen.
Gott zum Gruße,
Gott zum Gruße.

Das Blau (VI)

(Auf dem Merkur, ein Treffen mit St. Germain)

Gott zum Gruße,
Gott zum Gruße,
ich bin es, St. Germain.

Wir sprechen heute noch einmal über den Ausdruck,
über das Sich-selbst-so-Auszudrücken,
wie man tatsächlich ist,
dich also als Seele, als dich selbst
zu präsentieren.
Und das beinhaltet,
dass du keine Rolle mehr spielst,
keine Schauspielerei mehr,
kein Sich-Anpassen,
denn du selbst bist es, die oder der da steht,
die da geht,
die da lacht,
der da spricht.
Du selbst bist es, die die anderen Leute da zu Gesicht bekommen,
und es wird sie berühren,
denn in deine Augen zu schauen
wird sie im Innersten treffen.
Und ich weiß,
es wird nicht einfach sein,
denn deine Augen zeigen den Stand deiner Ehrlichkeit,
deine Augen verraten den Stand deiner Entwicklung,
zeigen dein Herz,
deine Seele,
und zeigen ebenso,
dass du jene oder jener bist,
der es vermag, in anderer Leute Herzen zu schauen.

Das ist es, was sie sich nackt fühlen lässt,
das ist es, was sie vielleict treffen mag.
Aber lass es,
lass es geschehen
und bohre nicht mit deinem Blick.
Benutze auch das Sehen weise,
denn auch das Hinschauen als Form des Ausdrucks erfordert Weisheit,
Hinschauen im Stillen,
das ist es.

Doch um dich selbst zu leben,
musst du ehrlich zu dir sein,
auch ehrlich in dem, was du wählst anzuziehen.
Höre auf dein Innerstes,
wenn du die Kleidung für dich wählst,
höre auf dein Innerstes,
und du wirst so gekleidet sein, wie es dir entspricht.
Wenn du eine Frau bist,
dann bedenke, dass es nicht nötig ist, aufreizend zu sein,
denn du bist, was du bist.
Wenn du ein Mann bist,
bedenke, dass es nicht nötig ist, Wichtigkeit zu repräsentieren,
denn du weißt, du bist du selbst,
und mehr wichtig geht nicht.
Bedenkt beide,
egal, was ihr tut,
egal, was ihr wählt:
Ihr seid schon wichtig,
ihr seid schon liebenswert,
ihr seid schon bewundernswert,
denn es ist wahrlich Großes, was ihr vollbringt,
wenn ihr geht den Weg der Inkarnation,
den Weg, das Licht zu erkennen

und es in euer Bewusstsein gelangen zu lassen.
Es ist wahrlich gelebte Größe.

Ihr habt nicht nötig zu warten auf ein Lob des anderen,
denn in dem Moment, wo ihr euch eurer selbst bewusst seid,
ist es vorbei mit dem Buhlen um Aufmerksamkeit.
Ihr werdet euch erkennen,
und mit euch auch die anderen,
und so wird jeder er selbst sein,
jeder sich selbst auszudrücken vermögen
und jeder seinen Weg zum Licht finden.
Und wenn du ein bisschen eher dran bist,
wenn du also zu denen gehörst,
die ihren Weg einen Moment früher erkannt haben,
dann nimm es als ein Zeichen der Liebe Gottes
und halte deinen Weg in Ehren,
und vergiss nie, all jene zu achten,
die das Erkennen noch vor sich haben.
Lass sie ihre eigene Zeit benötigen,
lass sie ihren eigenen Weg, ihre eigene Vorstellung dieser Welt leben
und wisse im Stillen um dich selbst
und dein Vermögen, dich auszudrücken.
Und allein dadurch, dass du so lebst,
erhältst du Anerkennung und Lob,
erhältst du Bewunderung und Größe,
und ganz von allein
wird das Bedürfnis nach dem „Ich bin wichtig" schwinden,
und du wirst erkennen, wie schön es ist, sich selbst zu leben.

Nie mehr also wird es nötig sein,
sich klein zu machen,
sich zu verstecken,
nie mehr wird es nötig sein,

vor anderen Menschen so zu erschrecken, dass dein Ausdruck erstarrt und im Nichtstun endet,
nie mehr wird es dir passieren,
dass du vermeintlich menschliche Wichtigkeit über die der Größe der Seele stellst,
denn du wirst wissen um die Wahrheit dahinter,
um den Geist, der alles durchdringt,
und das All in allem.
Und es wird kommen der Zeitpunkt,
wo es unmöglich sein wird, es nicht als wahr zu empfinden,
denn ist der Zeitpunkt gekommen,
gibt es nur noch eins für dich,
und das ist Gott,
Gott in all seinen Ausdrucksformen,
Gott, das All,
Gott und die Liebe.

Ich freue mich auf euch alle,
ich freue mich auf euren noch vor euch liegenden Weg
und auf eure Wandlung.

Meine Liebe begleitet euch.

Gott zum Gruße,
Gott zum Gruße.

Das Grün (IV)

(Alle Meister sind anwesend, der Maha Cohan spricht)

Gott zum Gruße,
Gott zum Gruße.

Das Licht ist mit dir,
und du bist im Licht,
das ist schön zu sehen.

Wir wollen noch etwas über das Grün sprechen,
denn Grün ist das Zentrum,
Grün ist das, was dich auszudrücken vermag,
denn nur in der Neutralität
bist du du selbst,
nur in Grün kannst du tatsächlich das Blau einsetzen
und dich selbst erkennen.

Du bist die Seele der Weisheit,
du bist der Kern des Wissens,
du trägst alles in dir,
und alles ist im Grünen eins.

Grün verbindet alles, um es als All sich erkennen zu lassen,
verbindet alles,
um das Einzelne begreifen zu lassen,
dass es eins ist mit allem anderen.

Grün ist die Kraft, die dich führt
zur allumfassenden Liebe
und zum Leben in dieser Liebe,
und diese Liebe ist es, die dich wie auf Wolken trägt,
denn diese Liebe braucht nicht das Gegenüber,

braucht nicht das Objekt.
Diese Liebe ist einfach,
sie ist in dir
und mit dir,
sie ist in jedem und allem.
Nur sie zu erkennen,
das ist es, was du tun musst,
sie zu begreifen ist es,
was auf deinem Plan steht.
Du kannst nicht gehen den Weg zum Aufstieg ohne dieses Erkennen,
dieses Wahrnehmen,
dieses Empfinden und dieses Seins der Liebe, die alles durchdringt,
denn diese Liebe ist das All,
diese Liebe ist Gott,
und wie sein Geist alles durchdringt,
durchdringt auch die Liebe alles,
und so löst sich diese Liebe,
hebt sich diese Liebe ab
von dem, was gemeinhin der Mensch als Liebe empfindet.
Denn diese Liebe ist göttlich, und das bedeutet,
dass sie selbstlos existiert,
selbstlos und ohne Erwartungen,
selbstlos und nur um ihrer selbst willen.
Diese Liebe existiert im Licht Gottes,
und der Schein ihres Ausdrucks macht dich frei
und lässt dich im Grünen erstrahlen.

Grün sei dir beschieden, egal, was du tust, egal, was du sprichst,
Grün sei mit dir, egal, was dir begegnen mag,
und diese Kraft des Grüns ist Gnade,
ist die Gnade des Einsseins,
die Gnade des Verzeihens
und die Gnade des Heilens.

Denn um im reinen Grün zu empfinden ist Voraussetzung, heil zu sein,
denn mit dem Grün heilst du,
und heilen wirst du nur, wenn du selbst heil bist.
Mit dem Grün heilst du,
und heilen wirst du nur, wenn du selbst im Grünen stehst.
Wahres Heilen also benötigt den göttlichen Aspekt, der sich als Grün
uns zeigt.
Also heile zuerst dich selbst,
heile dich selbst
und erbitte Unterstützung, so dass du bald frei sein mögest
von Krankheit und Anhaftung.
Heile dich selbst,
so dass du selbst stehst im Grün
und du fähig wirst, das Grün dir zur Seite stehen zu lassen
und es zu nutzen
für dich und für andere.

Das Schwarz (I)

(In Höhe der Sonne, ein Treffen mit Serapis Bey)

Gott zum Gruße,
Gott zum Gruße,
ich bin Serapis Bey,
und wir treffen uns heute hier oben in der Höhe der Sonne,
wir treffen uns heute
hier,
wo du das Strahlen der Sonne vor Augen hast
und der Schein ihres Wesens dich treffen, dich berühren kann,
bis in dein Innerstes.
Du sollst wissen um die Freude und das Lachen und den Genuss,
der ihrem Strahlen innewohnt,
und mit dir sollen es auch all die empfinden können, die diese Zeilen
lesen.

Dieses unendliche Leuchten,
dieser helle Schein,
diese Macht,
das ist wahrlich die Freude,
die Schwingung der Freude.
Wundert euch nicht, dass Sonnenschein euch fröhlich sein lässt,
denn Sonnenschein ist Fröhlichkeit,
Sonnenschein ist Freude.
Und wenn euch also die Freude berührt auf eurer nackten Haut,
wenn sie euch anlächelt mit ihrem Strahlen,
dann nehmt es als Geschenk,
nehmt es als Geschenk des Himmels,
denn das Gelb ist mit euch.

Viele von euch,
viele von euch Menschen jedoch

haben verlernt, auf ihr strahlendes Wesen zu lauschen,
haben verlernt, der Sonne Beachtung zu schenken,
und so tritt das Schwarz in ihr Leben.

Das Schwarz,
um all das abzuschaffen, was draußen bleiben soll,
all das abzuschotten, was ihr nicht in eurem Leben haben wollt
und um sich richtig abzuschotten
muss auch der Sonne der Weg zu dir, dem Menschen, unterbrochen
werden.
Denn sich abzuschotten,
und gleichzeitig das Lachen der Sonne in sich zu tragen,
ist nicht möglich.

Schwarz ist die Wand, die um euch ist,
schwarz ist die Seele,
und blind seid ihr für den wahren Kern eures Selbst,
denn der wahre Kern ist hell, ist leuchtend, ist strahlend,
und nie, nie wäre es euch möglich, auch ihn zu schwärzen,
auch ihm das Strahlen zu stehlen.

Ihr könnt immer nur das Äußerliche in Schwarz tauchen,
das Außenrum.
Ihr könnt immer nur euch selbst täuschen
und andere Menschen,
aber niemals Gott,
niemals euer Innerstes,
niemals das All,
denn eins seid ihr mit dem All,
seid ihr jetzt und immerdar,
und auch noch so viel Schwarz,
wird und kann es nicht ändern.

Ihr wollt schwarz sein?
Ihr wollt klein sein?
Ihr wollt ein Nichts sein?

Ja, all das könnt ihr erreichen, indem ihr euch selbst verleugnet,
und all das könnt ihr auch leben, indem ihr euch in Schwarz taucht,
doch täuscht euch nicht,
täuscht euch nie.
Ihr könnt euch selbst, euer Innerstes,
nicht wandeln ins Schwarz,
denn es will leuchten,
es will im Licht stehen,
es will strahlen wie die Sonne.
Schaut hinauf zu ihr, zu eurer Sonne,
schaut sie
und wisset um das große Geschenk, das euch mit ihr zuteil geworden
ist,
wisset um das große Geschenk,
das Gott euch mit dieser Sonne machte.
Denn mit ihr
habt ihr selbst in dieser Welt der Illusion den Zugang zum Göttlichen
vor Augen,
und selbst der Kleinste, der Niederste
vermag ihre Kraft zu erspüren.

Also,
lasst das Schwarz beiseite,
lasst es fahren,
lasst es gehen.
Ihr braucht es nicht, um euch zu schützen,
ihr braucht es nicht.
Denn euer Licht ist Größe genug, um all das abzuwenden, was euch
schaden möge,
was euch schaden könnte.

Euer Licht
besitzt die Größe und die Macht Gottes,
euer Licht
trägt die Weisheit und die Liebe Gottes in sich.
Niemand kann euch schaden,
niemand euch verletzen.
Ihr seid es, die strahlen und leuchten wie die Sonne selbst.
Lasst es also geschehen,
lasst euer Licht leuchten
und lasst so euer Innerstes sich nach außen kehren,
lasst euer innerstes Licht nach außen erstrahlen
und ihr werdet erkennen,
wie unnötig es ist, sich in Schwarz zu hüllen,
wie unnötig es ist, sich verstecken zu wollen.
Ihr braucht es nicht.
Ihr braucht es nicht.

Schwarz ist so trügerisch,
denn es vernebelt euren Blick.
Schwarz beschränkt euer Erkennen
und beschränkt euer Begreifen.
Schwarz legt den Schleier des Vergessens über euch,
und ihr werdet euch fühlen
als Mensch,
werdet euch fühlen
als der kleine, winzige Mensch,
der Mensch, der nichts bedeutet,
nichts ist
und nichts kann.
Und je mehr ihr euch so fühlt, so empfindet,
umso mehr habt ihr das Bedürfnis nach Schwarz,
um euch noch mehr zu verstecken,
euch noch mehr abzuschotten,

euch noch mehr abzutrennen vom großen Einen,
denn je mehr ihr geht den Weg ins Schwarz,
den Weg des Rückzugs,
umso mehr wird euch das Leuchten erschrecken,
und ihr werdet beginnen, das Licht zu leugnen,
das Strahlen zu meiden,
die Sonne zu hassen.

Es ist so trügerisch, das Schwarz,
so verführerisch,
es ist so mächtig in seinem Tun
und so groß in seiner Kraft, dich überzeugen zu wollen.
Es vermittelt dir Stärke,
und es vermittelt dir, „cool" sein,
es vermittelt dir Kühlheit und Abstand,
und du schaffst es leicht,
du schaffst es spielend,
dich mit Hilfe des Schwarz von den anderen abzugrenzen.
Doch hast du dabei vergessen,
dass dabei nicht nur du dich abgrenzt,
sondern das Abgrenzen auch bedeutet eine Trennung zum Licht,
eine Abtrennung von dir selbst,
eine Trennlinie,
die es dir immer schwerer machen wird, dich selbst zu sehen,
dich selbst zu fühlen,
dich selbst zu leben.

Schwarz ist die Wand,
die zwischen dir und dir selbst steht,
und du bist der oder die Person, die die Wand errichtet hat.
Doch du bist es auch, die diese Wand wieder einreißen wird,
denn du bist der Mensch, der die Macht hat,
all das zu vollbringen,

all das Große,
all das, was dich selbst zum Licht führt,
all das, was Licht in dein Leben lassen kann.
Darum reiße sie nieder, diese schwarze Wand,
reiße sie nieder,
und sogleich wirst du erkennen den ersten Lichtstrahl,
sogleich wirst du erkennen das erste Leuchten, das durch den Ritz
dringt,
und sogleich
wird sich das erste Lächeln auf deine Lippen legen.
Du wirst nicht anders können als weitermachen zu wollen,
weitermachen mit deiner Arbeit, diese Wand niederzureißen,
und schon bist du auf deinem Weg,
hast den ersten Schritt getan.
Schon bist du losmarschiert und hast die Sonne vor Augen,
schon bist du bereit zuzulassen, dich selbst zu finden,
und das ist ein wunderbarer Augenblick.
Der erste Schritt,
tue ihn.
Gehe diesen Weg und erspüre dein Licht in deinem Leben.
Gehe diesen Weg und lass all das Licht, all die anderen Farben, all
das Lachen in dein Leben
und beschreite damit den Weg, der zum Aufstieg führt,
beschreite damit den Weg,
der dich führt zu den Engeln und den Erzengeln,
den Meistern
und all den Wesenheiten, die schon im Licht stehen.
Folge der Sonne
und nimm sie als Symbol des Lichts,
solange, bis du bereit bist, mehr zu erkennen,
solange, bis du sie nicht mehr benötigst
und du alleine die Kraft aufbringst, im Licht zu stehen.

Sei du selbst.
Lebe dich,
und das Schwarz weicht von allein.
Sei du selbst,
und das Schwarz hat keine Chance mehr, dich zu verführen.

Das Schwarz (II)

(Auf der Venus, ein Treffen mit Erzengel Raphael)

Gott zum Gruße,
Gott zum Gruße,
ich bin der Erzengel Raphael,
ich grüße euch,
ich grüße euch.

Schwarz ist also unser Thema,
und ihr wisst sicherlich,
dass ich für das Grüne stehe,
dass ich im Grünen stehe,
und Grün ist mein Sein,
Grün ist mein Wesen,
der grüne Aspekt Gottes wohnt in mir.

Jesus steht mir zur Seite,
und Lady Rowena ebenso.
Wir beschützen den grünen Strahl,
wir behüten ihn
und reichern ihn an mit unserer Kraft.
Das grüne Leuchten sei mit euch,
und somit auch Neutralität
und die Weisheit der Liebe.
Gesegnet seid ihr mit dem Grün.
Möge es euch immer begleiten.

Das Grün ist es nämlich, was euch Größe verleiht,
und zwar die Art von Größe,
die ihr benötigt, um ohne schwarze Hülle auskommen zu können.
Grün verhilft euch zu eurem Licht,
zu eurer Stärke,

verhilft euch dazu, neutral zu sein,
und Neutralität gibt euch Ruhe,
und wertungsfreies Sein,
gibt euch die Möglichkeit, euch selbst zu leben im Blau
und euch zu wandeln im Violett,
gibt euch die Kraft, all die euch anhaftenden Dogmen fallenzulassen
und in Liebe in Gott zu vertrauen, im Schein des Gelbs.
Schwarz wird somit unnötig,
und ihr könnt es fallenlassen.
Ihr könnt es weichen lassen und es mit Dankbarkeit verabschieden,
denn vergesst nicht,
Dankbarkeit ist angebracht,
denn lange, lange Zeit bot es euch Schutz, das Schwarze,
lange, lange Zeit hat es euch abgeschottet vom Licht,
um „so perfekt wie möglich" die Illusion aufrechtzuerhalten,
die Illusion dessen, dass all das Leben,
all das Sein auf der Erde,
all das Leben dort mit euch
das Einzige ist, was ist.
Und hättet ihr nicht die Kraft des Schwarz zur Verfügung gehabt,
wäre es euch unmöglich gewesen,
es zu leben
und den Weg des Karmas zu gehen.
Also vergesst nicht die Dankbarkeit zum Abschied
und die Achtung vor seinem Tun,
denn mit Dankbarkeit und Achtung
kann das Schwarz weichen in Würde,
und es ist möglich,
so ein Ende zu schaffen zwischen eurer Beziehung.
So wird es weichen und in Frieden gehen
und einen Ort finden, an dem es gebraucht wird,
einen Ort, wo Finsternis noch vonnöten,
wo Schwarz noch erwünscht.

Mit euch jedoch
sei das Licht, das nun zum Vorschein kommt,
mit euch sei die Freude
und das Lachen,
mit euch sei der Weg zu euch selbst
und das Erkennen eures Leuchtens.

Friede sei mit euch,
Friede,
Friede,
Friede.

Das Schwarz (III)

(Auf der Venus, ein Treffen mit Erzengel Raphael)

Okay, weiter geht es,
wir wechseln das Thema.
Wir wechseln nun vom Schwarz des Schutzes
zum Schwarz des Heilens,
denn nicht immer ist Schwarz unnötig,
nicht immer ist es wünschenswert, es gehen zu lassen.

Schwarz hat Größe
und eine enorme Macht,
und Schwarz ist wichtig,
wichtig in seiner Funktion als Heiler,
wichtig in seiner Funktion als Bote,
als Vermittler,
als Träger,
doch das muss erst noch Erklärung finden, ich weiß.

Das Schwarz als Heiler ist Folgendes

Du bist krank,
du bist schwach,
du bist klein,
und nichts scheint dir helfen zu können,
nichts.
Um dich legt sich das Schwarz wie eine Hülle,
wie ein Mantel,
und du entgleitest der Welt,
du enthebst dich aus den Zwängen,
aus den Fesseln deines Körpers
und begibst dich auf den Weg, das Licht zu finden,
begibst dich auf die Straße,

die dich führt zu dir selbst.
Das Schwarz ist dein Schutz,
es trennt dich ab vom Außen
und bildet so die heilende Wand zwischen dir, der du im Innen wohnst,
zu dem Außen, zu dir, der du im Außen wohnst.
Du trennst dich ab
und hast dir selbst so den Weg geebnet
zu erforschen das Licht,
zu erkennen den Weg dorthin,
und das Leuchten des Himmels kann dich berühren
und dir verhelfen, dich selbst zu erkennen.
Das Schwarz um dich hat es dir ermöglicht,
das Schwarz um dich verhilft dir, dich zu heilen,
dich zu heilen, indem du schauen kannst dich selbst
und indem du gehen kannst, um die Engel zu schauen,
indem du gehen kannst, Gott zu schauen.

Ohne diese Wand aus Schwarz wäre es dir nicht möglich,
ohne diese Wand aus Schwarz wäre der Einfluss von Außen zu groß,
zu stark und zu intensiv,
und nur mit dieser Wand aus Schwarz schaffst du den Weg des
Schauens zu gehen.

Das Schwarz als Bote

Es bringt dir Erkenntnis über dich selbst,
es bringt dir Wissen über das Licht,
und es bringt dir die Weisheit des Verstehens.

Ohne Schwarz wäre ein Leben im Karma nicht möglich,
ohne Schwarz wäre das ganze Spiel nicht existent.
Schwarz war der Schlüssel, um es möglich werden zu lassen.

Schwarz war das, was dieses wunderbare Spiel des Karmas erst zum
Tragen hat kommen lassen.
Schwarz war das,
was als Schleier des Vergessens über das ganze Sein gelegt ward
und so erst möglich machte,
es so sein zu lassen, wie es ist.
Auch hier gebührt ihm Dankbarkeit
und Achtung vor seinem Tun.
Die Botschaft, die es trägt in seinem Tun,
ist die,
es zu erkennen als den Schleier, der er ist,
und ihn zu lüften
im Wissen und das, was dahinter steht.
So also ist das Schwarz ein Bote.

Das Schwarz als Träger

Ja,
auch das ist weise,
auch das ist groß.
Schwarz,
schwarz,
du trägst all die Information in dir, die uns zum Licht führt,
all das, was es zu wissen gilt.
Du hast es,
all das, was es ausmacht, Größe zu haben,
du hast es.
Denn das Schwarz trägt alle Farben in sich,
trägt alle Weisheit in sich
und alle Macht,
und doch ist es unscheinbar und blendet euch.

Das Schwarz ist der Spiegel des Weiß,

und wie im Weiß ist im Schwarz alles enthalten,
jede Farbe, jedes Wissen, jedes Sein.
Wie im Weiß ist all das Große auch im Schwarz.
Hätte es sonst so eine Macht, so eine Größe, die nötig ist, um diesen
riesigen Schleier über die Illusion zu breiten?
Hätte es sonst so eine besondere, wichtige, große Aufgabe?
Nein.
Es ist, weil es selbst Größe ist,
es ist, weil es selbst die Macht besitzt,
die Macht des Alls
und die Größe Gottes,
und weil das Schwarz dem Weiß entspricht,
weil also, wie ihr seht,
auch hier, wie auch überall sonst,
das Gesetz der Entsprechung seine Anwendung findet,
ist es möglich,
das Große zu vollbringen,
das Große, das da heißt:
„Ich bin Gott."

Weil also das Gesetz der Entsprechung auch hier seine Anwendung
findet,
kann das Schwarz in seiner vollen Größe seine Arbeit tun
und den Schleier des Vergessens über euch legen,
und so trägt das Schwarz in sich
die Information des Vergessens,
trägt in sich die Weisheit des Lichts
und das Bewusstsein um Gott.
Wenn ihr es also nicht erkennen könnt, was das Schwarz für euch
tut,
wenn ihr es nicht begreifen könnt,
so lasst es wenigstens sein, wie es ist.
Lasst es seine Arbeit tun,

und es wird kommen der Tag, wo ihr sein Geheimnis lüften werdet
und ihr dahinter schauen könnt.
So aber ist es das Schwarz
und ist da für euch,
denn ihr wolltet gehen diesen Weg des Vergessens,
den Weg des Seins.
Dank dir, oh Schwarz,
dank dir.

Das Schwarz als Vermittler

Das fehlt noch.
Das Schwarz als Vermittler.
Das Schwarz verbindet Welten,
verbindet Gemüter,
verbindet Seelen,
denn weil das Schwarz dem Weiß entspricht,
weil es also enthält all die Informationen, die auch im Weiß enthalten,
hat es all das in sich, was nötig ist,
euch zu verbinden,
euch zu geleiten auf eurem Weg,
und das tut es.
Es ist euch Stütze und ...
es begleitet euch.
Schwarz ist die Nacht,
und schwarz ist dein Hemd,
schwarz deine Seele
und schwarz dein Sein.

Komische Aussage, nicht wahr?
Und doch birgt sie Wahrheit,
birgt sie Weisheit.
Schwarz ist deine Seele,

das hatten wir schon,
und all die, die das Schwarz in sich tragen, um sich abzuschotten,
wissen, was gemeint ist,
und all die, die sich gerade nicht mit Schwarz abschotten, wissen es
auch,
denn auch sie taten es einst,
und da Gleiches Gleiches sucht
und auch immer findet,
gibt es auch die Verbindung,
kommt die Verbindung zustande,
kommt durch das Schwarz.
Denn auch Schwarz erkennt sich selbst wieder,
auch Schwarz liebt die Resonanz.
So findet die mit Schwarz umhüllte lichte Seele ihr Gegenüber ziemlich schnell
und mit zielsicherer Genauigkeit,
sei es durch Ablehnung oder durch Sympathie,
wie auch immer,
sie finden sich.

Das Schwarz (IV)

(Auf der Venus, ein Treffen mit Erzengel Raphael)

Gott zum Gruße,
schön, dass du wieder gekommen bist,
so können wir weiterarbeiten
am Thema Schwarz.

Schön.
Schwarz.
Bleib du in deinem Licht,
so kann dir das Schwarz nichts anhaben.
Bleib im Grünen
und lausche,
während du in Neutralität stehst,
okay?

Schwarz zieht Energie,
Schwarz kostet dich Kraft und Energie,
denn das Besondere am Schwarz ist,
dass es nicht von alleine existieren kann.
Es kann nicht sein,
ohne gespeist zu sein mit Energie,
ohne gefüttert zu werden
mit all den Energien, die ihr ihm zur Verfügung stellt.
Das Schwarz braucht euch, um zu leben.
Es braucht euch, um zu existieren.
Ohne dass ihr ihm ständig Energie zuschießen würdet,
wäre es nicht da,
wäre es nicht existent,
wäre es nicht.

Versteht ihr, was das bedeutet?
Versteht ihr, was das für eine enorm wichtige Aussage ist?
Ihr seid es,
die das Schwarz erschaffen,
ihr seid es,
die es existent werden lassen,
ihr kreiert es,
und so besteht es,
es kann nicht ohne eure Energie sein.

Das ist das,
was es vom Weiß unterscheidet,
das ist es,
was es so anders macht.
Das Weiß,
das helle leuchtende Licht,
das Göttliche,
das All,
es enthält alles und jeden,
und so enthält auch das Schwarz alles.
Was jedoch den großen Unterschied ausmacht
ist euer Wille,
das, was ihr wollt.
Denn wählt ihr das Schwarz, wählt ihr das Langsame,
das Unbewegliche,
das Starre,
wählt ihr aber das Licht, das Weiß,
dann wählt ihr das Hochfrequente,
das Göttliche.

Schwarz schwingt so langsam,
dass es zu stehen vermeint,
und Weiß schwingt so schnell,

dass es ebenfalls zu stehen vermeint.
Das ganz Oben
und das ganz Unten,
und doch ist es eins,
eins in seinem Wesen,
eins in seinem Geist.
Die große Macht des Schwarz
und die große Macht des Weiß,
ihr habt die Wahl,
habt die Wahl, euch zu entscheiden,
habt die Wahl, Schwarz existieren zu lassen,
Schwarz zu benutzen,
Schwarz abzuwenden,
ihr habt die Wahl, Weiß haben zu wollen,
auf Weiß zugehen zu wollen,
Weiß in euer Leben lassen zu wollen.

Doch,
wie schon gesagt,
vergesst nie, was Schwarz für euch getan,
welche Macht das Schwarz aufbringen musste,
welche Macht es sein musste,
um all das geschehen zu lassen.

Es ist jedoch nun an der Zeit, das Schwarz gehen zu lassen,
an der Zeit,
die Illusion zu lüften,
den Nebel des schwarzen Schleiers zu lüften.
Es ist nun an der Zeit,
dem Schwarz Adieu zu sagen
und bewusst zu wählen,
es nicht mehr haben zu wollen,
bewusst zu wählen,

Licht haben zu wollen.

Denn wählt das Licht, und das Schwarz wird von alleine weichen,
wählt das Licht, und das Schwarz wird von alleine erkennen,
dass es nicht mehr benötigt wird,
dass es gut und weise ist, sich zurückzuziehen.
Und wisst ihr, was das Schönste daran ist?
Wisst ihr eigentlich, was das Allerschönste daran ist?

All die Energien, die ihr aufwenden musstet, um das Schwarz in eurem Leben zu halten,
all die Energie,
die benötigt wurde, um den Nebel des Vergessens existieren zu lassen,
all die Energie,
die ihr aufbrachtet, um euch vor euch selbst zu verstecken,
all diese wunderbare Energie
ist nun frei
und kann wirken,
wirken dort, wo sie vonnöten ist.
Und ihr werdet staunen,
ihr werdet wahrlich staunen,
wie viel mehr Kraft,
wie viel mehr Energie ihr verspürt,
wie viel mehr Energie ihr vermeintlich mehr besitzt.
Es wird wunderbar sein.
Es ist wunderbar, zu stehen im Licht.
Ist das Schwarz gegangen,
wird dir stehen Energie zur Verfügung,
die du noch gar nicht abschätzen kannst,
Energie,
die so unermesslich ist,
so reich
und so von Fülle getragen,

so hell
und so strahlend,
und du wirst merken, dass du plötzlich mehr bist, als du je glaubtest,
mehr, als du dir je hast vorstellen können,
denn du hast dich geöffnet,
geöffnet für Gott,
und das ist es, was du fühlen wirst.

Das ist es, was du leben wirst:
Gott wird dich durchdringen mit seiner Kraft
und du wirst Kanal sein für sein Licht,
Kanal für seine Größe,
Kanal für sein Sein.
Es wird wunderbar sein,
wunderbar und rein,
wunderbar und selig.

Sei du selbst, und du bist in Gott,
sei du selbst, und Schwarz wird weichen,
sei du selbst,
und du wirst in Liebe stehen.

Amen.

Das Schwarz (V) – Die Erdung
(Auf dem Mars, ein Treffen mit Erzengel Zadkiel)

Gott zum Gruße.

Wir befinden uns hier auf dem Mars,
denn immer noch ist das Thema „Schwarz",
immer noch sprechen wir
vom tiefen, tiefen Schwarz,
und Schwarz ist Macht
und Größe,
die durchaus dem Mars entspricht.
Mars ist zwar dem Rot zugeordnet,
doch das Rot und das Schwarz haben eine Verwandtschaft,
die ich euch nun erklären möchte.

Das Schwarz,
es ist die Kraft, die dich auf Erden hält,
die Kraft, die dir ermöglicht, hier auf Erden zu sein,
die Kraft, die es dir ermöglicht, geerdet zu sein.
Du brauchst es, das Schwarz,
du brauchst es sehr,
denn ohne es
hättest du keinen Halt auf Erden,
du brauchst es so dringend,
denn ohne es
wärst du verloren
in dieser Welt der Illusion.
Das Schwarz ist es,
das dir die Verbindung zur Erde ermöglicht,
das Schwarz ist es,
das dir die Kraft gibt, dort unten auf der Erde als Engel zu wirken.

Vergiss nie den Kontakt zu dem Boden unter deinen Füssen,
vergiss nie, dass du die Erde brauchst, um dort wirken zu können.
Du musst es mit Schwarz tun,
du musst den Kontakt mit Schwarz herstellen,
denn du musst an die Frequenz der Erde angeschlossen sein.
Es muss sein wie angeklebt,
es muss sein wie angewachsen,
ohne aber, dass es dich behindert,
ohne dich einzuschränken,
vielmehr gibt es dir Halt,
stellt es dich gerade auf deine zwei Beine,
stellt es dich gerade,
so dass Rechts und Links aufrecht und gerade nebeneinander stehen
können.

Das Schwarz ist es,
das als Energie zwischen dir und der Erde steht,
das, was zwischen dir, also deinen Fußsohlen,
und der Erde, also dem Boden der Erde, steht,
wie Klebstoff,
wie Leim,
und doch bist du damit frei,
so frei und beweglich,
wie du es ohne diese Verbindung nicht sein könntest,
denn ohne hättest du keinen Halt auf Erden,
ohne würdest du dich verloren fühlen
und ohne würdest du eher schweben als standhaft zu sein.

Viele von euch begehen den Fehler, es nicht zu beachten,
viele von euch wollen nur immer noch mehr Kontakt zu Gott, zu den
Engeln,
und vergessen dabei,
dass sie leben auf der Erde,

in dieser Welt der Materie, des Raums und der Zeit,
wo es gilt, präsent zu sein,
wo es gilt, das zu sein,
das im Hier und Jetzt.

Niemandem ist geholfen, wenn du schwebst,
niemandem,
auch nicht dir selbst.
Standhaft sein ist das Grundlegendste,
um dort auf der Erde zu existieren,
und bist du standhaft,
hast du also gewählt das Schwarz, um die Verbindung von dir zur
Erde zu manifestieren,
dann bist du erst auf dem richtigen Weg, Größe zu erlangen,
dann erst ist es möglich, wahrlich in Kontakt mit Gott zu sein,
dann bist du Mensch, auch wenn du als Engel kamst, auch wenn du
Engel bist,
und so gelten auch für dich die Regeln der Illusion,
und selbst wenn du wirst zum Meister
und als Meister fähig bist, die geistigen Gesetze für dich zu nutzen,
selbst dann brauchst du den Kontakt zur Erde,
selbst dann brauchst du ihn,
um voll und ganz präsent zu sein,
und wirken zu können.
Und bist du präsent auf Erden,
hindert dich nichts daran
zu gehen, wohin du willst,
und sei es zu gehen auf den Mars,
den Jupiter,
oder gar hinaus aus der Welt der Illusion.
Du kannst gehen zu den Engeln und Erzengeln,
zu den Meistern,
du kannst gehen zu anderen Universen,

anderen Galaxien,

was auch immer du wünschst,

doch die Verbindung zu dorthin, wo du eben gerade bist mit deiner physischen Präsenz,

die bleibt dir erhalten,

die bleibt bestehen,

und das ist es,

das muss so sein.

Also kümmere dich um deine Erdung,

kümmere dich um das Schwarz zu deinen Füßen,

schlage Wurzeln

und bitte die Erde um Hilfe,

schlage Wurzeln

und erbitte dir das Schwarz aus der Erde,

sauge es auf mit deinem Fuß,

sauge es auf und lass es hochsteigen zu deiner Linken,

sauge es auf und lass es hochsteigen,

und wenn es angelangt ist, dort, wo der Sitz des Mars in deinem Körper ist,

dort wo das Tor sich befindet,

das Tor, das dir den Kontakt zur Erde ermöglicht,

wenn du also mit deinem hochgezogenen Schwarz angelangt bist am Ende deiner Beine,

dann lass es hinübergleiten ins andere Bein

und wieder absteigen,

hinab zur Erde,

lass es wieder einfließen in Mutters Schoß

und so den Kreislauf vollenden,

den Kreislauf des Schwarz,

den Kreislauf, der die Verbindung herstellt zwischen dir und der Erde,

im linken Bein nach oben,

im rechten Bein nach unten.
Und vergiss nicht darauf zu achten,
dass genauso viel einfließt
wie auch ausfließt.

Mein geliebter Mensch, Leser, Lichtsuchender,
Wanderer auf dem Pfad der Evolution,
mein wundervolles Wesen,
geliebte Seele,
mein Engel,
du bist nun geerdet,
sehr gut geerdet sogar,
und das ist wunderbar.
Vergiss trotzdem nicht, es nachzuprüfen,
es dir bewusst zu machen,
es zu kontrollieren.

Ihr alle dort auf Erden,
vergesst nie, es nachzuprüfen,
es zu kontrollieren,
es euch bewusst zu machen.
Immer muss klar sein:
Ich bin geerdet,
mich kann nichts aus den Angeln heben,
ich stehe da auf meinen zwei Beinen,
stehe fest und unumstößlich.

Nur noch eins:

Es kann durchaus sinnvoll sein, sich mit anderer Farbe zu erden,
sich in anderer Farbe mit der Erde zu verbinden,
doch das möchte ich heute nicht weiter ausführen.

Die Grundregel lautet jedoch,
Schwarz ist dein Kontakt zur Erde,
und Schwarz soll er sein,
denn das Schwarz in seiner Frequenz beinhaltet all das, was dir notwendig ist,
um deine Frequenz oder deine Frequenzen, je nachdem, wie du es siehst,
mit der Frequenz der Erde zu verbinden,
und das ist gut so.

Das Schwarz (VI) – Das Wetter
(Auf dem Mars, ein Treffen mit Erzengel Zadkiel)

Wir sind noch nicht am Ende,
denn es folgt nun das Thema des Wetters.

Das Wetter nämlich hat großen Einfluss auf euch Menschen.
Das Wetter hat ebenfalls eine große Macht,
und Energien werden bewegt,
Energien verschoben,
und auch wenn es euch nicht bewusst,
das Wetter kann sehr viel Einfluss nehmen.
Es liegt an euch,
es das tun zu lassen,
oder nicht.

Da wir aber nun beim Thema Schwarz sind,
möchte ich auch über das Schwarz im Wetter reden,
das Schwarz des Himmels,
des Himmels, der euch zur Verfügung steht auf eurer Erde,
dieser Himmel, der Teil der Illusion ist
und die Erde wie einen Mantel umgibt.
Dieser Himmel ist es,
der euch selbst widerspiegelt,
euch selbst und all eure Emotionen,
euch selbst und all euer Sein.
Das Prinzip der Entsprechung findet auch hier seine Anwendung,
das Prinzip der Entsprechung gilt auch für Himmel und Erde,
dem Himmel und der Erde innerhalb der Illusion.
Und so scheint der Himmel manchmal düster,
und drückend ist seine Kraft.
Er erscheint dunkel
und wolkenverhangen,

und Sturm und Hagel peitschen,
dunkel ist er,
und oft meint ihr gar, es wäre, als ob die Welt unterginge.
Seht hin,
und seht euch selbst darin,
seht hin und seht euer Schwarz in ihm,
er zeigt es euch,
er ist euer Spiegel,
denn nicht das Wetter ist schlecht
und darum geht es dir nicht gut,
sondern das Wetter spiegelt dir dein Selbst.
Achte darauf.
Achte darauf und beachte es.

Gott zum Gruße,
Gott zum Gruße.

Das Schwarz und die anderen Farben im Wetter

(Hoch oben im irdischen Himmel mit Blick auf die Erde,
ein Treffen mit St. Germain)

Gott zum Gruße,
Gott zum Gruße,
ich bin es,
St. Germain,
und mir wird die Ehre zuteil,
mit dir über das Schwarz im Wetter zu sprechen,
das Schwarz,
und auch über all die anderen Farben, die im Wetter enthalten sind,
denn das Wetter enthält alle Farben,
und alle Farben sind mit dir.
Wenn es dein Spiegel ist, das Wetter,
dann muss es alle Farben enthalten,
denn wie sonst soll es dir spiegeln, was du gerade bist,
was dich gerade ausmacht,
was dich gerade beschäftigt.

Das Wetter.
Auch das Wetter ist Macht,
auch das Wetter ist vom Geist durchdrungen,
denn was ist es denn, das Wetter?
Es ist Regen oder Schnee,
es ist Sonne,
es ist Hitze oder Kälte
oder einfach nur warm und kalt,
es ist nass oder trocken
und, und, und.
Es ist so vieles,
und es ist so vieles auf einmal,
es gibt kein nur das

oder nur das,
es ist immer eine Mischung,
eine Mischung aus Energien,
eine Mischung aus Farben.
Und ist nicht alles der Spiegel des anderen?
Ist nicht alles, was du triffst, alles, was dir begegnet,
dein dir zur Verfügung stehender Spiegel,
in dem du lesen kannst, was du bist,
in dem du begreifen kannst, was es zu tun gibt?
Und so ist es auch mit dem Wetter,
so trägt auch das Wetter Information für dich.

Doch nun zu der Frage,
zu deiner gestellten Frage.

(Meine Frage lautete: Wie erklärst du, dass so viele Menschen am gleichen Ort sind, mit gleichem Wetter? Gilt für alle, dass sie zum Beispiel gerade Schwarz gespiegelt bekommen? Es kann ja nicht immer die Sonne scheinen – da würde ja alles vertrocknen ...)

Wenn all die Menschen im Regen stehen,
in einem riesigen Gebiet, wo es eben gerade regnet,
wenn also hunderte Menschen in einer Stadt wohnen,
wo es gerade regnet,
dann, so sei dir sicher,
hat es auch für genau diese hundert Menschen eine Aussage,
dann spiegelt es für diese hundert Menschen etwas wider.
Doch der Fehler in deinem Denken ist der,
dass du glaubst,
es hätte für jede einzelne der hundert Personen die gleiche Information.
Dem ist nicht so.
Jede Person,

jeder Mensch,
jedes Tier,
jedes einzelne Wesen
hat seinen eigenen Spiegel.

Und mag es für dich noch so perfekt gleich aussehen,
magst du auch noch so fest davon überzeugt sein, dass Regen eben
Regen bedeutet,
und Regen eben Regen ist,
dann ist das,
weil du aus deiner beschränkten Sichtweise siehst,
deswegen,
weil du dort als Mensch schaust.

Gehe nur einen Schritt zur Seite
und der Himmel ist ein anderer,
gehe nur einen Schritt beiseite
und dein Spiegel ändert sich,
und nur du,
du ganz allein
kannst die Information entschlüsseln, die in deinem Spiegel enthalten ist.

Regnet es also,
dann nimm kein pauschales Denken,
nimm dich selbst,
dich selbst als Maßstab
und erforsche die Information für dich ganz allein.

Und oft ist es sogar weise, nicht zu forschen,
denn wenn ihr beginnt zu forschen,
macht ihr oft den Fehler,
das Denken einzusetzen.

Das Denken mit all seinen Dualitäten verleitet aber oft zum menschlichen Werten,
zum menschlichen Urteilen,
und das ist nicht der Schlüssel zum Erkennen,
denn was steht anderes dahinter,

als das Erkennen deines eigenen Seins,
das Erkennen deines Selbst,
das Erkennen des Göttlichen,
des Alls.

Das Schwarz also
ist durchaus enthalten im Wetter,
und das soll es auch,
denn wahrlich wäre es schlecht um die Welt der Illusion bestellt,
würde es nie mehr stürmen,
wären nur Sonnenschein und Hitze vorhanden,
wären nur Kälte und Schnee.
Nein.
Es muss alles enthalten sein,
und das ist es auch.
Und sorgt euch nicht um euch,
denn je weiter ihr fortschreitet auf eurem Weg,
umso mehr erkennt ihr alle eure Spiegel
und umso klarer wird euer Verständnis,
und was vormals noch bedeutete, dass deine Seele vom Schwarz
umhüllt war,
mag heute dir vielleicht nur noch sagen: Pass auf, du wertest,
oder:
Pass auf dich auf
und lass das Schwarz nicht ein,
oder auch:
Schau, heute bin ich kein Spiegel mehr,
du kannst mich wertungsfrei betrachten
und es sein lassen, wie es ist,
sein lassen
und selbst in Neutralität stehen.
Und das ist es, wo es enden wird,
das ist es, wo es dich hinführen wird.

Lass also das Wetter das Wetter sein,
lass es also Spiegel sein
und achte einfach auf dich, auf dein Sein,
achte auf dich
und registriere nur,
dass Schwarz enthalten im Sturm,
registriere,
dass Gelb enthalten im Sonnenschein,
registriere das Rot in den peitschenden Bäumen.
Lass es so sein und mache dich frei,
lass es sein und ruhe in dir,
und es wird kommen der Tag, an dem es dir nichts mehr bedeutet,
nichts mehr ausmacht,
dich nicht mehr beeinflusst.
Du wirst ruhen in dir selbst,
und der Spiegel um dich wird nicht mehr existent sein.

Lass also das Schwarz schwarz sein
und lass es seine Arbeit tun
und gönne jedem,
für sich das Schwarz zu wählen,
jedem,
sei es das Wetter
oder der Mensch dir gegenüber,
sei es die Erde
oder aber die Verzweiflung.

Jeder, der Schwarz für sich wählt, bekommt es auch,
jeder der es haben will, hat es,
jeder, der es aber weichen lassen will,
wählt das Licht.

Amen.

Das Rosa

(Auf dem Jupiter, ein Treffen mit Lady Nada)

Gott zum Gruße,
Gott zum Gruße,
ich bin Lady Nada,
ich bin es, die nun mit dir zu sprechen wünscht,
hier oben auf dem Jupiter.

Diesen Platz habe ich gewählt,
denn er erschien mir passend,
passend für das rosa Licht,
über das ich nun mit dir sprechen möchte.

Das Rosa,
das ich so liebe,
das Rosa,
das auch dich so liebt,
das Rosa,
das alles zu durchdringen vermag
und alles mit seinem hellen Schein zum Leuchten bringt.
Es ist die Liebe, die es in sich trägt,
die Liebe zu dir selbst.
Rosa steht für die Liebe zu dir selbst,
und das ist auch der Grund, warum es so wichtig ist,
so wertvoll
und so reich an Erfahrung.
Wo hapert es denn am meisten?
Wo fehlt es denn am meisten?
An der Liebe zu dir selbst,
an der Liebe zu deinem eigenen Selbst.
Liebe bedeutet Hochachtung,
und rosa Liebe

ist die Hochachtung vor dir selbst.
dich selbst zu lieben, mit all deinen Fehlern,
all deinem Fehlverhalten
und all deinen vermeintlich abstoßenden Taten,
das alles zu lieben,
das bringt dir das Rosa.

Rosa ist so weich
und so rein,
und es schwingt in sanften, weichen, liebevollen Frequenzen,
wie das zarteste Glöcklein,
wie das wundervollste Vogelgezwitscher.
Rosa ist rein
und ist wahr,
und es ist, wie alles, vom Geist durchdrungen.
Rosa in dir
weitet deine Grenzen,
Rosa in dir
sprengt deine Fesseln.
Rosa durchdringt dich,
und Rosa ist fähig, in jede deiner Ritzen zu kriechen,
so dass es wahrhaftig alles durchdringt,
jedes noch so versteckte Plätzchen in dir.

Rosa hat Kraft,
und obwohl es so zart erscheint, hat es Macht,
die Macht Gottes.
Ich liebe es, das Rosa,
denn alles beginnt mit ihm,
alles beginnt mit der Liebe zu dir selbst.
Du kannst nicht ohne Rosa deinen Weg gehen.
dich selbst zu lieben ist immer der erste Schritt.
Wie sonst willst du andere achten,

wie sonst andere lieben,
wenn du nicht zuerst dir selbst Achtung entgegenbringst,
dir selbst Liebe schenkst.

Rosa ist himmlisch,
himmlisch und rein,
und wenn du bereit bist, das Werten über das Rosa zu beenden,
wenn du bereit bist, aufzuhören mit Gedanken wie „babyrosa" oder
„kitschig",
wenn du also dich frei machst vom Urteil über das Rosa,
dann bist du bereit, es zuzulassen,
bereit, es aufzunehmen,
bereit, es wirken zu lassen,
und es wird dich füllen
und dein Herz für dich selbst öffnen,
dich füllen
und dir den Weg zu dir selbst zeigen.

Du musst es nicht als Kleidung tragen,
du musst nicht als Mann in Rosa gekleidet sein,
und als Frau natürlich auch nicht,
das ist völlig unnötig.
Lass es einfach existieren in deinem Sein,
lass einfach zu,
dass es da ist in deinem Leben,
und es wird seine Arbeit tun,
und die Liebe wird dich ergreifen
und dir den Blick auf dich selbst freimachen,
auf dich selbst, wie du da stehst,
im großen Einen,
wie du da bist,
als reines Licht,
und du wirst erkennen,
wie liebenswert du bist,

wie schön du bist,
wie wunderbar du lächeln kannst.
Lass das Rosa seine Arbeit tun
und schau einfach zu.
Genieße es
und schau einfach zu.

Ich bin so von Freude durchdrungen,
jetzt, wo ich zu euch sprechen kann,
jetzt, wo ich sagen kann über das Rosa des Himmels,
das Rosa des Geistes,
das Rosa des Alls.

Ich bin so von Freude durchdrungen
und so voller Liebe für euch.

Nehmt es als Geschenk und liebt es,
nehmt es als Geschenk
und liebt euch selbst dafür,
nehmt es als Geschenk,
und alles wird gut mit euch.

Ihr Lieben,
ihr Wunderbaren,
vergesst nie, nie das Rosa in eurem Leben,
vergesst nie, es zu beachten,
denn euch selbst zu lieben ist das größte Geschenk, das ihr euch
selbst machen könnt.
Darum liebt euch
mit all euren Schwächen
und erkennt die Weisheit, die dahinter steht,
denn Schwächen zu lieben,
auch das bedeutet Weisheit.

Meine Lieben,
ich grüße euch,
grüße euch von ganzem Herzen,
grüße euch und beende nun,
grüße euch
und winke euch zum Abschied.

Gott zum Gruße,
Gott zum Gruße.

Das Schwarz (VII)

(Auf der Venus, ein Treffen mit Jesus Christus)

Gott zum Gruße,
Gott zum Gruße,
ich bin Jesus Christus, der heute zu dir sprechen möchte,
und ich habe für unser Treffen die Venus gewählt.
Sie hält dich im Grünen
und in der Neutralität,
und so fällt es dir leichter zu lauschen,
denn noch ist das Thema Schwarz nicht beendet,
noch gibt es etwas zu sagen.

Ich, Jesus Christus,
bin auserwählt, heute zu sprechen.
Wir sprechen über das Schwarz in der Beziehung,
der zwischenmenschlichen Beziehung.
Denn das ist ein Bereich,
der so weh tut,
so tiefgreifend wirkt
und so intensive Spuren hinterlässt,
dass es fast unmöglich scheint, darüber zu sprechen.
Nur in der Neutralität,
im grünen Schein,
ist es also möglich, es niederzuschreiben.

Das Schwarz in der Beziehung,
es tut so weh,
und so oft ist es unerkannt,
viel zu oft wirkt es unerkannt,
weil die Person es nicht wahrnimmt,
weil sie es nicht wahrnehmen will.

Es ist wie ein Klebstoff,
der zwei Menschen verbindet,
wie Klebstoff, der zwischen beiden hängt
und sie aneinander kettet,
sei es in Wut,
in Verzweiflung,
in Angst,
oder sogar in Liebe,
das, was ihr oft Liebe nennt.

Das Schwarz zwischen zwei Menschen ist gefährlich,
denn es wirkt destruktiv,
und es zerstört dein eigenes Wirken.
Lässt du es zu, dass der andere dich mit Schwarz einhüllt
und er so Macht über dich erlangt,
bist du schon nicht mehr du selbst.
Lässt du zu,
dass der andere dich mit Schwarz durchbohrt,
hast du ein Loch,
ein Loch in der Aura,
und glaube nicht, dass das unerheblich ist,
es ist eine Wunde,
und Wunden müssen heilen.

All das vorher Gesagte,
all das bereits Erwähnte in vorherigen Kapiteln,
beherzige es,
denn bist du du selbst,
hast du zu dir gefunden,
hast du dich erkannt,
wirst du nicht mehr treffen die Menschen, die das Schwarz so gerne
einsetzen, um zu kommunizieren,
denn du lebst das Licht,

und so ist es kaum möglich, dich einzuschwärzen,
dich mit Schwarz zu verletzen.

Und auch du selbst wirst, je mehr du im Licht stehst,
das Schwarz in einer Kommunikation nicht mehr benötigen,
nicht mehr anwenden,
denn es wird einfach unnötig sein.
Du bist frei,
frei davon, bewusst um dich zu schlagen
und so schwarze Pfeile abzuschießen.
Du wirst frei sein
und so die Kommunikation in Liebe führen.
Auch hier achte auf dein Spiegelbild,
achte auf dein Tun,
und du wirst immer und stets wissen,
wo du stehst auf deinem Weg.

Ich möchte die Gelegenheit nutzen
und gleich noch etwas über Grün sprechen,
das Grün,
des Meisters Farbe,
des Meisters Grün.

Denn immer,
immer, und wirklich immer,
wenn du stehst in vollem Grün,
kann dir nichts etwas anhaben.

Bist du getränkt im Grün
und das Licht durchflutet dich,
bist du voll getaucht in Grün,
hast du die Meisterschaft erlangt.

Denn was macht den Meister aus?
Neutralität und Liebe.
Und Gott wird mit dir sein.

Meine Lieben,
ihr wunderbaren Wesen dort auf der Erde,
Gott ist mit euch,
begreift es,
Gott ist mit euch,
Gott ist mit euch.

Gott zum Gruße,
Gott zum Gruße.

Das Orange (II)

*(Auf dem Pluto, ein Treffen mit Serapis Bey, anschließend mit
El Morya und zum Ende wieder Serapis Bey)*

Gott zum Gruße,
Gott zum Gruße,
wir sind hier auf Pluto, um das Orange zu erforschen,
das Orange, das uns so viel Wissen bringt
über uns selbst,
Wissen über Vergangenes,
Wissen über unsere Taten,
unser Leben, unser Sein.

Ich bin Serapis Bey.
Ihr kennt mich schon,
doch heute ist es das Orange, über das wir sprechen.

In Orange getaucht
und zugleich das Orange bewusst wahrgenommen,
das bedeutet Einblick in deine früheren Leben,
Einblick in dein früheres Sein.
Knie nieder vor Ehrfurcht
und vor Respekt vor dir selbst
und schaue in Demut dein eigenes Handeln,
schaue in Demut.

(El Morya)

Ich bin El Morya.
Wer mit mir arbeiten will, muss zuhören können.
Ich bin El Morya.
Ich grüße euch.
Gott zum Gruße.

Auf Pluto herrscht der Frieden der Erkenntnis,
denn es ist hier all das gespeichert, was es über dich selbst zu wissen
gibt.
Alles, alles, was dich selbst ausmacht, das ist hier,
all deine früheren Leben,
all deine Taten,
alles, was du je erlebt hast.

Komme hierher,
und du weißt, wo du bist.
Tauche in Orange,
und du wirst dich selbst erkennen.
Bist du feige?
Das musst du nicht sein,
denn mit Feige-Sein siehst du nichts.
Komme und wisse,
dass alles so ist, wie es ist,
und dass es so richtig ist.
Komme und schaue dein Leben
und integriere dein neu erlangtes Wissen in dein jetziges Sein,
komme und schaue,
und all dein Wissen,
all das, was du weißt
und doch nicht weißt, weil du den Kontakt zum Orange verloren hast,
all dein unendlich großes Wissen,
liegt dir hier zu Füßen.
Du musst es nur holen,
nur einlassen in dein jetziges Leben.
Hole es dir und nimm es dir,
hole es dir,
und lass dabei Vergangenes in Liebe ziehen,
lass es sich auflösen
und in Frieden gehen.

Und von jedem Sein, von jedem Leben,
wird dir die Weisheit erhalten bleiben,
und das ist es, was dir nun zugute kommt,
jetzt, wo du dein Orange kontaktierst.
Es liebt dich, das Orange,
denn es ist du.
Dein Orange und du,
ihr seid eins.
Und du brauchst es, um deinen Weg weiterzugehen und vorwärtszukommen.
Dein Orange enthält dein Wissen,
dein Indianerwissen,
dein Tibeterwissen,
Atlantis,
oder was auch immer,
alles ist in ihm gespeichert,
in ihm enthalten,
nur um es dir zu Füßen zu legen.
Nimm es dir!

Pluto ist der Platz, wo all dein Vergangenes ruht,
und es ist vieles,
denn jeder von euch hat viele, viele Leben gelebt
und viel, viel Wissen angesammelt,
auf das er nun zurückgreifen kann.
Brauchst du dein Wissen, dann komm hierher und besuche deine Ahnen.
Pluto erleichtert dir den Kontakt,
und du musst dich nicht mühen.
Pluto ist der Hüter der Vergangenheit
und das Tor zur Weisheit deiner selbst.

(Was ist los?)

Ich überlege.

(Okay. Wer bist du? Und was ist deine Aufgabe?)

Ich bin El Morya,
ich bin der Hüter des Orange,
der Hüter der Weisheit des Vergangenen,
der Hüter des Wissens aus früheren Leben,
und wenn du es noch genauer wissen willst,
ich hüte das Wissen im All,
das Wissen, das alles beinhaltet,
was das große Eine ausmacht.
Denn all das Vergangene ist das Jetzt,
und das Jetzt ist das Morgen,
und so ist vergangenes Wissen
das gleiche wie das Wissen morgen.
Alles ist eins,
und alles Wissen ist ein Wissen.
Ich hüte das Orange,
und ich komme, wenn ihr mich ruft.
Orange ist für jeden da,
doch die wenigsten möchten es in ihr Leben lassen.
Orange ist ihnen erschreckend,
und sie ahnen nicht, was ihnen entgeht.
Klarheit zu haben in seinem Sein,
das ist es, was zählt,
Klarheit.
Und dazu gehört, sein Wissen integriert zu haben
und mit diesem Wissen zu leben.

(Du bist so streng!)

Bin ich das?
Ich lehre das Wissen über das Wissen,
das mag der Grund sein.
Doch was ist streng?
Ich treffe klare Aussagen.
Das tue ich.

Doch nun noch ein Letztes:
Orange ist wichtig,
denn ohne es bleibt dein Chakra für Orange verschlossen,
und die Tiere, die sich dort tummeln,
haben dir nichts über dein Wissen zu erzählen,
höchstens über Wut oder Angst.
Orange ist dein Zugang zu dir selbst,
um all das zu vereinen, was dich ausmacht,
und all das zusammenzuführen, was zusammen gehört,
im vollen Bewusstsein
und bereit zum Aufstieg.

Ich beende nun unser Treffen.
Nehmt euch meine Worte zu Herzen.
Gott zum Gruße,
ihr Seelen dort auf der Erde,
Gott zum Gruße.

(Serapis Bey kommt wieder hervor)

Hey, du Seele,
ich grüße dich.
Gott zum Gruße,
Gott zum Gruße.
Du weißt nun, wofür das Orange steht,
und das ist gut so.

Weißt du,
es ist gar nicht so schwer, sein Wissen zu holen,
an sein Wissen heranzukommen,
du schaust dir einfach nach und nach deine Leben an
und ...
löst sie auf.
Lass sie in Frieden ziehen
und vergib dir selbst und den anderen,
und du wirst staunen, wie leicht es ist
und wie viel an wertvoller Information dir erhalten bleibt.
Es ist ganz leicht.
Ich grüße dich,
ich grüße dich,
Gott zum Gruße.

9. EMOTIONEN

Das Lachen

(Jaramis)

„Lachen ist die beste Medizin",
lautet einer eurer Sprüche, eurer Lebensweisheiten,
die immer wieder in allen Zitatenschätzen auftaucht.
Und es ist eine ganz tiefe Weisheit, die von den Weisen, Alten
immer wieder in eure Atmosphäre projiziert wird.
Lachen aus vollem Herzen, aus dem Bauch heraus,
aus vollem Halse, wie ihr so sagt,
hat eine Wirkung, die über keine andere Emotion erreicht werden kann.
Sie schaltet komplett das logische Denken, das logisch sortierende
Hirn aus,
durchbricht wie eine ungeheure Detonation sämtliche Blockaden auf
allen Ebenen, in allen Auraschichten und in allen Chakren.
Wer zu einem richtigen Lachanfall getrieben wird, bis ihm die Tränen
aus den Augen laufen, hat in diesen Sekunden komplett sämtliche Un-
gleichgewichte, Verunreinigungen und Belastungen, Blockaden, wie
ihr sie auch benennen wollt, in seinen Auraschichten überwunden und
schwingt in einer, zumindest für diese Sekunde, vollkommenen und
vollständigen Harmonie.

Ich möchte euch verständlich machen, dass Heilung gerade über das
Lachen eine ungeheure Wirkung hat.
Es ist unser Anliegen, euer Augenmerk auf die Menschen zu lenken,
die einen großen Tranformationsprozess in den atmosphärischen
Schichten der Erde dadurch bewerkstelligen, dass sie viele Leute zum
Lachen bringen.
Wenn ihr diese Worte einen Moment auf euch wirken lasst, werdet ihr
sofort erkennen, dass in Zeiten der Not in einem Volk die Komödian-
ten Hochkonjunktur haben.

Es waren die frühen Neunziger Jahre des letzten Jahrhunderts bis zur Zeit von ungefähr der Mitte dieses vergangenen Jahrzehnts, in dem sich viele Dinge eures europäischen Umfelds geändert haben.

Es hat viele Menschen gegeben, die sich große Sorgen um die kriegerischen Aktivitäten in den Golfregionen gemacht haben, es hat ungeheure Auswirkung auf die Volkswirtschaft gehabt, was sich dann wiederum auf die Arbeitsplätze ausgewirkt und damit zu einer unmittelbaren Existenzangs vieler eurer Mitmenschen geführt hat.

In dieser Zeit wurden zum Beispiel in den Zeitungen, aber vor allen Dingen auch im Fernsehen, Komödianten aktiv.

Es gab auf einmal viel mehr Sendungen mit der Zielsetzung, die Leute zum Lachen zu bringen.

So versucht das Universum, ein Gleichgewicht zu halten, euch ein Angebot zu machen,

um euch zu ermöglichen, auch in schwierigen Zeiten die Aurabalancen zu halten.

Ich erwähne das, um eure Aufmerksamkeit zu schulen, um zu erkennen, dass ihr auch durch unmittelbare Beachtung eures Umfelds und dessen, was in eurem Universum geschieht, sehr viel für eure persönlichen Wachstumsprozesse erkennen könnt.

Ich wünsche mir, dass das Lachen einen größeren Stellenwert in eurem Bewusstsein einnimmt.

Ich rede, um das noch einmal nachdrücklich zu sagen, von dem lauten, befreienden Lachen, von dem, was manche durchaus als groben Humor bezeichnen.

Es ist nicht das feinziselierte, süffisante Lächeln, das ganz dicht an den Hochmutfrequenzen vorbeischrammt.

Es geht um das wirklich laute Sich-Freuen und das Erkennen, dass hinter diesen komischen Bildern und Situationen auch wieder ein ernster Inhalt steckt.

Wenn ihr über diese Brücke gehen könnt und versteht, dass über das Überzeichnen und Karikieren von wichtigen Eigenschaften eines

Menschen eine Befreiung über das Lachen erfolgen kann, versteht ihr auch, über euch selbst zu lachen über die nicht so gut gelungenen Versuche, irgend ein Problem zu lösen, nicht in verbissenes, „Zähnezusammen", knirschendes, angestrengtes Arbeiten zu verfallen, sondern auch über euch selbst zu lachen und dann eine neue Lösung der Problematik anzugehen.

Lachen kann erzeugt werden ohne großen Aufwand.
Lachen und Freude sind nicht an zeitlichen, geldlichen oder an irgendeinen anderen Aufwand gekoppelt.
Jeder Mensch sollte versuchen zu begreifen, dass er für seine eigene Freude etwas tun kann.

Und ich sage es noch einmal:
Freude an den Dingen um euch herum,
an den Bäumen, Blumen, schönen Blättern, tollem Wetter,
hat zwar auch eine große Wirkung, weil sie sehr ausgleichend wirkt,
aber das wirklich heilende Lachen ist durch nichts zu ersetzen,
und es gibt auch nicht eine einzige Emotion, die auch nur im Ansatz
an diese grobe Energie der Befreiung des Lachens herankommt.

Scheut euch also nicht, euren Frohsinn und euer Lachen auch in den Kreisen zu zeigen, die sich für furchtbar qualifiziert und hochspirituell halten, denn hier liegt auch die Gefahr des Abdriftens in den Hochmut ganz nahe.
Bleibt in eurer Neutralität, aber gewährt euch auch die Freiheit, laut und herzhaft zu lachen.
Das ist die Botschaft der Lektion, die wir heute an euch zu geben haben.

Ich ...
Ich bin Jaramis,
jemand, der nur sehr selten mit euch Menschen in Kontakt kommt,

weil ich eigentlich für andere Aufgaben in diesen Galaxien zuständig bin.

Ich danke dem Grafen von St.Germain, dass ich heute an seiner Stelle seinen freundschaftlichen Draht zu euch benutzen durfte, und diese, meine Arbeit, so an euch übermitteln konnte.

Jaramis,

der, den ihr kennt als den mit Stock und Zylinder,

ich bin der, den alle freundlich Charly nennen,

der ...,

der Hüter des Lachens in der Milchstraße

und im Universum.

Lachen ohne Zwang, aber aus freiem Herzen bedeutet niemals Lachen ohne Hintergrund.

So grüße ich euch,

und ...,

lacht mal wieder!

Das Verstecken der Emotionen
(Metatron)

Das Verstecken eurer Emotionen ist etwas so Gewaltiges,
dass es enorme Auswirkungen hat auf euer Sein, ihr Menschen.
Horcht, was ich zu sagen habe,
horcht, was ich euch sage:

Das Verstecken eurer Emotionen ist etwas,
was ihr unbedingt lernen müsst zu schauen.
Ihr müsst begreifen, was ihr da tut,
denn ohne Erkennen eures Handelns werdet ihr alle versinken in
Krankheit und Not,
denn nichts anderes ist Krankheit, als dieses Verstecken eurer Emotionen.

Wenn ihr zum Beispiel Wut empfindet,
richtig heftige Wut,
wo würdet ihr sie verstecken, wenn ihr nicht wolltet, dass ein anderer
sie erkennen möge?
Na, wo?
Im Bauch?
Ja, im Bauch.
Jeder von euch ist recht geschickt, sich einen geeigneten Platz dafür
auszusuchen,
der eine bevorzugt den Magen, der andere die Leber, der dritte mag
vielleicht die Milz bevorzugen,
aber es bleibt sich gleich,
es ist ein Horten von Energien, die nichts zu suchen haben im Magen,
in der Leber, in der Milz,
es ist ein Horten von Energien, die gelebt sein wollen,
die empfunden sein wollen,
und mit dem Einbunkern dieser Kräfte verschiebt ihr die Energien in

einer Weise, wie es nicht vorgesehen war.
Es ist eure Erfindung,
eure ureigenste Erfindung, ihr Menschen, ihr,
das habt ihr geschaffen.
Und es steht euch natürlich zu,
denn ihr habt immer die Wahl,
aber seht ihr nicht, welch enormen Aufwands es bedarf, dies wieder aufzulösen,
wie viele Leben gelebt werden müssen, um es wieder zu ändern,
wie viel Zeitaufwands, in eurer Zeitrechnung betrachtet, es bedarf, es wieder zu neutralisieren,
und vor allen Dingen, wie viel Karma ihr damit aufbaut,
wie viel Karma ihr mit anderen Menschen noch zu erarbeiten, bearbeiten, noch abzuarbeiten habt?
Seht ihr nicht, was ihr da mit euch selbst anrichtet,
mit euch selbst kreiert?
Seht ihr nicht euer Schaffen,
euer Erzeugen von neuen Energiedepots in euren Zellen,
womit ihr die Ausgewogenheit, mit der ihr begonnen habt,
nach und nach, langsam und stetig, immer mehr zerstört?
Schaut hin, was ihr da treibt.
Du, Mensch,
wie geht es deinem Gehirn?
Und du,
wie geht es deiner Lunge?
Du da,
wie geht es deinen Armen?
Und du da,
wie geht es deinen Beinen?
Kannst du noch gut laufen?
Kannst du gut stehen?
Und du,
kannst du gut sitzen?

Wer von euch kann richtig denken,
kann richtig lenken seinen eigenen Weg?
Wer von euch kann sein Empfinden frei leben?
Wer von euch gesteht sich zu, er selbst zu sein,
zu leben in seinen Emotionen,
um so nach und nach zu begreifen, sie in den Griff zu bekommen?
Wer tut das?

Schaut euch an.
Schaut hin, was ihr da tut, und begreift euer Handeln,
schaut hin und seht, wo ihr überall eure Emotionen bunkert,
wo ihr eure Zellen vollstopft und sie so am Arbeiten hindert,
schaut hin, wo und welche eurer Zellen ihr blockiert mit Energien, die
da einfach nicht hingehören.

Was ist Krebs, frage ich euch,
was ist das?
Es ist auf alle Fälle nichts, wovon ihr das Opfer seid, nein.
Ihr selbst habt ihn geschaffen,
geschaffen durch Bunkern eurer Wut und eurer Angst.
Ihr habt durch Hineinstopfen bestimmter Emotionen die Arbeit der Zellen so blockiert und sie so sehr am Arbeiten gehindert, dass sie nicht
mehr fähig waren, ihr übliches Sich-Neugestalten zu vollziehen.
Ihr habt es durch Stören mit hineingegebenen Energien geschafft, einen Keil zu schieben in den natürlichen Ablauf des sich ständigen
Erneuerns der Zellen.
Und so haben diese Zellen nach und nach „vergessen", was ihr Auftrag ist.
Ihr habt sie „verwirrt",
und in ihrem Handeln-Wollen,
in ihrem Erfüllen ihres Auftrags, sich zu erneuern, haben sie gehandelt,
doch in einer Weise, wie es nicht mehr ihrer Natur entsprach,

denn dieses natürliche Wandeln wurde gestört durch hineingefüllte Emotionen,
die sich dazwischendrängten
und Fehler im Handeln, Fehler in der Wandlung verursachten.
So ist das mit dem von euch benannten Krebs,
die Zellen selbst sind „unschuldig",
euer Körper selbst ist „unschuldig",
denn jedes einzelne eures materiellen Seins gehorcht nur einem, nämlich euch,
und so seid ihr der Schaffende,
seid ihr der Meister eures Seins,
seid ihr der Herr in eurem Haus.

Egal, was ihr für eine Krankheit anschauen mögt,
es ist euer Schaffen, das dahinter steht,
es ist euer Tun,
euer Handeln,
und wenn es nur Kopfweh ist oder Zahnweh,
wenn es nur Unwohlsein ist oder „Mir ist schlecht",
Schwindel oder „Ich bin heut so müde",
ihr erschafft es,
ihr kreiert es,
ihr seid euer eigener Meister,
und so müsst ihr begreifen, was ihr da tut,
müsst ihr begreifen, eure Emotionen zu erkennen.
Denn jeder von euch würde mir antworten „aber ich wusste das doch gar nicht."
Aber, meine Lieben, das ist kein Argument,
nicht in diesem Universum,
nicht hier in unserem Spiel,
denn ihr alle habt gewusst, worauf ihr euch einlasst,
wenn ihr hinabschreitet dorthin auf die Erde, und ihr geht den Weg der Inkarnation,

ihr alle habt es gewusst,
und so steht es euch frei zu schauen,
steht euch frei zu erkennen,
steht euch frei, erkennen zu wollen,
jedem von euch.

Niemand ist zu schwach,
niemand zu klein,
niemand zu sehr gehänselt,
niemand zu sehr gebunden,
ihr alle seid frei in eurer Wahl,
ihr alle seid frei in eurem Wollen, in eurem Denken, in eurem Sein,
und wenn ihr selbst wählt, gebunden sein zu wollen,
wenn ihr selbst wählt, nicht frei sein zu wollen,
und lieber Dinge in Kauf nehmt, um nicht einsam zu sein oder nicht
alleine den „Weg" gehen zu „müssen",
dann ist auch das eure Wahl.
Jeder entscheidet für sich selbst,
jeder.
Und wenn ihr entscheidet, so leben zu wollen, als existiere Gott nicht,
dann ist auch das eure Wahl.
Es steht euch frei,
und niemand wird euch verurteilen.
Niemand.

Allein euch darauf aufmerksam zu machen ist mein Anliegen,
euch in Erinnerung zu bringen, was ihr da tut, ist das, was ich möchte,
denn zu eurem Weg gehört auch das Vergessen ...

... vor allem das Vergessen.

Denn nur so könnt ihr das reine Menschsein genießen in Saus und
Braus,

das Menschsein, das da bedeutet, Geld zu genießen,
Sex zu genießen, Freiheit zu genießen,
ein großes Auto, eine tolle Frau,
ein dickes Konto, einen fetten Urlaub,
zu genießen, auch mal grob zu sein,
zu genießen, auch mal frech zu sein,
zu genießen, einem eins übergebraten zu haben,
zu genießen, nicht zu wollen,
und zu genießen, popelig, unangenehm, unausstehlich, eifersüchtig,
neidisch, wütend usw., usw. zu sein,
all diese Emotionen, die ihr so gerne aufbauscht,
so gerne empfindet,
so wenig loslassen könnt.
Und anstatt sie loszulassen, bunkert ihr sie irgendwo in eurem Körper,
wenn ihr sie nicht haben wollt,
wenn sie euch zuviel geworden,
weil sie euch entglitten sind,
weil sie euch zu hoch geschwappt sind,
weil sie anfangen, euch zu behindern.

Aber es ist gar nicht so schwer, sie in den Griff zu bekommen,
gar nicht so schwer.
Manch einer hat es schon geschafft,
und warum nicht ihr?
Warum nicht du, der du das hier gerade liest,
warum also nicht du?

Wir sind alle aus demselben Licht geschaffen,
wir alle,
auch du,
und so ist es auch dir möglich,
deine Emotionen in den Griff zu bekommen,
auch dir!

Gott zum Gruße, ihr geliebten Menschen,
Gott zum Gruße, ihr Lieben,
Gott zum Gruße.

Und lasst euch versichern,
ihr alle werdet es tun,
ihr alle werdet ins Licht gehen.
Die Geschwindigkeit jedoch, die bestimmt ihr,
ihr ganz allein.

Wut und Zorn

(Hilarion)

Ich bin der, den ihr Hilarion nennt.

Die letzte Inkarnation, die ich auf der Erde durchlebt habe, war die des Sokrates,

und ich freue mich heute, diesen Kanal benutzen zu dürfen, um mit euch in den Kontakt zu kommen, denn ich möchte mich mit euch heute über eine Form der Energie unterhalten, die wir immer wieder schon einmal in Facetten oder auch sehr direkt angesprochen haben, aber die auch in so mannigfaltigen Facetten in euch allen vorhanden ist, dass es ihrer ausführlicheren Besprechung bedarf.

Ihr wisst, die größte Kraft, die auf der Erde vorhanden ist, ist die Kraft der Liebe.
Dann folgt von der Energie und von der Intensität her der Hass.
Dann kommt die Energie, die ihr als Sexualität bezeichnet, und dann kommen die beiden Energieformen, die ganz dicht miteinander verwandt sind und die wir heute ein wenig besprechen wollen.
Das sind der Zorn und die Wut.

Zorn ist von der energetischen Seite her eine meistens sehr lange aufgestaute Form der Wut.
Ihr könnt euch das vorstellen, als ob eine Talsperre langsam voll Wasser läuft, und wenn sie dann kurz vor der Überlaufkante ankommt, dann wird aus der Wut Zorn.

Zorn bewegt in euren feststofflichen Körpern ein ungeheures Eingreifen in eure hormonellen Abläufe.
Die Hormone steuern eure gesamten Empfindungen, euren Bewegungsablauf, aber auch alles das, was unter dem Begriff „Gemüt" zusammen gefasst ist.

Es gibt sehr viele Menschen, die depressiv sind oder sich nach außen depressiv geben, weil Zorn in ihnen jegliche Form der Liebe und der Freude erstickt hat.

Zorn, von seiner Frequenz her, überlagert die Frequenzen der Freude, das heißt, Menschen, die zu großes Zornpotenzial angesammelt haben, zu lange Wut aufgestaut haben, haben ganz große Schwierigkeiten, noch über irgendwelche Dinge Freude zu empfinden. So ist ein Abbau von Wut und Zorn eine große Hilfe, wieder in die Situation zu kommen, Freude empfinden zu können.

Andererseits ist es so, dass das Lachen und die Freude, wenn sie in den körperlichen Ablauf gelangen, das heißt, die Muskeln in Bewegung setzen, die größte Heilwirkung haben, aber auch beim Abbau von Zorn und Wut hilfreich sind, wobei Abbau in diesem Zusammenhang eine trügerische Formulierung ist, denn der Zorn und die Wut werden nicht wirklich abgebaut, sie werden nur kurzfristig übertüncht, sie werden überlagert, so, als ob ich Öl auf einen Wasserbottich gebe und das Öl dann das Wasser sozusagen abdeckelt.

Es verändert aber nicht tatsächlich.

Das Wasser und auch das Öl bleiben in ihrer Form normalerweise erhalten.

Versteht es also, dieses Mittel der Freude und des Lachens richtig einzusetzen, nämlich in dem Moment, wo ihr sonst Gefahr lauft, aus Zorn heraus eine Reaktion in eure Umwelt zu setzen, die ungeheuren Schaden anrichtet.

Es ist hier im Moment nicht von dem die Rede, was ihr so gemeinhin als Jähzorn bezeichnet. Das ist noch wieder eine verschärfte Form, wo auf Grund von sehr tief eingelagerten Schmerzen, und vor allen Dingen Ängsten vor Verletzungen, über den Jähzorn ein Schutzwall aufgebaut wird, so dass diese Leute, die in einem jähzornigen Ausbruch auf ihre Umwelt einwirken, diese in die Defensive bringen, sozusagen ihr Gegenüber dazu veranlassen, mindestens vier Schritte zurückzuweichen oder am besten sogar den Raum zu verlassen. Menschen, die jähzornig sind, sind einfach zutiefst verletzt, und vor allen Dingen voller Ängste, und zwar voller Ängste in einer Form, die ihr euch gar nicht vorstellen könnt.

Jähzornige Menschen haben Ängste in einer Dimension, die eure tiefsten Ängste noch um ein Weites übersteigen.

Zorn.

Zorn in der Form, die ihr kennt, und auch Wut, das ist das Energiefeld, was es zu bearbeiten gilt.

Macht euch wirklich auf, in den Spiegel zu schauen, in euren inneren Spiegel.

Lernt, wie ihr mit diesem Spiegel umgehen könnt, oder aber auch, wie ihr bei Schmerzen in eure inneren Prozesse geht.

Nutzt diese Möglichkeiten.

Vergegenwärtigt euch die Situation oder die Person, die euch so leicht oder so sehr in Wut oder Zorn versetzt.

Und versucht zu verstehen, was dahinter steht.

Ich sage euch aber ausdrücklich, dass es sich hierbei um eine Arbeit handelt, die an den Wurzeln getätigt werden muss.

Ihr müsst euch langsam von oben nach unten an diese Thematik heranarbeiten.

Stellt euch einfach vor, es wäre eine ungeheuer dicke Zwiebel, die Schicht um Schicht um Schicht gepellt wird und sich immer weiter verkleinert, aber wo dann auch in den unteren Schichten immer wieder kleine Stacheln oder Dornen zum Vorschein kommen.

Die in euch eingelagerte Wut und der Zorn sind so alte Belastungen, so alte Energien, die ihr aufgebaut habt, meistens aus enttäuschten Erwartungen.

Es gilt für viele inkarnierte Menschen, dass die meiste Wut und daraus resultierender Zorn ihren Ursprung darin haben, dass sie Handlungen vorgenommen haben und davon ausgegangen sind, damit eine bestimmte Wirkung zu erzielen. Diese Wirkung ist nicht eingetreten, weil ihre Handlungen nicht aus Liebe geprägt waren, und zwar aus der bedingungslosen Liebe, sondern aus Berechnung heraus.

Ich möchte euch in diesem Zusammenhang darauf hinweisen, dass berechnende Liebe oder das, was man berechnenderweise dann als Liebe ausgibt, keine Energie ist, die auch nur andeutungsweise mit der göttlichen, der neutralen, der bedingungslosen Liebe etwas zu tun hat. Es ist nur eine schön kaschierte Form der Machtausübung.

Auch wenn ganze Völkerscharen glauben, dass die eine oder andere Handlung nur aus Liebe geschehen kann, so passiert sie häufig aus Berechnung.

Ich will jetzt hier nicht auf das zweite Thema eingehen, was nachher an euch weitergegeben wird, denn es gibt einen Bereich, wo gerade diese Form der berechnenden Liebe in den unterschiedlichsten Ausprägungen über Jahrtausende Kulturen und ganze Weltbevölkerungen hinweg praktiziert wird.

Diese Energie hängt in einem so dichten Netz in der Atmosphäre dieser Erde, dass sie einen ungeheuren Einfluss auf die gesamte Bevölkerung dieses Planeten Mutter Erde hat.

Ich möchte euch darauf hinweisen, dass es für euch ratsam ist, in dem Moment, wo die Wut anfängt, sich in euch zu rühren, dieses zu registrieren, und dann, wenn ihr das registriert habt, zurückzuverfolgen, welche ähnlichen Gegebenheiten bereits schon in den Stunden, Tagen oder Wochen vorher angefangen haben, dieses Wutpotenzial in euch zu kitzeln, in euch langsam zum Steigen zu bringen. Ihr könnt euch das vorstellen wie ein Thermometer, das langsam immer weiter nach oben klettert, so wie im Frühjahr langsam die Temperaturen sich in eurer Atmosphäre erwärmen.

Es kommt dann der Punkt, wo ihr plötzlich die Wut registriert, meistens gar nicht bewusst als etwas, was euch wütend macht, sondern nur als etwas, was euch als Veränderung eures Seinszustands, eures Gemütszustands auffällt.

Es ist etwas, was sich einfach nur verändert und ihr möglicherweise gar nicht als wirklich bedeutungsvoll erkennt.

Das ist die große Gefahr an dieser Energie,

dass sie sich auf ganz leisen Sohlen daherschleicht,

auf ganz vorsichtige Weise sich euch nähert,

und das in einer Begebenheit tut,

die in sich, als einzelne betrachtet,

überhaupt nicht weiter in euren Tagesablauf, in eure Befindlichkeit, in euren Seinszustand eingreift.

Aber es gibt dieses alte Sprichwort bei euch:

„Steter Tropfen hölt den Stein."

So gibt es ganz viele kleine, mini-kleine und etwas größere Begebenheiten, die jede einzelne für sich vollkommen bedeutungslos sind, aber in ihrer Anhäufung dann dazu führen, dass ihr in die Erinnerung an eure Verletzungen gebracht werdet,

denn um nichts anderes geht es.

Die Wut, die in euch aufsteigt, ist ein Erinnerungssignal an alte Zeiten, und wenn ihr dann langsam den Film zurückdreht, wenn ihr langsam euch Stück für Stück anschaut, was euch da so an eurem Selbstwert, an eurer Selbstliebe zweifeln lässt, dass ihr in die Versuchung kommt, euch verletzt zu fühlen, dann kommt ihr dahinter, was euch wütend macht.

Es sind die unterschiedlichsten Formen von Missachtung durch euch selbst.

Die Wut hat immer etwas damit zu tun, dass ihr euch selbst missachtet, denn wenn ihr euch nicht selbst missachtet, wenn ihr euch eurer Stärke bewusst seid, wenn ihr euch bewusst seid, dass ihr aus dem göttlichen Funken geboren seid, dass ihr das Zentrum eures Universums seid, dass ihr diejenigen seid, die alles in ihrem Universum bestimmen, und, was ganz wichtig ist, wenn ihr immer in dem festen Überzeugungszustand leben könnt, dass ihr auch geführt werdet, dass ihr euch auf die Führung verlassen könnt, ohne dass euch irgendetwas passiert, das euch in langer Konsequenz negativ beeinflusst, dann kommt ihr immer mehr in diese Sicherheit für euch selbst, in dieses Für-Euch, Von-euch-selbst-geliebt-zu-werden-und-geliebt-zu-Sein, euch geliebt zu fühlen, dann habt ihr die Stabilität und die Stärke, diese Selbstverletzungstendenz, diese selbstzerstörerischen Energien der Wut einfach wie eine Seifenblase zerplatzen zu lassen.

Es ist dann so, als ob diese Energie wie eine Seifenblase auf eine Betonmauer zuschwebt und in dem Moment, wo sie sie erreicht, einfach zerplatzt, sich auflöst in die Luft der Atmosphäre und nicht mehr vorhanden ist.

Sie wird nicht einmal eine Nässespur hinterlassen, denn die Tropfen, in die sie sich zerlegt, sind so klein, dass sie in der Luft der Atmosphäre verschwinden.

Ich sage es noch einmal:
Die Wut ist der Ursprung des Zorns.
Wut, wenn sie anschwillt, wird zum Zorn.
Das ist nur eine hochkomprimierte Form der Wut, die dann dafür sorgt, dass der Kessel nicht platzt, oder eben doch, wenn kein Ventil da ist, und möglicherweise großen Schaden anrichtet.

Geht in euch.
Betrachtet den Ursprung eurer Wut.
Seid dabei selbstkritisch und erkennt, die Wut hat immer damit zu tun, dass ihr euch mit euren Werten verletzt fühlt, dass ihr glaubt, Gren-

zen, die ihr habt, überschreiten zu müssen.
Und das liegt möglicherweise daran, dass ihr diese Grenzen nicht ordentlich vertretet.

Eines der einfachsten Mittel, Wut abzubauen, ist rechtzeitig in die Kommunikation zu gehen, rechtzeitig in den Ausdruck zu gehen, sich rechtzeitig zu verständigen,
dass jetzt ein Punkt erreicht ist, der einem nicht behagt.
Und wenn man das bei den leisen Anfängen einer sich nähernden Situation in angemessener Form tut,
dann ist in diesem Ausdruck auch sehr viel Liebe möglich,
und auch ein, andersherum gesagt, sehr liebevoller Ausdruck möglich,
der den anderen nicht verletzt.

Wer sich selbst schützen will, sich selbst nicht verletzen will
und glaubt, den anderen auch nicht dadurch zu verletzen, indem er schweigt,
geht in die Mauer hinter seinen Auraschichten in Deckung, kann aber von hier aus diese Wut nicht bändigen.

Wut auf irgendjemanden in meiner Umwelt, in meiner Familie, in meinem Arbeitsteam oder wo auch immer, kann ich nur dadurch korrigieren, dass ich mit diesem Menschen in eine Kommunikation trete, ihm mitteile, wo er Grenzverletzung begeht.
Es ist vollkommen egal, ob ich meine persönliche Kaffeetasse habe und wütend werde, weil irgendjemand sie nimmt, der einfach nur nicht weiß, dass es meine persönliche Tasse ist, oder ob es um Grenzverletzungen innerhalb der Familie geht, weil mein Partner ungefragt meine Zahnbürste benutzt, oder was auch immer.
Schaut euch an, wo diese Grenzverletzungen vonstatten gehen und wo die Wut anfängt, sich in euren Energiefeldern auszubreiten.

Es ist wirklich eine schwierige Arbeit.

Ich weiß das.

Aber es ist keine unmögliche Arbeit.

Nur sage ich euch,

je länger ihr mit dieser Arbeit nicht beginnt,

je länger ihr diese Arbeit vor euch herschiebt und versucht, sie durch andere Maßnahmen zu übertünchen,

desto schwieriger wird diese Arbeit für euch werden.

So beginnt einfach jetzt, heute, diese Woche oder heute Abend, darüber nachzudenken,

darüber zu reden,

die Worte zu finden,

auch in dem Vertrauen auf eure Führung,

ein Gespräch zu suchen

und zu beginnen, diese Situation zu ändern,

diese Grenzverletzung abzubauen,

dieses Eindringen in eure Sphäre zu erklären,

ohne Wut, aber auch ohne Furcht,

ohne die Furcht zu verletzen und ohne die Furcht, verletzt zu werden,

in der Überzeugung,

dass auch der gegenüber stehende Gesprächspartner nicht darauf aus ist, euch Schaden zuzufügen, euch zu verletzen.

Und zieht immer in Betracht,

dass schroffe Worte eines Gegenübers

möglicherweise auch nur aus Angst heraus resultieren.

Genauso wie der Jähzorn eine Form der versteckten Angst ist,

gibt es daraus abgeschwächte Formen,

die laut oder leise verletzende Worte wählen, um Zeit zu gewinnen.

Menschen, die euch in Freundschaft oder sogar in Liebe zugetan sind, werden niemals versuchen, euch bewusst zu verletzen.

So geht mutig in diesen Kampf.
Es ist eine Schlacht wie mit dem Schwert oder mit der Lanze.

Seid aufrecht. Seid zentriert.
Seid euch eurer Führung bewusst,
und geht aufrecht in diesen Kampf,
denn es ist ein Kampf mit euch selbst.

Ihr kämpft nur gegen euch.
Ihr kämpft nur gegen eure Ängste.
Ihr kämpft nur gegen eure Furcht.

Die Partner in diesem Spiel sind lediglich diejenigen,
die versuchen, euch das begreiflich zu machen,
euch dabei zu helfen.

Geht in dieses Gespräch,
geht in diesen Kampf,
geht in diesen Fight
in der festen Überzeugung und dem Wissen, dass das Gegenüber
euch nicht verletzen will,
sondern sich nur bereit erklärt hat, diese Rolle des Spiegels für euch
zu übernehmen.

Es ist eingetreten die Situation, die ihr geplant habt in den Visionen,
bevor ihr mit der Seele in diesen Körper gegangen seid.
Es gehört zu dem Plan, den ihr für dieses Leben festgelegt habt, zu
diesem Lernziel.
Es ist einfach eine sehr, sehr alte und sehr, sehr langwierige Energie,
die da in euch brodelt und schmort und die so nach und nach jetzt
abgebaut werden muss, denn sie deckelt die Lichtquelle in euch,die
die bedingungslose Liebe zum Vorschein bringt.
Es ist einfach eine der Frequenzen, die auf Grund ihres hohen Drucks,

ihrer hohen Kraft eine ungeheuer beeinträchtigende Wirkung in euer strahlendes Licht hat.

So sage ich euch noch einmal:
Seid mutig in dem Kampf, denn ihr kämpft nur gegen euch selbst.
Ihr geht in eine Schlacht, die ihr gewinnen werdet,
wenn ihr erhobenen Hauptes, eurer Kraft bewusst,
eurer Liebe bewusst,
eurer Führung bewusst,
Schritt für Schritt voranschreitet.

So verzagt nicht, seid nicht ängstlich.
Seid nicht zaghaft, sondern seid mutig.
Seid mutig, seid mutig, seid aufrichtig zu euch,
denn ihr seid nur zu euch aufrichtig, um in dieser Schlacht nach vorne zu gehen.
Sonst braucht ihr niemanden zu fürchten, außer die dunklen Verließe der eingelagerten Erinnerung.

Bringt Licht in die Vergangenheit.
Tragt die dunkelrotbraune Energie der Wut und des Zorns nach außen.

Transformiert sie mit Hilfe meines Freundes St. Germain in der lila Flamme.
Aber das wird euch nur gelingen, wenn ihr Stück für Stück diese Energie erkennt und aus euren feststofflichen und feinstofflichen Zellverbindungen herausseziert, herausoperiert, wie ein Chirurg mit einem ganz feinen Skalpell, Stück für Stück, Schicht für Schicht, Lage für Lage, Schritt für Schritt.

Und überfordert euch nicht und glaubt, wenn ihr jetzt eine Woche intensiv an dieser Thematik „Wut und Zorn" arbeitet, wären die letzten 300.000 Jahre erledigt.

Ihr habt so viel Zeit damit verbracht, diese Wut zu produzieren und zu verstecken.

So gebt euch jetzt auch die Zeit, die ihr braucht, diese Wut in all ihren Facetten zu erkennen, nach außen zu tragen, zu begreifen, zu verstehen und dann aufzulösen.

Versteht, was euch diese Wut hat produzieren lassen, denn dann könnt ihr es auflösen.

So gebe ich euch noch die Empfehlung,
nicht nur mit dem Grün der Neutralität,
sondern auch vor allen Dingen in eurem Herzumfeld, in eurem Brustraum
und in eurem dritten Chakra
verstärkt mit der Farbe Gelb zu arbeiten.

Nehmt für die innere Zentrierung das Grün
und hüllt es von außen in Gelb *(siehe unter Meditationen),*
und gebt dem Gelb den Auftrag, euch beim Verstehen zu helfen,
zu verstehen, was das Gefühl euch sagt, auch wenn es schmerzhaft ist.
Versteht die Botschaft des Gefühls,
und ihr versteht die Botschaft des Zorns und der Wut.

Dieses war mein Beitrag, den ich heute zu euch zu sprechen habe.
Ich ziehe mich zurück und danke euch für die Gelegenheit, mit euch zusammen hier heute zu sein.
Ich, Hilarion,
grüße euch von Herzen
und wünsche euch alles Licht aus meinem zentrierten Strahlenkranz in eure Zellen,
zur Bewältigung dieser Arbeit.

Ich grüße euch

und wünsche euch die Kraft und die Geduld und die Ausdauer. Über die werden wir dann ein anderes Mal sprechen.

Ich denke, es ist jetzt gut.

Gott zum Gruße.

Hilarion grüßt euch.

Wut, Zorn und Sexualität

(Hilarion)

Gott zum Gruße, meine Lieben,
Gott zum Gruße.

Ihr habt ja gerade eben einen wunderbaren Text über Zorn, Wut und Jähzorn gelesen,
und auf dieses Thema wollen wir uns auch weiter konzentrieren,
und zwar wollen wir etwas ins Detail gehen.

Es gibt einen großen Bereich, wo die Wut sehr präsent ist
beziehungsweise, wo sie auch in diesen kleinsten Häppchen gefüttert wird, geschürt wird,
und zwar in so kleinen Häppchen, dass es fast unmerklich ist.
Also das, was schon erwähnt wurde, sind kleine Tröpfchen, die so gering erscheinen,
dass man sie nicht beachtet
und in der Summe in der Zeit sich anhäufen zu einem großen See.

Das ist der Bereich, den ihr Sexualität nennt, der Bereich der Lust.

Sexualität ist ja ein sehr heikles Thema unter euch Menschen,
denn so gut wie niemand spricht über dieses Thema die Wahrheit.
All das, was über Sex tatsächlich ausgeprochen wird, ist ein Sich-lustig-Machen,
ein Witze-Erzählen, eine ins Ordinäre gehende Kommunikation.
Doch tatsächlich das auszusprechen, was derjenige/diejenige fühlt,
für sich empfindet, für sich wünscht, für sich wählt,
kommt so gut wie nie vor.

Ich spreche nicht über so etwas wie bestimmte Stellungen während des Geschlechtsverkehrs,

sondern über die feinen Nuancen, die feinen zarten Gegebenheiten,
die Wortwahl des Partners, die Blicke des Partners,
aber nicht nur des Partners,
sondern auch Blicke anderer außenstehender Personen,
denen es vermeintlich nicht zusteht, euch zu begehren.

Ihr selbst wisst am besten, wo eure Grenzen sind und wer diesen
Grenzen nahekommen darf.
Ich sage bewusst „nahekommen", denn überschreiten darf sie niemand.
Doch kaum einer von euch Menschen hat es geschafft, so zu leben,
dass die Grenzen nie überschritten werden.

Dieses Grenzüberschreiten in der Sexualität ist gang und gäbe,
und es ist das meistgebrauchte Mittel, um Macht auszuüben.
Und somit ist es das meistgebrauchte Mittel, die am häufigst vorkommende Form,
um Wut zu schüren.
Denn Grenzüberschreitung ist fast ein Synonym für Wut anhäufen,
für dieses Tröpfchen für Tröpfchen Wut anhäufen, bis es zu einem
See wächst.

Ihr braucht nur darauf zu achten, was euch wohltut, was euch angenehm erscheint.
Ihr braucht nur in die Kommunikation zu gehen, und wenn es manchmal laute Worte sind,
auch einem Fremden gegenüber.
Doch nicht einmal das scheint oft zu gelingen, dieses „Halt die Klappe", oder was immer euch passend erscheint.

Gerade die Frauen unter euch Menschen haben das Problem, sich
nicht auszudrücken,
das Problem zu meinen, sie müssten etwas tun, wonach ihnen nicht ist,

sie müssten im Sinne einer nach ihren Vorstellungen partnerschaftlichen Harmonie Erwartungen erfüllen, sich berühren lassen, wo es ihnen nicht angenehm ist,
sich begrabschen lassen mit Händen oder mit Worten
und so jemand anderem zugestehen, einzudringen in diesen engeren Kreis,
der eigentlich schon innerhalb dieses Schutzwalls liegt, den ihr für euch aufgebaut habt.

Warum glaubt ihr, dass es nötig ist, euch zu geben, wenn euch nicht danach ist?
Sexualität ist geboren, um Einheit zu schaffen,
um Verschmelzung zu erzeugen,
um zwei Seelenwesen verschmelzen zu lassen
und so die Frequenzen zu erhöhen in einem gemeinsamen Vorgang.
Doch das ist nicht das, was geschieht auf Erden.

Sexualität wird benutzt zu Machtspielen, zu Machmissbrauch, zu Manipulation.
Und durch Erwartungen, auch wenn sie nicht verbal formuliert wurden,
erschaffe ich mir die Welt so, wie ich sie mir wünsche,
durch diese Art meiner eigenen Manipulation, zum Beispiel in Bezug auf meinen Partner.
Und im Gegensatz dazu gibt es natürlich die Seite, die die Erwartungen erfüllt.
Doch täuscht euch nicht.
Auch diese Seite kann Machtmissbrauch bedeuten, denn erfülle ich ständig die Erwartungen des Partners,
ergattere ich mir dadurch „Harmonie" in der Partnerschaft, in der Familie,
ergattere ich mir „Fröhlichkeit", „Ausgeglichenheit",
ergattere ich mir vielleicht sogar ein schönes Schmuckstück oder

sonst etwas, was ich materiell begehre, doch das sind die selteneren Fälle.
Meistens erschaffe ich dadurch eine vermeintliche Harmonie, indem ich eben nicht meine eigene Grenze achte.

Der Preis, den ihr Menschen zahlt dafür,
ist das Ansteigen, das langsame stetige Ansteigen der Wut.
Und wie ihr wisst, ist die Wut schwer wieder abzubauen, denn sie ist mächtig in ihrem Sein.
Sie sucht sich Plätze in eurem Körper, in eurem feststofflichen Körper, wo sie als Depot lagert.
Und genau dort, in dieses Depot, wird jedes neue Tröpfchen eingespeist.
Und wie der Name Depot schon sagt,
ist es umhüllt mit einer Schale,
die es als geniales Versteck ausweist,
so dass ihr, je länger ihr es füttert, je mehr Tropfen und Tröpfchen ihr hineingebt,
oder zulasst, dass sie dort hineinkommen,
umso stärker wird diese Schale,
umso genialer wird euer Versteck,
umso schwieriger ist es zu erkennen, wahrzunehmen, zu orten,
und im Endeffekt natürlich dann auch aufzulösen.

Ich möchte es noch einmal sagen:
Die häufigste Vorgehensweise, um dieses Depot an Wut zu füttern, zu schüren,
läuft über die Sexualität.

Und denkt bei Sexualität nicht immer nur an den Akt des Geschlechtsverkehrs.
Sexualität ist ein weit umfassendes Gebiet, das im Alltag ständig präsent ist,

das heißt, ein Tag ohne Geschlechtsverkehr ist trotzdem angefüllt mit Sexualität in dieser Menschenwelt.

Sie begegnet euch überall, denn ihr seid geboren als Frau und Mann, und allein dies ist dafür schon der Grundstock, dass Sexualität so präsent ist.

Denn erst wenn ihr näher und näher kommt dem Aufstieg, erst wenn ihr immer näher seid dem Moment, wo eure Frequenz höher schwingend ist und auch bleibt im Alltag, erst dann lebt und erkennt ihr in der Dauerhaftigkeit, dass ihr Licht seid zu jeder Sekunde.

Damit möchte ich sagen, ihr rutscht nicht, wenn ihr in den Alltag zurückgeht, in die Arbeit, in den Freundeskreis, zurück in das Denken: Ich bin Frau. Ich bin Mann.

Doch der lange Weg des Menschseins, der lange Weg der Inkarnationen beinhaltet, dass ihr Frau seid und Mann, und somit Sexualität euren Alltag prägt. Es ist das Mittel, um zu erkennen, was ihr seid. Ihr lebt in der Dualität, und das Ziel ist zu erkennen, dass Dualität nicht existiert. Genauso wie ihr erkennen werdet, dass Zeit nicht existiert und Raum nicht, denn all das sind Dinge, die euch gegeben sind, um zu begreifen, um diesen Weg gehen zu können. Das ist es, was diesem geschaffenen Hologramm, in dem ihr euch aufhaltet, zu Grunde liegt.

Okay, ich erkläre es anders. Diese für euch geschaffene Welt entspricht einem Hologramm, einem nicht existierenden Sein. Es ist ein Bild, in dem ihr euch aufhaltet, in dem ihr euch bewegt, in dem ihr schreitet Tag für Tag. Und dieses Bild, dieses Hologramm, wurde gefüttert mit Zeit, Raum und Ort.

Und so lebt ihr in dieser Illusion der Dualität, der Illusion der Zeit und des Raums.

Doch dieses zu erkennen und dieses Wissen auch zu behalten zu jeder Sekunde,
so dass ihr wandeln könnt innerhalb des Hologramms,
das bedarf wiederum der Zeit,
der Zeit deshalb, weil ihr euch bewegt in diesem Hologramm.

Solange ihr also wandelt in dieser Dualität, existiert auch Sexualität.

Je mehr ihr euch bewusst werdet, dass es ein Hologramm ist,
dass Dualität in Wahrheit nicht existiert,
dass Sexualität nur ein Lernprozess ist, ein euch gegebenes Mittel,
um zu begreifen,
solange ihr euch also darin aufhaltet,
müsst ihr auch damit leben.

Und um nun wieder auf die Wut zurückzukommen,
die Wut muss aufgelöst werden,
aber, was noch wichtiger ist,
sie darf nicht neu geschürt werden,
nicht neu gefüttert werden.

Findet euer Depot.
Findet die Gründe, warum ihr dieses Depot angelegt habt.
Findet heraus, was euch so geschmerzt hat, wann auch immer es war, und vergebt.
Vergebt euch selbst und vergebt den anderen Beteiligten.
Und lasst nicht zu, dass etwas geschieht, was erneut zu einem Vergeben-Müssen führen würde.
Geht in die Kommunikation und drückt aus, wo eure Grenze ist,
drückt aus, was ihr wünscht, drückt aus, was ihr nicht wünscht.

Drückt es aus in dem Moment, wo ihr in der Neutralität seid, in Ruhe und in Frieden und in Gelassenheit.
Wartet nicht mit dem Ausdruck, bis ihr euch in Wut befindet.

Ich möchte nicht weiter auf das Thema Sexualität eingehen, denn es ist unnötig, Details zu benennen, denn jeder von euch kennt Situationen,
und es müssen nicht Situationen sein, die ihr im Moment lebt,
sondern es können durchaus Situationen sein, die ihr in diesem Leben in der Vergangenheit erlebt habt, oder die ihr einfach wahrnehmt, registriert bei anderen.
Jeder von euch kennt Situationen, Momente und kleinste Momente, Blicke, die euch unangenehm waren,
manchmal nur Gedanken, die euch bewusst wurden, die eure Wut schürten,
weil ihr da schon eure Grenze überschritten fühltet.

Ich sage es noch einmal:
Es ist unnötig, ins Detail zu gehen, denn die wirklich groben Verletzungen lässt keiner von euch freiwillig zu.
Wir sprechen tatsächlich von den kleinen Steinchen, die sich nach und nach einbürgern im Alltag,
Erwartungen, die ihr erfüllt, weil ihr glaubt, es tun zu müssen,
Dinge, die sich einschleichen, weil man zuerst glaubt, es ist nicht schlimm, es wäre okay, ich müsste es tun, und die aber nach und nach unangenehm, lästig, grenzüberschreitend und als grenzüberschreitend erkannt werden oder erkannt worden sind.

So möchte ich das Thema Sexualität und Wut, Sexualität und Machtmissbrauch, ja sogar Sexualität und Hass, obwohl wir ihn nicht ausdrücklich heute angesprochen haben, beenden.
Und gebe euch noch einen Rat mit auf den Weg:

300

Seid mutig und traut euch, das zu wollen, was ihr wirklich wünscht.
Traut euch, das auszusprechen, was euch unangenehm ist.
Traut euch, das auszudrücken, was ihr für euch wählen würdet und das, was ihr für euch haben wollt.
Traut euch auszudrücken, wo eure Grenze ist, auch wenn diese Grenze dort ist, wo euer Gegenüber es nie erwarten würde.
Damit meine ich, auch dadurch, dass lange Zeit eure Grenze vermeintlich weit gesteckt war und euer Partner dachte, er würde sie nie überschreiten, auch dann bringt den Mut auf zu sagen: „Hier ist meine Grenze. Ich habe es nie gesagt, aber heute spreche ich es aus."

Ich weiß, dass es sehr viel Mut erfordert.
Ich weiß, dass es durchaus Tränen geben kann, und es wird Tränen geben.
Ich weiß, es ist nicht leicht, aber setzt eure Grenzen neu, und zwar dort, wo ihr nicht mehr verletzt werdet.
Es steht euch zu.
Denn ihr seid das Licht, und ihr seid präsent in eurem Sein, obwohl ihr als Mensch inkarniert seid.
Setzt eure Grenzen so, dass ihr das Licht, das ihr seid, leben könnt.
Denn jede Art von Grenzüberschreitung vermindert euer Licht im Ausdruck, senkt eure Frequenz, und ihr müsst wieder hart arbeiten, um die Grenze wieder auszuweiten, um das Licht wieder zu mehren.
Setzt die Grenzen so, dass ihr im Alltag euer Licht leben könnt.
Und so wird sich nach und nach die Wut ändern.
Und wenn ihr nicht zulasst, dass sie neu geschürt wird, euer Depot neu nachgefüllt wird,
dann werdet ihr leben im Licht und eure Frequenz wird sich anheben, und es wird euch möglich sein, Tag für Tag, Nacht für Nacht die Frequenz zu halten
und euch nicht aus eurer Mitte bringen zu lassen.

Ich segne euch

und freue mich, dass ich heute zu euch sprechen konnte,
dass ihr bereit wart, diese Wort zu lesen,
denn es waren durchaus harte Worte, direkte Worte.

Ich segne euch,
und ich wünsche euch den Mut, die Kraft, es umzusetzen.

Gott zum Gruße, meine Lieben,
Gott zum Gruße.

Die Eifersucht
(Erzengel Michael)

Die Eifersucht.
Sie ist gelb und klebrig.
Die Eifersucht ist eine Energie, die an der Person hängt, auf die sie gerichtet ist.
Sie ist so klebrig wie Zuckerwatte,
so pappig wie Nebel, der mit Zucker getränkt wurde.
Eifersucht ist gemein, denn sie kommt schleichend und in kleinsten Tröpfchen, so dass sie nicht sofort als solche erkannt werden kann, denn zu Beginn erinnert sie an die Liebe, die die Menschen so gern als die wahre Liebe bezeichnen, die aber nichts mit der göttlichen wertungsfreien, neutralen Liebe gemein hat.

Eifersucht ist also eine Emotion, die nie und nimmer aus Liebe geboren wurde,
denn wahre göttliche Liebe kennt Eifersucht nicht.
Eifersucht hat immer etwas mit Besitzen-Wollen zu tun,
Eifersucht ist Habgier,
Eifersucht ist der Wunsch nach einem Gefängnis,
einem Gefängnis, das die Person für die andere errichten möchte, um sie dort einzusperren
und so immer Zugriff zu haben auf deren Gedanken, Handeln, Tun.
Eifersucht ist gelb, denn sie ist vom Verstand gesteuert,
Eifersucht ist niemals grün, außer einer mag so geschickt sein in seinem energetischem Handeln, dass sie es im Grün versteckt.
Eifersucht ist nie rot, denn sie ist nicht mit Hass getränkt oder mit Wut.
Eifersucht ist niemals lila, denn es ist kein Verstehen darin, kein Erklären, kein Führen im Sinne von göttlicher Führung.
Sie beinhaltet keinen Wandel, denn Eifersucht ist statisch.
Eifersucht ist niemals blau, denn sie ist nicht Ausdruck deiner selbst,

sondern Ausdruck deines ich-gesteuerten Gehirns, das Logik übertüncht mit Reden, die von Liebe sprechen.

Eifersucht ist klebrig, weil sie an dir klebt und dich fesselt, dich knebelt, dir die Worte nimmt, dich einengt, dir eine Zwangsjacke verpasst, denn passt du nicht auf, bist du gefangen in diesem Nebel der Eifersucht

und kannst dich nicht mehr wehren,

denn der klebrige Nebel der Eifersucht verklebt dir dein drittes Chakra so,

dass du nicht mehr wahrnehmen kannst, was tatsächlich dahintersteckt, nämlich niemals Liebe.

Eifersucht täuscht dich dermaßen,

dass du durch das Verkleben deines dritten Chakras nicht mehr fähig bist, klar zu handeln.

Eifersucht ist zäh wie ein Kaugummi, der dir an den Schuhen klebt und den du nicht mehr abbekommst, weil du zu fest hineingetreten bist.

Wenn Eifersucht an dir klebt, bist du „Opfer" desjenigen, der dir die Eifersucht entgegenbringt,

Opfer solange, bis du selbst es schaffst, dich daraus zu befreien.

Eifersucht ist ein Deckel auf das Ei, das um dich aufgebaut wurde, so dass du in einem Käfig sitzt und eingeschlossen bist in der Emotion des anderen.

Du wirst handeln, wie er es wünschst, nur um wieder frei zu kommen, du wirst die Worte wählen, die er wünscht, nur um dich wieder angenehm zu fühlen,

doch erkennst du die Vorgehensweise des anderen, was er also zu tun gedenkt mit dieser Emotion „Eifersucht", so bist du im Bilde und kannst sein Attacken angehen, erkennst seine Vorgehensweise, sein Tun.

Lass nicht zu, dass der andere über dich entscheiden möge, dir vorgeben möge, wie du zu handeln hättest,

lass nicht zu, dass die Klebrigkeit der Eifersucht eines anderen über dich ergossen wird,

dich einhüllt und einengt,
lass nicht zu, dass ein anderer so auf diese Weise Macht über dich
erlangt,
lass nicht zu, dass ein anderer über dich herrschen kann, nur weil du
es für Liebe hältst.
Gehe deinen Weg und entscheide für dich, was du zu tun wünschst.

Gehe deinen Weg und entscheide für dich, was für dich angemessen
ist.
Gehe deinen Weg und lebe dich, für dich,
und niemals für einen anderen.
Lebe dich und lebe für dich,
lebe dich und lebe in Gott, denn er ist in allem und jedem,
lebe dich und sei du
im Licht und im Schein Gottes.
Lass nicht zu, dass Eifersucht dich erhascht,
sei es, dass du Eifersucht erzeugst und auf einen anderen richten mögest, denn dann wärst du derjenige, der aus missverstandener Liebe
handeln würde,
oder sei es, dass ein anderer über dir Eifersucht ausbreiten möge,
denn dann würdest du zulassen, gebändigt zu sein, gemindert in deinem Licht, in deiner Größe, in deinem Sein.
Lass es nicht zu.

Gehe deinen Weg und sei du selbst,
gehe deinen Weg und lebe
in Liebe, in Frieden, im Wissen um deine Führung.

Amen.

Es sprach in Liebe zu euch,
es sprach in tiefster Liebe zu euch,
euer Michael,

305

heute im Beisein und mit Hilfe meines Schwertes,
denn es war nötig, hart zu sein, harte Worte zu gebrauchen,
hart zu sein mit euch Menschen, die ihr Dinge geschehen lasst, die unnötig sind,
Dinge, die leicht zu ändern wären,
denn nichts hat das Recht zu besitzen, und nichts hat das Recht, besessen zu werden.

Also löst euch von der Vorstellung, dass Liebe Besitz bedeuten möge, löst euch davon.

Mitleid und Manipulation

(Erzengel Michael und El Morya)

Gott zum Gruße,
Gott zum Gruße.

Es geht also heute um das Mitleid
und zudem um Macht und Manipulation, die aus diesem Mitleid geboren sind.

Mitleid ist ja etwas sehr, sehr Menschliches,
etwas, das jeder auf Anhieb als etwas „Positives" bezeichnen würde.
„Mitleid ist besser als was anderes", sagt ihr,
denn mit Mitleid nehme ich Teil am Leben des anderen.
Aber da täuscht ihr euch.
Durch Mitleid nehmt ihr nicht Anteil, sondern ihr verschmelzt euch mit dem oder den anderen.
Ihr geht in einer Art und Weise in Resonanz mit der jeweils anderen Person,
dass ihr euch dabei selbst aufgebt.
Denn überlegt euch einmal Folgendes:
Bevor ihr auf diese bestimmte Person trefft, die da gerade in ihrem eigenen Leid gefangen ist, empfindet ihr Gleichmut, vielleicht sogar Lebensfreude,
vor allem aber empfindet ihr euch selbst.
Dann tretet ihr in Kontakt mit einem Gegenüber, das Leid empfindet,
sei es durch Krankheit, durch das Gefühl der Einsamkeit,
sei es durch Aggression, wo ihr glaubt, dahinterschauen zu können,
oder was auch immer.
Um nun Mitleid empfinden zu können, müsst ihr, ob ihr wollt oder nicht,
aus eurer eigenen Stabilität austreten, müsst ihr Neutralität verlassen.
Anders ist es nicht möglich.

Um Mitleid empfinden zu können, müsst ihr in Resonanz gehen mit dieser betreffenden Person.

Doch was ist es, was euch zu dem Entschluss bringt, das zu tun? Was lässt euch entscheiden, in Resonanz gehen zu wollen?

Es hat mehrere Gründe, vielschichtige Gründe.

Das Mitleid zum einen vermittelt dieser Person, dass ihr bereit seid, euch hinzugeben,

um den Schmerz aufzufangen, und tatsächlich geschieht das auch zu einem gewissen Teil, denn der Person ist damit „geholfen", dass sie von euch Energie bekommen hat beziehungsweise nehmen konnte.

Euch ist damit „geholfen", dass ihr nun das Gefühl habt, zwar schwächer zu sein,

aber dennoch „eine gute Tat" getan zu haben.

Aber ist es das wirklich?

Ist das Mitleid eine gute Tat?

Nein!

Denn niemandem ist wirklich geholfen mit diesem Mitleid.

Niemandem.

Denn das Mitleid ist nur eine Form des Täuschens,

ein Form des Manipulierens.

Getäuscht werdet ihr selbst und auch die andere Person, indem sie der Meinung ist, ich bin nicht allein, wobei sie übersieht, dass sie niemals allein ist und auch ihr nicht wirklich der- oder diejenige seid, die ab sofort ständig um sie sein wird, um „Einsamkeit" aufzufangen, und euch selbst belügt ihr, indem ihr euch dem Gefühl hingebt, liebenswert zu sein.

Doch, macht euch Mitleid wirklich liebenswert?

Macht euch Mitleid glücklich?

Braucht ihr die Anerkennung, die ihr durch Mitleid erlangen könnt?

Schaut euch um, was geschieht auf Erden und warum es geschieht.

Ihr wisst es doch bereits:

Jedem das, was er gesät hat, erinnert ihr euch?

Jedem das, was er zuvor ausgeteilt hat, was er ausgesendet hat, sei es durch Worte, durch Taten oder auch durch Gedanken.
Wo ist da also Mitleid angebracht?

Hört auf, sofort in Abwehr zu gehen, denn ich rede nicht von „Kaltherzigkeit".
Kaltherzigkeit ist etwas vollkommen anderes als die Entscheidung, statt des Mitleides Mitgefühl zu empfinden;
denn Mitgefühl lässt euch handeln und erkennen, was die Fakten sind, lässt euch mitfühlen,
lässt euch verstehen.
Mitleid aber vernebelt euch den Blick.
Mitleid lässt euch handeln in komplett anderer Weise, denn euer Blick ist vernebelt durch das Herausgleiten aus der Neutralität.

Seid rechtschaffen in eurem Mitgefühl,
seid rechtschaffen in eurer Anteilnahme,
aber geht niemals in Mitleid,
denn das Wort selbst drückt aus, was es beinhaltet: Leid.
Und ist es wirklich notwendig, selbst Leid zu empfinden?
Ist es nicht vielmehr so, dass ihr viel intensiver Stütze sein könnt, wenn ihr die Hand reicht in dem Wissen um die Fakten, die Tatsachen?
Wenn ihr im Hintergrund das Wissen behaltet, dass alles zu jeder Zeit in göttlicher, harmonischer Ordnung ist?
Dass alles seinen Weg geht und selbst Krankheit und Leid nur dazu dienen, den eigenen Lebenszweck zu finden und auch umzusetzen?

Achtet also auf eure Worte, auf eure Taten, auf eure Gedanken, sollte euch jemand begegnen, der gerade Leid empfindet.
Er hat, genauso wie ihr, immer das Recht zu wählen.
Er ist, genauso wie ihr, niemals „Opfer" einer Situation.
Aber das haben wir an anderer Stelle schon ausführlich beleuchtet.

Ich möchte euch nur noch auf ein wichtiges Detail aufmerksam machen,

nämlich den Aspekt der Macht, der sich im Mitleid verbirgt,

denn Mitleid zu empfinden birgt immer die Gefahr, den anderen ändern zu wollen,

und sei es nur, „damit es ihm wieder besser geht."

Aber warum solltet ihr das tun, wenn er nicht selbst die Wahl dazu trifft?

Warum solltet ihr von eurer „hart erarbeiteten Energie" etwas abgeben, um ihn damit zu füttern?

Wie sehr steckt doch die Manipulation in diesem Spiel.

Wie sehr ist es doch ein geheimes, klitzekleines Bedürfnis, Macht auszuüben,

ein kleiner Rest Machtgelüste, der da noch in dir steckt.

Jeder hat die freie Wahl, für sich zu entscheiden, was er tun möge, auch du natürlich.

Und so hast natürlich auch du das Recht, Mitleid zu empfinden.

Meine Aufgabe ist es nur, dich darauf aufmerksam zu machen, was dabei geschieht,

was du da für ein gefährliches Spiel spielst.

Den Aspekt der Macht zu verstehen ist nicht einfach, ich weiß.

Denn in eurer Vorstellung, ihr geliebten Menschen,

ist nichts größer, als dem anderen damit zu zeigen, wie sehr ihr „menschlich" seid, wie ihr das gerne nennt.

Doch seht ihr, was allein in diesem Wort „menschlich" steckt, was es beinhaltet?

Es sind die Emotionen, das Weiche, das Weibliche.

Ihr bezeichnet gerne diese weibliche Seite, die dahinschmilzt und Tränen vergießt,

als die Seite, die „menschlich" ist, ein „offenes Herz hat" usw.

Doch „menschlich" bedeutet eben auch zugleich das „Nicht-Göttliche"
zu leben,
also gewählt zu haben, Mensch zu sein mit all seinen Preisen, die es
da zu zahlen gibt,
dem Preis der Inkarnation, der da heißt: Du bist Mann oder Frau,
du bist zum Werten verurteilt,
du bist gefangen in deinen Emotionen, usw., usw.

Du aber hast die Macht, es zu durchbrechen.
Du hast die Größe, es zu beenden
und herauszutreten aus dieser Maschinerie.
Du hast allein die Macht über dich selbst,
zu entscheiden,
zu tun,
zu empfinden,
zu handeln,
was dir gebührt.

So erkenne die Macht im Mitleid.
Erkenne die Macht, die das heißt: „Ich nehme Anteil mit Mitleid" und
so bekomme ich „Anteilnahme" *(Aufmerksamkeit/Beachtung)*.
Ich erhasche mir das Lob der anderen.
Ich erobere mir die Herzen der Mitmenschen, da ich ja so mitfühlend
bin.
Ich ergattere mir Anerkennung durch Mitleid.
Ich erhalte von diesem und jenem und allen möglichen Energie, zuge-
schoben aus Anerkennung.

Ich bin falsch,
denn ich handle mit gespaltener Zunge,
denn in Wahrheit bin ich göttlich.
Und Gott selbst handelt aus reinster Liebe.
Und diese Liebe empfindet niemals, hört ihr, niemals Mitleid.

Diese göttliche Liebe ist immer und zu jeder Zeit für euch da.
Immer und zu jeder Sekunde steht sie neben euch, ist mit euch, unterstützt euch,
aber niemals, niemals empfindet sie Leid.
Selbst dann nicht, wenn ihr Leid empfindet.

Macht euch klar, was göttliche Liebe bedeutet.
Sie ist rein und immerdar in gleichem Ausmaß.
Nie wird sie geringer.
Sie ist für dich und für dich und für dich,
für jeden von euch.
Sie ist einfach.
Und sie gibt euch Kraft und Stärke.
Und niemals erschöpft sie sich in Wertung eines Geschehens, denn nur wenn ich eine Wertung vornehme, kann ich ja überhaupt erst entscheiden, wem ich die „Schuld" zuschiebe und wem von den zwei Parteien ich mit Mitleid begegne.

Durch Neutralität aber, wie sie Gott euch als Geschenk zukommen hat lassen,
durch die Neutralität, die in dieser göttlichen Liebe, in diesem Licht steckt,
bist du frei von jeglicher Bewertung, frei von jedem Urteil,
und so löst sich auf jegliches Mit-Leiden, jegliches Verurteilen einer Situation.

So erkennt euer Handeln.

Erkennt eure Entscheidungen
und gesteht euch zu, ab sofort anders zu entscheiden, anders zu handeln.
Gesteht euch zu, zu erkennen
und dadurch anderweitige Entscheidungen zu treffen.

Gesteht euch zu, herauszutreten aus der Masse, die da Mitleid emp-findet.

Lebt euch selbst als das göttliche Licht, das ihr seid,
und verabschiedet euch von diesem menschlichen Verhalten.

Gott zum Gruße, ihr Geliebten,
Gott zum Gruße.

Euer Michael im Verbund mit El Morya,
denn heute haben wir gesprochen in der Verbundenheit des Schwer-tes und der Disziplin.

In Liebe für euch,
denn strenge Worte stehen niemals im Gegensatz zu göttlicher Lie-be,
sie können sie vielmehr durch Nachdruck begreiflich machen.

In diesem Sinne,
grüßen wir euch noch einmal,

Gott zum Gruße,
Gott zum Gruße.

Der Sumpf der Gefühle

(Alle aus dem Reich der Himmelsheerscharen)

Gott zum Gruße,
Gott zum Gruße,
Gott zum Gruße,
Gott zum Gruße.

Wir alle grüßen dich,
wir alle hier aus dem Reich der Himmelsheerscharen,
die wir dir zur Seite stehen,
dich stützen, dich begleiten,
wir grüßen dich.

DER SUMPF DER GEFÜHLE.
Der Sumpf der Gefühle.
Es ist, wie das Wort Sumpf schon ausdrückt:

Stellt euch einen großen See vor, der verschmutzt ist, verdreckt, vermatscht,
wo es, wenn man darin schwimmen würde, an der Haut kleben bleiben würde,
dieses verdreckte, verschmutzte, dieses schlonzige, matschige, braun-schwarze Zeug,
was im Wasser vielleicht so reich aufgelöst ist, dass es nicht sofort erkennbar ist,
aber das an euch klebt wie Dreck.

Und wenn ihr tatsächlich dem Wasser entsteigen würdet, wäret ihr schwarz und von klebriger Masse überzogen.

Das ist das Bild, das wir euch schenken zu unserem Titel:
Der Sumpf der Gefühle!

Wir wollen euch damit klar machen, dass die Emotionen, in denen ihr euch oft aufhaltet, eure eigenen Emotionen, euch dermaßen behindern wie an euch klebender Schmutz.

Da das Wasser für Emotionen steht, haben wir auch das Bild des Sumpfes gewählt.

Das Wasser steht für Emotionen und ihr, die ihr im Alltag in euren Emotionen gefangen seid,
so gefangen, dass sich die Gedanken kreisen um immer wieder ein und dasselbe Thema, sei es ein Thema oder mehrere, sei es ein Gefühl oder mehrere,
kreisen sich um Wut,
um Eifersucht,
um Trauer,
um Depression,
um Neid,
um „Ich bin nichts wert".
Und dieses bildet ein Wasser um euch, einen Sumpf um euch,
in dem ihr euch befindet.
Und je mehr ihr es schürt und füttert, umso mehr ist in diesem Wasser dieses Klebrige,
Schwarze, Verschmutzte, das sich an euch haftet und euch das Schwimmen immer mehr erschwert,
das Schwimmen, das da steht für das Schreiten durch das Leben.

Denn wenn ihr in reinstem, klarstem Wasser schwimmen würdet, würdet ihr mit drei Zügen ans andere Ende dieses Sees gelangen und heraustreten in eurer vollen Größe,
erstrahlend in eurem Licht, geboren aus eurem Herzen,
und nichts würde an euch haften,
das Wasser würde abperlen, und ihr könntet euch umdrehen und einen Blick darauf werfen auf das, was ihr hinter euch gelassen.

Habt ihr aber einen Sumpf zu durchschwimmen, werdet ihr mit jedem Zug langsamer,
da immer mehr an euch haftet, immer mehr an euch klebt,
und das Herausschreiten am anderen Ufer wird sein, als hinge eine schwere Last an euch,
die euch nach unten zieht wie Gewichte an euren Armen und Beinen,
was euch schwerfallen lässt, die Arme zu heben, die Beine zu heben.
Und ihr werdet herausschreiten mit schwarzem Schmutz bedeckt, Schmutz, den ihr selbst geschaffen.

Es ist natürlich möglich, ihn abzustreifen, doch ich rate euch, tut es vorher.
Kümmert euch darum, dass euer See nicht zu einem Sumpf verkommt,
dass euer See klares, reines, strahlendes Wasser in sich trägt
und ihr immer und jederzeit euch bewusst seid darüber, dass das euer See ist, eure Emotionen, euer Empfinden
und ihr der Meister über diesen See seid.

Niemals, und das hört gut an!
Niemals soll das Wasser der Meister über euch sein.

Ihr habt es in der Hand zu wählen.

Ihr seid die Meister, zu jeder Sekunde.

Und wenn es doch einmal passieren möge, dass ihr herausschreitet und etwas kleben bleibt,
dann schüttelt euch, so wie Hunde sich schütteln, wenn sie aus dem Wasser steigen.
Schüttelt euch und lasst alles abtropfen, lasst alle Wassertropfen und mit diesen Wassertropfen das an euch Haftende abgleiten, abspritzen.

Schüttelt euch.
Und seid sofort wieder in eurer Größe, in eurem Licht.

So grüßen wir euch
von ganzem Herzen,

eure euch begleitenden Engel, Erzengel und Himmelsheerscharen,
die Aufgestiegenen Meister,
all jene, die euch stützen und begleiten,
all jene, die ihr jederzeit zu Hilfe rufen könnt und die für euch da sind,
wir alle,
wir grüßen euch.

Gott zum Gruße.

Flüssigkeiten und Emotionen
(Metatron)

Gott zum Gruße,
Gott zum Gruße.

Die Flüssigkeiten.

Flüssigkeiten sind ein Synonym für Emotionen.
Das zieht sich durch jegliches materielle Sein auf dieser Erde.

Flüssigkeiten findet ihr überall, in jedem Ausdruck, in jedem manifesten Sein.

Flüssigkeiten sind nicht nur das Offensichtliche wie die Flüsse und Seen und Meere auf eurer Erde, sondern natürlich auch das nicht so Sichtbare, wie zuallererst natürlich das Grundwasser, mit dem ihr wunderbar arbeiten könnt in Meditationen.
Also, Mutter Erde ist durchdrungen von diesen Flüssigkeiten, diesem Wasser.

Aber das Wasser spiegelt sich natürlich auch beziehungsweise zeigt sich auch in jeglichem anderen Sein,
wie zum Beispiel im Leben selbst.
Die Pflanzen zum Beispiel sind von Flüssigkeiten durchzogen, und ohne diese Säfte könnten sie nicht existieren.
Die Tiere und Menschen sind von Flüssigkeiten durchdrungen.
Zu allererst fällt euch natürlich das Blut ein, aber es ist auch die Lymphe,
es sind Gewebeflüssigkeiten, es sind Flüssigkeiten, die den Synapsen im Gehirn dienen, selbst Hormone sind nicht einfach Stoffe, sondern gehören durchaus auch in den flüssigen Bereich,

318

und da erschließt sich euch schon euer Wissen über Medizin.

Mit diesem Wissen, dass Flüssigkeiten den Emotionen entsprechen,
da schließt sich also der Kreis,
denn die Hormone werden ausgeschüttet, wenn emotionale Aspekte
im Spiel sind, wie zum Beispiel das klassische Beispiel des Adrena-
lins, das sich vermehrt oder vermehrt produziert wird, wenn Aufregung
herrscht oder Angst, oder auch bei Wut.

Emotionen haben also sehr viel mit Flüssigkeiten zu tun,
und es gibt unendliche Beispiele dafür,
wie zum Beispiel, dass das Blut in euren Kopf schießt, wenn ihr wütend seid,
dass sich alles verengt, die Flüssigkeiten nicht mehr so schnell fließen, wenn ihr euch erschreckt oder Angst habt,
sich alles zurückzieht, so wie ihr euch selbst im Gesamten zurückzieht, wenn Emotionen im Spiel sind, die euch dahingehend handeln
lassen, dass ihr euch „klein" machen wollt, verstecken wollt, nicht
mehr sichtbar sein wollt.
Da gibt es dann einen Stau in den Flüssigkeiten.
Ein Erschrecken kann sogar den Fluss zum Stillstand bringen, den
Fluss eurer Flüssigkeiten.

Und wenn ihr einfach ein bisschen eure Wahrnehmung öffnet, also
nicht nur mit Logik schaut,
dann könnt ihr erfühlen, wie eben Wasser/Flüssigkeiten sich immer
synchron zu den Emotionen verhalten.

Daraus folgt, dass wir, wenn wir an den Emotionen arbeiten wollen,
also zum Beispiel Verhaltensmuster auflösen wollen, bearbeiten wollen, umwandeln wollen, transformieren wollen,
wenn ihr das für euch wünscht,
dass ihr durchaus den Aspekt des Wassers, der Flüssigkeiten hinzu-
ziehen könnt,

um an diese ganz bestimmten Emotionen heranzukommen.

Ihr braucht euch nur einen wunderschönen See vorstellen mit glatter Oberfläche,
wie er da ruht in Frieden und sich vielleicht die Sonne darin spiegelt, und keine einzige Welle ist, kein Kräuseln ist zu sehen.
Es ist einfach nur still und ruhig.

Und wenn ihr das wiederum auf eure Emotionen bezieht, würde das bedeuten,
dass Frieden in euch herrscht,
keine einzige Welle, kein Kräuseln, nichts trübt diese stille, ruhige See eurer Emotionen.

Kommt nun etwas Aufwühlendes in euer Leben, so zeigt sich der See plötzlich mit großen Wellen, vielleicht sogar so groß, dass sie sich überschlagen,
vielleicht so groß, dass euch diese Wellen erdrücken würden, würdet ihr da auf dem Steg sitzen.
Die Welle würde über euch schwappen, und ihr hättet keine Chance.
So oft ist es so, dass es sich genauso für euch anfühlt,
dass eine Welle kommt und einfach über euch schwappt, und ihr seid chancenlos, ihr seid Opfer dieser Welle.

Doch das ist nicht so.
Ihr seid niemals Opfer einer Welle, denn ihr seid der Meister.
Ihr, mit der Macht eurer Gedanken, könnt jeder einzelnen Welle gebieten, was sie zu tun hat und was nicht.
Ihr könnt Einhalt gebieten.
Ihr könnt die Hand heben und einfach nur „Stopp" sagen.
Ihr müsst es nicht mal schreien. Ihr müsst nicht wütend sein. Ihr müsst nicht aufgewühlt sein. Ihr sagt es einfach sachlich und korrekt: Stopp!
Ich gebiete dir Einhalt, dieser Welle, „du hast nichts zu sagen."

Ich bestimme, ob ich zulasse, dass du eine große Welle bist oder ein kleine.

Ich bestimme, ob du dich nur als kleines Kräuseln zeigst.

Vielleicht lasse ich zu, dass du eine große Welle bist, die nach drei Wellengängen, also drei Mal Wellenkamm-Wellental, sich sofort wieder ebnet und in flache See übergeht.

Ich, mit der Macht meiner Gedanken, mit meinem Willen, entscheide, welche Emotionen ich empfinde und welche nicht.

Und ich kenne eure Argumente natürlich, die da sagen, was soll ich denn tun, wenn jemand mich so wütend macht, wenn die Wut einfach in mir hochkocht.

Das ist natürlich so in diesem Moment, denn ihr seid gewohnt, in euren alten Mustern des Verhaltens, in den alten Mustern des Empfindens von Emotionen zu handeln

und euch auch dort hineinzubegeben und euch einfach steuern zu lassen in diesen Emotionen, also diesen Wellen.

Versucht, euch dieses Bild des Sees herzuholen.

Versucht, euch herzuholen, wie diese glatte Oberfläche der See ausschaut

und empfindet es als euch selbst.

Empfindet diese glatte See als euer eigenes Ausgeglichensein.

Dieses Zentriertsein in eurem Herzen, diese Ruhe, dieser Frieden, diese Liebe, die euch zu eigen ist,

dieses göttliche Sein, was euch selbst ausmacht,

ist nichts anderes wie diese ruhige, glatte Oberfläche eines Sees.

Sobald ihr natürlich diese Neutralität verlasst, dieses Zentriertsein in eurem Herzen, diese Ausgewogenheit, ist es natürlich möglich, dass die Wellen schwappen und schwappen, immer noch höher schwappen.

Und es bedarf natürlich einiger Übung, euch nicht durch „Angriff von außen", wie zum Beispiel ganz spontan schreit euch jemand an, dass ihr nicht selbst auch reagiert mit einer Art Welle, einer Emotion, die euch selbst wieder herausschiebt aus eurer Zentrierung, aus eurem Herzen, aus der Mitte eures Herzens.

Ihr wisst, wir raten euch zu meditieren
und zu üben, dass ihr zentriert seid, geerdet und zentriert.
Denn nur durch dauerhafte Übung, durch das immer wieder Herholen dieser Frequenzen, die ihr durch diese Art von Meditation erzeugt, kann sich euer physischer Körper darauf einstellen und es nach und nach als neues Programm integrieren.
Denn nichts anderes ist es, was ihr dabei tut, bei dieser Art von Meditation, eure einzelnen Zellen nach und nach umzuprogrammieren.

Es ist natürlich Aufwand, es ist Arbeit.
Und niemand verspricht euch, dass es einfach ist oder leicht.
Denn ihr habt Jahrhunderte lang ein Programm erstellt und es dadurch manifestiert, dass ihr immer und immer wieder im gleichen Muster handelt.
Je öfter ihr es tut, und wenn ihr es immer und immer und immer wieder tut, umso manifester ist dieses Programm geworden,
umso selbstverständlicher ist es für euch, so zu handeln,
ohne jemals wieder darüber nachzudenken, dass es überhaupt möglich wäre,
dass es die Möglichkeit überhaupt gäbe, es anders zu tun, anders zu handeln.
Es hat sich sozusagen verselbständigt dadurch, dass es ein gewohntes Reagieren und Handeln ist.

Aber nichts ist unmöglich.
Nichts ist so manifest, dass es nicht geändert werden könnte.
Nichts auf der Erde hat eine Manifestation, die nicht geändert werden könnte.

Es ist kein Unterschied, ob es ein tatsächlich existierendes materielles Ding ist, oder ob dieses Existieren aus Verhaltensmustern besteht oder aus Gedanken, die euch immer wieder in den Sinn kommen. Es ist keinerlei Unterschied.

Wenn ihr die Alchemie der Universellen Gesetze beherrschen lernt, habt ihr die Möglichkeit, alles zu ändern, was euch vorschwebt, was euch in den Sinn kommt.

Es ist immer wieder die gleiche Lehre, die wir euch vermitteln wollen: Die Macht eurer Gedanken ist unerschöpflich.

(Nebenbei möchten wir natürlich anmerken, was wir ja auch immer wieder wiederholen, dass, wenn wir euch lehren, die Macht eurer Gedanken zu nutzen, den Willen eures Wollens, die Möglichkeit, die Macht, die in euren Gedanken steckt, zu schulen und anzunehmen und auch zu benutzen, dass wir euch damit nicht lehren, machtvoll, also im Sinne von Machtmissbrauch, damit umzugehen.

Nein.

Es beinhaltet zugleich, weise, liebevoll und in göttlicher Absicht damit umzugehen.

Denn Grundvoraussetzung, um dieses Wissen des „Ich bestimme, was geschieht" umzusetzen, ist immer, dass ihr zentriert bleibt in eurer Neutralität.)

Wenn wir also jetzt zurückkommen zu den Flüssigkeiten, die sich in allen möglichen Lehren ausdrücken als Synonym der Emotionen, und es ist euch noch nicht möglich im Moment, es wahrlich wahrzunehmen, zu fühlen, zu spüren, dann nehmt es trotzdem bitte als Theorie auf,

denn sobald ihr euch öffnet für das Wissen in der Theorie, werden sich euch die Beispiele in der Praxis von selbst bieten.

Denn immer, wenn ich die Augen öffne, wenn ich die Tür öffne in einen neuen Raum,

heißt es noch lange nicht, dass ich den Raum gleich erforscht habe.
Ich öffne die Tür und gebe dem neuen Raum die Möglichkeit, mir zu sagen, was er zu bieten hat.
So ist es auch mit diesem Thema, und so ist es auch mit jedem einzelnen Kapitel dieses Buches.

Wir, die Geistige Welt, wir alle bitten euch:
Öffnet einfach die Tür.
Tretet ein.
Und lasst zu, dass „Beweise" für all dieses Wissen in diesem Buch sich euch selbst stellen,
euch darbieten, euch offenbaren.
Und eure Aufgabe ist nun, diese Momente zu erkennen
und sie auch dadurch, dass ihr sie vorher in der Theorie in eurem Bewusstsein habt,
zuzulassen, und auch darauf zuzugehen,
sie anzuschauen und in euer Bewusstsein dringen zu lassen.

Wenn ihr ein kleines Blümchen anschaut,
ein klitzekleines Blümchen mit kleinen, hellblauen Blütenblättern, so wie sie oft in der Wiese wachsen als kleiner Teppich,
wenn ihr euch vorstellt, ihr setzt euch in die Wiese neben dieses kleine Blümchen,
oder ihr legt euch daneben und betrachtet es,
dann passiert auch etwas mit euren Emotionen.
Dieses kleine Blümchen mit diesen hellblauen Blüten, hat natürlich Flüssigkeiten in sich.
Es lebt, weil es Flüssigkeiten in sich hat.
Ohne sie könnte es nicht existieren.
Es ist eine Art Elixier, so natürlich wie die Sonne und andere Dinge auch.
Aber heute geht es ja um die Flüssigkeiten.

Wenn ihr euch also diese Situation vorstellt, dieses Blümchen mit den Flüssigkeiten in sich,
und ihr, wie ihr daneben liegt mit euren Flüssigkeiten,
Blut, Lymphe, Gewebeflüssigkeit, Hirnflüssigkeit, Rückenmarksflüssigkeit,
all eure Flüssigkeiten,
ihr und dieses Blümchen,
ihr könnt in Resonanz gehen zueinander, und es wird ein wunderbarer Augenblick sein,
denn dieses In-Resonanz-Gehen
geschieht auch und vor allem über den Weg der Resonanz zwischen den Flüssigkeiten.

Nichts tut sich so leicht im Körper in Bezug auf Resonanz-Gehen zueinander, miteinander
wie Flüssigkeiten.
Das weiche Gewebe und das harte Gewebe wie die Knochen brauchen einen Moment länger,
aber der erste Aspekt geschieht, der erste Aspekt des In-Resonanz-Gehens,
des Sich-Spürens, Sich-Wahrnehmens
geschieht über die Flüssigkeiten.

Probiert es einfach aus mit diesem kleinen Blümchen.

So.
Jetzt möchten wir noch einen Aspekt ansprechen,
und zwar ist es euer Ausdruck.

Der Ausdruck.
Vielleicht haben wir deswegen ein blaues Blümchen gewählt als Beispiel,
denn Blau steht ja auch für Ausdruck, ist auch die Farbe, die euch

dabei unterstützt, euch auszudrücken.

Ausdruck, damit ist nicht nur die Sprache gemeint, sondern natürlich auch die Körpersprache, oder das, womit ihr euch ausdrückt wie Tanzen oder einfach Lachen, wie ihr in den Raum geht, wie ihr euch eben präsentiert in dieser Welt, auf dieser Erde.

Und in dieser Art, sich auszudrücken spielt der Aspekt der Flüssigkeiten/der Emotionen eine wesentliche Rolle.

Denn je nachdem, ob ihr zulasst, dass die Flüssigkeiten schön fließen, sozusagen gleichmäßig im Fluss sind, also ihr gleichmäßig im Fluss seid, oder ob ihr an einer Stelle, wo auch immer, etwas verengt und ein Stau entsteht, eine Blockade, beeinflusst das natürlich die Art und Weise, wie ihr euch ausdrückt.

Das einfachste Beispiel ist die Sprache, denn wenn ihr etwas zu sagen habt, zum Beispiel vor einer Gruppe, kann es durchaus sein, dass euch plötzlich – euch erscheint es oft schleierhaft – die Spucke wegbleibt, das heißt, ihr habt so einen trockenen Mund, dass ihr das Gefühl habt, ihr könnt nicht mehr reden, eure Zunge klebt am Gaumen, und es versagt euch der Ausdruck, die Sprache, das Sprechen, die Worte.

Was ist geschehen?
Warum kommt der Aspekt der Angst da herein, der euch die Wege des Fließens verengt?
Warum lasst ihr das zu?
Warum bleibt ihr nicht in eurer Größe?
Warum bleibt ihr nicht in der ruhigen glatten Oberfläche des Sees?

Wenn ihr den See dabei betrachtet, würde das bedeuten bei diesem Bild, dass der Wasserspiegel sich plötzlich absenkt, sich quasi alles zusammenzieht, die Ufer enger werden und der Spiegel insgesamt einfach sinkt.

Es sind keine großen Wellen in dem Moment. Es ist einfach ein Zusammenziehen, ein Weniger-Werden der Flüssigkeiten, ein Verengen.

Auch im Tanz könnt ihr es beobachten. Auch beim Tanzen geschieht es euch,
dass ihr zum Beispiel, wenn ihr euch beobachtet fühlt, euch plötzlich unwohl fühlt und alles verengt,
die Flüssigkeiten langsamer fließen
und ihr gar nicht mehr das Gefühl habt, ihr könnt euch so ausdrücken, wie ihr es wünscht.

Bei Prüfungen zum Beispiel schafft ihr es sogar, die Flüssigkeiten zum Stillstand zu bringen,
dass gar kein Fluss mehr vorhanden ist
und ihr dadurch nicht nur nicht mehr sprechen könnt, weil zum Beispiel die Zunge am Gaumen klebt, sondern euch nicht einmal mehr etwas einfällt,
was natürlich ganz viel damit zu tun hat, dass die Hirnflüssigkeit sich plötzlich zurückzieht,
sich zusammenzieht und in dem Moment das Gehirn nicht mehr genährt ist.

Wenn ihr euch klar macht, was alles an diesen Flüssigkeiten hängt, was sie alles für euch tun beziehungsweise alles verhindern oder euch blockieren könnten in eurem Sein, in eurem Handeln, in eurer Bewegung, eben in eurem Ausdruck,
dann wird euch auch klar, wie ihr damit umgehen könnt und woran ihr überhaupt zu arbeiten habt.

Denn die Emotionen sind eine der großen Hauptthemen des Menschseins.
Emotionen sind euch gegeben in dem Moment, wo ihr Mensch seid.
Sobald ihr inkarniert, sobald ihr auf Mutter Erde als Mensch inkarniert,

müsst ihr zwangsweise mit diesen Emotionen umgehen lernen.
Und es ist Teil dieses großen Spiels, Teil des Hologramms, Emotionen
zu haben, zu empfinden
und zu lernen, mit ihnen umzugehen.

Immer noch sind die meisten Menschen ihren Emotionen ausgeliefert
und handeln einzig und allein als Reaktion auf ihre Emotionen.
Doch wahrlich ist es so, dass es umgekehrt und euer Anliegen sein
sollte, euch darin zu schulen, dass es tatsächlich auch umgekehrt ist,
dass nicht ihr handelt als Reaktion auf die Emotion, sondern ihr Meister seid und bestimmt, wo die Emotion angebracht ist und wo nicht.

So werdet ihr wachsen in eurem Licht
und wachsen in eurer Stabilität,
dastehen als das, was ihr seid,
das göttliche Sein,
das Licht Gottes,
die Liebe Gottes,
die Weisheit Gottes,
und nichts und niemand wird euch aus dieser Stabilität bringen können.

So beschließen wir heute dieses Thema
und freuen uns, mit euch arbeiten zu können,
freuen uns, eure Emotionen wahrnehmen zu können.
Und diese Freude ist nicht die Freude, die ihr als diese Art von Freude
der Emotion zuordnen würdet.
Es ist eine Freude, die aus dem Herzen kommt,
eine Freude, die eine Grundeinstellung wird, sobald ihr den Weg des
Lichts geht,
es ist eine Freude, die immerwährend ist,
Freude gleichgesetzt mit Licht, mit Liebe, mit Frieden, mit Weisheit
und Wahrheit,

Freude aus dem Herzen geboren, denn Lebensfreude ist nichts anderes wie Liebe.
Lebensfreude ist nicht abhängig von etwas.
Lebensfreude ist, ja, Lebensfreude ist einfach so, wie Liebe ist, wenn ihr sie erkannt habt.

Wir grüßen euch.
Wir grüßen euch.

Gott zum Gruße, ihr lieben Menschen,
Gott zum Gruße, ihr geliebten Menschen,
Gott zum Gruße.

Euer Metatron

Verachtung

(St. Germain)

Gott zum Gruße,
Gott zum Gruße,
ich bin es, St. Germain.

Es geht heute um Achtung, Verachtung, Anerkennung, Selbstschätzung und Schätzung der anderen Person, also Respekt auf allen Ebenen.

Und da sind wir schon beim Schlüsselwort:
„Auf allen Ebenen".

Es ist nämlich durchaus möglich, jemanden „respektvoll" zu behandeln in verbaler Sicht,
aber ihn zugleich mit Missachtung zu strafen auf emotionaler Sicht,
oder jemandem respektvoll zu begegnen aus Achtung vor seiner Intelligenz,
aber ihn als „Idiot" oder sogar als „Arschloch" zu empfinden auf von euch sogenannter „menschlicher" Basis.

Ihr wisst, ich wähle drastische Worte, um euch klar zu machen, was ich euch sagen will.

Denkt einfach mal an euren Vater, der da wutentbrannt auf euch einredet, weil ihr als Kind in seinen Augen versagt habt, also etwas angestellt habt, was er als furchtbar schlimm einordnet.
Der Grund für sein Verhalten spielt hierbei im Moment keine Rolle.
Wir suchen heute nicht den Grund für sein Verhalten, sondern betrachten uns lediglich euch,
die Person also, die „reagiert", die Empfindungen hat auf Grund eines Handelns oder Seins eines anderen.

Der Vater brüllt also, vielleicht schlägt er sogar, vielleicht tut er das oft und auch ungerecht, vielleicht trinkt er und schlägt sogar die Mutter. Und da kommen dann vielleicht Emotionen ins Spiel, die gegensätzlicher kaum sein könnten, nämlich Liebe, gepaart mit Hass, oder Respekt dem Vater gegenüber vermischt sich mit Verachtung, Wut vermischt sich mit Ohnmachtsgefühlen usw., usw.

Was ist Verachtung?
Was für eine Emotion ist das überhaupt?
Wie entsteht sie?

Eine sehr interessante Frage, und ich bin mir sicher, dass keiner von euch sich jemals um die Beantwortung dieser Frage bemüht hat.

Verachtung ist eine Mischung aus Wut, Hass und Angst.

Und wenn ihr euch diese Aussage einmal näher betrachtet, werdet ihr feststellen, dass sie wahr ist.

Wut ist die erste Reaktion, die Emotion, die also als Erstes hochkommt, wenn wir bei dem Beispiel des Vaters bleiben wollen.
Der Wut folgt der Hass, welcher geboren wurde aus dem Gefühl der Hilflosigkeit,
das heißt: „Ich habe in dem Moment das Gefühl, nichts, aber auch gar nichts ausrichten zu können, nichts an der Situation ändern zu können",
und das führt zur dritten der drei, nämlich der Angst.
So also entsteht Verachtung.

Wenn wir aber nun eine andere Situation betrachten, dann scheint diese Gleichung:
Wut, Hass und Angst = Verachtung nicht zuzutreffen,
und doch tut sie es.

Ihr trefft zum Beispiel auf einer Party jemanden, der euch hochnäsig und abweisend begegnet.
Ihr habt keine Ahnung warum und fühlt euch seltsam dabei.

Aber bedenkt: Es kann durchaus sein, dass diese Person Dinge von euch gehört hat, erzählt bekommen hat, in den Medien vernommen hat, die in ihr ureigenstes Weltbild in keiner Weise hineinpassen, dass sie also „betroffen" ist von eurem Handeln in der Weise, dass ihr ihre für sich geschaffenen Dogmen angegriffen fühlt.
Euer Selbstbewusstsein macht diesem Menschen vielleicht wütend, da ihr nicht angreifbar seid in eurem Sein.
Je mehr Wut, umso leichter kriege ich mein Gegenüber „klein", das funktioniert üblicherweise.

Überlegt nur, wie oft es vorkommt, dass jemand euch mit Wut begegnet und ihr fühlt euch mies, klein und schuldig, obwohl euch klar ist, dass euch für nichts Schuld trifft.

Bleibt ihr in eurer Größe, bringt die Wut nicht den „gewünschten" Erfolg, nämlich euer „Kleinwerden".
Das führt zu Hass.

Doch auch Hass, als Steigerung der Wut, führt vielleicht nicht zum Erfolg.
So folgt auf Hass die Verachtung, die sich ausdrückt in Wertung und Verurteilung, wie zum Beispiel: „Der oder die ist arrogant, hartherzig, gefühllos, eingebildet", was auch immer, und, nur am Rande bemerkt, auch diese Aussagen, diese Wertungen, werden genau die sein, die euch „treffen" können wie kleine Pfeile. Wenn schon Angriff mit dem Ziel, euch „klein" zu machen, dann konsequent bis zum Schluss.

Verachtung muss aber nicht unbedingt geboren sein aus eurem Verhalten, es kann auch einfach eine gute „Taktik" sein, sozusagen eine Lebenseinstellung.

Nimm zum Beispiel eine große, anerkannte Firma, die in Rechtsstreit geht mit einer anderen, vielleicht kleineren, finanziell nicht so reichlich gesegnet wie die große, also nicht so den Rückhalt genießt aus finanzieller Sicht.

Schicke einen Anwalt vor, der perfekt in „Verachtung" ist, und du wirst sehen, wie schnell die Gegenseite einzuschüchtern ist, wie inkompetent sie sich bald fühlt, wie vorsichtig sie wird, wie „feige" plötzlich ihre Anforderungen in Bezug auf die Klage werden, da sie das Gefühl hat, sowieso zu verlieren.

Verachtung vermittelt dir nämlich insbesonders, dass du nichts wert bist, dass du „schlecht" bist, schlecht in deinem Handeln, in deinen Entscheidungen, in deiner Konsequenz, schlecht als Partner, als Tochter, als Ehefrau, schlecht als was auch immer du dastehst in dieser Welt.

Verachtung ist der Spiegel dessen, der sie empfindet.
Denn nichts anderes ist es als das, was er für sich selbst empfindet.
Und wenn ihr euch nun wieder die Gleichung vom Anfang ins Gedächtnis ruft:
Wut + Hass + Angst = Verachtung,
dann erkennt ihr, was es damit auf sich hat.

Ich bin wütend auf mich selbst, weil ich mit mir nicht zufrieden bin, weil ich es nicht so auf die Reihe kriege, wie ich es möchte usw.
Ich hasse mich, weil ich unfähig bin,
als Steigerung der Wut auf mich.
Es macht mir Angst, dass ich keine Möglichkeit sehe, aus diesem Teufelskreis meiner selbst zu entkommen.

Ich verachte mich, und wenn ich das tue, mich also selbst verachte, kann ich nicht anders, als auch andere zu verachten.
Es geht nicht anders.

Ihr erinnert euch:
Wenn ich mich selbst liebe, in absoluter selbstschätzender achtungs-
voller Liebe,
gesegnet mit dem Licht Gottes,
dann liebe Ich auch die Natur, die Welt, die Menschen, mein Umfeld,
und natürlich, um wieder zurückzukommen zu mir:
mein Handeln, mein Tun, mein Denken – selbst meine Fehler.

Verachtung mir selbst gegenüber ist weit fortgeschrittener Hass,
weit fortgeschrittene Wut,
also Hass und Wut, die ich lange Zeit von mir geschoben habe,
die Unzufriedenheit mit meinem Sein verdrängt habe,
um ja nicht schauen zu müssen, was wohl „falsch" laufen könnte.

Verachtung ist mangelnde Selbstachtung,
egal, ob Verachtung sich nach außen ausdrückt, also auf mein Gegenüber gerichtet ist,
oder ob sie konkret jetzt, in diesem Moment, mir selbst gilt.

Beobachtet euch genau und seid selbstkritisch dabei!

Wo empfindet ihr Verachtung für euch selbst?
Ist es, weil ihr nicht schafft abzunehmen, oder ihr nicht schafft, das
Rauchen aufzuhören?
Ist es, weil ihr euch immer wieder ertappt dabei, wie ihr wieder und
wieder handelt in einer Weise, die ihr liebend gerne schon längst los
wäret?

Schaut kritisch auf euch selbst.
Ja.
Schaut kritisch auf euch selbst
und kippt nicht in Schuldzuweisungen und in Entschuldigung.
Beides ist hier unangebracht.

Vergebt euch.
Verzeiht euch in Liebe, denn auch die steckt in euch allen,
manchmal vielleicht nur so klein wie ein Fünkchen,
aber glaubt mir, sie ist da.

Und mit dieser Liebe, die auch gleichzusetzen ist mit Lebensfreude,
könnt ihr die Verachtung beziehungsweise ihre Teilbereiche Wut,
Angst und Hass
langsam, Schritt für Schritt auslöschen.

Nimm den verlassenen Lebensgefährten, den Ehemann, die Ehefrau,
wo kein Verständnis da ist, warum der eine gehen möchte.
Wo Wut auftaucht mit dem Gefühl „was hast du mir angetan",
wo Hass entsteht, weil so „gemein" gehandelt wird,
wo Angst sich ausbreitet aus dem „Wissen" heraus, alleine zu sein,
einsam zu sein, nicht mehr besitzen zu können (den anderen Menschen),
da ist Verachtung im Spiel,
wenn du es nicht mit der Kraft deines Wissens, deiner Weisheit, mit
Liebe anders machst,
also anders handelst, anders denkst, auch anders fühlst.
Denn du musst sie fühlen, diese Liebe, musst fühlen den Respekt,
musst ihn empfinden.
Es muss in dir sein, und wenn auch nur klein,
dann handle in der Weise, dass es wachsen kann und der Verachtung
keinen Raum schenkt.

Du weißt, du hast die Wahl.
Immer.
Du bist nie das Opfer.
Niemals.
Also handle.

Jetzt noch einmal schnell zur umgekehrten Situation, also zu der, dass du die Person bist, der Verachtung entgegengebracht wird.
Wie reagierst du?
Was machst du?

Du bleibst in deiner Größe,
stehst in deinem Licht.
Und aus dem Wissen heraus, dass jeder zu jeder Zeit das Recht hat, für sich selbst zu wählen, zu entscheiden, empfindest du Achtung und Respekt der Person gegenüber,
empfindest du Liebe für sie als Träger des göttlichen Lichts
und bedankst dich für den lehrenden Inhalt seines Ausdrucks, seines Benehmens.

Es ist nicht leicht, ich weiß das.
Auch ich war inkarniert und habe lange gekämpft mit genau diesem Thema.

Denn es wird kommen der Tag, wo ihr selbst nicht mehr als „Spiegel" dient
und nichts euch von anderen „gespiegelt" werden wird,
dass ihr in eurem Sein, auf eurem Weg so weit gegangen, dass ihr dem Aufstieg nahe seid.
Und trotzdem werden sie um euch sein, die Menschen, die Verachtung leben,
und es vor allem auch leben wollen,
die nicht austreten, nicht heraustreten wollen aus ihrem momentanen Stand,
die alles so belassen wollen, wie es ist.

Es ist nicht leicht,
aber ihr, meine Lieben, werdet es schaffen,
denn ihr habt euch entschieden, euren Weg gehen zu wollen.

Niemand wird euch wirklich etwas anhaben können, wenn ihr mit Liebe antwortet.

Und vergesst nicht, dass es nicht bedeutet, dem „Hassenden" zu sagen: „Ich liebe dich."

Es bedeutet einfach, es für euch selbst zu empfinden.

Durch verbale Aussagen werdet ihr nur noch mehr Hass und Wut schüren, und somit auch Verachtung.

Empfindet es einfach.

Und die „Lösung" wird sich von selbst präsentieren.

Wie bei dem Beispiel mit der großen und der kleinen Firma.

Empfindet diese Liebe, diesen Respekt dem anderen Menschen gegenüber.

Und nichts wird euch geschehen.

Im Vertrauen zu Gott wird sich finden, was zu tun ist, welche Karte als Nächstes ausgespielt werden sollte.

Bleibt in eurer Kraft und in eurer Größe.

Bleibt in eurem Licht.

Bleibt das, was ihr seid.

Lebt das, was ihr seid.

Lebt euer Licht.

Und so ist es gar nicht möglich, sich selbst zu verachten oder gar andere.

Bleibt in eurem Licht.

Und nichts und niemand wird euch mit Verachtung etwas anhaben können.

Der alte Spruch „mit Verachtung strafen" verliert somit seine Gültigkeit,

denn Verachtung ist für euch wirkungslos geworden.

Ich liebe euch, meine Lieben,
ich liebe euch
mit all euren von euch so bezeichneten „Fehlern",
mit all euren Macken,
euren vielleicht manchmal harten Worten,
mit eurer Wut,
eurem Hass,
eurer Angst.

Ja, ich liebe euch,
denn ich bin mir meiner selbst sicher.
Ich weiß, wer ich bin.

Also findet nun ihr für euch heraus, wer ihr seid,
so dass ihr nie mehr herauskippt aus eurer Selbstsicherheit,
aus eurem Selbstbewusstsein,
was da bedeutet: sich seiner Selbst bewusst zu sein.

Ich segne euch.
Ich segne euch.

Euer St. Germain

Liebe (I)
(Jesus Christus)

Liebe,
die ihr ja unter Emotion einordnet,
hat für uns aus der Geistigen Welt, aus der Sicht der Einheit,
in gewisser Weise überhaupt nichts mit Emotion zu tun.

Wir nehmen dieses Kapitel ganz besonders auf unter die Rubrik
„Emotionen",
denn das ist es, was ihr, ihr inkarnierten Menschen, erst einmal und
auch vordergründig unter diesem Wort versteht: Liebe ist eine Emotion.

Somit werden wir aus dieser Sicht beginnen und uns dann langsam
hinausarbeiten aus dieser Sichtweise und euch die Größe dieses
Wortes so darlegen, dass ihr die Möglichkeit habt, es zu erkennen, zu
greifen, zu begreifen, wahrzunehmen und auch eventuell dann umzusetzen und zu integrieren in euer Leben, in euren Alltag.

Liebe.
Sie ist oft so belegt mit den verschiedensten Dingen, die im Grunde
überhaupt nichts mit Liebe zu tun haben.

Was ist denn Liebe überhaupt?

Wenn ihr euch gegenseitig einmal fragen würdet, dann würdet ihr Ant-
worten bekommen:
Ich liebe ihn, weil er etwas Besonderes ist.
Ich liebe sie, weil sie so schön ist.
Ich liebe sie, ich liebe mein Kind, denn es ist das süßeste, schönste,
knuddeligste auf der Welt.
Ich liebe meinen Mann, denn er sorgt so gut für mich und tut alles,
damit es mir gut geht.

Ich darf mir alles kaufen, und ich brauche nie einen Nagel selbst in die Wand zu hauen.

Ich liebe sie, meine Frau, denn sie steht an meiner Seite, ist hübsch, und die anderen beneiden mich um sie. Manchmal merke ich sogar, wie die anderen Männer denken: „Oh, wie wäre die wohl im Bett." Das freut mich. Das gibt mir eine Genugtuung, und ich weiß genau, dass das meine Liebe zu ihr schürt. Sie ist etwas Besonderes, denn sie ist meine Frau. Sie gehört mir. Und kein anderer Mann darf sie anlangen.

Da schwingt Stolz mit.
Und auch „Eigentum".
Doch wo ist das Eigentum? Wo? Wie belegt ihr dieses Wort Eigentum?

Sie, diese Frau, ist ein Mensch, und der Mensch ist das Vordergründige.
Sie ist ein Wesen, eine Seele.
Sie ist Licht.
Sie ist Größe.
Und sie hat aus bestimmten Gründen gewählt, als hübsche, schöne, vielleicht wunderschöne Frau durch diese Welt zu gehen.

Oder auch der Mann, der so stolz auf seinen Körper ist, auf sein Muskelspiel, auf seine Schönheit. Und die Frau daneben ist stolz, ihn ergattert zu haben, ihn, den alle begehren, den alle haben wollten. Sie hat den Discjockey gekriegt, auf den alle scharf waren. Sie hat den Managertypen, den jede Frau an ihrer Seite sich wünschen würde, um vielleicht finanziell ausgesorgt zu haben.

Und all diese Menschen würden aus vollstem Herzen sagen: Ich liebe ihn. Ich liebe sie.

Und kaum einer würde eigentlich auf die Idee kommen, dass es eine Art von Gefängnis ist.
Kaum einer kommt auf die Idee, darüber nachzudenken,
was es an Energie kostet,
was ihr in diese Beziehung speist an Energie,
was ihr von eurem jeweiligen Partner abgezogen bekommt an Energie und es auch zulasst.

Jeder würde sagen, das ist doch normal, man muss Kompromisse eingehen, das ist nun mal so.

Warum du zum Beispiel, gute Frau, betütelst du deinen Mann die ganze Zeit?
Warum hegst du und pflegst du ihn, verwöhnst ihn, richtest ihm alles, was er braucht, verzeihst ihm jede Aggressivität und jeden Wutanfall, verzeihst ihm jede Laune und jedes ungemäße Verhalten?
Warum schiebst du die Begründung vor, er hat so viel gearbeitet?
Ist das ein Recht, so mit dir umzugehen?
Ist das eine Begründung dafür, dich so zu behandeln?
Und du nennst es Liebe.

Und du, der Mann.
Warum lässt du dir das, was ihr „Zicken" nennt, warum lässt du dir die „Zicken" deiner Frau gefallen?

Ihr alle, ob Mann oder Frau, seid gewohnt, Machtspiele zu betreiben, euch gegenseitig zu manipulieren.
Und ihr nennt es Liebe.

Und der einzige Unterschied zu dem Außen, eurem Umfeld, ist, dass ihr in einer festen Partnerschaft steckt und das Manipulieren und die Machtspiele in so feinen Nuancen stattfinden, dass es relativ leicht ist, es nicht wahrzuhaben, nicht hinzuschauen, es so auf die Seite zu schieben, dass es in eurer Realität nicht mehr vorkommt.

Somit kann das, was ihr als Liebe empfindet, mehr Raum einnehmen in eurer Wahrnehmung, und ihr könnt aus vollstem Herzen sagen: Ich liebe.

Doch durchschaut euch selbst.
Schaut euch an.

Liebe hat nichts mit Besitz zu tun.
Liebe hat in keinster Weise etwas mit Eigentum zu tun.
Liebe ist frei sein,
ungebunden sein.
Und belegt bitte die Worte nicht so, wie ihr sie sonst üblicherweise belegt.
Ungebunden heißt nicht, Single sein.
Ihr könnt durchaus eine Partnerschaft eingehen, und wahre Liebe ist möglich.

Doch versucht dahinterzuschauen, was ihr tut.

Habe ich zum Beispiel einen Mann, der zu Aggressionen neigt, und vielleicht bin ich auch so weit, dass ich, die Frau, durchaus mich mit dem spirituellen Weg beschäftige und befasse, dass ich durchaus meine Wahrnehmungen achte, mein Gefühl achte, aber es kann sein, dass ich die Neigung dazu habe zu bemuttern, es jedem Recht zu machen, zu gütig zu sein, um nur ja alles „richtig" zu machen.
Ich will Liebe leben, dadurch werde ich weich, ich will so gerne nur liebevoll sein, und dadurch werde ich unvorsichtig mit meinem Schauen, mit meinem Wahrnehmen.
Denn durch dieses extrem starke Bedürfnis – Ich möchte liebevoll sein, Liebe geben, meinem Mann Liebe entgegenbringen –,

und diesem „Ich liebe ihn doch so sehr", geboren aus dem Behüten,
aus dem „Ich muss ihn stützen", „Ich möchte ihn stützen",
kann ganz leicht entstehen,
dass ich nicht mehr realisiere,
dass ich vergesse, auf mich zu schauen.

Seid also auf der Hut und vergesst nie, euer eigenes Leben zu betrachten.
Vergesst nie, eure eigenen Wahrnehmungen zu achten,
eure Gefühle zu achten, eure Empfindungen.

Denn wie leicht geschieht es, dass ihr etwas missachtet, was wirklich
tatsächlich und wahrhaftig nur euch betrifft.
Und wie schnell geht es, dass ihr all das achtet, was die anderen
betrifft,
euren Partner, eure Kinder, eure Eltern, was auch immer, die Freunde,
der Bekanntenkreis.
Das muss ich tun, das sollte ich tun.
Sogar Freunde können es sehr gut.
Mit dem „Ich liebe dich doch", oder „Ich schätze dich doch so sehr",
jemanden so an sich zu binden, dass er das tut, was ich möchte.
Wo immer ihr geht und steht,
ihr solltet die Liebe zu euch selbst als oberstes Gebot betrachten.
Damit ist nicht Egoismus gemeint.
Damit ist Respekt und Achtung vor euch selbst gemeint.
Und somit könnt ihr nicht aus Versehen nicht wahrnehmen.
Ihr könnt nicht aus Versehen nicht erkennen.

Bleibt bei euch.
Geht in eure Neutralität.
Und nehmt wahr.

Und seid ehrlich mit euch selbst.

Das ist das Wichtigste an dem ganzen Vorgehen.
Denn bin ich nicht ehrlich mit mir selbst,
kann ich ganz ganz leicht genau daran vorbeischauen, worum es wirklich geht.

Schaut eure Aggressivität an, eure eigene.
Denn wenn der Partner zu Aggressivität neigt, steckt sie auch in euch.

Also warum den Partner betüteln, weil er aggressiv ist,
ihn entschuldigen,
ihm sagen:
„Ich respektiere, dass du aggressiv bist, denn ich weiß, du hast es „angenommen", du arbeitest jetzt ja daran.
Ich weiß, dass du wissend bist und weißt, dass du aggressiv bist. Ich weiß, dass du an dir arbeiten willst. Ich helfe dir. Ich helfe dir. Ich bin deine Frau. Ich helfe dir."

Was soll das?

Fange an, dir selbst zu helfen.
Denn wenn er Aggressivität ausstrahlt, dann schau dich an.
Suche es bei dir.
Und beginne, dir selbst zu helfen.

Wenn du an dir arbeitest, wird auch dein Mann sich wandeln müssen.
Es geht nicht anders.

Warum glaubst du, ihn von seiner Aggressivität befreien zu müssen, indem du ihn streichelst, einsalbst und mit Honig umgarnst,
selbst aber vergisst, dich anzuschauen und mit und an dir zu arbeiten?

Und vielleicht mag es sein, dass du dich hinstellst und sogar sagst:
„Ich kenne das Prinzip der Resonanz",

„Ich weiß, wenn er aggressiv ist, ist es auch in mir",
aber sei ehrlich,
du arbeitest trotzdem nicht mit dir, sondern du versuchst, ihn zu ändern.

Das ist nur ein Beispiel.
Es bezieht sich auf jegliche Art von euren Emotionen.

Neigt der Partner zu wahnsinniger Eifersucht, ist sie auch in dir.
Vielleicht ist sie versteckt. Vielleicht kennst du sie nicht.
Aber schau sie an.

Hat er Wut, hat er Minderwertigkeitsgefühle, dein Partner?
Wo ist das bei dir?

Hör auf, ihn aufpäppeln zu wollen, ihn stützen zu wollen, ihn, den Partner.
Fang bei dir an, dich aufzupäppeln.
Fang bei dir an, dir Größe zu geben, dir deinen Wert zu geben.
Fang an damit, dass du im Licht stehst.
Und hör auf, ihn päppeln zu wollen.

„Dieses Ihn-Stützen", „Ihn-Päppeln", „An-ihm-Arbeiten",
„ihm helfen, dass er an sich arbeiten kann",
„ihn immer wieder auffangen, wenn er depressiv ist, der Partner,
oder düsterer Stimmung",
das hat nichts mit Liebe zu tun.

Es ist ein Spiel, ein Kreislauf, der heißt:
Ich brauche Energie, und deswegen hole ich sie mir jetzt bei dir.

Und dafür gibt es genau diese zwei Rollen.

Ich bin das arme Opfer. Ich bin düster drauf.

Ich bin depressiv, weil, der hat gemacht, die hat gemacht, weil die Umstände, und das ist alles passiert.

Und der Partner, der andere Partner, fängt an, ihn zu bemuttern, ihn zu umgarnen,

ihn einzusalben, um ihn zu stützen, um ihm zu helfen,

aber es passiert eigentlich nur, dass dieser „Depressive" mit Energie gespeist wird,

und somit seine Faulheit, an sich selbst zu arbeiten, einfach kaschieren kann.

Denn es ist unnötig geworden, in die Eigenverantwortung zu gehen, denn ich bekomme die Energie jetzt ja von woanders her.

Das macht es leicht, das macht es bequem

und hat für die andere, gebende Seite, also den Partner, der quasi bemuttert, den gleichen Effekt!

Auch dieser Partner muss nicht an sich arbeiten, muss nicht sich anschauen,

sondern konzentriert sich auf den anderen.

Jeder von beiden also schaut den anderen an.

Ich bin depressiv und lasse mich betüteln, also nehme ich Energie.

Ich schaue nicht mich an, sondern meinen Partner, der mich so „liebevoll" behandelt.

Und der Partner, der liebevoll behandelt, der „liebevoll gibt" und diesen Depressiven betütelt, ist auch nicht in der Rolle, dass er sich selbst anschaut, sondern er konzentriert sich auch auf den anderen und lässt sich Energie abziehen.

Und das nennt ihr Liebe.

Und das ist das, was am allermeisten passiert unter euch Menschen. Das ist das, was ihr hier lebt.

Ich weiß, dass es harte Worte sind.
Ich weiß, dass es unheimlich schwer ist, das zu verstehen.
Es ist das, was ihr Kompromisse nennt.
Es ist das, was ihr als „richtig" empfindet,
dass das eben nun mal dazugehört in einer Partnerschaft,
dass das der Sinn sogar von Liebe ist, sich zu betüteln, sich aufzufangen.

Doch glaubt mir, das ist es nicht.

Liebe bedeutet Freiheit.
Liebe bedeutet:
Ich stehe in meinem eigenen Licht.
Ich nehme Liebe wahr.
Ich bin Liebe.
Ich lebe Liebe.

Ich, Jesus Christus, habe es euch vorgelebt, und ich lehre es euch.

Könnt ihr euch vorstellen, dass Jesus Christus, ich also, als ich auf
der Welt wandelte,
mich fallen ließ und jemand anderes musste mich so einsalben, damit ich wieder auf die Füße kommen konnte, „wenn es mir gerade
schlecht ging"?
Nein.

Liebe, wahre Liebe, bedeutet:
ICH bin das Licht.
ICH stehe im Licht.
ICH lebe das Licht.
ICH bin es zu jeder Sekunde.
ICH strahle diese Liebe aus.
Diese Liebe umgibt mich wie ein Schein.

Und ICH bin dieser Schein.
Wahre Liebe lebt.
Wahre Liebe fordert nie.
Und wahre Liebe betütelt nie.

Wahre Liebe ist einfach.
Ja. Das ist der richtige Ausdruck.
Wahre Liebe ist.

Sie steht da und ist.
Und sie ist unendlich.
Sie ist die Unendlichkeit und das Licht und die Freiheit.
Sie ist die Glückseligkeit und die Einheit.
Sie ist das Einssein mit allem
und das Wissen um dieses Einssein
und das Wissen um die Weisheit,
die Wahrheit,
die wahrhaftige Wahrheit.

Und diese Liebe bedeutet:
ICH empfinde sie für MICH.
ICH empfinde sie für DICH.
Und für JENEN und JENEN.
ICH empfinde sie für ALLE, egal, was sie zur Sprache bringen, egal,
was sie tun, wie sie handeln.

ICH empfinde diese Liebe einfach in MIR.

Sie ist unerschütterlich.
Sie gilt einem jeden Sein.
Sie gilt einer jeden Blume, einem jeden Baum.
Sie gilt einem jedem See und jedem Teich.
Sie gilt den Regentropfen genauso wie den Sonnenstrahlen.

Und sie gilt dem Unkraut und dem Brombeerstrauch.
Sie gilt der kleinen Katze und auch der alten gebrechlichen.
Sie gilt dem wilden Tiger genauso wie dem Wal, den ich noch nie zu
Gesicht bekommen habe.

Wahre Liebe ist einfach,
und durchdringt alles.
Und das ist es, was Liebe ausmacht.

Und somit ist Liebe keine Emotion mehr.
Sie ist ein Seinszustand,
ein Seinszustand, den ich leben kann und der mein Ziel ist zu leben.

Wahre Liebe ist wahre Neutralität.
Denn mit wahrer Liebe bin ich nicht mehr herauszukippen aus meinem Herzenszentrum,
aus meiner Zentrierung in meinem Herzen.

Wahre Liebe bedeutet:
Ich stehe hier, und ich bin in der Neutralität.

Seid euch bewusst:
Niemand von all jenen, die in diesem Buch zu Wort kommen,
ist deswegen gekommen, um euch zu rügen oder zu tadeln.

Seid euch gewiss:
Niemand von all jenen, die hier zu Wort kommen,
möchte euch bewerten oder beurteilen.
Niemand von uns allen hat irgendeine Art von Tadel für euch.

Unser Anliegen ist es, euch die Augen zu öffnen,
euch wahrnehmen zu lassen,
eure Wahrnehmung zu schulen.

Unser Anliegen ist es, dass ihr begreifen mögt,
wie großartig,
wie unendlich,
wie liebevoll
das Göttliche ist,
wie wahrhaftig und mit Weisheit beladen Liebe ist,
wie eindrucksvoll und doch unbegreiflich, ungreifbar das Göttliche ist,
und wie sehr es euch doch möglich ist,
ihm immer näher zu kommen,
Schritt für Schritt.

Ihr habt die Wahl.
Wir haben es so oft wiederholt.
Ihr müsst euch selbst betrachten.

Beendet das Schauen auf andere.
Beendet endlich das ewige Schauen auf die anderen.
Betrachtet euch selbst.
Und wenn ihr schaut auf die anderen, benutzt es als Spiegel, um zu erkennen, was in euch selbst an Mustern verhaftet ist,
um sie dann, nach und nach, Schritt für Schritt, auflösen zu können.
Und dieses Auflösen schafft ihr nur mit Liebe.

Ich segne euch, meine geliebten Menschen.
Ich segne euch.

Denn alle werdet ihr aufsteigen.
Alle.

Euer Jesus Christus

Liebe (II)
(Metatron)

Gott zum Gruße meine Lieben,
Gott zum Gruße.

Wir möchten mit euch über LIEBE reden.

Liebe, das müssten wir eigentlich sofort in Anführungsstriche setzen,
denn kaum einer von euch ist sich der wahren Bedeutung von Liebe
wirklich bewusst,
so dass ihr sie umsetzt und auch im Alltag lebt.

Liebe hat so viel mit Machtmissbrauch und Manipulation zu tun in eurem Leben,
und dadurch, dass ihr immer wieder aus der Neutralität kippt, belegt ihr dieses Wort Liebe mit dem, wie es auf der ganzen Welt eben
fälschlicherweise belegt wird.

Dieses Wort Liebe, wie ihr Menschen es benutzt,
hat in keinster Weise etwas damit zu tun mit dem, wie wir es benutzen.
Es ist einfach nur so, dass wir die Auswahl an Worten, die ihr als Menschen vorgegeben habt, zur Verfügung haben, also ihr uns diese zur
Verfügung stellt, und wir aus diesen Worten immer das passendste
heraussuchen müssen, um das auszudrücken, was wir ausdrücken
möchten.

Wahre Liebe,
wahre Liebe,
die bedeutet Freiheit, Unendlichkeit, göttliches Licht, Einssein mit jedem und Einssein mit Gott,
Schwingen in einer Frequenz, die unendlich viel höher ist als jene, die
ihr im Alltag lebt.

Liebe ist Weite, ist Weisheit, ist Größe, ist Licht und Unendlichkeit.
Liebe beinhaltet jeden einzelnen der Erzengel, jeden Aufgestiegenen Meister.
Liebe ist rein.

Und wenn ihr das alles euch bewusst macht, dann müsst ihr euch zugestehen,
dass das, was ihr als Liebe lebt, so von Mensch zu Mensch,
ihr, die ihr das seid in euren Beziehungen,
dass diese Liebe nichts mit dem zu tun hat, was wir euch gerade gesagt haben.

Wo ist die Reinheit in dem, was ihr Liebe nennt?
Wo ist die Weisheit darin?
Wo ist die Frische, die Lebensfreude?
Wo ist der Respekt?

Aber nein, eure Liebe ist belegt mit Manipulation und Machtmissbrauch.

Und glaubt ja nicht, dass ihr nur die Opfer seid.
Ihr seid genauso gut in Machtmissbrauch und Manipulation wie der Partner, der euch zur Seite steht beziehungsweise an den ihr gerade denkt.

Nicht nur der Partner ist der, der mit euch Machtmissbrauch betreibt und euch zu manipulieren versucht.
Auch ihr seid darin Meister.

Nichts liegt uns ferner, als euch zu tadeln und zu rügen,
denn wir werten nicht.
Es ist uns jedoch ein großes Anliegen, heute zumindest,
denn auch das tun wir üblicherweise nicht,

uns „einzumischen" in das, was ihr vollzieht,
heute aber, aus einem ganz bestimmten Grund, den wir nicht benennen wollen,
denn es würde noch unverständlich für euch sein,
also heute wollen wir euch darauf hinweisen.

Schaut euch selbst an.
Und nehmt diesen jeweiligen Partner als euren Spiegel zur Kenntnis.
Keiner von euch, in Bezug auf eure Partner, ist besser oder schlechter dran.
Keiner von euch, in Bezug auf die Partner, manipuliert weniger oder mehr wie der andere.
Ihr selbst seid Meister der Manipulation.
Nehmt es als Fakt, den wir euch bieten, und macht damit, was euch angemessen erscheint.
Macht mit diesem Wissen, das wir euch heute darreichen, das, was ihr als das Richtige empfindet.
Wie gesagt, es ist kein Tadel, es ist ein Euch-darauf-aufmerksam-Machen auf das, was ihr tut, und das, was ihr Liebe nennt.

Ihr wisst inzwischen sehr wohl, was wir mit diesem Wort Liebe meinen.

Das ist es, was es auch zu leben gilt, auch innerhalb der Partnerschaft.

Wahre Liebe ist ein Synonym für Lebensfreude.
Wahre Liebe ist ein Synonym für Respekt jedem anderen Wesen gegenüber.
Und dieser Respekt bedeutet: Es ist gar nicht möglich zu manipulieren oder Macht zu missbrauchen.
Wahre Liebe ist ein Gefühl von Freiheit, wie es unbeschreiblich ist, nicht zu beschreiben möglich ist.

Hört also auf, das, was ihr bis jetzt dafür gehalten habt, mit dem Wort Liebe zu belegen.

Ihr habt eure Partner, um zu lernen.

Nichts anderes.

Ihr habt eure Partner, um zu begreifen, um zu erkennen, um herauszutreten aus eurem selbstgeschaffenen Gefängnis, was da bedeutet: Ich bin nichts wert, ich kann es nicht, ich bin schlecht, weil ..., ich bin zu aggressiv, ich bin zu fordernd, ich bin was auch immer.

Beendet diese Wertungen über euch selbst.

Es heißt nichts anderes wie: Geht in die Neutralität und lebt diese Neutralität.

Und Neutralität wiederum ist gleich Liebe.

Ihr könnt die Gleichung bis in die Unendlichkeit ausführen:

NEUTRALIÄT = LIEBE = LEBENSFREUDE = FREIHEIT = GOTT.

Lebt es.

Ihr seid Gottes Kinder, Gottes Diener.

Ihr seid Gott in Tätigkeit.

Ihr seid Gottes Licht.

Gott ist in euch, und ihr seid in Gott.

Und ihr vergesst es immer wieder.

Lebt diese Liebe, die wahre Liebe.

Und nichts kann euch geschehen.

Lebt ihr diese wahre Liebe, gibt es keinen Partner, der euch manipuliert, es gibt keinen Partner, der Macht über euch ausübt.

Befreit euch von diesem Gedanken, dass Liebe Kompromisse machen muss.

Wer hat euch das beigebracht?
Liebe ist rein.
Wahre Liebe braucht keinen Kompromiss.
Denn wahre Liebe ist.

Und wenn etwas ist, einfach ist, gibt es nichts daran zu rütteln.
Ich kann nichts wegnehmen, nichts hinzufügen.
Ich kann es nicht größer werden lassen oder kleiner.
Ich kann nicht ein Teil davon abbrechen und herausnehmen und kein
Teil hinzufügen.
Wenn etwas einfach ist, dann ist es.
Und so ist es mit Liebe.
Liebe ist.
Du kannst sie nicht einmal bewerten.
Diese Art von Liebe kann man nicht bewerten.
Die andere Liebe aber, die die vielen Menschen leben, die braucht
das Urteil, die braucht das Werten, denn so ist sie aufgebaut von ihrer
Struktur.

Wie sehr liebst du mich?
Warum liebst du mich?
Kennt ihr diese Sätze?
Oder hört euch an, wenn ihr sagt: Ich liebe dich.
Was steckt da alles an Programmierung drin?
Was steckt da alles an Erwartung drin?
Was steckt da alles drin an Komma – Punkt Punkt Punkt, wenn du
dich da und da änderst.
Und wenn du dich geändert hast, dann liebe ich dich noch mehr!

Wahrer Liebe gibt es nichts hinzuzufügen.
Bei wahrer Liebe kann es nicht mehr werden oder weniger.
Wahre Liebe ist.

Und aus diesem Grund ist wahre Liebe so, dass sie immer und immer und immer liebt.

Und wahre Liebe ist es eigentlich auch, jemanden gehen zu lassen.
Denn die Liebe mindert sich nicht.
Sie ist.
Wenn etwas einfach ist, kann ich alles, was geschieht um mich herum, aus der Neutralität betrachten.
Liebe ist.
Und ich liebe dich, egal, ob du bei mir stehst oder hunderte von Kilometern oder jahrelang weg bist.
Vielleicht sehe ich dich nie mehr wieder.
Aber Liebe ist.

Erkennt ihr den Unterschied von eurem Wort Liebe und der wahren Liebe?
Begreift ihr, was wir euch heute sagen möchten und begreift ihr auch den Anlass, jeder Einzelne von euch?

Ihr alle seid gekommen, dieses Buch zu lesen, denn im Inneren wusstet ihr, dass ihr Dinge begreifen könnt, die euch vielleicht schon längst klar sind, es aber Worte bedurfte, um diese so ins Licht zu holen, dass ihr sie auch betrachten könnt.

Verneigt euch vor euch selbst,
denn ihr seid Größe.
Und keiner von euch hat es bis jetzt getan.
Verneigt euch vor euch selbst.
Und seid dankbar, denn ihr seid Licht.
Doch keiner von euch hat es bis jetzt getan.
Bringt euch den Respekt entgegen.
Denn ihr seid Liebe.
Aber keiner von euch hat es bis jetzt getan.

Ihr seid so viel Macht.

Und ihr habt die Wahl.

Ist die Macht mit Liebe und Respekt belegt?

Mit Neutralität?

Dann werde ich niemals, niemals, auch nicht aus Versehen, Machtmissbrauch betreiben.

Ist die Macht mit Erwartungen belegt, mit Verurteilen, mit Bewerten, dann geht es nicht anders als sie zu missbrauchen.

Geht in die Neutralität und fangt endlich an, euch zu leben.

Ihr, die ihr Licht seid.

Fangt endlich an, die Augen aufzumachen und euch selbst zu betrachten.

Ihr, die ihr Gott in Tätigkeit seid.

Fangt endlich an aufzustehen und hinauszugehen in die Welt und euer Licht zu leben.

Wir segnen euch.

Wir segnen euch.

Metatron

Freude und Leid

(St. Germain)

Freude.

Tja, das mit der Freude ist wohl ein heikles Thema.
Freude.
Was ist das?

Schaut euch das einfach mal genau an.
Über was freut ihr euch Menschen? Über was?

Ihr freut euch, wenn ein anderer euch mitteilt, dass es ihm gut geht, dass er einen wunderschönen Urlaub erlebt hat, dass er glücklich ist mit seinem Partner.
All diese „kleinen" Freuden der anderen teilt ihr.
Aber was bedeutet „teilen"?

„Teilen", das ist nichts anderes, als mit dem anderen in Resonanz gehen.
Teilen bedeutet, Anteil nehmen an des anderen Schicksal.
Wenn aber teilen „in Resonanz gehen" bedeutet, dann schaut euch an, was dabei passiert.

Es ist nichts anderes, als wenn jemand euch sein Leid klagt.
Auch da geht ihr in Resonanz.
Ihr nehmt Anteil an dem Leid, und das Leid ist euer.
Ihr leidet, obwohl es des anderen Leid ist.
Ihr leidet, obwohl es nichts in eurem Leben gibt, was euch genau dieses schmerzvolle Leid empfinden lassen könnte. Denn es ist des anderen Leid.
Ihr geht in Resonanz.

Aber warum tut ihr das?
Warum?

Dafür, um das zu betrachten, müssen wir ein wenig ausholen.

Ein Mensch empfindet Leid, hat also etwas erlebt, was ihn betrübt.
Das Erste, was ihr tut, wenn ihr davon erfahrt, ist, euch vorzustellen,
wie es wohl euch in der gleichen Situation gehen würde.
Ihr zieht den Schmerz, also die Emotion, wie ein Magnet an.
Ihr begebt euch in die Frequenz dieses Schmerzes. Besser gesagt,
ihr stellt euch in euren Gedanken die Situation so vor, als wäre oder
würde sie euch geschehen, und mit dieser Vorstellung, die ihr natürlich
so realitätsgetreu macht wie nur möglich, erzeugt ihr eine bestimmte
Frequenz, in die ihr „hineinrutscht", in der ihr dann steht.

Jede Emotion hat ihre eigene Frequenz. Jede Nuance der Emotion
Trauer hat auch ihre Nuance einer Frequenz.

Wenn ihr also nun die leidvolle Situation, das leidvolle Erlebnis durch
die Macht eurer Gedanken für euch selbst in diesem Moment kreiert,
dann erzeugt ihr dadurch natürlich auch die entsprechende Frequenz
und steht, lebt, seid auch mitten in ihr, seid in diesem Moment diese
Frequenz.

So ist es euch möglich, mit dem anderen „mitzuleiden".

Das bezeichnet ihr als menschlich.
Das ist, was ihr „herzlich" nennt.
Das ist, was ihr „Anteilnahme" nennt.
Aber ist es das?

Bin ich wirklich „anteilsnahm", wenn ich „mitleide"?
Bin ich herzlich, wenn ich mich von mir selbst wegbewege?

Bin ich „menschlich"?

Ja, ich bin menschlich, auch wenn es, wenn wir es benutzen, anders belegt ist.

Menschlich sein heißt, so, wie wir es definieren, so zu agieren, so zu sein, wie es üblich ist unter Menschen, die den Zugang zu ihrem eigenen Licht „verloren" haben.

Menschlich sein heißt, hin und her zu schwanken, als Reaktion auf das, was von außen an mich herangetragen wird.

Hin und her zu schwanken heißt, ständig und immer wieder aufs Neue seine Frequenzen zu ändern, sich somit der Umwelt anzupassen.

Doch wahrlich „herzlich" sein bedeutet, sich selbst zu leben, sich bewusst zu sein, was das eigene Herz sagt, zentriert zu sein in der Mitte des Herzens und zu jeder Sekunde den Zugang zum Göttlichen aufrechtzuerhalten, im Vertrauen in Gott und seiner Heerscharen.

Wirklich von Herzen zu handeln, das ist gemeint mit „herzlich" sein.

Von Herzen zu handeln, von Herzen durchs Leben zu gehen bedeutet Liebe zu leben.

Liebe zu sich selbst und die Liebe für alles Sein.

Wenn ich Liebe jeglichem Sein gegenüber empfinde, dann bin ich weit davon entfernt, mit anderen ständig in Resonanz gehen zu wollen.

Denn dann bin ich mir meiner selbst bewusst, weiß ich um mein eigenes Licht,

weiß ich um meine Herkunft und mein Ziel.

Liebevoll durchs Leben zu gehen ist eine Größe, die erarbeitet sein will.

Sich selbst als die Größe zu leben, die man ist, ist ein schweres Anliegen, wenn man das so nennen will.

Es ist nicht einfach.

Denn ihr werdet zu hören bekommen, dass ihr herzlos geworden seid. Denn die Menschen aus eurem Umfeld werden (noch) nicht verstehen können, was euch dazu bringt, nicht mehr „anteilsam" zu sein, so wie sie es erwarten.

Für euch, wenn ihr es denn nun raus habt, wie das funktioniert, wie es denn nun ist, neutral zu bleiben, für euch ist es eine Befreiung. Eine Befreiung aus den Fängen der Verführung. Denn alles dort auf Erden ist darauf ausgerichtet, euch zu einem Teil des Ganzen zu machen, wobei das „Ganze" sich in dem Fall nicht auf das Göttliche, Unendliche, Friedvolle, Liebevolle bezieht, sondern auf das System, in dem die Menschen gewählt haben zu leben. Sie wollen dich. Sie wollen dich als einen Teil des Systems. Alle sollt ihr dazu passen, zu den Regeln, den Geboten, der Moral. Alle sollt ihr funktionieren nach den von Menschen geschaffenen Vorgaben.

Doch was ist mit Gott? Was ist mit seinen Regeln?

Ist es nicht euer Ziel, ihm zu folgen? Ist es nicht euer Wunsch, einzugehen in diese Unendlichkeit der Freude, die da heißt Liebe und Licht?

Dann seid euch bewusst, was ihr zu tun habt. Seid euch bewusst, was es bedeutet.

Löst euch von den Normen. Löst euch von antrainiertem Verhalten, das da ist „Anteilnahme". Schaut euch die Gegebenheiten an. Schaut und erkennt sie als das, was sie sind. Erkennt und schaut mit Liebe.

361

Erkennt und seid Stütze.
Doch geht niemals, hört ihr, niemals in Resonanz.

Bleibt in eurem Licht.
Bleibt in eurer Frequenz.
Bleibt bei euch.
Bleibt bei Gott.

Wir denken, ihr habt das verstanden.
Aber ...,
jetzt kommen wir zu einem weitaus schwierigeren Part.
Es ist das gleiche Thema, und doch seid ihr nicht bereit, es zu leben.
Es ist die Freude, die ihr gewohnt seid zu leben.

Freude.
Auch da frage ich euch, was ist das?
Denn auch da ist es nicht anders als bei der Trauer, dem Schmerz.
Jemand erzählt euch von seinen freudvollen Erlebnissen, und ihr geht in Resonanz.
Ihr stellt euch wiederum vor, wie es wäre, wenn ...
Ihr begebt euch durch die Macht eurer Gedanken in eine bestimmte Emotion und nehmt die Frequenz dieser erzeugten Emotion an, lebt also diese Emotion, diese Frequenz in diesem Moment.
Ihr seid in Resonanz gegangen.

Auch hier gilt:
Es ist nicht eure Emotion, es ist die des anderen.
Für euch gilt:
Lebt so, dass ihr freudvoll durchs Leben geht.
Lebt so, dass es unnötig ist, sich an anderer Freude zu beteiligen.
Lebt so, dass euer Sein euch genügt, dass ihr euch selbst als Freude empfindet.
Lebt so, dass ihr euch immer und ständig bewusst seid, wer ihr seid,

dass ihr Licht seid, aus dem Licht geboren und in das Licht geht.
Auf diese Weise ist euch Freude gewiss.
Auf diese Weise seid ihr Freude.
Und das In-Resonanz-Gehen, auch in Bezug auf die Freude, ist unnötig geworden.

Ja, es ist schwer.
Ja, wir wissen das.
Aber seid euch bewusst, dass ein jeder von euch es schaffen wird.
Seid euch bewusst, dass ein jeder von euch den Weg zum Vater finden und erkennen wird, an welcher Kreuzung er welchen Weg einzuschlagen hat.

Je „weiter" ihr gegangen seid, umso so diffiziler wird oft das Ausfiltern dessen, was euch im Weg steht, um so „haariger" wird die Arbeit, umso „versteckter" werden die Fallen.
Aber ... ihr schafft das.

Lasst einfach ab von dem, was euch als Moral und Ethik die Beine bindet.
Lasst ab von dem, was euch straucheln lässt und abhält, euren Weg zu gehen.
Es ist das, was ihr Menschen so gerne „menschlich" nennt.
Es ist das, was ihr Menschen so gerne „herzlich" nennt.
Es ist das, was ihr Menschen so sehr verbindet mit Moral und Ethik und ihr euch nicht bewusst seid, wo dahinter die Dogmen versteckt sind.

Ja, die Dogmen sind die Steine, die euch im Weg liegen.
Und sie sind gar oft so wunderschön, diese Steine, dass ihr sie liebevoll aufhebt und sie noch ganz besonders freudvoll in euer Leben integriert, ihnen sozusagen noch einen extra schönen Platz auf dem Fensterbrett aussucht.

Der Schmerz und die Freude.
Ein wunderschönes Thema, um endlos darüber zu reden.
Aber es soll gut sein für heute.

Wir grüßen euch von Herzen.
Wir grüßen euch.

St. Germain

10. DIE GEDANKEN

Emotionen und Gedanken

(Metatron)

Gott zum Gruße, meine Lieben,
Gott zum Gruße.

Die Voraussetzung, um mit bestimmten Informationen arbeiten zu können, ist,
dass sie in eurem gesamten Sein aufgenommen werden können,
also nicht nur zum Beispiel durch eure Ohren, durch Hören zu euch dringen,
sondern tatsächlich, im wahrsten Sinne des Wortes, jedes einzelne Partikelchen, was euch ausmacht, diese Informationen aufsaugt wie ein Schwamm das Wasser.

Und das ist das Stichwort.
Das ist das, worüber wir sprechen wollen.
Über das Wasser, über die Emotionen.

Ihr wisst, dass bestimmte Emotionen eure Handlungen beeinflussen,
euer Denken dadurch beeinflusst wird,
und somit auch dieses Energiefeld, in dem ihr steht,
das ihr ja durch Gedanken kreiert.

Dieser Satz: „Ich erschaffe mein eigenes Universum",
ist zu jeder einzelnen Sekunde gültig,
denn eure Gedanken haben die Kraft und die Macht,
dieses Universum zu gestalten in jeglicher Hinsicht, in jeglicher Form
und in jeglicher Art und Weise.

Nichts ist dem Zufall überlassen,

und so ist auch jede einzelne Begegnung so gestaltet,
dass sie als Folge eures Denkens, eures Handelns, eures Agierens
erfolgt.

Mag sein, dass bestimmte Ursachen für diese eine Begegnung schon
weit, sehr weit, zurückliegen,
aber dennoch ist es die Folge dieser Ursache.

Vielleicht für euch manchmal, oder sogar sehr oft, nicht mehr zuzuord-
nen, aber es ist so.

Alles, was euch geschieht, um euch geschieht, mit euch geschieht,
Alles, woran ihr beteiligt seid, auch die kleinsten Momente,
ist eine Folge eures eigenen Handelns, eures eigenen Agierens, eures Denkens.

Und das ist eines der Hauptlehransätze der Universellen Gesetze,
dass ihr erkennt und begreift,
welche Macht euer Denken,
welche Macht eure Gedanken haben.

All die Gesetze, sei es das Gesetz von Ursache und Wirkung,
das Gesetz der Entsprechung,
das Gesetz der Polarität,
welches auch immer ihr heranzieht, um es nach und nach für euch
verständlich zu machen und es so in euer Leben zu integrieren,
die Grundlage für euch, die ihr hier inkarniert seid, heißt immer:
DEINE GEDANKEN HABEN MACHT,
und das, was du denkst, wird auch geschehen.

Das nennt man auch unter anderem „Materialisation".

Und das bedeutet nicht nur, zum Beispiel im gängigen Sinne Gegenstände zu erschaffen,
also zu materialisieren.

Es bedeutet einfach auch,
euer Umfeld zu gestalten,
eure Psyche zu gestalten,
euren emotionalen Zustand zu gestalten,
eure Begegnungen,
also die Menschen, die auf euch treffen, die ihr trefft,
diese Begegnungen zu gestalten.

Und ein ganz wichtiger Aspekt bei diesem Erschaffen eures Universums
sind nun einmal eure Emotionen.

Denn ihr, so wie ihr da seid,
lasst alle zu, dass Emotionen eure Gedanken steuern,
und nicht umgekehrt, wie es sein sollte,
dass ihr die Macht der Gedanken nutzt, um eure Emotionen zu steuern.

Denn ihr vergesst so oft,
dass euer Gehirn, das ihr in dem Moment zur Verfügung gestellt bekommt,
wo ihr eben in dieser Zeit inkarniert seid auf der Erde,
dass dieses Gehirn ein Werkzeug ist,
das ihr zur Verfügung gestellt bekommt.
Es ist nichts anderes als ein Werkzeug.

Ihr seid der Meister.
Ihr, die ihr als dieses unsterbliche Licht entschieden habt, auf dieser
Erde eine Weile zu wandeln,
um den Weg des Lernens zu gehen,
habt euch unter vielen anderen Werkzeugen das Werkzeug „Gehirn"
ausgewählt,
und es auch so in der Art und Weise gewählt, dass es für euch das
Optimum bedeutet.

Egal, ob ihr als sehr, sehr intelligent hier unter den Menschen geltet, also meinetwegen sogar einen Professoren-Doktor-Doktor-Doktor-Titel tragt,

und irgendwelche, ich sage jetzt einmal, der Welt großartige Forschungen hinterlasst,

weil euer Hirn fähig ist, schnell und präzise zu denken und Zusammenhänge zu erfassen,

oder aber ihr habt ein Gehirn als Werkzeug gewählt, das langsamer ist im Begreifen der Zusammenhänge,

es ist vollkommen egal.

Es ist für euch das, was das Optimum bedeutet.

Und ihr müsst es nutzen als euer Werkzeug.

Das bedeutet, dass ihr auf jeden einzelnen Gedanken schauen müsst und bewusst eine Entscheidung treffen müsst für die Art eures Denkens.

So ist es euch auch möglich, euch selbst im Zaum zu halten mit Wertung, Verurteilung,

vor allem auch euch selbst gegenüber.

Denn wenn ihr beendet, euch selbst zu werten und zu verurteilen, hat es zur Folge,

dass ihr das auch nicht mehr mit anderen Menschen, Ereignissen, Begegnungen tun werdet.

Eure Gedanken haben eine Größe und ein Machtpotenzial, die euch nicht wirklich bewusst sind.

Denn es ist zu einem abgedroschenen Klischee und Ratschlag verkümmert zu sagen:

„Denke positiv".

Keiner nimmt es mehr ernst.

Und wenn ihr diesen Rat bekommt, lächelt ihr darüber und denkt „Ja, weiß ich doch".

Doch was eigentlich tatsächlich dahintersteckt, ist eigentlich durch

diese Aussage „Denke positiv" falsch ausgedrückt.
Auch hier möchte ich betonen, dass dieses Wort „falsch" nicht eine Wertung ist,
sondern nur eine Wortwahl unsererseits, um euch zu verdeutlichen, was wir euch sagen möchten. Denn die Auswahl der Worte ist nicht sehr umfangreich im Angebot.

„Denke positiv" ist also „falsch" als das, was wir euch vermitteln wollen.
Denn das Wort „positiv" ist eindeutig eine Wertung.
„Positiv" beinhaltet in sich als Aussage, dass es auch „negativ" gibt.
Und so ist es nicht gemeint, wie ihr eure Gedanken nutzen sollt.
Denn es müsste heißen:
DENKE WERTUNGSFREI.
DENKE NEUTRAL.
DENKE OHNE VERNEINUNG.
DENKE KRAFTVOLL.
DENKE MACHTVOLL.
DENKE DIR ANGEMESSEN.
DENKE DAS, WAS DIR ZUSTEHT.
Und es steht dir alles zu.
Es steht dir Reichtum und Wohlstand zu,
Freude und Genuss,
friedvolles Leben
und Liebe, Bereicherung und Genuss.

Denke dir angemessen.
Denke mit sonnigem Herzen.
Denke mit offenen Augen.
Denke für dich bereichernd.

Und mit dieser Art zu denken greifst du massiv ein in dein emotionales Empfinden.

Denn, auch wenn euch das wiederum nicht recht bewusst ist,
oder vielmals nicht bewusst ist,
eure Gedanken sind massiv eingreifend auf euer emotionales Empfinden,
und wenn ihr das verstanden habt, dann ist euch auch bewusst,
dass ihr durch diese Gedanken natürlich auch emotionale Ausgeglichenheit in euch erschaffen könnt.
Denn, ich wiederhole es noch einmal:
IHR SEID ERSCHAFFER EURER EIGENEN WELT.

Was ist zum Beispiel Wut?
Warum empfinde ich Wut?
Es ist der Ansatz, wie ich über etwas denke.

Natürlich hat es nach eurer logischen Auflistung der Reihenfolgen bestimmte Gründe, die zu dieser Wut hinführen.
Sei es, ihr seid verletzt worden, oder was auch immer euch dazu einfällt,
doch auch das davor, vor dieser Wut, das Verletztwerden zum Beispiel geschieht,
weil ihr bestimmte Dinge über eine bestimmte Situation, ein Ereignis in bestimmter Weise denkt.

Auch da könnt ihr ansetzen und es wertungsfrei betrachten.
Dem anderen zugestehen, eine bestimmte Aussage zu treffen
und es nicht aufzunehmen,
und euch nicht dadurch steuern zu lassen.

Eure Gedanken haben in jeder einzelnen Situation die Macht zu erschaffen
oder zu zerstören.
Und damit seid ihr selbst gemeint,
denn nichts anderes passiert damit.

Mit jedem vernichtenden Gedanken,
auch wenn er eigentlich vermeintlich einer anderen Person, einem
Volk oder wem auch immer gilt,
macht ihr nur eins:
Ihr vernichtet einen Teil eures eigenen Selbst,
eures eigenen Werts
und verliert an Kraft, Energie und Stabilität.

Lasst die Sonne scheinen in eurem Herzen
und verbleibt mit dieser Zentrierung auch dort,
an diesem fröhlichen, sonnenerhellten Platz,
in der Mitte eures Herzens,
und eure Gedanken werden automatisch andere sein.

Lasst nicht zu, dass das Schauen auf die Welt, auf die Ereignisse,
auf Menschen oder Reaktionen und Aussagen anderer Menschen
aus einem anderen Platz heraus geschieht als aus eurem Herzen.
Nehmt euch das mit auf den Weg.

Schaut immer aus der Mitte eures Herzens, und ihr steht in eurer Zentrierung, in der Neutralität,
in dieser absoluten, bedingungslosen, wertungsfreien Liebe,
jedem einzelnen Sein gegenüber,
euch selbst gegenüber,
und ihr erschafft so eine Welt für euch, ein Universum für euch,
das euch angemessen ist,
das dem angemessen ist, dass ihr Licht seid, dass ihr Größe seid,
dass ihr Macht seid, dass ihr Demut seid.

Und Gnade wird über euch kommen und euer Leben bereichern
und euch so anheben in eurem Sein.
Und euch wird Unterstützung gewährt auf eurem Weg ins Licht.

Alles, was ihr tut,
alles, was euren Alltag ausmacht,
alles, was euch ausmacht,
alles, was euren Weg ins Licht ausmacht,
alles, was euer spirituelles Wissen ausmacht,
könnt ihr durch eure eigenen Gedanken nicht nur beeinflussen,
sondern in höchstem Maße forcieren
und euer Leben, euer Dasein damit bereichern.

Ihr werdet fähig sein
zu stehen und zu gehen im Licht,
obwohl ihr hier inkarniert auf dieser Erde wandelt,
und nichts und niemand kann es erreichen,
euch aus diesem Zustand, aus diesem Licht,
dem von euch selbst
geschaffenen Licht herauszukippen,
denn ihr, durch die Macht eurer Gedanken, schafft es,
stabil zu stehen
und fortzuschreiten auf eurem Weg
zu wandeln hier auf Mutter Erde
und euer Leben, euer eigenes Leben damit zu bereichern.

Ich segne euch, meine Lieben,
Ich segne euch,
und ich bitte euch zu bedenken,
dass nichts und niemand soviel Macht über euch besitzt wie ihr selbst.

Nichts und niemand kann euch heilen, wenn ihr es nicht wollt.
Nichts und niemand kann euch verstoßen, wenn ihr es nicht zulasst.
Nichts und niemand kann euch verletzen, wenn ihr es nicht gewährt.

Und all dieses Zulassen, Gewähren, Wollen
entsteht durch eure Gedanken.

Gott zum Gruße,
Gott zum Gruße.

Euer Freund Metatron.

☆☆☆☆☆

11. DIE NATUR

Ihr und die Natur
(St. Germain)

Gott zum Gruße,
Gott zum Gruße.

Wir sprechen heute über die Natur.

Jeder von euch, der dieses Buch liest, weiß, wie schön es ist, in die Natur hinauszugehen,
sei es an einem Sandstrand am Meer entlang zu spazieren oder auch in den Bergen, um den Ausblick zu genießen, sei es wenn ihr in den Wald geht oder über eine blühende Wiese lauft,
doch kaum einer macht sich Gedanken, was denn tatsächlich passiert mit euch, dort draußen in der Natur.

Jeder von euch weiß, wie gut es ihm tut. Und doch ist es so, dass ihr euch oft nicht überwinden könnt, hinauszugehen in die Natur.

Ihr wollt Begleitung haben, ihr wollt eine Person, die mit euch geht, ihr wollt euch unterhalten,
ihr habt alle möglichen Tricks drauf, wie ihr euch ablenkt von dieser Natur.
Doch wahrlich aufnehmen könnt ihr sie nur in der Stille.
Wahrlich wahrnehmen könnt ihr die Natur nur in der Stille,
denn sie hat euch viel zu sagen und viel zu bieten.
Sie gibt euch Kraft.
Und was euch möglich ist ist, mit ihr in Resonanz zu gehen.

Schaut euch einen Baum aus.
Sucht euch einen, der euch anspricht.

Berührt ihn.
Empfindet ihn.
Setzt euch hin und lehnt euch an diesen Baum, oder steht und lehnt an ihm.
Oder gar umarmt ihn.

Schaut euch ein Blümchen an, das euch anlacht.
Es ist ganz sicher eines dabei, das euch besonders anspricht.
Hört, was es euch zu sagen hat.
Schaut das Wasser, das in der Natur ist, sei es, dass es fließt oder steht.
Es ist für euch da.

Schaut die Sonne, die Wolken, wie sie ziehen.

Berührt Mutter Erde, denn sie liebt euch.
Und sie weiß immer, wo ihr steht, wo ihr geht.
Sie ist sich immer bewusst, was auf ihr passiert.
Schenkt ihr eure Liebe, denn sie hat es verdient.
Ladet nicht nur ab euren Hass und eure Wut, eure sonstigen Emotionen.
Schenkt ihr bewusst Liebe.
Empfindet Liebe für die Blumen, die Bäume, für sämtliche Pflanzen,
für die Tiere,
für das Ganze, was Mutter Erde ausmacht,
für euer Universum.

Fangt im Kleinen an.
Denn in jedem Steinchen könnt ihr Gott erkennen.
In jedem kleinsten Steinchen, in jedem Sandkorn, in jeder Pflanze, in jedem Ding,
überall steckt diese Liebe und diese Lebensfreude.
Macht euch auf die Suche danach.

Legt euch mitten in die blühende Wiese und schaut in den Himmel.

Geht absichtlich in die Stille.
Und lasst eure Gedanken vorbeiziehen.
Und sie werden zur Ruhe finden.

Wem der Weg der Meditation nicht zusagt, der sollte in die Natur gehen.

Denn die vielen, vielen anderen Dinge, die euch da geboten werden in der Gruppe, sei es Qigong oder sonst etwas, haben eine große Wichtigkeit, aber die wahrliche Ruhe, dieser Frieden, der in eurem Herzen ruht, den können sie euch nicht vermitteln.
Das findet ihr nur in euch selbst.
Nur in euch selbst und nicht, wenn ein anderer sich mit euch unterhält oder Probleme bei euch ablädt, während ihr durch die Natur spazieren geht, oder auch, wenn ihr Probleme abladet.

Geht und breitet die Arme aus.
Genießt es.
Saugt sie auf, diese Energie, diese wundervolle Energie, die dort herrscht in der Natur.

Setzt euch ans Wasser und lasst eure Augen über die ruhige Wasserfläche gleiten,
oder auch über die Stromschnellen.

Es wird Empfindungen bei euch hervorrufen.
Es wird etwas mit euch tun.
Es wird euch etwas empfinden lassen.
Ihr müsst nur hinschauen.
Ihr müsst es wollen.

Manch einer liebt es, durch die Natur zu joggen, auch das ist eine gute Methode, denn du bist mit dir allein. Aber joggen und unterhalten –, dann nimmt man die Natur nicht mehr wahr.

Oder auch das Joggen und körperlich so erledigt zu sein, dass du nur noch hechelst, das ist nicht gemeint mit Natur.

Geht hinaus in die ungestüme Natur,
in die Natur, die nicht gepflegt ist vom Menschen.

Stellt euch auf den Berg, lasst euren Blick schweifen,
und ihr werdet die Macht Gottes erkennen,
das Machtvolle, das da in diesem Hologramm steckt, in dem ihr euch aufhaltet.

Und es mag sein, dass ihr euch in so einem Moment klein vorkommt,
doch das seid ihr nicht.
Ihr seid eins.
Ihr seid das Gleiche.
Ihr seid verbunden mit diesem Ganzen.
Nichts ist mehr und nichts ist weniger.
Ihr seid eins mit diesem Ganzen, das ihr da betrachtet,
wenn ihr euren Blick schweifen lasst von der Spitze des Berges.
Ihr seid eins mit dem Wasser,
wenn ihr da sitzt am Ufer und euren Blick schweifen lasst über diese ruhige See.
Ihr seid eins, wenn ihr das Meer betrachtet und die Wellen wogen.

Alles, alles was ihr seht, erzählt euch etwas.
Alles, alles was ihr betrachten könnt, ist ein Spiegel.
Nicht nur die Menschen, die euch gegenübertreten, sind euer Spiegel.
Nein, es ist auch das Friedvolle draußen in der Natur, die Schönheit, die Ruhe,

diese Freude, die da sprießt und sich in einer kleinen winzigen Blume zeigt.

All das steckt in euch.
Ihr müsst es suchen, dann könnt ihr es finden.
Ihr müsst es wollen, dann ist es da.
Ihr müsst es aufnehmen, dann ist es in euch.

Und dann erst begreift ihr, dass ihr es niemals zu suchen braucht,
dass es immer schon da war und immer schon da ist,
dass ihr das seid,
dass es nichts zu suchen gibt.
Es muss nur zum Erblühen gebracht werden.
Ihr müsst es aufwecken.
Ihr müsst es wollen.
So kann es wachsen und gedeihen und euch mit Licht erfüllen.

Macht euch die Natur zum Freund.
Macht euch die Natur zum Freund.

In Liebe,
euer St. Germain.

Die Fische
(St. Germain)

Wenn ihr euch an einen See setzt, die Stille spürt, fühlt und auch hört,
die Stille, die da gespeist ist mit Vogelzwitschern, mit einem Rauschen
der Blätter,
wenn ihr die kleinen Tiere am Rand beobachtet, die Ameisen, alles
was da krabbelt,
wenn ihr einfach diese Natur aufsaugt,
und dann euren Blick auf dem See ruhen lasst,
werdet ihr vielleicht die Fische sehen können, die da friedvoll und in
Ruhe ihre Bahnen ziehen,
wie sie einfach sind, ohne einen Gedanken daran zu verschwenden,
was als Nächstes zu tun ist,
ohne einen Gedanken daran zu verlieren, wer wem nahe kommen
darf und soll,
ohne darüber nachzudenken, ob der Fisch von rechts, der da kommt,
mir sympathisch ist und der von links nicht,
ohne überhaupt diese Einheit des Fischschwarms, des Fischseins,
des Einsseins mit dem Wasser, mit dem Sein an sich zu verlassen,
denn es gibt keine Gedanken dieser Art in einem Fisch, die es zulassen würden,
darüber nachzudenken, ob ich, der Fisch, zu den anderen passe oder
nicht.

Ihr mögt sagen, das ist natürlich ein Riesenvorteil, wenn man kein
Hirn hat, das so denken kann. Dadurch kann ich automatisch diese
Art von Gedanken sein lassen.

Trotzdem möchte ich es als wunderbares Beispiel für euch benennen,
wie ein Leben sein kann, ohne diese Art von Wertung, die ihr ständig
zu jeder Minute, fast möchte ich sagen, zu jeder Sekunde vornehmt.
Wie schaut es aus? Hat der einen dickeren Bauch, ist da die Flosse

gerade oder schief, ist sie zu weit oben oder zu weit unten, hängt da was am Hals, sind die Haare des Wels gefärbt, glatt oder gekräuselt? Es ist völlig unerheblich, wie der andere Fisch ausschaut. Er entspricht keinem Schönheitsideal. Er ist einfach. Er ist ein Fisch. Er ist ein Lebewesen, denn er ist nicht mal ein Fisch, selbst diesen Gedanken gibt es nicht beim Fisch.

Er ist.

Und rein meine Wahrnehmung, mein Empfinden sagt mir, ob ich Rückzug antreten muss,

rein aus dem Gedanken, weil ich gefressen werden könnte,

also die Natur des Sterbens und Werdens, die da eine Rolle spielt,

doch selbst dieses ist kein Gedanke an sich,

es ist ein Impuls, ein inneres Wissen, es ist Weisheit von innen heraus,

und diese Weisheit wird gelebt.

Und das ist es, was ich euch vermitteln möchte.

Auch ihr tragt eine solche Weisheit in euch,

eine Weisheit, die euch einfach empfinden lässt, was zu tun ist, was jetzt richtig ist,

was als Nächstes vielleicht ansteht, welche Richtung ich einschlage,

so, wie es beim Fisch kein Gedanke ist – ich biege jetzt rechts ab, mache eine Kurve, weil –, sondern einfach, weil er es in diesem Moment als das Selbstverständlichste empfindet, eine Kurve zu schlagen, was auch immer ihn dazu bewegt,

eine Wellenbewegung, ein Empfinden eines Tons, einer Resonanz, aus irgendeinem Grund ein Warnsignal, wobei auch dieses Wort nicht zutrifft bei Fischen.

Wichtig ist einfach nur, er biegt zum Beispiel rechts ab, weil er es einfach als das selbstverständlich Richtige in diesem Moment empfindet. Er lebt im Jetzt und tut das, was das Jetzt ihm gebietet.

Diese Art von Weisheit, dieses Wissen tragt ihr in euch, habt ihr mit in diese Inkarnation gebracht, und diese Art von Weisheit, dieses Wissen, dieses Selbstverständliche im Jetzt habt ihr auch niemals verloren, auch wenn es oft den Anschein hat.

Hört auf eure Innere Stimme.
Grabt sie wieder aus.
Sucht sie.
Lasst sie einfach hochkommen wie eine Blase, die ihr versteckt habt und die nach oben will.
Hört auf diese Stimme, auf diesen Jetzt-Moment, der euch unmissverständlich rät, was zu tun ist.

Jeder dieser Fische, jeder einzelne, lebt nur für diesen Moment im Jetzt.
Und keiner, wenn ihr ihn fragen könntet, wüsste, wie lange er schon in diesem See schwimmt, wie alt er ist und was er als Nächstes zu tun gedenkt.

Wenn ihr so euer Leben angeht, würdet ihr verschmelzen mit eurer Inneren Führung, verschmelzen mit dem Wissen und der Weisheit eures Höheren Selbst, und es wird eine Selbstverständlichkeit sein, den Kontakt zur Geistigen Welt zu leben, wahrzunehmen, was vielleicht an Rat euch gegeben.
Es wird eine Selbstverständlichkeit sein, um Hilfe oder Rat zu bitten, oder auch, in späterer Zeit, mit der Geistigen Welt zusammenzuarbeiten.

Schaut euch noch einmal diesen Fischschwarm an.
Und das Besondere daran ist: Obwohl jeder einzelne Fisch in diesem Fischschwarm eigenen Impulsen folgt, seinen eigenen Jetzt-Moment lebt, ist diese Gemeinschaft der Fische eben doch eine Gemeinschaft.
Es organisiert sich auch dieses von selbst.
Es ist nicht Logik, dass der Schwarm ein Schwarm ist, so als müsste jeder Fisch sich überlegen: „Ich darf nicht abbiegen, weil ich sonst

den Schwarm verlasse", oder „Ich muss Abstand zum nächsten halte, damit ich ihm nicht zu nahe komme"!

Nein, es ist so, der Schwarm organisiert sich von selbst als Zusammenspiel jedes einzelnen Jetzt-Moments, jedes einzelnen Fisches in diesem Schwarm.

Wenn ihr das betrachtet und auf euer Leben umsetzt, werdet ihr erkennen,

dass, wenn jeder von euch aus seiner innersten eigensten Weisheit heraus handelt

und diesem Wissen eben auch folgt, zu jedem Moment des Jetzt,

wird es automatisch wieder ein Zusammenspiel geben aller Menschen,

so dass sich wie bei den Fischen eine Gemeinschaft bildet,

geboren aus der Liebe und dem Frieden heraus,

geboren aus der neutralen Sicht,

geboren aus der Zentrierung im Herzen.

Es wird enden aller Neid, Neid zum Beispiel darüber,

warum darf der Fisch vorne schwimmen und ich hinten,

ich will auch in die Mitte, ich will weiter nach vorne,

es ist unnötig, denn jeder hat seinen Platz, der Sinn macht und auch sinnerfüllt ist.

Es ist Frieden in einem Fischschwarm, Frieden, geboren aus der Einheit.

In diesem Sinne segne ich euch

und hoffe, dass ihr tatsächlich einmal hinausgeht, euch an einen See setzt

und die Fische in Ruhe und Frieden betrachtet.

In Ruhe und Frieden, damit ist auch Stille gemeint – Stille.

Von Herzen,
in Liebe.

Euer St. Germain.

Amen.

Der Mensch und die Natur
(Wottana)

Wir sind beim Thema Natur,
und ich als indianischer Weiser stehe natürlich für die Verbindung des
Menschen zur Natur.
Darum auch dieses Thema heute.

Der Mensch und die Natur.

Geliebte Menschen.
Geliebte Wesen auf Erden.
Geliebte Menschen, die ihr Wesen seid auf Erden,
so wie die Natur auch eine Wesenheit ist auf Erden,
euch gleichgestellt und nicht im Rang niedriger als ihr, die ihr euch als
so fortgeschritten empfindet, so wissend, begründet auf Statistiken,
auf vermeintlichem forschenden Wissen,
ihr Menschen, die ihr wahrlich gleichgestellt seid der Natur.

Ihr glaubt teilweise schon, ohne sie leben zu können, die Natur gar
nicht mehr zu benötigen.
Ihr vergesst, dass sie euch nährt und speist, dass Mutter Erde euch
trägt, dass ihr auf ihr wandelt.

Die Natur ist das, was euch überhaupt ermöglicht, hier auf dieser Erde
zu wandeln, hier überhaupt inkarniert zu sein.

Ihr seid ein Teil des Ganzen, und doch vergesst ihr es immer wieder.

Ihr braucht die Natur.
Sie braucht euch nicht.
Ihr seid auf sie angewiesen.
Sie nicht auf euch.

384

Das ist ein ganz wichtiger Aspekt.
Und aus diesem Wissen heraus wäre es eine Selbstverständlichkeit,
ihr, dieser Natur, Respekt entgegenzubringen,
Respekt und Achtung vor ihrem Sein,
Respekt und Achtung vor ihrem Dasein,
Respekt und Achtung vor dem, was sie für euch ist, was sie für euch
tut.
Doch ihr tretet sie mit Füßen, im wahrsten Sinne des Wortes.

Ihr beachtet sie nicht, achtet sie nicht,
auch wenn ihr zwischendrin einen Moment erlebt, wo ihr sagt: „Ach,
ist das schön", „schau mal diesen schönen Ausblick", „ist dieser Blumenstrauß nicht schön?"
Doch selbst den Blumenstrauß nehmt ihr als ein Ding, eine Ware wahr,
und nicht als das, was er ist, nämlich etwas, was die Natur hervorge-
bracht hat.

Im Einssein mit der Natur ist wahres Leben möglich.

Und im Zuge des Fortschreitens der Erkenntnisse der Wissenschaf-
ten, der Forschungen,
im Zuge des Wachsens der großen Städte ist es natürlich so auf Erden,
dass die Natur dort ihren Raum, ihren Platz nicht mehr findet
und die Menschen in großen Häusern, teils in hohen Häusern, wo mehrere Wohnungen drin sind, sich die meiste Zeit ihres Lebens aufhalten
und keinen Gedanken mehr daran verschwenden,
was Erde, was Mutter Erde, was Natur eigentlich bedeutet.

Wir reden von der Kraft von Mutter Erde,
von der Kraft dessen, was auf ihr wächst.
Und mit dieser Kraft ist gemeint all das, was an Wissen in diesem
einen Baum, in dieser einen Pflanze, in dieser einen Blume, in diesem
einen Stein enthalten ist.

Dieses Wissen macht die Kraft aus, und dieses Wissen ist Weisheit,
Weisheit, die auch ihr innehabt, die auch in euch steckt,
nur, ihr könnt sie nicht mehr wahrnehmen, nicht mehr leben.
Der Baum aber tut es, aber er ist „leider auch dazu verdonnert"
zu reagieren auf das, was ihr schafft, was ihr kreiert, was ihr für euch
an Universen erschafft
mit der Kraft eurer Gedanken und eures Handelns.
So kann es sein, dass euch die Bäume eingehen, dass sie an Kraft
verlieren.

Doch wenn sie an Kraft verlieren, verlieren sie in keinster Weise den
Zugang zu ihrem Wissen.
Und wenn ihr das Holz, das übrig bleibt, wenn ihr mit diesem Holz das
Feuer speist,
werdet ihr merken, wie sich die Energie entfaltet,
das Wissen, die Weisheit entfaltet, die diesem Baum innewohnt.
Und es wird übergehen als Teil des Ganzen in das Ganze
und so nie und nimmer verloren sein,
sondern sich nur wandeln und transformieren,
um auf andere Art wieder präsent zu sein und zu werden.

Nichts geht verloren an Energie, nichts.
Aber die Pflanzen reagieren auf das, was ihr Menschen tut.
Es ist nicht so, dass sie nur darauf reagieren, ob ihr vergessen habt
sie zu gießen oder zu düngen, oder sonst etwas aus dieser vermeintlich kompletten Lehre, wie man nun mal mit Pflanzen umzugehen hat,
wie sie Gärtner innehaben oder Floristen vielleicht,
nein, es geht um viel mehr, es geht um das Dasein an sich,
um das Wissen darum, dass die Basis allen Seins Energie ist,
die Basis allen Seins Schwingung,
so auch jedes einzelne Teil dessen, was Natur ausmacht,
ihre Frequenz, ihre Schwingung, ihr Energiepotenzial, ihre Ausstrahlung,

und auch hier natürlich das Prinzip der Resonanz eine Rolle spielt.

Ich kann eine Pflanze einem Menschen nahebringen, und sie wird ziemlich schnell oder auch nach etwas längerer Zeit eingehen, welk werden, weil es einfach nicht möglich war, die beiden Frequenzen dieser Pflanze und des Menschen in Einklang zu bringen.

So könnt ihr sehen, dass manchen gelingt, ihre Pflanzen zum Erblühen zu bringen, zum Wachsen, zum Gedeihen, sie wahrlich kraftvoll erscheinen zu lassen, wo jeder andere erstaunt daneben steht und fragen würde: „Wie machst du das nur?"

Aber genauso gibt es Gegebenheiten, wo Menschen zum Beispiel ein Grundstück beginnen zu bewohnen und die Pflanzen reagieren in einer Weise, dass sie anfangen dürre zu werden, Äste absterben, sie welk werden, vielleicht sogar traurig wirken und sich langsam ihrem irdischen Tode nähern.

Auch die Pflanzen müssen ertragen oder ertragen können, was Menschen an Energien mitbringen, was sie in dieses Grundstück speisen, was sie dort hineingeben an Kräften, an Energien, an Emotionen, und darauf reagieren die Pflanzen.

Manche sind stärker in ihrem Stand, sich selbst zu leben und sich nicht angreifen zu lassen,
andere wiederum sind etwas schwächer und reagieren prompt.

Denkt nicht an Verurteilung, an Schuld.
Es ist einfach, wie es ist, dass bestimmte Frequenzen nicht harmonieren, so wie es auch zwischen Mensch und Mensch teilweise nicht möglich ist, in Resonanz zu gehen.
Doch daraus folgt, wenn ihr es euch bewusst macht, dass auch ein Grundstück mit zum Beispiel altem Baumbestand „passend" sein muss zu den Menschen, die dieses Grundstück beleben, es bewohnen, es

dauerhaft in ihren Energiekörpern, in ihren Auraschichten haben. Es muss in Resonanz gehen können, und so wird es erblühen und wachsen und gedeihen.

Wenn ihr euch die Indianerstämme in Erinnerung ruft, dann ziehen sie oft durch die Landschaft, aber da sie mit größtem Respekt der Natur gegenüber ausgestattet sind in ihrem Herzen und es als Grundwissen, Grundbasis integriert haben in ihr Leben,

ist es ihnen auch möglich, von einem Ort zum anderen zu ziehen und es immer zu schaffen, liebevoll und respektvoll mit der Natur umzugehen, ohne ihr zu schaden.

Der Mensch hier in der westlichen Welt ist es aber gewohnt, die Natur nicht einmal wahrzunehmen als das, was sie tatsächlich bedeutet, oder gar zu erkennen, dass sie überhaupt eine Aufgabe hat.

Hier eine Schneise schlagen, dort ein Flussbett begradigen, nur weil es „praktischer" ist,

das ist menschliches Denken.

Es hat nichts damit zu tun, sich in Ruhe hinzusetzen und wahrzunehmen,

was will die Natur mir sagen, was wäre das Beste für sie,

wie können wir uns gegenseitig fördern, wie können wir uns diesen Ort zu eigen machen,

so schonend und angenehm für Mutter Erde und das, was auf ihr wächst.

Ihr könnt euch nur mit der Natur verbinden, wenn ihr auch bereit seid, hinauszugehen und euch hinzusetzen, in Ruhe, in Stille, vielleicht sogar die Augen schließt und einfach nur mal die Geräusche wahrnehmt,

wie die Vögel zwitschern,

wie das Zwitschern der einzelnen Vögel sich unterscheidet,

wie die Krähe kräht, der Dompfaff pfeift, der Spatz zwitschert,

wie unendlich viele einzelne Töne es gibt anVogelgezwitscher,
wie die Blätter rauschen, der Wind darüberstreicht,
wie vielleicht ein Ast knackst,
und von der Tierwelt wollen wir noch gar nicht sprechen,
heute sprechen wir über die Pflanzen, über die Mutter Erde und das,
was auf ihr wächst.

Und wenn ihr die Augen öffnet und diese unendlichen Variationen an
Grün seht,
oder auch im Herbst, wenn das Grün sich langsam wandelt in Gelb,
Rot, Braun,
diese Lichtspiele, die die Sonne hervorruft, die Schattenspiele,
das Glitzern des Wassers, das Plätschern über Steinchen und Felsen,
wenn ihr euch hinsetzt und das aufnehmt,
aufnehmt in dem, was es ist, in Ruhe und Stille, und das ist wichtig,
in Ruhe und Stille,
dann wirken die Ruhe und Stille in euch und lassen euch friedvoll
empfinden.

Ich weiß, dass viele Menschen es als Langeweile empfinden.
„Was soll ich da?"
Aber probiert es aus. Es ist Teil von euch.
Ihr seid eins mit dieser Natur.
Und viele, die dieses Buch lesen, sagen: „Das weiß ich doch!"
Aber schaut euch an!
Gehört ihr tatsächlich zu den Menschen, die hinausgehen in die Na-
tur?,
die es trotz ihres Wissens, oder auch weil sie dieses Wissen haben,
tatsächlich auch tun? Rausgehen in die Natur? In die Stille? Mit euch
alleine?
Einfach nur, damit ihr und die Natur in Resonanz gehen könnt,
tut ihr das wirklich?

Oder lebt ihr einfach Tag für Tag euren Alltag, und wenn man euch drauf ansprechen würde,
sagt ihr „weiß ich doch!", „ist doch klar", „ist doch logisch."

Es ist ein Unterschied,
ob ich tatsächlich weiß, oder ob ich es auch integriere in mein Leben,
ob ich es weiß, oder ob ich es wissend umsetze.
Es ist ein Riesenunterschied, ob ich wissend bin und es tue,
oder vermeintlich wissend bin und es dabei belasse, wissend zu sein.
Und dazu möchte ich euch nur sagen:
Wahrlich wissend würde ich gleichsetzen mit Weisheit.
Wahrlich wissend würde für mich automatisch bedeuten, es umzusetzen, es zu tun,
es zu integrieren in mein Leben.
Wahrlich wissen heißt, all die Universellen Gesetze einzubinden in dein Leben,
und dazu gehört nun einmal das Wissen und der Umgang mit der Natur.

Ich bin Wottana,
der Aufgestiegene Meister der Indianer,
der euch alle unterstützend zur Seite steht, wenn ihr das wollt,
denn alle habt ihr indianischen Hintergrund, mehr oder weniger.
Wer also Zugang zur Natur erlangen will, rufe mich,
und ich stehe dir zur Seite.

In Liebe,
in Achtung
und in Respekt für euch,
für euch Menschen,
egal, wo ihr steht, egal, was ihr tut, egal, ob ihr Kontakt zur Natur habt oder nicht,
ich empfinde Respekt für euch und Achtung,

und ich bitte euch einfach nur, meinen Worten zu lauschen
und zu bedenken, dass etwas Wahres dran sein könnte, dran sein
möge,
und vielleicht konnte ich euch aufwecken,
aufwecken darin, nicht nur zu sagen „ich weiß", sondern darin zu bestärken, es auch zu tun,
jeden Tag ein bisschen,
und jeden Tag ein bisschen mehr.

Geht hinaus und sucht den Kontakt zur Natur.
Geht hinaus und fühlt sie.
Geht hinaus und lebt mit ihr.
Geht hinaus und integriert sie in euer Leben so, als wärt ihr eins.
Und das Wissen, dass ihr eins seid, wird sich in euch ausbreiten, vermehren,
und irgendwann wird es nicht mehr als Wissen von euch bezeichnet
werden,
denn es ist eine Selbstverständlichkeit geworden, die euch zu eigen
sein wird,
wie das Wissen darüber, dass euer Körper euer Körper ist.

So wird es sein, dass ihr wissend seid, dass ihr eins seid mit der Natur,
eins seid mit allem Sein, eins seid mit jeglichem Sein, das existiert,
dass nichts sich unterscheidet im Wert voneinander,
nichts mehr wert ist als das andere und nichts minder,
alles seinen Stellenwert hat und jedes Achtung und Respekt verdient,
egal, was er/sie oder sonst ein Wesen tun möge,
dass alles Achtung und Respekt verdient, egal, wo er steht, egal, wie
er sich ausdrückt, egal, wie es erscheint.

Gott selbst hält die Hand über dieses Hologramm, das sich verbindet
aus einzelnen Teilen.
Denn nur so ward dieses Hologramm überhaupt möglich, das zusam-

mengesetzt ist aus diesen einzelnen Teilen, die da sind Natur, Mutter Erde, also Pflanzen, Tiere, der Mensch, das Wasser, der Himmel, die Atmosphäre, das Universum.

Was auch immer ihr betrachtet, selbst das kleinste Sandkörnchen, alles ist eins,
und alles ist von Geist durchdrungen.

So segne ich euch.
So segne ich euch.

Euer Freund Wottana.

Die Wale

(White Eagle)

In den Zeiten, als Atlantis an dem Hochmut der Menschen zerbrach,
haben bereits andere Wesenheiten in den Weltmeeren gelebt,
die in einer engen Zusammenarbeit mit den Menschen von Atlantis
sich um das Wohl von Mutter Erde gekümmert haben.
Das sind die Wale,
alle noch lebenden Meeressäugetiere,
also auch die Delfine und Tümmler gehören dazu.
Aber insbesondere die Wale, und allen voran die Orkas,
haben ein Wissen, das sie für den Planeten Erde hüten.
Sie werden eines Tages, in wohl nicht mehr allzu ferner Zukunft eurer
Zeitrechnung,
ihr Wissen den Menschen offenbaren.
Es geht dabei um die Ausbreitung der Töne
und das Wissen, was um die Töne und die kosmischen Oktaven ge-
sammelt ist.
Es sind die Wale, die in der Lage sind, sich durch Kontinente hindurch
über ihre Ultraschallfrequenzen und ihre für euch pfeifend klingenden
Töne zu verständigen.
Sie hüten also das Wissen, das mit dem gesamten Klangspektrum,
auch in den für euch nicht mehr hörbaren Bereichen, angesammelt ist.
Es ist dieses Wissen, das sich eines Tages für euch vereinen wird mit
dem Farbspektrum
und dadurch zu einem neuen Verstehen der kosmischen Frequenzen
und Schwingungen führen wird.
Es ist dieses Zusammenspiel zwischen Klang- und Farbfrequenzen,
das euch auch helfen wird zu verstehen, wie Materialisierung und De-
materialisierung funktionieren.

Wenn also euer beliebter Scotty „Energy" gibt, dann sendet er nicht
nur Licht, sondern auch Töne.

Ihr werdet es eines Tages noch verstehen.
Warum wir heute darauf zu sprechen kommen ist,
um einen anderen Hintergrund zu beleuchten,
der jetzt schon jeden inkarnierten Menschen angeht.
Es ist das immer wiederkehrende Missverständnis über den Umgang
mit den Walen.

Es ist selbstverständlich nicht richtig, eine Tierart auszurotten.
Das war noch niemals im Sinne der Schöpfung und wird es auch nie
sein.
Es ist euch Menschen in eurer freien Willensentscheidung anheim gegeben,
dieses Gesetz zu berücksichtigen, oder auch nicht.
Aber ihr Naturschützer, die ihr so vehement für die Rechte der Tiere
eintretet,
seid euch darüber im Klaren,
dass die Wale, über die wir hier jetzt ganz speziell sprechen,
aus einem Seelenverband kommen,
dessen Familien in den Andromeda-Nebeln zu Hause sind,
und sie haben einer Inkarnation genauso zugestimmt wie jeder einzelne Mensch.
Sie haben auch einen vorgeburtlichen Plan für ihr Leben entwickelt
und diesen in Zusammenarbeit mit verschiedenen Menschenseelen
abgesprochen.
Das heißt, dort, wo jetzt die Walfänger und die Wale aufeinandertreffen,
ist das die gleiche freie Willensentscheidung wie bei dem Mörder und
dem Opfer.
Es gibt keine zufälligen Zusammentreffen, auch auf diesen Ebenen
nicht.

Es sind die Wale, die sich als Seele bereit erklärt haben,
den Menschen zu dienen in der freien Entscheidung,

inwieweit sie sich mit fadenscheinigen Ausreden des Gelderwerbs wegen über die Schöpfung stellen wollen und sogar bereit sind, dafür eine Tierart auszurotten.

Es ist bei den Walen eine andere Qualität als bei allen anderen Tieren, denn sonst sind die Tiere in den Gruppenseelen beheimatet.
So ist also das Erschlagen einer Robbe,
das Schießen eines Hirsches oder das Fangen eines Fisches von einer gänzlich anderen Qualität.

Denkt bitte immer daran,
dass alles, alles, alles, alles, was auf der Erde ist, beseelt ist,
jede Pflanze, jeder Stein, jedes Tier.
Es ist von daher also nicht die Frage, welche beseelte Energie ihr zum Erhalt eurer feststofflichen Systeme benötigt und damit aus ihrem Lebenszyklus reißt,
sondern es ist die Frage, unter welchen Umständen das passiert,
unter welchem respektvollem Umgang,
unter welchem Aspekt des möglichst schmerzlosen Tötens.
Es ist das Karma, was sich aufbaut,
wenn die Robbe erschlagen und gehäutet wird, bevor sie tot ist.
Es ist das Karma, was sich die Menschen aufladen,
wenn sie Tiere in zu kleinen Ställen halten,
wenn sie Hunde an zu kurze Ketten anbinden,
wenn die Hühner nicht ihren artentsprechenden Auslauf haben,
all diese Dinge sind es, die die Menschen irgendwann in Ausgleich bringen müssen.

Verwechselt dies aber alles nicht mit den vollkommen anders gearteten Seelen der Wale.
Sie sind, jeder Einzelne für sich,
bereits eine in der Inkarnationslaufbahn separierte Seele.

Sie gehören nicht zu den Tieren, die mit den Gruppenseelen wieder verschmelzen,

sondern jeder einzelne Wal, der von einem Menschen getötet wird, ist in seinem Inkarnationszyklus bereits in der Regel weit fortgeschritten.

Die Wale sind also mit einer besonderen Art des Respektes zu betrachten,

auch aus der Sicht des Nicht-Jägers, des Nicht-Walfleisch-Essers und aus der Sicht der Naturschützer.

Es ist mir erlaubt, euch darauf hinzuweisen,

dass es zwar von heroischem Mut zu sein scheint,

sein Leben auf das Spiel zu setzen, um Wale zu schützen,

aber schaut euch hier genau an, aus welchem Grund dies passiert.

Wenn ihr die Lebensfilme der Menschen betrachtet,

die sich mit kleinen Booten vor die Walfängerschiffe setzen,

die sich in den Schussbereich der Harpunen begeben und wirklich mit ihrem Leben spielen,

so werdet ihr sehr unterschiedliche und auch sehr fadenscheinige Begründungen dafür finden.

Lasst euch nicht in die Irre führen,

jeder Mensch ist seines Glückes Schmied,

jeder Mensch ist Chef in seinem Haus,

jeder Mensch ist frei verantwortlich für jede einzelne seiner Entscheidungen.

Also der Walfänger ist für sich selbst verantwortlich,

der Tierschützer ist für sich selbst verantwortlich,

der Bootsführer ist für sich selbst verantwortlich.

Und auch der Wal.

Erkennt den Wal als ein Wesen an, das euch absolut ebenbürtig ist.

Lasst auch dem Wal seine Entscheidung und respektiert sie.

Ich versuche euch zu erklären,
dass es in den Seelenfamilien und in den Seelenverbünden der Wale
ganz besondere Verbindungen zu den Menschen gibt,
und ich möchte euch aus der Traumwelt befreien, „der arme Wal, ich
muss ihn schützen."
Er hat sein Leben so gewählt, wie es sich jetzt darstellt.
Schaut euch an, was der Wal euch lehrt.
Er ist ein ungeheuer großes, feststoffliches Wesen,
das mit einer Leichtigkeit und Eleganz durch ein Medium gleitet.
Er hat ein sehr ausgeprägtes Wahrnehmungssystem,
was eurem gefühlsmäßigen Körper, also eurem Emotionalkörper, sehr
nahe kommt.

Wale verständigen sich nicht über das Auge, sondern über die Akkustik,
und das Hören der Wale funktioniert als Wahrnehmung über den gesamten Körper.
Sie haben nicht nur Ohren, mit denen sie Schallwellen aufnehmen,
sondern mit ihrem gigantischen Körper fangen sie die Schallwellen ein
und leiten sie dann in speziell ausgebildete Organe,
um sie als Töne, als akustische Signale, umzusetzen.

So schaut euch die Wale an und lernt zu verstehen,
dass auch ihr mit dem gesamten Körper hören könnt.
Denkt an die Menschen, die taube Ohren haben,
die aber trotzdem über Vibration in der Bauchdecke, im Zwerchfell, in
den Händen,
an den Haaren, in ihrer Aura Töne unterscheiden können,
die sehr wohl einen Menschen, der hinter ihnen steht, an der Stimme
unterscheiden können,
sogar an der Stimme unterscheiden können, ob er gut drauf ist, zornig
oder wütend.
So lernt auch ihr eure gesamten Wahrnehmungskörper einzusetzen
wie die Wale,

lernt, auf die Vibrationen der Luft zu reagieren,

lernt dann irgendwann, wenn es an der Zeit ist, sogar auf die Vibrationen im Wasser zu reagieren, die allerdings sehr viel schwieriger für euren feststofflichen Körper wahrzunehmen sind als für den der Wale.

Vibrationen in der Luft wirken bei euch auf alle sieben Auraschichten, vor allen Dingen aber sind sie auf der ersten, zweiten und dritten Auraschicht,

die ja doch relativ dicht ist, gut spürbar.

Wenn ihr lernt, euren feststofflichen Körper an der Oberfläche zu sensibilisieren,

so werdet ihr verstehen,

dass die feinen Härchen eures Körpers reagieren wie die Härchen in euren Gehörgängen.

Sie sind wie kleine Seismographen, wie kleine feinste Trommelfelle, die euch über die Verbindung mit der Haut Signale geben.

So lernt, diese Signale zu erkennen und sie in eure Wahrnehmung einzubauen,

lernt, auf die Veränderungen in den Luftschichten zu hören.

So nähert ihr euch dem Wissen der Wale.

Sie werden euch dann eines Tages dieses Wissen weitergeben.

Gott zum Gruße.

Die Pflanzen – Die Bäume

(White Eagle)

Es ist ein großes Energiepotenzial für jeden einzelnen Menschen.

Es ist eigentlich vielen klar,
dass jeder Baum als einzelnes Individuum seine spezielle Energie hat.
Kaum einer weiß aber um die Vernetzung der weltweiten Verbindungen
jeder Kiefer mit den anderen Kiefern weltweit,
also dass jede Kiefer mit jeder anderen verbunden ist,
jede Pappel, jede Buche, jede Birke, jeder Ahorn
selbstverständlich mit den Geschwistern seiner Baumfamilie auf der ganzen Welt
in einem ständigen Kontakt steht.

Das Konzept der Bäume, das für den Erhalt des Planeten lebenswichtig ist, besagt,
dass die Energien aus der Erde in den Kosmos
und aus dem Kosmos in die Erde
über die Bäume zirkulieren,
so wie die weiblichen Energien aus dem Erdungspotenzial des Planeten in die Atmosphäre gegeben werden müssen,
müssen auch die männlichen Energien des Sonnensystems aus dem Kosmos in die Erdkruste transformiert werden.
Nur so kann Mutter Erde als existierendes Wesen überhaupt ihren kompletten Energiehaushalt decken.

Jeder Mensch kann sich mit jeder Pflanze und natürlich auch mit den entsprechenden Bäumen verbinden, wenn er deren Unterstützung benötigt. Das gilt nicht nur im Falle von Krankheiten, sondern auch im Falle des Ungleichgewichts in den persönlichen Seinszuständen.
Der Umgang mit den Pflanzen ist für viele Menschen eine leichtere

Möglichkeit zu erkennen, wie ihr Energiesystem funktioniert, als über die Steine.
Die Steine sind in ihrer Wirkungsweise für viele Menschen als Einstiegspotenzial zu mächtig.

Es hängt mit der Geschwindigkeit des Wachstums zusammen, wie stark die Energien sich innerhalb eines Materiehaufens ansammeln.
Da die Steine nun mal die am langsamsten wachsenden Wesenheiten auf dem Planeten sind,
sind sie letztendlich auch die mächtigsten, was die Kraft auf einen Kubikmeter Masse angeht,
um in eurer physikalischen Denkweise zu bleiben.

Viele Menschen können mit diesen mächtigen Frequenzunterschieden ihres eigenen feststofflichen Körpers und den Energien der Steine nicht sofort in Kontakt treten
und nehmen daher die Wirkungsweise der Steine überhaupt nicht wahr, weil der Unterschied in den Frequenzbereichen zu groß ist.

Die Bäume wachsen auch viel langsamer als die Blumen,
sind daher mächtiger als die Blumen und wirken auch über eine andere Weise.
So reagieren viele Menschen unmittelbar auf Blumen, die nicht nur über ihre Farbe, sondern natürlich auch über die ihnen sonst zugeordneten Kräfte auf sie einwirken.

Es ist wichtig für euch Menschen, die Wirkungsweise des Holzes von Bäumen auf euer Wohlbefinden zu begreifen.
Hier habt ihr die Möglichkeit, zu Hause mit verschiedenen Hölzern zu experimentieren,
euch zu orientieren, welche Materialien ihr in eurem Umfeld bevorzugt, und könnt von daher leichter einen Zugang finden.

Wenn ihr gelernt habt, anhand der Maserung zu erkennen, wie herum das Holz eures Bettes gewachsen ist, könnt ihr ausprobieren, wie sich die Energiefelder anfühlen,

wenn ihr euch, entsprechend der Wachstumsrichtung des Holzes, in eure Betten legt.

Beschäftigt euch mit dem Erkennen der Wirkungsweise von Pflanzen, über Kräuter als Gewürze, Tee, Blumen, Bäume, das Verständnis über die Wirkungsweise, die Mächtigkeit der Energien, die im Zusammenhang stehen mit dem Wachstum, mit der Wachstumszeit.

Schaut den Unterschied zwischen Knollengewächsen und zum Beispiel Gräsern.

So ist nur als Beispiel die Petersilie eine relativ schnell wachsende Pflanze,

aber das Ausbilden ihrer Knolle unterhalb der Erde bedarf doch einer relativ langen Zeit,

und die Energie der Knolle ist eine gänzlich andere wie die des Blattes.

Wer das einmal beim Würzen mit einem Gewächs aus seinem eigenen Garten ausprobiert hat,

wird vielleicht verstehen, was gemeint ist.

Wenn ihr euch anschaut, welche langsam wachsenden holzigen Gewächse

im Verhältnis zu ihrer Masse, viel intensiver sind als schnell wachsende Gewächse,

dann bekommt ihr das Verständnis für die Zusammenhänge von Wachstumszeit und Energieansammlung,

denn je länger das Wachstum einer Pflanze dauert, desto mehr kosmische- und Erdenergie speichert sie in ihren feststofflichen Zellen.

Um die Pflanzenwelt zu verstehen,

öffnet also nicht nur euer drittes und viertes Chakra

401

zum Aufnehmen der euch so sympathischen Kräfte,
sondern benutzt auch das sechste Chakra und den dazu gehörenden
Verstand,
um zu analysieren, welche Bäume und Pflanzen sich auf welches
Chakra,
auf welche Auraschicht, auf welches Organ bei euch auswirken.

Ich bin White Eagle.
Und nun weißt du auch, wie ich mich anfühle,
denn, wie bei allen anderen Texten, spürst du jetzt auch meine Präsenz beim Lesen.

In der Luft ist es der Adler,
auf der Erde der Büffel,
in den Wäldern der Wolf,
und in manchen Herzen das kleine weiße Kaninchen,
aber schaut genau hin und erkennt:
Die Anlagen im Kaninchen sind die, zu wachsen
bis zur Größe des Bison,
der immer genährt hat alle meine Kinder,
die gelebt haben in den Steppen,
komplett,
zu jeder Zeit.

So grüße ich euch.
How.
Ich habe gesprochen.

Es sei,
denn ich bin
der, der ich bin.

Gott zum Gruße.

Mutter Erde
(Mutter Erde)

Hallo,
ich grüße euch.

Ich, Mutter Erde,
auf der ihr steht und wandelt,
möchte zu euch sprechen,
denn das, was ihr euch vorgenommen,
ist etwas, was auch mich betrifft,
denn hier auf dieser Erde
wollt ihr euer Werk vollbringen,
hier mit mir,
mit meiner Unterstützung,
mit meiner Energie.

Ohne mein Zutun, ohne meine Unterstützung
ist es euch nicht möglich, eure Arbeit zu tun,
und ich bin mir sehr bewusst,
wie sehr auch ich euch brauche.
Wir müssen zusammenarbeiten.

Und das, was ihr lernen werdet und zum Teil auch schon lebt,
das, was ihr an Respekt gegenüber mir, Mutter Erde, aufbringt
und auch anderen beibringen werdet,
ist etwas Großartiges,
und etwas, wofür ich euch zutiefst dankbar bin,
denn auch jetzt schon
lebt ihr zum Teil diesen Respekt vor
und habt es auch getan in eurem vergangenen Sein hier,
in diesem Leben,
in dieser Inkarnation.

Diese tiefe Verbundenheit, die euch mit mir verbindet,
diese Liebe, die auch ich für euch empfinde,
dieses Verwurzeltsein,
auch wenn es euch zum Teil sehr schwerfiel,
war trotzdem immer da, es war trotzdem immer vorhanden,
denn die Liebe vereint,
die Liebe steht einer Trennung entgegen.

Eure große Aufgabe des Wachsens beinhaltet mehrere Aspekte, die
mich betreffen,
so ist es, was ich schon sagte, vor allen Dingen das,
dass die Menschen lernen, Respekt zu haben, vor mir, Mutter Erde,
dass sie anerkennen, dass ich existiere,
dass ich lebe, dass ich lebend bin.
Denn das ist es, woran es mangelt an erster Stelle,
dass das Wissen überhaupt nicht vorhanden ist, dass ich bin,
dass ich genauso zu diesem „Alles ist eins" gehöre,
dass ich genauso von diesem Geist durchdrungen,
dass ich genauso den gleichen Wert habe, wie alles seinen Wert hat,
und dass ich als Gegenpol zu der göttlichen Energie, die von oben
kommt,
dieser entscheidende Gegenpol bin,
diese Energie, die von unten nach oben dringt
und sich die Ausgewogenheit nur erfüllen lässt durch mein Mitspielen,
durch mein Mich-Anerkennen,
durch den Respekt, den man mir gegenüber empfindet und auch lebt.
Das ist es, woran es den meisten Menschen mangelt,
da sie mein Sein und meinen Wert nicht begreifen,
meine Stelle, meine Position
in diesem ganzen Sein, in diesem Existieren.

Und erst wenn das eingedrungen ist als Weisheit,
als Weisheit, und damit meine ich das selbstverständliche Wissen,

nicht das Wissen, das aus Logik geboren ist aus dem Benutzen des menschlichen Gehirns,
sondern aus dem tiefen Verständnis heraus, was ich WEISHEIT nenne,
erst dann könnt ihr die anderen Dinge lernen, für die ich euch unterstützen kann,
Dinge, wie mich zu bitten, Energien abzuleiten, aufzunehmen,
mich zu bitten, euch zur Seite zu stehen,
mich zu bitten, euch Energien hochziehen zu lassen, aufnehmen zu lassen.

Ich weiß, dass ihr diese Dinge bereits lernt,
doch habt ihr tatsächlich oft vergessen, zuvor den Respekt zu leben.
Mich nicht einfach zu benutzen, muss das Lernen beinhalten.
Die Liebe muss dem Ganzen vorangehen,
die Liebe und die Achtung,
denn ich bin nicht einfach dafür da,
euch Energien zu geben
oder Müll zu nehmen.
Ich tue es gerne, ich tue es jederzeit,
ich tue es, wenn es angebracht ist,
ich lebe für und mit euch,
doch bitte
vergesst nicht mein Ansinnen, meine Worte an euch.
Es ist das, was ich euch bitte zu lernen,
worauf ich euch bitte zu achten,
im Umgang mit den anderen Menschen,
sie genau diesen Respekt zu lehren.

Ihr müsst weise Worte finden, ihr müsst die richtigen Worte finden,
denn die Menschen sind gewohnt, nicht mehr hinzuhören, wenn es um die Natur geht.
Es ist ein Thema, wo sie gerne die Ohren verschließen, sich gerne abwenden

durch bestimmte Worte, oder auch Reizworte, die sie abschalten lassen,

durch bestimmte Organisationen, die sich um die Erde, um mich, um dieses Sein kümmern,

vielleicht durch schlechtes Image, wie zum Beispiel auch Greenpeace, denen durchaus nicht nur Gutes nachgesagt wird,

Leute, die kämpfen für Mutter Erde und es vielleicht in ihrem Engagement nicht ganz richtig angehen, oder von nicht ganz richtiger Seite her betrachten,

oder sich auch zu wütend dafür einsetzen, was andere Leute abschrecken lässt.

Fanatisches Lehren hat immer einen Aspekt der Wut in sich tragend.

Und darum kann es nicht der richtige Weg sein, diese Art des Lehrens, diese Art der Organisation oder diese Art des Kämpfens,

denn ein Kampf soll es nie sein, ein Kampf darf es nicht sein.

Es muss ein Sprechen aus Liebe sein, ohne unbedingt das Wort „Liebe" zu gebrauchen.

Es muss empfunden sein als Schüler, es muss einfach aufgenommen werden können,

durch euer Sein, durch euer Dasein,

durch euer Auftreten, durch eure Worte.

Darum wählt weise die Worte, um diesen Respekt, diese Achtung zu lehren,

so dass es tatsächlich übergehen kann in wahres Wissen, in wahres Empfinden.

Stellt euch vor, ihr sitzt an eurem Lieblingsplatz in der Natur.

So wie ihr hier sitzt an diesem Ort,

wo ihr aufnehmt die Schönheit dieser Erde,

die Schönheit dieses Anblicks,

das ist es, was ihr vermitteln müsst,

dieses Empfinden, so, wie ihr das jetzt empfindet,
wo niemand mehr auf die Idee kommen würde,
einfach aus Freude, aus Spaß heraus eine fette Kerbe in einen Baum-
stamm zu hauen,
nur so.
Es kann nicht passieren, wenn man mich fühlen kann,
wenn man mich empfinden kann,
wenn man dieses Wissen integriert hat,
man verletzt nicht mehr aus Langeweile,
man findet Wege
zu leben, zu bauen,
ohne einfach nur zu nehmen.

Ich freue mich, mit euch Menschen zusammenarbeiten zu können,
ich freue mich, euch zu spüren,
eure Energien mit meinen zu verbinden,
ich freue mich,
stets zu wissen, wo ihr wandelt auf der Oberfläche,
ich sage euch,
mir ist stets bewusst, wo ihr seid
und meine Energien, alle meine Energien
stehen euch zur Verfügung
zum ständigen Abruf.

Nur durch absolutes Vertrauen und Zusammenarbeit
kann der Geist des Göttlichen wachsen und sich mehren.

Ich liebe euch,
und ich segne euch,
denn auch ich bin fähig zu segnen,
so wie ihr auch,
denn alle sind wir eins,
und alle sind wir aus dem Einen geboren.

Gehet nun und wisset um meine stete Begleitung, um mein stetes Mit-euch-Sein.
Gehet hin mit meiner Liebe, meiner Achtung und meinem Respekt, den ich euch entgegenbringe.
Gehet hin in Frieden
und vollbringt das, was ihr euch vorgenommen.

Ich bin mit euch.

Amen.

12. DER MENSCHLICHE KÖRPER

Der Körper

(Haniel)

Gott zum Gruße,
Gott zum Gruße.

Ja, heute will ich sprechen,
ich, Haniel.

Wir sprechen heute über den Körper,
den Körper, der euch zur Verfügung steht,
um dort in dieser Welt zu existieren in feststofflicher Form,
der Körper, der all das beinhaltet, was ihr an Voraussetzungen benötigt,
um das zu begreifen, das zu studieren, das zu erkennen, was ihr euch
vorgenommen habt.

Seid euch also bewusst dessen, dass ihr selbst es seid, die ihr diesen
Körper gewählt habt.
Ihr habt ihn euch ausgesucht, mit all seinen Details und Feinheiten,
jede Zelle ist von euch programmiert worden,
jedes einzelne Detail ist von euch vorher bestimmt worden,
sei es die krumme Nase oder das schlechte Gehör,
sei es der „Atombusen" oder auch der, der euch nun als hängend
erscheint,
sei es das große mächtige Geschlecht eines Mannes oder die vermeintliche Schwäche der Impotenz,
alles, alles habt ihr selbst für euch gewählt,
selbst Behinderung ist von euch erwählt worden als das,
was euch in diesem einen Leben am weitesten zu bringen vermag auf
eurem Weg der Erkenntnis,

also Hässlichkeit genauso wie Schönheit ist das, was ihr als Mittel zum Zweck erdacht habt.

Euer Ziel ist es, euren Lebenszweck zu erfüllen,
ihn zu leben,
ihn zu integrieren, ihn umzusetzen,
und dafür ist dieser von euch gewählte Körper sozusagen perfekt.

Kein Körper ist vorprogrammiert, einen Herzinfarkt zu bekommen,
es ist das, was ihr während eurer Inkarnation erschafft,
indem ihr abweicht von eurem euch vorgenommenen Weg.
Kein Körper ist gedacht dazu, zu versagen,
in den meisten Fällen zumindest.
Einige von euch haben natürlich zuvor als Möglichkeit gewählt, ein Ereignis eintreten zu lassen,
wo sie noch mehr, noch intensiver, noch beharrlicher auf ihren Weg aufmerksam gemacht werden, als dass es der Fall wäre, wenn sie gesund blieben.
So kann es sein, dass es den Eindruck hat,
ein vor Gesundheit strotzender Körper würde „plötzlich" versagen und in die Krankheit gehen,
was in den Augen der Menschen den Eindruck noch verschärft, ein Opfer zu sein,
ein Opfer einer ominösen Krankheit, die man ohne eigenes Verschulden bekommen hat.
Diese Theorie unterstützt natürlich die Wissenschaft mit der Erkenntnis über Viren und Bakterien,
und auch das Auto, das einem auf der Straße begegnet und mit dem ihr vielleicht kollidiert,
ist ein gutes Mittel, um die Meinung zu festigen, dass ich, der Mensch, ja gar nichts dafür kann, was mit meinem Körper geschieht.
Vielleicht ist es auch so, dass ein schwerer Unfall den Körper zu einer Behinderung führt,

wie zum Beispiel, dass eine Extremität abgenommen werden muss
oder ein anderer bleibender Schaden bleiben mag,
doch seid euch sicher, es ist zu eurem Besten,
es ist in absolut harmonischer Ordnung.

Euer Körper ist euer Werkzeug, um zu begreifen, was Gott für euch
vorgesehen hat,
um zu erkennen, was ihr euch vorgenommen habt,
um zu erkennen, dass Gott in euch wohnt und ihr in Gott,
denn egal, was diesem Körper zustoßen möge,
ihr steht im Licht Gottes, und er ist mit euch.
Und um das zu erkennen, habt ihr die Wahl getroffen
so auszuschauen, solch eine Behinderung zu haben oder auch solch
eine Gesundheit,
nicht zu vergessen eure intellektuellen Fähigkeiten, euer Gehirn.

Manch einer, der heute hochgebildet durch diese Welt laufen mag,
war vormals ein Mensch ohne jegliche Bildung oder ist es vielleicht im
nächsten Leben.
Wissenschaftliches Denken könnt ihr nicht mitnehmen,
ihr könnt es nur benutzen, um in diesem einen Leben zu Weisheit zu
gelangen,
und mit Weisheit ist die göttliche Weisheit gemeint,
die, die auf Liebe aufgebaut ist und als Grundlage hat,
sich immer und zu jeder Zeit bewusst zu sein, wer man ist,
nämlich das Licht Gottes, das göttliche Licht,
das wertungsfreie bedingungslose Liebe beinhaltet.
Nur so ist dir der Zugang zur immerwährenden Weisheit Gottes ermöglicht,
und nur so bist du fähig, deinen Lebenszweck zu erfüllen.

Nimm also deinen Körper an als das, was er ist,
nimm ihn als Geschenk, das du dir selbst gemacht hast,

denn könnte ein Geschenk hochwertiger sein als dieses,
ein Geschenk, das dir das Optimum zu bieten hat für das, was du dir vorgenommen hast,
ein Geschenk, das nicht zu überbieten ist in seiner Perfektion, in seinen kleinsten Details,
so optimiert, dass nur dieser eine, dieser eine Körper, der sich der deine nennt, dir zum Besten gereichen kann?

Hör also auf, dich zu sehnen nach einem anderen, „schöneren", „besseren", „schlankeren",
oder was auch immer für einem.
Beende das Hadern mit deinem Äußeren, beende das Zaudern und das „Vor-dem-Spiegel-Stehen" und dich selbst zu begutachten.
Höre auf zu werten über dich und dein äußeres Erscheinungsbild.

Gehst du tatsächlich den Weg des Lichts,
wirst du ein Leuchten empfinden, das dich von innen heraus erstahlen lässt,
und jeder wird dich als „schön" empfinden, ohne es überhaupt benennen zu können,
was deine „Schönheit" ausmacht,
denn wahre Schönheit ist dein Strahlen, das dir aus den Augen leuchtet
und dich in wahrer Lebensfreude auf dieser Welt wandeln lässt,
und es gibt dir einen inneren Frieden, eine Ausgewogenheit, eine Ruhe,
die undenkbar ist, solange du im Werten und Urteilen verweilst.

So nimm ihn an, deinen Körper,
nimm ihn an und versöhne dich mit deiner eigenen Wahl,
nimm ihn an und empfinde Liebe für ihn,
nimm ihn an und schätze seine Vorzüge,
auch jene, die dir aus menschlicher Sicht nicht so erscheinen mögen.

Aber aus göttlicher Sicht kann eine Blindheit durchaus als „Vorzug"
gedacht sein,
denn welch unschätzbare Vorteile hast du wohl,
der du die blinden Augen für diese Inkarnation gewählt hast?
Es kann sein, dass du, um „sehend" zu werden,
die Kraft der manifestierten Augen herabsetzen musstest,
es kann sein, dass du, um „hörend" zu werden, deine fleischlichen
Ohren „behindern" musstest,
es kann sein, dass du, um „gehen" zu lernen, auf deinem Weg zu
gehen, lernen musstest, ohne deine leibhaftigen Beine auskommen
zu müssen.

Lass also nicht zu, dass Verzweiflung dich überfällt,
nur weil dein Körper vermeintlich schlapp macht.
Es ist dein Körper, der, den du in Liebe erdacht hast,
und jede „Krankheit" ist dazu bestimmt, dir einen Hinweis zu geben,
jede kleinste Abweichung von dem, was ihr gesund nennt,
kann dir Unmengen an Wissen vermitteln,
Wissen, das dich heranführt an Weisheit,
heranführt an ein Erkennen deiner selbst,
und mit dem Erkennen kann die Krankheit weichen,
mit dem Begreifen deiner dir selbst auferlegten Beschränkung
kann die Blockade sich auflösen und Licht an ihre Stelle treten.

Sei dir gewiss, dass nichts außerhalb der göttlichen Ordnung geschieht,
nichts ausgenommen wird aus dem göttlichen Plan.
Warum also sollte dein Körper das sein,
warum sollte er das- oder derjenige sein, der mit diesem göttlichen
Plan nichts zu schaffen hat?
Es ist nicht möglich,
denn alles ist eins,
alles ist in Gott,

alles ist von Licht durchdrungen,
alles ist eins,
so auch du,
du und dein Körper
und du selbst, der du Weisheit bist.

Du selbst, der du Licht bist, hast die Wahl getroffen, hast entschieden.
Du selbst hast dein Universum geschaffen und die Wahl deiner Inkarnation getroffen.
Du selbst warst es.
Also akzeptiere deine eigene Wahl
und anerkenne dein Tun.

In diesem Sinne möchte ich für heute enden.

Ich grüße euch von ganzem Herzen.

Ich grüße euch
und segne euch.

In Liebe,
Haniel.

Die Galle
(Hilarion)

Die Galle.

Die Galle als Organ ist nicht nur der Spiegel für Wut, sondern auch für Bitterkeit.
Bitterkeit in der Seele, die hochsteigt aus vielen Gründen, zum Beispiel aus Verletzlichkeit,
aus Verletzungen anderer gegenüber wie etwa bei Ungerechtigkeit.

Wut und Enttäuschung sind Brüder.
Wut ist Aggressivität nach außen, Bitterkeit nach innen.
Verhärmte alte Leute zum Beispiel, die enttäuscht sind vom Leben, von Kindern, von der Arbeit,
sie richten sich selbst zugrunde.
Sie lieben sich nicht mehr selbst.
Das zeigt die Galle.

Also achte auf die Galle, auch wenn dich etwas bitter enttäuscht.
Das ist das Spiel des Lebens.
Schaue hin und beobachte, was passiert,
grenze deine Bitterkeit ab von dem Spiel der anderen.
Das, was wir vorleben,
ist das Achten auf den anderen Menschen, als Einzel oder Gruppe.
Er ist nicht von uns gesteuert, sondern von sich selbst.
Wir sind nicht für ihn verantwortlich.
Wenn es unsere Grenzen betrifft, dann müssen wir sie deutlich machen.
Das kann auch liebevoll geschehen – heißt,
es gibt immer mehrere Möglichkeiten „zuzuhauen",
mit viel oder wenig Schaden.
Ich kann zum Beispiel die andere Person zerstören,
oder alte Verbindungen nutzen,

und mit möglichst wenig „Kleinholz" meinen Respekt einfordern.

Das zu erkennen ist die Feinarbeit beim Verteidigen der Grenzen.

Meine Grenzen sind gerechtfertigt durch die Selbstliebe.

Hier bin ich, und ich kann nicht anders.

Sie bestehen zu Recht,
denn nur durch den Respekt jedem einzelnen Individuum gegenüber lernt der Mensch, achtsam auch mit sich zu sein.

Es ist diese Achtsamkeit, versteckt in tausend kleinen Dingen, um die es geht.

Es ist das Gesetz des Karmas, von Ursache und Wirkung.

Was tue, denke ich, und was sind die Folgen?

Hilarion

Wissenseinlagerung in den Zellen
(Hermes Trismegistos)

Liebe Menschen, liebe Brüder und Schwestern,
liebe Wesen intelligenten Ursprungs,
liebe Wesen des Lichts.

Viele, ganz viele
haben im Laufe ihrer Ausbildung, ihres evolutionären Prozesses,
ihrer fortschreitenden Bildung
mit der Schwierigkeit zu kämpfen,
ihren Logos abzuschalten und die emotionalen Wahrnehmungen mehr
in ihre Urteilsfindung einzubeziehen.

Es gibt auch, wie immer in dieser Dualität, die Gefahr,
die genau andersherum liegt,
nämlich, das Hirn abzuschalten.

Es ist Sinn und Zweck eures lernenden Weges auf diesem Planeten,
beides in Einklang zu bringen.

So, wie das Zentrum des Lichts,
das Zentrum allen Wissens, die größte Kraft,
in der Mitte des ICH-BIN liegt,
dort, wo die zentralen Kräfte sich treffen,
so liegt auch die größte Kraft eures Urteils
in der Ausgewogenheit zwischen Kopf und Bauch,
zwischen Emotionen und Intellekt.

Es war niemals der Plan des Vaters,
euer Hirn, eure denkenden Fähigkeiten,
nicht zu nutzen.

Es ist, gerade auf der Erde, der Sinn und Zweck, euer Hirn zu nutzen, denn nur mit dem Hirn seid ihr letztendlich bewusst in der Lage, eine Entscheidung zu treffen.
Und darum geht es doch, bei allem, was ihr tut: Entscheidungen zu treffen.
Gehe ich links herum oder rechts herum?
Bleibe ich stehen?
Gehe ich nach vorne oder zurück?
Wie entscheide ich mich?
Das ist die Frage zu jeder Sekunde.

Du hast als Mensch, auf der Erde inkarniert, in jeder Sekunde die freie Wahl.
Du kannst in jeder Sekunde deinen Lebensweg ändern.
Du kannst in jeder Sekunde alte Entscheidungen revidieren.
Das alles funktioniert so bewusst,
also mit dem Bewusstsein.

Darum, Mensch, trainiere dein Hirn und benutze es auch.
Benutze es, um zu erkennen, wo die Gesetzmäßigkeiten der Natur liegen.

Die Gesetzmäßigkeiten der Natur!
Was ist das alles?

Alles um dich herum ist Natur!
Die Bäume, die Blumen, das Wasser, die Vögel, die Luft, die Steine, das Wetter,
alles ist Natur. Alles wächst.
Alles verändert sich. Alles bewegt sich.
Alles ist dein Lehrmeister, denn die Natur lehrt dich alles.
Die Natur, deine Umwelt, das um dich herum ist dein größter Lehrmeister,

wenn du es schaffst, hinzuschauen und zu verstehen.
Alle Gesetze des Universums,
alle universellen Gesetze repräsentieren sich in der Natur.
Von ihr kannst du alles lernen.

Wir haben schon mehrfach in diesem Buch über die Tatsache gesprochen, dass jede Zelle eures feststofflichen Körpers über alle Informationen verfügt.
Alles, alles, was ist, alles, was du je erfahren hast,
alles, was du je gewusst hast,
ist als Wissen eingelagert in jeder einzelnen deiner Zellen.

Wir haben gesprochen über die Verbindung des feststofflichen Körpers,
über die unterschiedlichen Auraschichten und feinstofflichen Wege,
mit den Morphogenetischen Feldern.[*]
Wir haben über die Einlagerung der letztendlich gleichen Informationen gesprochen,
wie du sie in der Akasha-Chronik[**] findest in jeder deiner Zellen.

---

[*] Metatron: Die Morphogenetischen Felder sind ein sehr komplexes und umfangreiches Gebiet, so dass die geistige Hierarchie beschlossen hat, dieses Feld erst im nächsten Buch zu behandeln. Für das Wissen, das in diesem hier vorliegenden Werk nach außen getragen wird, ist es nicht unbedingt erforderlich, darüber Bescheid zu wissen, für das Thema Liebe allerdings, von dem das zweite Buch handelt, ist es notwendig. Wer sich allerdings jetzt schon sehr stark angesprochen fühlt und die Veröffentlichung des zweiten Buches nicht abwarten kann, kann vorab schon einmal in die Bücher von Prof. Rupert Sheldrake schauen. Hier stehen einige wesentliche Dinge drin.

[**] Metatron: Die Akasha-Chronik, meine Lieben, beinhaltet sämtliches über euch zu wissendes Wissen, all euer Fortkommen, euer Sein, all eure Vergangenheit und eure Zukunft, so wie auch im Palmblattarchiv verzeichnet ist, was ist. Da es die Vergangenheit, die Gegenwart, die Zukunft, in dem Sinne, wie ihr sie kennt, nicht gibt, sondern vielmehr alles ein Sein an sich ist, ist es auch möglich, dass jegliches euch Betreffende bereits jetzt, zu diesem Zeitpunkt, in dieser Sekunde in euch, in euren Zellen gespeichert ist. Manch einem auf Erden ist es möglich, die Akasha-Chronik zu schauen, aber es sind sehr, sehr wenige davon auf Mutter Erde inkarniert. Mehr möchten wir heute zu diesem Thema nicht sagen. Es wird der Tag kommen, wo auch darüber mehr Wissen anheim gebracht werden wird.

Wie verändert sich jetzt dein Organismus?
So, wie sich in der Natur alles verändert!

Schau hin auf die kleinen Pflanzen.
Im Frühjahr fängt das Leben an zu sprießen.
Die frischen Triebe aus den Bäumen, die Knospen brechen auf und entfalten ihre Blätter.
Wie geht der Kreislauf weiter?
Das Blatt erwacht zu voller Stärke.
Es entwickelt sein Grün so, wie du es in den Farblehren schon verfolgen konntest.
Das helle Grün am Anfang, das dunkle Grün am Ende des Wachstumsprozesses,
der dann umkippt und langsam sich durch den Zerfallsprozess bewegt,
was sich auch in den ausstrahlenden Farben eines jeden Blattes niederschlägt.
Sie werden rot, sie werden gelb, sie werden braun,
und dann werden sie wieder zu Staub, zu Erde, zu Humus.
Dieser geht wieder seinen Prozess, nährt letztendlich den gleichen Baum oder auch andere,
und es entwächst wieder ein grünes Blatt.
Das ist der Kreislauf.

Wenn du jetzt die nächste feststoffliche Stufe anschaust,
dann siehst du, dass aus kleinen dünnen Zweigen dicke Äste werden.
Je älter der Ast wird, desto dicker wird er,
desto dicker wird seine feststoffliche Substanz.
Und wenn du ihn auftrennst mit einer Säge,
kannst du ihm die ganzen Informationen seines Lebens entnehmen.
Du kannst die Ringe des Baumes lesen, im Ast oder im Stamm.
Du kannst genau sehen, in welchem Jahr er geboren wurde.
Du kannst sehen, ob es ein trockenes oder ein feuchtes Jahr war.

Du kannst sehen, wie er gewachsen ist.
Du kannst an dem Holz sehen, in welcher Himmelsrichtung er sich ausgerichtet hat.
Du kannst alles aus diesen feststofflichen Substanzen herauslesen,
was du über diesen Baum wissen musst,
ob er krank war oder immer gesund,
ob er wohl genährt oder auf kargem Boden gewachsen ist.
Alles ist eingelagert in diesen feststofflichen Zellen,
die in ihrer Substanz sehr viel fester sind als das Blatt.

Du weißt, wir reden über Schwingungslehre.
Wir reden über die Tatsache, dass alle Energie, die vorhanden ist,
sich manifestieren lässt zu Substanz.
Wir reden darüber, dass jegliche Materie letztendlich nichts anderes ist als Energie,
wie schon kluge Wissenschaftler auch für Unwissende nachgewiesen haben.

Jegliche Materie ist Energie,
nur schwingt sie unterschiedlich und hat deswegen eine unterschiedliche Dichte.

Wir haben schon mehrfach darüber geredet,
dass ich mit dieser unterschiedlichen Dichte unterschiedlich umgehen muss.
Um sie bearbeiten zu können, brauche ich unterschiedlich viel Kraft.
Das leuchtet jedem ein.

Es leuchtet auch jedem ein, der sich mit unserer Lehre beschäftigt,
dass in jeder Zelle, die letztendlich genährt ist, von ein- und derselben Energie wie ihre ganzen anderen benachbarten Zellen in dem feststofflichen Körper,
über die gleichen Informationen verfügt.

Und jetzt, Mensch, jetzt ist der Punkt, wo du dein Hirn nutzen darfst,
wo du es bewegen darfst,
wo du die Moleküle, die elektrischen Impulse in deinem Hirn in Bewegung setzen
und nachdenken darfst:
Was bedeutet das denn?

Wenn ich aus dem Biologieunterricht weiß,
dass eine Hautzelle eines Menschen durchschnittlich 28 Tage braucht,
um sich zu erneuern,
wenn ich aus diversen Lehren weiß, dass die nachwachsende Hautzelle genau die gleichen Informationen hat wie die abgestorbene, sie die gleichen Rillen und Riefen hat,
dass sich der Fingerabdruck eines Menschen nicht dadurch verändert,
indem sich seine Hautzellen an den Fingern verändern und erneuern,
was bedeutet das?

Es bedeutet, dass die Informationen, wenn sie in allen Zellen vorhanden sind,
auch dann in den Zellen vorhanden sind, wenn diese langsam wachsen,
das heißt, dass nicht nur in den schnellen, wie zum Beispiel auf der Haut,
sondern auch in den sich langsam erneuernden Zellen
die gleichen Informationen enthalten sind.

Ihr habt Zellen auf dem feststofflichen, menschlichen Körper,
die, wenn sie absterben, abfallen, zum Beispiel eure Hautschuppen.
Ihr verliert sie im Wasser, beim Reinigungsprozess oder beim Spaziergang im Wald, weil der Wind durch eure Haare weht und sie mitnimmt.

Der Wind weht durch eure Haare!

Klingelt es da jetzt irgendwo?

Was sind denn Haare?

Haare sind, genau, feststofflich wachsende Zellen, die allerdings, wenn sie absterben, nicht unbedingt sofort den feststofflichen Körper verlassen.

Ich rede jetzt nicht von den Haaren, die ausfallen, die abbrechen, sondern ich rede von den Haaren, die lang werden, die lang wachsen.

Bei den jungen Mädchen zum Beispiel, denen man lange Zöpfe flechtet,

ist in diesen Zöpfen also das ganze Wissen gespeichert,

das ihrer Kindheit, alles, was sie gelernt haben,

alle Einflüsse aus der Familie, von den Eltern, von den Großeltern,

von den Geschwistern, von den Nachbarn.

Alles, was auf sie hereinprasselt, alles, was an sie herangetragen wird,

speichert sich nicht nur im Hirn, sondern auch in den feststofflichen Zellen,

also auch in den Haaren.

Und wenn ihr jetzt eines Tages den Entscheid fällt, euer Leben komplett zu verändern,

euch zu verabschieden von den Tagen der Kindheit,

von den großen Einflussnahmen der Eltern, die euch jede Sekunde überwachen,

wenn ihr in die Schule kommt, ist das ein wichtiger Einschnitt,

wenn ihr in die Pubertät kommt, ist das so ein sehr wichtiger Einschnitt,

oder wenn ihr das Elternhaus verlasst, ist das ein sehr wichtiger Einschnitt,

irgendwann kommt für die kleinen Mädchen der Moment, wo sie die alten Zöpfe abschneiden,

die meisten jedenfalls.

Gerade in dem Kulturkreis, indem du dich jetzt bewegst, ist es eine weit verbreitete Erkenntnis,

dass Frauen, die in der Regel ja in eurem Kulturkreis die längeren Haare haben,

bei einer kompletten Veränderung ihrer Lebenssituation zum Friseur gehen,

sich die Haare schneiden, von lang auf kurz.

Alle alten Informationen werden also abgelegt.

Alle alten Informationen werden endgültig aus ihrem feststofflichen Kreis entfernt.

Ist dir klar, was ich da versuche zu vermitteln?

Deine Haut, alles das, was lebt, verändert sich ständig.

Und es hat ständig auch die erneuerten Informationen zur Verfügung.

Wenn du lange Haare hast, die, ich sage jetzt einfach mal

zehn Jahre gewachsen sind, ohne dass du sie abgeschnitten hast,

dann hast du in den äußeren Enden dieser Haare den Informationsstand von vor zehn Jahren gespeichert.

Jetzt gibt es bestimmte Formen von Frisuren,

wo diese langen Haare auf dem Kopf zusammengefaltet werden.

Also diese zehn oder manchmal sogar zwanzig Jahre alten Informationen kommen direkt über das Scheitelchakra permanent und ständig wieder hinein in dein System.

Trägst du die Haare offen, sind die langen Haare unter Umständen in den Bereichen des Herzchakras oder des dritten Chakras,

und die alten Informationen kommen vorrangig über diese Chakren in dein System.

Du hast also eine leichtere Art, sie zu überprüfen.

Aber egal, wo innerhalb deiner Aura du diese alten „Zöpfe" beherbergst, nach kurzer Zeit, wie du aus den Aufbaulehren der Aura und des Chakrasystems weißt,

424

sind die Informationen sowieso in deinem gesamten feststofflichen und feinstofflichen Körper verteilt, egal, wo du innerhalb deines Systems die Information als Erstes einfließen lässt.

Oder:
Schau dir ein anderes Beispiel an.
Wo hast du noch in deinem feststofflichen Körper „tote" Hautzellen?
Die Finger- und Fußnägel!
Schau dir einmal die Menschen an, die Fingernägel kauen.
Schau sie dir an, beobachte sie, schau in ihren Lebensweg und du wirst feststellen,
alle Menschen, die Fingernägel kauen, hadern mit ihrer Vergangenheit.
Sie hadern entweder mit ihrer Ursprungsfamilie oder mit den Zeiten, die hinter ihnen liegen.
Sie sind nicht im Hier und Jetzt, sondern ständig auf der Flucht vor der Vergangenheit.
Und damit die alten Informationen ja nicht permanent auf sie einprasseln, die alten Gängeleien, die alten Vorschriften oder auch die alten Strafen, nagen sie die Fingernägel mit den Zähnen so kurz, wie sie es mit keiner Schere schaffen könnten.
Also: Weg mit den alten Informationen.

Auch wenn die Gründe unterschiedlich sind für lange Haare oder kurz gekaute Fingernägel,
hoffe ich, dass du verstehst, worum es mir geht.
Beobachte die Natur. Beobachte.
Beobachte, studiere sie.
Und erkenne die Gesetzmäßigkeiten dieses Universums und aller anderen Universen,
die sich widerspiegeln in der Natur, in der du aufwächst.

Löse dich also durchaus auch von alten Zellen,
oder mache dir bewusst, was sie dir vermitteln.

In dem Moment, wo du dein Bewusstsein programmierst,
in dem Moment, wo du deine Gedanken beherrschst,
in dem Moment, wo du anfängst, die Gesetzmäßigkeiten des Universums wissend einzusetzen,
bist du in der Lage, auch in dieser „toten" Materie die Information zu verändern
oder gar zu löschen.

Das ist es, was du lernen musst, Mensch,
was du lernen willst und sollst in diesem System des Planeten Erde,
in diesem System der Dualität,
in diesem System des Oben und Unten.

Mensch!
Werde Meister!
Werde Meister über alles, was dir an Energien zur Verfügung steht,
denn das ist es, was dahintersteht, wenn es heißt:
„Sein Leben meistern."
Meister sein heißt, es beherrschen.

„Beherrsche dein Leben" heißt:
Beherrsche die Energien in deinem Leben.
Beherrsche die Energien in deiner Umwelt.
Beherrsche die Energien in der Natur.
Und du beherrschst dich und dein Universum.
Du bist im Zentrum deiner Wanderschaft angekommen.
Du bist wieder zurück an der Quelle des Lichts,
denn du bist der schöpferische Gott im Zeichen des ICH BIN.

Hermes Trismegistos

Die Augen
(Hilarion)

Die Augen sind der Spiegel der Seele, so sagt man.
Und das ist wahr.
Das möchten wir heute hier ausdrücklich betonen.

Wenn ihr einem Menschen in die Augen seht,
dann könnt ihr entweder sehen
etwas Trübes,
etwas Belegtes,
ein Auge, das scheint, als hätte es eine Nebelschicht vor sich,
ein Auge, das euch Trauer zeigt,
ein Auge, das „dunkel" blickt, *(düster, finster)*
ein Auge, das euch „blind" erscheint,
aber im Gegensatz dazu
gibt es auch Augen,
die leuchten,
strahlen,
funkeln,
als würde der hellste Schein durch sie hindurchleuchten.
Und das ist so.
Denn das Leuchten, das Licht, kommt von innen.

Ein Mensch, der wahrlich lebt dieses ICH-BIN-LICHT,
ich erstrahle in meinem Licht,
ich erstrahle in göttlichem Licht,
bei diesem Menschen,
könnt ihr dieses Leuchten, dieses Strahlen
in den Augen erkennen.

Dafür müsst ihr nicht feinfühlig, hellseherisch begabt
oder auch hellfühlig, wie ihr es nennt, sein.

Nein,
diese Augen strahlen euch an,
sie blitzen euch an.
Die Lebensfreude springt ihnen aus den Augen.
Und es ist eine Freude, hineinzublicken.

Allerdings kommt es sehr oft vor,
dass ihr Menschen nicht fähig seid,
in diese Augen wahrlich zu blicken.
Denn sie drücken auch Macht aus und Größe.

Dieses Leuchten,
dieses Strahlen
zeigt euch die Größe dieser Seele,
zeigt euch den Wissensstand dieser Seele,
zeigt euch die Weisheit dieser Seele.
Und das ist es, was euch fast unerträglich erscheint.

Nicht nur Menschen, die vielleicht von Grund auf schon ein „Problem"
damit haben, ihrem Gegenüber in die Augen zu schauen, nein,
es betrifft euch alle,
solch leuchtende Augen
zeigen euch, was euch fehlt,
wonach ihr euch sehnt,
sie zeigen euch „Lebensfreude",
das, was ihr euch so sehr wünscht,
was ihr so sehr begehrt,
Lebensfreude.

Und diese Menschen,
die gibt es,
die erleuchtet sind von innen,
die das Strahlen nach außen tragen.

428

Täuscht euch nicht.
Sie strahlen im Gesamten.
Nur das Gesamte, das Rundherum um diesen Menschen,
das könnt ihr meistens nicht wahrnehmen.
Aber erkennen könnt ihr es an den Augen,
egal, ob sie blau, braun, grün, oder eine andere Farbe haben,
erkennen könnt ihr es
an dem Strahlen und Leuchten.

Und diese Menschen
zeigen euch durch ihre Augen,
dass sie Zugang haben zu dem Göttlichen,
Zugang zum Licht,
das Licht, das Gott ausmacht,
dass sie Zugang haben
zu dem Wissen,
dem Wissen, das auch in all euren Zellen gespeichert ist,
zu dem ihr vielleicht den Zugang noch nicht gefunden habt.

Solch leuchtende, strahlende Augen zeigen,
dass diese Person
diesen Zugang „gefunden" hat,
dass sie Zugang zu ihrem Wissen hat.

Schätzt sie, diese Menschen mit diesen strahlenden Augen.
Erkennt sie.
Und neigt euer Haupt,
denn sie können euch schulen und lehren.

Amen.

Hilarion

13. DAS JETZT

Triff deine eigenen Entscheidungen

(Djwal Khul)

Einer der Punkte, die vielen Menschen Schwierigkeiten machen, ist es auch,

in die Einsamkeit zu gehen,

das heißt, mit sich alleine zu sein.

Wir haben schon einmal über diesen Aspekt gesprochen,

dass nur alte Seelen überhaupt in der Lage sind, dieses Alleinsein auszuhalten.

Es hat etwas damit zu tun, dass ein Mensch, der mit sich alleine ist,

nur noch von sich selbst reflektiert wird und sich selbst reflektiert,

das heißt, Menschen, die alleine sind, sind in der Situation,

sich nur noch mit sich selbst beschäftigen zu können.

Sie werden nicht mehr gelenkt durch das Verhalten anderer Menschen um sie herum.

Sie sind also sozusagen gezwungen, sich mit ihren Gedanken, mit ihrem Verhalten,

mit ihrem Leben, mit ihrem Sein auseinanderzusetzen,

weil keine anderen Aspekte um sie herum mehr in greifbarer Nähe sind.

Dieses erfordert großen Mut, denn wenn ihr in diese Situation kommt,

werden alle eure Gedanken direkt auf euch gelenkt.

Es ist wichtig, sich hierfür immer wieder in Erinnerung zu rufen,

dass es keine Fehler gibt.

Das, was gestern geschehen ist, das was vorgestern, vor hundert, vor tausend, vor zehntausend Jahren geschehen ist, ist Vergangenheit.

Alles-Was-Ist hat seinen Zweck und seinen Grund.

So verurteile nicht dich,
verurteile nicht das, was du getan oder nicht getan hast,
sondern erkenne einfach, dass es immer nur um das Jetzt geht,
um diese Sekunde, um diesen Moment des Lebens, um diese aktive
Kraft.
Erkenne, dass du ungeheuer viel Energie dafür aufbrauchst,
dich mit Altem auseinanderzusetzen.

Stell dir vor, du hast diese Energie frei,
du kannst diese Energie des Seins in den jetzigen Moment des Lebens geben,
das Gewesene, das Vergangene einfach vorbeiziehen lassen.
Das bedeutet nicht, die darin gewonnenen Erkenntnisse, Emotionen,
Lehren, Gefühle oder auch Wissen zu verdrängen,
es ist in dir.
Es ist eingelagert in jeder Zelle,
es ist in dir, wie die schöne Erinnerung an ein gutes Essen
oder andere Momente, die dir ein Glücksgefühl bereitet haben,
der tolle Ausflug, die prima Nacht mit dem Partner, oder was auch
immer dein Herz erfreuen mag,
all diese Dinge sind als glückliche, freudvolle, friedvolle, schöne Gefühle in deinem Wesen,
in deinen Zellen gespeichert,
aber sie sind vorbeigezogen.

Erkenne, dass das Leben im Jetzt deine ganze Energie benötigen kann,
dass du deine ganze Energie in diese Sekunde, in diesen Moment, in
diesen aktuellen Augenblick geben kannst
und dann jetzt lebst,
jetzt entscheidest,
denn das, was du jetzt entscheidest, sollte aus der Freiheit heraus
passieren.

Sei losgelöst von den Ereignissen der Vergangenheit.

Die Ereignisse der Vergangenheit haben dich geprägt,
so wie viele andere Dinge in deinem unmittelbaren und mittelbaren
Umfeld für Prägungen in deiner Seele, in deinem Sein verantwortlich
sind.

Aus diesem Grund hast du dich für eine Inkarnation in diesem ganz
bestimmten Erdteil,
in dieser ganz bestimmten Stadt, in dieser ganz bestimmten Familie
und Situation entschieden.

Diese Prägungen sind vorhanden
und gehören zu den Aufgaben, die du dir gestellt hast,
nämlich, sie zu erkennen und zu verlassen
und aus diesen gedanklichen Dogmen,
aus diesen Fallstricken der Entscheidungen auszusteigen.

Wenn du all deine Energien in der jetzigen Sekunde gebündelt hast,
bist du in der Lage zu entscheiden, jetzt zu entscheiden,
losgelöst von dem, was du glaubst, was deine Familie, deine Gemeinde, dein Umfeld von dir erwartet.

Das ist der Punkt der Freiheit.

Löse dich von all den Dingen, die dir von außen aufgedrückt werden.

Gehe in die absolute Unabhängigkeit zu entscheiden, was du in diesem Moment, in dieser Sekunde für richtig hältst.

Mach dir keine Gedanken, ob es morgen oder übermorgen anders,
vielleicht richtiger sein kann,
denn das ist eine andere Entscheidung.

Jetzt ist die Entscheidung zu fällen.

Jetzt. Jetzt. Jetzt.

In dieser Sekunde.

Und nur das zählt.

Wenn du dieses lebst,
dieses JETZT BIN ICH,
ICH BIN JETZT,

ICH BIN IN DIESEM MOMENT,
dann bist du in der Freiheit.

Du wirst immer, natürlich auch morgen und übermorgen,
die Konsequenzen aus dem Handeln dieser jetzigen Sekunde tragen
müssen,
aber wenn du jetzt schon überlegst,
was da morgen an Folgen auf dich zukommt
oder was der Nachbar oder die Oma, der Vater, der Freund,
die Gesellschaft, die Gemeinschaft, die Regierung
oder sonst irgendjemand zu deiner Entscheidung sagen würde,
blockierst du dich
und steigst aus aus dem aktiven Leben,
in diesem jetzigen Moment.

Freisein bedeutet wirklich zu erkennen,
dass du allein für dich verantwortlich bist
und dass das, was du entscheidest,
jetzt,
deine Freiheit ist.
Deine Freiheit ist es, jetzt zu entscheiden.

Ich betone dieses Jetzt so ausdrücklich,
weil es wirklich ein immens wichtiger Punkt ist.
In dieser jetzigen Situation bist du mit den Informationen vertraut,
die jetzt gültig sind.
Du hast in deinem Umfeld so viele andere Wesen,
die auch ihre eigenen Entscheidungsprozesse haben,
und du kannst diese Entscheidungen, die diese Menschen zu wählen
haben, wollen, müssen, dürfen,
nicht einkalkulieren.
Wenn du dich also immer auf die Entscheidungen der anderen aus-
richtest,

wirst du nie deinen eigenen Weg, deinen eigenen Zweck erkennen.
Und mit Zweck meine ich das,
was du dir ausgesucht hast für diesen Moment zu leben und zu lernen.

Es ist immer um dich herum,
eine ungeheure Vielfalt von Wesenheiten, die ihren eigenen Prozess leben,
die ihre eigenen Entscheidungen fällen müssen,
und so wäre es ein unnötiges Zögern, Zaudern und Warten,
wenn du immer erst auf die Entscheidungen deiner Umwelt warten würdest.
Wenn du dann erst die Entscheidung triffst,
wenn du glaubst, dass sie ihre Entscheidungen getroffen haben,
von denen du glaubst abhängig zu sein (Rücksicht nehmen zu müssen),
bist du wieder in einem zeitlichen Verzug,
denn in der Zeit, wo du dich dann entscheidest,
haben diese Wesen bereits wieder ihre neuen Entscheidungsfreiheiten gehabt
und möglicherweise in Anspruch genommen.
Löse dich also davon, dass du in deinem Lebensweg die Entscheidungen anderer Menschen einkalkulieren kannst und musst.
Dadurch begibst du dich in die Gefangenschaft der Dogmen, die dir aufgedrückt werden.
Erkenne, dass es nur darum geht,
dass du dich mit dir auseinandersetzt,
dass du dich anschaust,
dass du genau hinschaust, was du jetzt in dieser Sekunde sagen willst,
dass du genau hinschaust, was du jetzt in dieser Sekunde unternehmen willst,
dass du genau hinschaust, was du jetzt zu entscheiden hast.

Schaue dich um und erkenne, dass das, was um dich herum passiert,
dein Leben beeinflusst,
weil es dich vor Entscheidungen stellt,
und diese Entscheidungen sollen aus deinem freien Willen getroffen
werden,
aus der Neutralität deines Herzens, deines ICH BIN.

So nutze das, was du gelernt hast,
in die Neutralität zu gehen,
soweit es dir in deinem jeweiligen Ausbildungs-/Entwicklungsstand
entspricht.

Es wird dir erst kurz vor dem Aufstieg in die Meisterschaft wirklich
möglich sein,
hundertprozent neutral zu sein.
Bis dahin ist eben die Übung,
so viel Neutralität wie irgend möglich zu erlangen,
um dann aus dieser Neutralität
die Sekunden-Entscheidung zu treffen.

Löse dich in der Erkenntnis,
dass nur du für dein Leben verantwortlich bist,
auch von den Ausreden der dich umgebenden Menschen-Beeinflus-
sung.
Andersherum:
Du versuchst immer wieder zu sagen,
wenn die anderen dieses oder jenes tun oder nicht tun, dann kann
ich.
Das ist falsch.
Löse dich davon, von dieser Abhängigkeit, denn sie ist nur eine Ausrede.
Du bist in jeder Sekunde deines Seins Herr deiner Entscheidungen.
Du bist in jeder Sekunde ein Kind der göttlichen Urkraft.

Du bist in jeder Sekunde das Zentrum deines Universums und in der Lage, frei zu entscheiden.

Also löse dich von dem Gedanken und von der Ausrede, dass andere Menschen für dein Handeln verantwortlich gemacht werden können, denn sie sind nicht in der Lage, auf dein Leben durchzugreifen, wenn du es nicht zulässt.

Erkenne, dass du diese Entscheidung jederzeit für dich treffen musst, und dann bist du in der Freiheit, weil du das tust, was du willst.

Erkenne, dass das, was du willst, dein Lebensweg ist.

Erkenne, dass das, was du willst, von dir umgesetzt werden muss, um in der Freiheit zu sein.

Erkenne, dass du das Recht hast, jederzeit Entscheidungen zu treffen, unabhängig davon, was andere Menschen erwarten oder von dir wollen.

Natürlich kommst du dann an den Punkt, wo das Konsequenzen im Umfeld deines Lebensbereichs hat,

aber das ist deine freie Wahl.

Jetzt geht es erst einmal darum, dass du wirklich erkennst:

Nur du bist für dich verantwortlich.

Nur du bist der, der in Freiheit gehen kann, wenn er für sich die Entscheidung trifft.

Ich denke, das ist für den Moment erst einmal genug.

Gott zum Gruße.

Der Flügelschlag eines Schmetterlings
(Metatron)

Erde, Feuer, Wasser, Luft und Äther, der Geist,
Erde, Feuer, Wasser, Luft und der Geist, der in allem wohnt,
der Geist, dem alles innewohnt,
der Geist, der in allem ist,
der Geist, der alles durchdringt.

Erinnert ihr euch?
Es stand in einem der ersten Kapitel,
der Geist, der alles durchdringt.

Heute sprechen wir über diesen Geist, der alles durchdringt,
denn noch immer ist euch nicht wirklich klar, welches Ausmaß das hat,
welche Folgen,
was es also alles nach sich zieht, wenn man als Grundlage diese Aussage als die Wahrheit begreift,
die Aussage eben: Alles ist von Geist durchdrungen.

Die wunderschöne Aussage, die da lautet:
„Schlägt ein Schmetterling mit einem Flügel,
kann am anderen Ende der Erde ein Erdbeben die Folge sein",
diese wunderschöne Aussage beinhaltet alles Wissen, alle Weisheit,
die, wenn man sie als die Wahrheit empfinden kann, sie fühlen kann,
sie wahrhaftig aufgenommen hat in ihrer ganzen Größe,
dir alle Antworten gibt, die du wissen musst,
denn darauf lässt sich jegliches andere Universelle Gesetz aufbauen.

Ihr nennt das Chaos-Theorie,
doch es ist weder das eine, noch das andere,
es ist weder Chaos, noch eine Theorie,
denn was ist Chaos?

Was bezeichnet ihr als Chaos?
Ein kleiner Hauch von Bewegung,
ein kleiner Hauch von Handeln,
und schon entsteht etwas Gigantisches, etwas Gewaltiges,
etwas Riesengroßes, für euch Unerwartetes,
doch glaubt mir, es ist immer so,
nur ihr Menschen stellt so gut wie nie die Zusammenhänge her,
ihr erkennt nicht den Zusammenhang zwischen dem Schmetterlings-
schlag und dem Hurrikan,
zwischen dem geflüsterten Wort in Europa und der Folge eines Erd-
bebens in Japan,
in Australien hustet ein Mädchen und hier stirbt ein Hund.
Ist das logisch für euch?

Seht ihr?
Ihr erwartet, dass euer kleines menschliches Gehirn diesen gigantischen Wegen folgen möge,
doch dafür ist es nicht gebaut,
dafür bedarf es mehr als eurer Gedanken,
mehr als einer perfekten Schulung eures Gehirns.
Ihr müsst die Wege des logisch denkenden Menschen verlassen,
der geschult ist in mathematischen Schlussfolgerungen,
in Gesetzmäßigkeiten der Physik und Chemie,
geschult in dem Zusammenfügen von Geschehnissen,
die ihr mit Augen und Ohren wahrnehmen könnt.

Lasst ab von dem Festhalten an euren fünf Sinnen
und beschreitet den Weg der Erkenntnis.
Lasst ab von Beweisen und erlaubt euch, es euch selbst zu beweisen,
erlaubt euch wahrzunehmen,
erlaubt euch zu erkennen,
und es wird geschehen.

Jeder Gedanke ist Wissen,
jeder Gedanke lebt,
jeder Gedanke formiert sich zu einem von euch geschaffenen Wesen
und dringt ein in die Welt des Geistigen,
in die gesamte Welt des Geistigen,
und wie ihr wisst, fordert er Futter.
Je mehr ihr die Gedanken des Zweifels füttert,
umso mehr versperrt ihr euch gegen das Wahrnehmen, das Empfinden, das Fühlen,
und desto mehr werdet ihr das Gefühl bekommen, ich kann nicht fühlen,
ich kann nicht mehr unterscheiden, was mein Gefühl sagt und was von meinem Verstand kommt,
ich weiß nicht mehr,
ich weiß nicht,
ich weiß nicht.

Lasst nicht zu, dass eure Gedanken euch beherrschen,
dass sie immer mehr und mehr von euch fordern,
denn der kleinste Ansatz eines Gedankens ist ein Flügelschlag eines Schmetterlings,
und so hat er immer, immer, immer seine Auswirkungen.
Ich kann dieses denken oder jenes,
ich kann in Farben denken oder in Musik,
ich kann in Gram denken oder in Wolllust,
aber alles bleibt in seiner Wirkung gleich dem Grundgesetz:
Schlägt ein einziger kleiner Flügelschlag, geschieht etwas,
und das, was da geschieht, ist nicht in deinem Ermessen,
denn noch bist du in Blindheit, bist im Nebel.

Nach und nach jedoch wirst du erkennen, was das für Ausmaße hat,
was du bewirken kannst, was du tatsächlich bewirkst.
Und so hüte deine Zunge, hüte dein Denken,

denn wisse, es kann ein Erdbeben am anderen Ende der Welt sich nicht nur formieren,

es kommt auch zu dir zurück,

vielleicht nicht als Erdbeben, aber vielleicht als Riesen-Wasserwelle oder als Feuersbrunst,

vielleicht hast du aber auch einen Gedanken entsendet, der nicht Erbeben verursacht,

sondern Liebe hervorruft am anderen Ende der Welt,

vielleicht hast du etwas ausgesendet, was Freude entstehen lässt,

was eine Blume wachsen lässt,

was den Himmel blau erstrahlen lässt,

vielleicht.

Nach und nach wirst du tatsächlich wissen, was geschehen ist, was geschehen wird, was geschieht,

du wirst mehr und mehr Wissen erlangen, Einblick erlangen,

mehr und mehr Weisheit erstaunen,

und irgendwann wirst du sie leben, diese Weisheit,

irgendwann ist sie dein,

so hüte deine Zunge und deine Gedanken,

wähle das, was du aussendest, mit Bedacht,

wähle so, dass es dir übergeht in Fleisch und Blut,

übergeht, eingeht in dein Sein, so dass du nicht anders mehr kannst,

als liebevoll zu empfinden, als liebevoll zu denken, zu sein,

dass also Liebe dich durchströmt, selbst wenn der schlimmste Feind dir gegenüberstehen möge,

und voll mit dieser Liebe, der göttlichen Liebe, wirst du Gedanken und Worte formen,

die Wirkungen und Auswirkungen haben,

die du wiederum mit liebevollem Blick bedecken kannst,

auf dass diese wiederum wachsen können,

und dieser erneute Gedanke, dieses erneute Denken von dir

und von dir Geschaffene, in Liebe Geschaffene

wiederum erschafft etwas Neues in Liebe.
Und so kann sich das Licht verbreiten, kann sich Liebe ausbreiten
und eine neue Welt erschaffen,
eine Welt voller Licht,
und das, was ihr Chaos nennt, ist keins mehr,
denn aus Liebe geschaffen kann es niemals Chaos sein,
höchstens vorübergehendes, scheinbares Durcheinander, bevor es
sich in Harmonie wandelt,
und von Theorie kann keine Rede sein,
denn es ist so, dass alles, alles seine Auswirkungen hat.
Selbst wenn du nur mit dem kleinen Zeh wackelst, wird dadurch etwas
in Bewegung gesetzt.
Zuallererst die Luft, die Energie um und in deinem Zeh, aber auch in
deinem Körper.
Schon hat es Auswirkungen,
denn durch das dir eigene Energie-Leitbahnen-System, den Meridia-
nen, ist alles mit allem verbunden,
und so hast du schon eine fortlaufende Bewegung geschaffen,
denn indem du zum Beispiel etwas an anderer Stelle, eben durch das
Meridiansystem, in Gang gesetzt hast, kann es sein, dass es dich dadurch nun an der Nase juckt, und schon hast du hingelangt und dich
gekratzt, und was jetzt?
Vielleicht musst du niesen, vielleicht musst du lachen,
vielleicht erzählst du es deinem Gegenüber, es gibt tausende von
Möglichkeiten,
doch alles geboren aus deinem kleinen Zeh, den du nur einmal vor-
und zurückbewegt hast.
Siehst du, wie das funktioniert?

Liebster Mensch, der du bist,
du hast gewählt, Mensch zu sein und die Gesetze auf diese Art und
Weise zu erforschen,
so tue es auch.

Schaue auf dein Treiben, dein Handeln, dein Tun,
schaue auf das, was du in Gang setzt und was es bewirkt,
schaue auf deine Umgebung und ihr Verhalten,
schaue auf deine Reaktionen darauf und darauf, wie andere auf dich
reagieren.

Hast du gelächelt, heute Morgen, als du zur Arbeit kamst, und was ist
dann passiert,
was waren die Auswirkungen,
wie könnte es sich fortsetzen bis ans andere Ende der Welt?
Kannst du dir eine Geschichte ausdenken?
Es kann durchaus eine haarsträubende Geschichte sein,
eine, die dir völlig absurd vorkommen mag,
und doch ist das die Wahrheit,
und doch geschehen genau solche Dinge.
Lass deiner Fantasie freien Lauf und lass zu, dass du lachen musst,
lass deiner Fantasie freien Lauf und probier einmal mit deinen Freunden,
eine Geschichte von hier nach da zu spinnen.

Manchmal geschieht es gleich, das Ergebnis am anderen Ende der
Welt,
manchmal erst in zwei Tagen,
manchmal in einem Jahr, manchmal in zehn,
aber es wird geschehen,
das, was ich als die Folge deines Tuns bezeichne.

Ich denke, es ist genug für heute,
es ist genug.

Bedenket also euer Sein, euer Tun, euer Wollen
und lebt die Freude, die euch zu eigen,
lebt die Liebe, die Gott euch schenkte, die euch innewohnt,

lebt das Licht, das ihr im Herzen tragt,
und erstahlt in diesem Licht, dieser Liebe, diesem Sein,
auf dass die Wirkung auf euer Erscheinen göttlich sein möge.

In Liebe, euch Menschen,
in Liebe.

Metatron

Das Spiel des Lebens

(Johannes, der Apostel)

Das Spiel des Lebens, so wird das „Patience"-Spiel genannt
(Solitaire).

So ist es auch, wie du dein Leben spielen sollst.
Im Gegensatz dazu haben wir das Schachspiel.
Und das wollen wir euch heute erläutern.

Also ihr Lieben,
ihr Menschen,
hört zu.
Das Spiel des Lebens funktioniert so:

Lege deine Karten,
und zwar immer eine nach der anderen.
Lege die Karten so, wie sie dir als richtig erscheinen.
Lege niemals deine Karten so, indem du dir überlegst,
was es mit der Person gegenüber machen würde.
Wenn du Patience legst und du deinem Partner, deinem Gegner, deinem Mitspieler also gegenübersitzt, dann hast du zu wählen, wo du die Karten hinlegst.
Legst du sie auf deinen Stapel?
Legst du sie auf den Stapel des Mitspielers?
Legst du sie in die Mitte für euer gemeinsames Fortkommen?
Legst du sie an die Seite?
Legst du sie dahin, wo etwas blockiert wird?
Legst du sie dahin, wo dein Gegner, der Mitspieler, dein Partner blockiert wird?
Legst du sie dahin, wo du selbst blockiert wirst?

Aber, glaube mir, du kannst es niemals einschätzen.

Selbst wenn es dir so erscheint, als würdest du den Gegner blockieren,
es ist niemals eine Blockade eines anderen, niemals,
es ist nur der jetzt anstehende Zug,
und was dir es so erscheinen lässt, als würdest du mit diesem einen
Zug einen anderen blockieren, ist nur dein menschlicher Verstand, der
dir das suggeriert.
Niemals blockierst du einen anderen, denn der andere spielt sein eigenes Spiel.

Wenn du eine Karte gelegt hast, wo auch immer du sie hingelegt hast,
wie auch immer du sie gespielt oder ausgespielt hast, entsteht für den
anderen Menschen, für die andere Person eine neue Jetzt-Situation,
ein neuer Jetzt-Moment.
Und diese Person entscheidet genauso aus diesem Jetzt-Moment,
wie du das tust und tatest.

So wie du jede deiner Züge, jeden einzelnen deiner Züge aus dem
jeweiligen Jetzt-Moment heraus tätigst, so wie du also jede einzelne
Karte spielst, so tut das auch jeder andere Mensch.
Das heißt, jeder Mensch hat sein eigenes Spiel.
Das Spiel des Lebens ist für jeden Menschen ein anderes,
denn ihr alle seid Individuen, obwohl ihr alle eins seid.
Und so kannst du als der einzelne Mensch niemals beurteilen,
mit welchem Zug du einen anderen einschränken, behindern,
oder blockieren mögest, würdest, könntest.

Erst wenn du weit, weit gegangen bist
und liebevoll aus deinem Herzen das ganze Universum erfassen
kannst,
dann wird es dir möglich sein zu begreifen, was in der Gesamtheit
geschehen möge.
Doch auch dann wird sich dieses „Es wird geschehen" auflösen,
denn dann lebst du in einer Phase des Wissens,

dass die Zukunft nicht existiert, so wie auch die Vergangenheit es nicht tut,

dass ein Jetzt ein Jetzt ist und immer ein Jetzt bleibt,

dass ein „war" ein Jetzt ist und ein „wird" ein Jetzt ist, und ein „jetzt" ein Jetzt ist,

nichts anderes existiert, als das Sein an sich,

und so ist jede einzelne Karte ein Sein im Jetzt.

Also, lege deine Karten einfach nur so, wie es dich deine Innere Stimme empfinden lässt,

so, wie deine Innere Stimme es dich lehren möchte,

und lausche auf dich selbst, höre auf dein Herz.

Du bist immer wieder, zu jeder Sekunde, zu jeder Hundertstel-Sekunde am Zug.

Und du kannst immer wieder entscheiden, welche Karte du wohin, auf welchen Stapel legst.

So ist es mit deinem Leben.

Du bist am Zug,

immer,

du bist immer am Zug.

Denn immer wieder bist du im Jetzt-Moment,

und wieder in einem Jetzt-Moment,

und wieder in einem Jetzt-Moment.

Und somit löst sich die Zukunft auf,

indem du einen Jetzt-Moment an den anderen reihst

und die Gedanken des „Was wäre, wenn ich das täte oder jenes" einfach entschwinden lässt.

Handle in diesem Jetzt-Moment.

Lege deine Karte aus diesem Jetzt-Moment heraus.

Und lege sie liebevoll, aus dem Herzen geboren.
Und so wird das Glück mit dir sein.

Wenn du im Gegensatz dazu das Schachspiel betrachtest, dann ist das Schachspiel in keinster Weise zu vergleichen mit dieser Art des Kartenspiels, das sich das Spiel des Lebens nennt.
Im Schachspiel musst du dein Hirn benutzen, musst du Logik einsetzen,
musst du nichts anderes tun, als nur in die Zukunft zu blicken.

Du hast ständig vor Augen, in Gedanken und Bildern,
was ist, wenn ich jenes tue,
was ist, wenn ich dieses tue,
was ist, wenn ich diesen Zug mache,
was ist, wenn er, der Gegner, der Mitspieler den Zug macht, weil ich den oder jenen getan habe, und welchen mache ich danach.
Du musst vier, fünf, sechs, sieben Züge vorausschauen, dir logisch überlegen, hin und her schieben, die ganzen Möglichkeiten abwägen, was alles passieren könnte, wenn ...
Du tätigst einen einzigen Zug, und es gibt hunderte von Möglichkeiten, die danach möglich wären, und am besten wäre es, du hättest alle in deinem Kopf und würdest alle abwägen und dir die Wahrscheinlichkeiten durchdenken und so durch Logik herausfinden, was der andere nun tun könnte.

Aber wenn du auf diese Art dein Leben lebst,
dann wendest du dich vollkommen ab von deiner Führung,
von deinem Vertrauen in die Geistige Welt,
denn du beschränkst dein Leben auf das, was deine Logik, dein Gehirn, dir zu vermitteln hat.

Natürlich kannst du es schulen. Du kannst es bis zur Meisterschaft bringen,

und es mit Wahrscheinlichkeitsrechnung und Statistiken und vielleicht
sogar auch mit Intuition
so weit bringen, dass du wahrlich Meister bist im Agieren als Mensch,
der du bist.
Doch das Herz hast du dabei vergessen.
Denn Herz und Schachspiel haben nichts miteinander zu tun.
Denn so, wie das Schachspiel gedacht ist, musst du es mit Logik spielen.
Spielst du es mit Herz, dann landest du im Spaß und in der Freude,
aber der Sinn, der vom Mensch hineingegebene Sinn des Schachspiels, wäre nicht mehr gegeben.

Schaust du aber jetzt noch einmal auf das Kartenspiel, auf das Spiel,
wo du mit jeder einzelnen Karte, die du ziehst, die du umdrehst, entscheiden musst, was du tust,
so gibt es immer nur einen Jetzt-Moment.
Du hast eine Karte in der Hand, du hast eine zur Verfügung,
also einen Schritt, den du tust,
und diese Karte legst du.

Das ist das Geheimnis des Lebens.

Schau dir ein Ding an und entscheide, was du tust.
Schau dir ein Ding an und es kann durchaus sein, dass du entscheidest, genau dorthin zu legen, obwohl du nicht weißt, warum.
Es kann durchaus sein, dass du sie genau dorthin legst, auf jenen anderen Platz.
Es kann sein, dass du sie wohin legst, was zur Folge hat, dass du fünf Karten auf deinen Stapel gelegt bekommst, wo du dich selbst blockiert fühlst,
aber – sei's darum.
Du wirst eine neue Karte ziehen. Du wirst neue Wahlmöglichkeiten haben.

Jeder Jetzt-Moment ist im Jetzt zu entscheiden.

So spiele dein Leben,
Schritt für Schritt.
Entscheide Schritt für Schritt.

Und gehe voran im Vertrauen zu Gott,
im Vertrauen darin, dass Gott in dir ist, mit dir,
und du in Gott und mit Gott.
So wird dir nichts geschehen.
Und dein Spiel wird aufgehen, so wie auch dein Leben.
Am Ende wird es sich auflösen, in Harmonie und in Frieden,
auflösen in Licht und Liebe,
so wie das Spiel sich auflösen wird,
und du dasitzen wirst
und erstaunt auf die Leichtigkeit des Spiels schaust, das du eben gespielt hast.

So grüße ich euch von ganzem Herzen,
so grüße ich euch aus tiefstem Herzen,
so grüße ich euch
und rate euch an:

Spielt euer Spiel des Lebens.
Legt eure Karten.
Legt sie Karte für Karte.

Euer Freund Johannes,
euer Freund Johannes.

14. DIE MACHT DER DUNKELHEIT

Dämonen

(Jesus Christus)

Wir haben sehr häufig über die Inhalte der Inkarnation eines Menschen gesprochen, die da sagen:
Ich bin Gott in Tätigkeit.
Wir haben oft genug, auch in diesen Schriften, euch klarzumachen versucht,
dass ihr als Menschen inkarnierte Gottheiten seid.
Ihr seid Kinder Gottes, ihr seid ein Funke Gottes,
ihr seid eure eigenen Götter,
ihr kreiert euer eigenes Universum.
Dieses muss in euch fest verankert sein,
das muss in euch klar sein,
in jeder Zelle muss dieses Bewusstsein verankert sein
und von euch in jeder Sekunde gelebt werden.
Es kann dieses Leben, dieses Bewusstsein nur dann funktionieren,
wenn ihr diese Information als unverrückbare Tatsache begriffen habt.

Ein anderer Punkt, und das ist der, den ich jetzt am liebsten fett unterstreichen möchte,
für alle die Pharisäer und Scheinheiligen:
Vergesst niemals, niemals, niemals,
dass ihr in der Erdinkarnation in der Dualität lebt.
All die Scheinheiligen, die glauben, alles zu wissen,
immer nur reinen Herzens durch die Gegend schweben,
sind hoch gefährdet, da sie ganz schnell in den Hochmut kippen können.
Ich bitte euch inständig,
niemals zu vergessen, dass die Erde als Karma, als Aufgabe und auch als Chance die Dualität hat.

Das heißt:
Dort, wo Licht ist, ist Schatten.
Es gibt kein Licht ohne Schatten.

Vergesst niemals, dass Luzifer auch ein Erzengel ist,
der nur eine bestimmte Aufgabe übernommen hat
in diesem großen Schachspiel des Vaters.
Er repräsentiert die dunkle Seite der Macht.
Er repräsentiert alle Versuchung.
Er repräsentiert alle Schmerzen, alle Schwierigkeiten.
Er repräsentiert den Lernwert überhaupt.

Ihr könntet auf der Erde keinerlei Lernfortschritte machen,
wenn Luzifer mit seinen Heerscharen nicht an eurem Werdegang,
an eurem Ausbildungsweg, an eurem Lebensweg
beteiligt wäre.

So, wie das Zusammenwirken mit den Engeln funktioniert,
funktioniert es natürlich auch mit den Engelscharen des Luzifer.
So, wie sich eure Kräfte, eure Verbindung, euer Wissen erweitert,
wenn ihr mit den Engeln des Lichts kommuniziert,
wenn ihr mit den Aufgestiegenen Meistern arbeitet,
wenn ihr euch mit den Wesenheiten der Natur verbindet,
so wächst natürlich auch deren Energie,
denn wann immer ihr euch mit einem anderen Wesen beschäftigt,
wird von euch Energie erzeugt und auf dieses Wesen projiziert.

Ihr kennt alle den Versuch mit den Tomaten,
den wir an einer anderen Stelle erklären *(siehe letztes Kapitel)*.
So, wie die Tomatenpflanzen wachsen und gedeihen, wenn eure Herz-
energie,
eure Energie überhaupt, auf sie gelenkt wird,
so wachsen alle anderen Wesenheiten genauso,

denn ihr seid Gott,

ihr seid eine göttliche Wesenheit, die erschafft,

die in der Schöpfung einmalige Dinge vollbringt

und so mit ihrer Energie diese Wesenheiten zum Wachsen bringt.

Genauso wie das in den lichtvollen Wesenheiten funktioniert,

funktioniert das natürlich auch bei den Wesenheiten,

die euch weniger bequem sind.

Versteht, dass ihr in dem Moment, in dem ihr einen Gedanken in die Atmosphäre entlasst oder ihn sogar aussprecht,

ihr nach den Gesetzen der Manifestation eine Wesenheit geschaffen habt.

Diese Wesenheit umschwirrt euch

und fordert Nahrung.

Diese Nahrung produziert ihr, wenn ihr an sie denkt.

Wer also Ängste hat, um bei einem handfesten Beispiel zu bleiben,

das ist zum Beispiel die Angst bei Kindern vor schlechten Zensuren,

vor einer schlechten Deutsch- oder Mathematikarbeit,

wird immer wieder an diese schlechte Arbeit denken,

wird immer wieder an diese Wesenheit „Ich kann kein Mathe" denken.

Und mit jedem Gedanken wird diese Wesenheit größer,

wird kräftiger,

nimmt größere Formen an

und wird irgendwann bedrohlicher.

Je größer sie wird, desto bedrückender wird sie für die Person

und fordert von ihr neue Nahrung.

Je größer diese Wesenheit wird, desto schwieriger wird es, ihr auszuweichen,

oder gar, sie aufzulösen.

Auflösen könnt ihr diese Wesenheit nur durch Liebe,

die Kraft, die ich repräsentiere,

die Liebe,

die Liebe des Herzens.

Wie kann ich also eine negative Wesenheit wie Angst auflösen?

Durch die Liebe, dass mir diese Angst nichts anhaben kann.

Was kann dir als Mensch passieren, wenn du nicht rechnen kannst?

Was kann dir überhaupt passieren?

Gar nichts.

Wenn du auf deine Führung vertraust,

wenn du auf Gottes weisen Ratschlag vertraust,

wenn du auf dein Team vertraust,

wenn du dich mit all deinen Freunden und Helfern verbindest,

wirst du ein hervorragendes Leben ohne mathematische Kenntnisse führen können.

Also gibt es überhaupt keinen Grund, sich davor zu fürchten, die Mathearbeit zu versauen.

Und so, wie ich das an diesem Beispiel versucht habe zu erklären, gilt es auf allen Ebenen.

Es gibt keinen Grund, sich vor irgendetwas zu fürchten, sich von irgendetwas Angst machen zu lassen.

Also, diese Wesenheiten werden von euch erzeugt, genährt und von euch Menschen permanent größer und größer und größer gefüttert.

Ich habe Luzifer extra ins Spiel gebracht, um euch klarzumachen, dass er existent ist.

Selbst die Menschen, die kurz vor dem Aufstieg in die Frequenzen der Aufgestiegenen Meister sind,

müssen sich damit auseinandersetzen, dass es die dunkle Seite des Lichts gibt,

denn nur, wenn du die dunkle Seite des Lichts erkennst und annimmst,

kannst du in der Mitte bleiben,

kannst du den mittleren Weg wählen.

Nur wenn du ganz bewusst bestimmte Dinge ausklammerst,

meisterst du diese Frequenz.
Das ist das Ziel, was ihr im Moment anstreben müsst:
Es zu meistern.
Also nicht, es zu negieren, sondern es zu beherrschen,
diese Frequenzen zu beherrschen.
Das ist das Wesentliche, die wesentliche Aufgabe Luzifers.

Genauso wie Luzifer existent ist,
sind auch die Dämonen an seiner Seite existent.
Wir werden irgendwann über diese Dämonen reden müssen, -
also warum nicht jetzt.

Wenn Gott und die himmlischen Heerscharen existieren,
wenn es also die Engel gibt, und wenn es Luzifer gibt,
dann muss es selbstverständlich auch die Wesenheiten an seiner Seite geben.
Das sind die Dämonen.
Es gibt die Dämonen, die von euch direkt geschaffen werden,
wie zum Beispiel der Dämon der Angst,
und es gibt die Dämonen, die ihr zum Beispiel „Gogol" nennt.
Das sind Wesenheiten, die von den Kräften Luzifers gezeugt und genährt worden sind.
Ihr könnt diesen Wesenheiten, wenn ihr jemals auf sie trefft,
immer, immer, immer widerstehen,
indem ihr euch einfach nur auf eure göttliche Herkunft besinnt.
Ich habe es euch vorgelebt
und habe Luzifer, als er versucht hat, mich in Versuchung zu führen,
verjagt,
indem ich gesagt habe:
Hebe dich hinweg, Satan.
Es ist ja überliefert.
Ihr müsst nicht diese Worte gebrauchen, sondern ihr müsst den Sinn
dahinter verstehen.

Ihr müsst euch klar sein, dass ihr Gottes Kinder seid,
dass ihr angefüllt seid von einem Licht unsagbarer Schönheit, unglaublicher Kraft,
unglaublicher Reinheit und großer Klarheit,
und wenn ihr alle eure Kräfte in euch zentriert habt,
wenn ihr euch in dem befindet, was ihr eure Mitte nennt,
wenn ihr in eurer Kraft ruht,
wenn ihr genau wisst, was ihr tut,
dann könnt ihr jeden Dämon, egal, wie groß, furchtbar und finster er
euch entgegentritt,
in die Augen schauen und sagen:
ICH BIN LICHT.
Und da, wo ich bin, kannst du nicht sein.
Denn ICH BIN DIE LIEBE,
ICH BIN DIE LIEBE GOTTES.
Und da kann er nicht gegen an.
Gegen die Liebe gibt es keine Energie,
und sie ist unumstößlich.
Und das, was die Dämonen dann immer versuchen, ist,
euch mit dem Tode zu bedrohen,
euch zu ängstigen,
und das ist genau der Punkt, wo sie euch kriegen können.
Wenn ihr tatsächlich Angst habt vor dem Sterben,
wenn ihr zweifelt an der Wiedergeburt,
in mir, durch mich und im Kreise des Vaters,
wenn ihr zweifelt an dem Rad des Lebens,
dann werdet ihr in Versuchung geführt, aus eurer Mitte zu kippen,
und genau das ist der Punkt, um den es geht.
Wenn ihr kippt aus eurem Wissen,
wenn ihr kippt aus eurer Ruhe,
wenn ihr kippt aus eurer Mitte
und in den Zweifel geht,
dann hat der Dämon gewonnen.

Darum geht das ganze Leben:
Lernt zu erkennen, wie stark ihr seid.
Lernt eure Kräfte kennen.
Vertraut auf eure Kräfte und seid euch eurer Kräfte gewiss.
Übt diese Kräfte in den kleinen Schritten,
denn wenn ihr sie in den kleinen Schritten übt und beherrscht,
braucht ihr euch vor den großen Schritten nicht zu fürchten.

Es ist im ganzen Leben so.
Alle Arbeiten, die auf euch zukommen, werden in kleinen Schritten geübt.
Denkt an die Kinder in der Schule,
sie schreiben als Erstes drei Sätze und fangen nicht mit einer Doktorarbeit von dreihundert Seiten an.
Diese schreiben sie erst dann, wenn sie in der Rechtschreibung und überhaupt im Schreiben sicher sind.
Schaut euch die Maurer oder Tischler an,
sie fangen mit kleinen Aufgaben an
und bauen nicht als Erstes eine Kathedrale oder eine Kirche aus Holz.
Also,
wo immer ihr hinschaut,
alles fängt mit kleinen Schritten an,
und so auch diese Ausbildung in euch, an euch.
Arbeitet in kleinen Schritten und festigt so eure Wissenskraft,
eure Kraft des ICH BIN.
Arbeitet kontinuierlich, arbeitet ständig, und seid immer gewiss,
ihr seid Licht, ihr seid Gottes Kinder,
und ihr seid geboren im Licht.
Dann kann kein Dämon euch in die Furcht bringen,
kein großer und kein kleiner,
keine Angst vor Mathematikaufgaben,
keine Angst vor Arbeitslosigkeit oder Krankheit,
keine Angst vor Dämonen,

und schon gar keine Angst vor Luzifer,
der letztendlich auch bloß ein Engel ist.

Also:
Müht euch redlich in den kleinen Schritten.
Seid konstant in eurer Arbeit.
Erkennt die Wertschöpfung eures Lichts, wenn es wächst, Tag für Tag,
in der Konstanz der brennenden Flamme in eurem Herzen.
Seid euch bewusst dieser ungeheuren Kraft des ICH BIN
und erkennt die ungeheure Kraft der Liebe, die in dieser Flamme steckt,
das Licht des Vaters, die unendliche, bedingungslose Liebe.

Brennt in eurem Licht.
Und wenn ihr euer Licht leuchten lasst in der bedingungslosen Liebe,
dann kann euch kein Dämon, keine niederfrequente Wesenheit aus der Ruhe bringen.
Ihr seid in der Lage, die fürchterlichste Fratze anzugrinsen,
ihr zu sagen:
Ich liebe dich als ein Kind des gleichen Vaters, dem auch ich entsprin-ge,
aber du kannst mich nicht das Fürchten lehren.
Und ihr werdet sehen, sie zerplatzt wie eine Seifenblase im Wind.

Ich bin mit meiner Liebe immer an eurer Seite,
ob ihr an mich glaubt oder nicht, ist unerheblich.
Es geht nicht um christliche Glaubenslehre,
sondern es geht um mich,
den Christus,
den Teil Sanandas, der auf die Erde gekommen ist,
der für euch hütet
die Flamme der bedingungslosen Liebe.

Ich grüße euch,
ich liebe euch,
bedingungslos,
immer,
jetzt,
in jeder Sekunde,
jeden Tag.

Gott zum Gruße.

Luzifer

(Metatron)

Ich, der König der Engel,
bin zuständig für alle Heerscharen in den unmittelbaren Hierarchie-
folgen,
nach dem einen Gott, der alles geschaffen hat.

Ich bin in der Ebene,
die direkt ausgestattet ist mit dem Recht des Zugangs zum Thron Gottes,
und von daher gehöre ich in den Rat der Zwölf,
die, um den Thron des Herrn versammelt,
nicht nur für die Geschicke des Planeten Erde zuständig sind,
sondern auch für viel weitreichendere Aufgaben im Universum die
Verantwortung tragen.

Wir wollen auf den Rat der Zwölf heute nicht weiter eingehen,
denn der Zwölfer-Rat wird an einer anderen Stelle gesondert zur
Sprache gebracht werden.
Heute möchte ich meine Zusage einhalten und mit euch ein Thema
erörtern,
das von ungeheurer Wichtigkeit ist,
von einer so großen Wichtigkeit ist,
die kaum jemand von euch Menschen auf der Erde erahnt.

Die meisten Menschen sind ausgestattet mit einer großen Distanz,
mit einer großen Angst, mit einer großen Furcht –
vor dem Erzengel Luzifer,
der genauso in die himmlischen Heerscharen gehört
wie alle anderen Erzengel, mit denen ihr so gerne zusammenarbeitet.

Dass ihr mit Luzifer nicht gerne wissentlich zusammenarbeitet,

ist durchaus richtig und in Ordnung,
aber was keinesfalls in Ordnung ist,
dass ihr seinen Stellenwert nicht würdigt und nicht erkennt.

Wir haben immer wieder über das Beispiel des Lichts der Kerze und der Dunkelheit gesprochen, und so hat Luzifer eine nicht zu verkennende wichtige Aufgabe übernommen.

Er hat sich bereit erklärt,
und das will ich dick unterstreichen,
er hat sich bereit erklärt,
diese Rolle zu übernehmen,
für die ihm die gesamten himmlischen Heerscharen dankbar sind.
Er hat sich bereit erklärt,
die Rolle des Fürsten der von euch sogenannten „Dunkelheit" zu übernehmen.
Er ist derjenige, der euer Lernen überhaupt erst dadurch ermöglicht,
dass er euch ständig in Versuchung führt.

Wenn Luzifer seine Aufgabe nicht so gewissenhaft
und im Sinne der Dualität, der göttlichen Schöpfung korrekt ausführen würde,
hätten wir sogenannten „Engel des Lichts" keinerlei Existenzberechtigung,
denn es wäre euch Menschen überhaupt nicht möglich,
in der Dualität der Erde zu leben.

So will ich euch eindringlich in Erinnerung rufen,
dass ihr als Gottes Kinder lernen sollt, gerecht zu sein,
gerecht zu sein aus der Mitte eurer neutralen Zentrierung,
und wenn ihr euch an diesen Punkt begebt, werdet ihr erkennen,
welch ungeheure Wichtigkeit
die Arbeit von Luzifer für euren Wachstumsprozess darstellt.

Er ist derjenige,
der genauso ständig an eurer Seite ist
wie ich, Metatron.

Er ist derjenige, der ständig in euch wirkt und arbeitet,
so wie alle heilenden Engel,
wie alle Aufgestiegenen Meister,
alle Devas und alle anderen Wesenheiten,
die ihr als lichte Freunde, aus dem direkten Zentrum des Herrn gespeist, akzeptiert.

Akzeptiert einfach,
dass Luzifer genau in die gleiche Hierarchieebene gehört wie ich,
dass auch er eine große Schar von Engeln und Wesenheiten beauf-
sichtigt, befehligt,
und für ihr Tun verantwortlich ist.
Geht in die Erkenntnis und Erinnerung,
dass diese Anteile Luzifers in jedem von euch genauso verankert sind
und behaftet sind,
wie alle anderen lichten Anteile,
egal, ob aus der Weißen Bruderschaft, von mir oder sonst woher gespeist.

Eure Existenz, euer Leben
wäre ohne den Gegenpol, den Luzifer mit seinen Versuchungen bildet,
überhaupt kein Leben und nicht lebenswert,
denn es würde euch keinerlei, keinerlei, keinerlei Wachstum ermöglichen.

Er ist derjenige,
der genauso wohlwollend neben eurem Lebenspfad sitzt oder hergeht
und euch genauso wohlwollend und liebevoll betrachtet
wie ich,

461

nur mit einer anderen Aufgabenstellung.
In dem Moment, wo ihr den Weg des Lichts verlasst,
in dem Moment, wo ihr aus eurer neutralen, bedingungslosen Liebe
kippt,
ist er derjenige, der mit der „Fliegenklatsche" nach euch haut und sagt:
„Hab ich dich."
Das ist sein Job.
Dafür hat er sich bereit erklärt.
Und genau das tut er.

Er führt euch in Versuchung,
in kleinen und in großen Dingen,
und je stärker eure Kräfte werden,
je stärker ihr euch in euren Schwingungen den oberen Hierarchieebe-
nen annähert,
umso stärker werden auch selbstverständlich die Prüfungen werden,
denen er euch aussetzt.

Seid also einfach gefasst und auf der Hut,
aber kommt niemals in die Versuchung, so zu tun, als ob Luzifer euch
nicht erreichen könnte.
Er erreicht euch, weil er in euch ist.
Er ist ein Teil von euch.
Er ist ein Teil eures Systems.
Er ist eingelagert als Information in jeder einzelnen eurer Zellen,
genauso wie meine Informationen da sind.
Es ist euer Entscheidungsprozess, euch zu entscheiden,
zwischen dem einen oder dem anderen Weg.
Um nichts anderes geht es.
Und diese Entscheidung könntet ihr nicht haben,
wenn euch der Weg Luzifers nicht angeboten werden würde.
So erkennt einfach die eminente Wichtigkeit und respektiert sie.

Ich erkläre euch die ganze Zeit,
dass ihr die Anwesenheit Luzifers respektieren sollt,
dass ihr sie anerkennen sollt,
dass ihr sie erkennen sollt.
Verwechselt das bitte nicht mit Verehrung,
mit Verbrüderung, mit Gleichschritt,
mit Akzeptanz, Gleichklang usw.,
das ist nicht das, worum es geht,
sondern einfach darum zu akzeptieren,
dass er euch in Versuchung führt,
so wie das Glatteis auf der Straße im Winter.
So wie alle anderen Versuchungen um euch herum
immer wieder versuchen, euch aus der Neutralität eures denkenden
Fühlens herauszubringen,
so versucht auch er, euch vom Weg des Lichts abzubringen,
weil es sein Job ist.

Wenn es ihm gelingt, dass ihr ins Straucheln und Zweifeln geratet,
dass ihr den geraden Weg des Lichts,
geführt durch den Vater, der alles geschaffen hat,
unterstützt von mir und meinen weisen himmlischen Heerscharen,
gefördert von den Aufgestiegenen Meistern
und bewundert von den Devas und Naturgeistern,
wenn ihr diesen Pfad verlasst,
dann hat er seinen Zweck erfüllt.
Das ist seine Aufgabe: euch zu erschüttern,
euch zu einer Vibration zu bringen, die da „Zweifel" heißt.
Und in dem Moment, wo ihr in den Zweifel geratet,
seid ihr aus der Neutralität, seid ihr aus dem direkten Weg des Lichts
zurück ins Licht gekippt.

Das ist seine Passion, das ist seine Aufgabe, das ist sein Auftrag, das
ist sein Job.

Nehmt ihn einfach so, wie es ist, und seid euch dessen gewahr.

Wenn ihr im Licht seid und den lichten Weg geht,
könnt ihr ihn grüßen, ohne dass er in irgendeiner Weise versuchen wird,
euch auf eurem Weg zu behindern.
Aber die kleinste Unachtsamkeit, die kleinste Ungenauigkeit,
die kleinste zu weit ausgelegte Toleranz
ist eine Aufforderung an ihn, euch in Versuchung zu führen.

Und glaubt mir,
er hat zig Millionen Jahre Übung darin,
euch immer wieder neue Varianten der Versuchung anzubieten.
So seid ihm dankbar für seinen Einfallsreichtum,
für seine Erfindungsgabe, für sein komödiantisches Talent,
auch für sein Talent, sich zu verstellen.
Erkennt einfach die Wichtigkeit dieser Aufgabe
und geht dann aus Dankbarkeit in die Demut.
Das ist das, woran ich euch heute erinnern will.

Hört auf, ihn zu verleugnen.
Das ist ein wirklich großer Fehler,
denn jeder Mensch,
der ihn als eine unmittelbare Persönlichkeit in seiner Aura, in seiner
Geschichte ablehnt,
ist schon auf dem höchsten Spross des Hochmuts angekommen,
und wie ihr wisst,
ist Hochmut schon immer ein schlechter Ratgeber gewesen.

Geht in die Neutralität und erkennt, was das für euch bedeutet.
Erkennt, welche Verlockungen er für euch bereithält
und entscheidet euch dann,
aus der lichten Zentrierung heraus,
für den Weg der Liebe,

nicht für den Weg der Machtergreifung, der Machterhaltung,
der Beeinflussung oder der Manipulation,
sondern für den Weg der Liebe.

Und in dem Moment,
wo ihr standhaft euch in der Neutralität befindend,
erklärt, wo eure persönlichen Präferenzen und Vorlieben liegen,
nämlich, auf dem Weg des Lichts zu schreiten,
so wird er weiter weichen.

Jede kleinste Ungenauigkeit, jede kleinste Zweifelswolke, die euer
Hirn verlässt,
ist so programmiert,
dass sie seinen Wachstumsprozess unterstützt und fördert.

So lege ich euch noch einmal ans Herz,
die Wichtigkeit dieser Frequenz Luzifers zu erkennen,
sie zu akzeptieren, nicht zu verdrängen, nicht zu verspotten,
sondern einfach nur gewissenhaft mit ihm zu arbeiten,
so wie ihr es mit jedem Krankheitserreger, mit jeder Bakterie
oder mit jedem Virus tun würdet.

Nur dadurch, dass euch seine Anwesenheit nicht passt, löst er sich
nicht auf,
sondern nur dadurch,
dass ihr das Leben aus einer neutralen Liebe heraus lebend genießt.
Das ist die einzige Möglichkeit,
die Energien Luzifers in den Griff zu bekommen.

So habe ich jetzt mein Versprechen eingelöst und fordere euch auf,
diese heute, von mir an euch gerichteten Worte
in einer Ruhe und Gelassenheit zu studieren
und zu begreifen.

Seid gewiss dessen, was ihr tut,
und bedankt euch in einer steten Regelmäßigkeit
bei den euch führenden Persönlichkeiten der Weißen Bruderschaft
und natürlich bei den immensen, fürsorglichen und ausbildenden
Kräften des Vaters.

Ich, Metatron,
habe für heute alles zur Niederschrift an euch verkündet,
was zu diesem jetzigen Zeitpunkt notwendig und richtig ist.

So gehe ich zurück in meine Dimension und grüße euch,
erbiete den Gruß „Gott zum Gruße" gerne an euch,
denn er drückt aus,
dass ich die göttliche Gegenwart in jeder eurer Zellen grüße.

So sage ich noch einmal offenen Herzens und klaren Blickes:

Gott zum Gruße.

15. ENGEL

Was sind Engel?

(Metatron)

Gott zum Gruße,
Gott zum Gruße.

Ihr geliebten Menschen, die ihr lest dieses Buch.
Wir wollen die Gelegenheit nutzen,
obwohl es nicht unbedingt zu den Universellen Gesetzen gehört
und nicht unbedingt für den Aufstieg zurück zum Licht des Vaters vonnöten ist,
genau zu wissen, wie die Hierarchien aufgebaut sind,
wir wollen die Gelegenheit nutzen,
eure Fragen zu beantworten über den Aufbau meines Reiches.

Ich bin Metatron.
Ich bin der Metatron.
Ich bin der in eurem Hierarchiedenken höchste Engel in der Hierar-
chie der Engel.
Ich bin der, der den direkten Zugang hat zum Allerhöchsten.
Ich bin der, der den direkten Zugang hat in das Zentrum des Lichts.
Ich bin der, der den direkten Zugang hat dorthin, wo ihr sagt, dort
wohnt Gott.

Es ist eine Eigenart meiner Wesenheit,
nicht nur sehr hochfrequent schwingen zu können
oder permanent sehr hochfrequent zu schwingen,
sondern es ist eine mir von Gott gegebene Eigenart,
diese Frequenz auch innerhalb sehr kurzer Zeit verringern zu können,
das heißt, ich bin in der Lage,
mich, wie ihr sagen würdet, im Bruchteil einer Sekunde anzupassen

an jegliche Form von Materie, an jegliche Form von Energie.

Das ist im Grunde genommen meine Hauptaufgabe,
das Wechseln meiner Energie.
Denn dieses Wechseln meiner Frequenz
ist die Grundvoraussetzung dafür,
mit allen Wesenheiten in Kontakt treten zu können.

Ich bin zu jeder Zeit in der Lage,
mich auf die einzelne Frequenz meines Gesprächspartners einzustellen.
Hauptsächlich tue ich das, indem ich mich innerhalb Engelhierarchien
bewege
und hier den entsprechenden Engeln Anweisungen erteile,
wobei Anweisungen im Grunde das falsche Wort ist,
aber es gibt in eurer Sprache nichts Treffenderes.
Ich könnte auch sagen,
ich übermittle den anderen Engeln den Herzenswunsch Gottes.
Vielleicht klingt das euch ja angenehmer.

Also.
Es gibt so etwas wie einen regelmäßig tagenden Rat.
Es gibt einen Rat der Zwölf,
die ständig und in unmittelbarer Nähe des Throns des Herrn sind.
Wir empfangen seine Wünsche und setzen sie auf den unterschiedlichen Ebenen um.

Ich also gebe seine Wünsche weiter an alle Engel,
die in diesem und allen anderen Universen in irgendeiner Weise
Dienst tun,
arbeiten, leben, vorhanden sind,
die einfach „sind".
Wir haben inzwischen mehrfach versucht, euch zu erklären, dass der

Begriff „sei" oder „du bist" oder „ich bin" das Treffende ist,
also einigen wir uns darauf,
Engel leben nicht oder schweben irgendwo herum,
sondern: Engel sind.

Also:
Ich gebe allen Engeln, die sind, die Wünsche Gottes weiter.
Ich bin so etwas wie ihr Dolmetscher, ihr Übersetzer, ihr Wunschüber-
bringer, der Postbote halt.
Und sie setzen diese Wünsche des Allerhöchsten dann um.

Engel sind Wesenheiten,
die gänzlich anders in ihrer Grundbeschaffenheit sind als Menschen.
Engel haben von Haus aus,
auf Grund ihrer Konstruktion,
keinen feststofflichen Körper.
Engel sind reine Geistwesen.

Sie sind aber in der Lage, sich, wenn sie es wollen, kurzzeitig zu materialisieren.

Auf diese Art und Weise ist es also möglich,
dass manchmal, – gelegentlich kommt das ja vor –,
Menschen von Engeln direkt besucht werden,
direkt kontaktiert werden.

Engel können
auf Grund der Tatsache, dass sie eigentlich keinen feststofflichen Körper haben,
jeden feststofflichen Körper annehmen, den sie sich wünschen.
Wenn es also für das Erkennen desjenigen, dem die Botschaft gilt,
notwendig ist,
dann wird der Engel, der sich ihm zeigt,

mit großen Schwanenflügeln vor ihm stehen.

Wenn dieser Mensch, dem eine Botschaft gebracht werden soll,
eine andere Vorstellung von Engel hat,
so wird der Engel sich ihm anders zeigen.
Selbstverständlich gelten diese Regeln auch in anderen Kulturkreisen,
auch in anderen, ich sag jetzt mal, Religionskreisen.
Wenn es also notwendig ist,
dass ein Mensch eine Botschaft bekommt von einem Boten Gottes
und er glaubt, dass dieser Bote dann einen Turban tragen muss,
so wird das sein.
Wenn er glaubt, dass dieser Bote keine Haare auf dem Kopf hat, eine
Glatze hat,
dann wird das sein.
Engel können das und tun das auch kurzfristig.

Bei dieser Gelegenheit will ich auch gleich erklären,
was ein gefallener Engel ist.

Es gibt innerhalb dieser Engelhierarchien
(die in keiner Weise auch nur im Ansatz etwas mit einer Wertung zu
tun haben, was wir ja schon an anderer Stelle in diesem Buch erklärt
haben),
es gibt also innerhalb dieser Engelhierarchien Engel,
die zum Beispiel Schutzengel sind.
Es sind von der Hierarchie her gesehen die niedrigsten Engel, die
untersten Engel,
aber auch nur, um in eurem Bild von oben und unten zu bleiben.

Die Schutzengel sind die,
die am unmittelbarsten in der Nähe des Menschen permanent verweilen.
Sie sind diejenigen, die ihn ständig aufmerksam begleiten,

und als Einzige – ich möchte das ganz dick unterstreichen –,
als Einzige den direkten Auftrag haben,
in Absprache mit dem Höheren Selbst des betreffenden Menschen
einzugreifen, wenn der Mensch etwas unternimmt, was sein Leben
gefährdet.

Ansonsten arbeiten wir Engel für euch nur dann,
wenn wir von euch
in eurer Bewusstheit, in eurem bewussten Sein
um Hilfe gebeten werden.
Das hatten wir auch schon geklärt.
Ich wollte es nur noch einmal in Erinnerung rufen.

Ihr seid das Zentrum eures Seins.
Ihr habt die Befehlsgewalt, um in eurer Hierarchiesprache zu bleiben.
Und nur, wenn ihr uns bittet, greifen wir ein.

Also, von daher gesehen, ist der Schutzengel die unterste Ebene.

Dann gibt es
in mehr oder weniger unmittelbarem Zusammenhang mit euch
den Führungsengel.
Der Führungsengel ist von der Hierarchie eine Stufe höher als der
Schutzengel
und derjenige, der damit beauftragt ist, zu koordinieren, zu organisieren,
dass all die Dinge eintreffen,
dass all die Personen auf euch treffen,
dass ihr zu bestimmten Zeiten an bestimmten Orten seid,
um die Pläne, die ihr während eurer vorgeburtlichen Vision festgelegt
habt,
beziehungsweise die sich auf Grund der fortschreitenden Evolution
ergeben haben,
erfüllen zu können.

Der Führungsengel hat einen sozusagen direkten Vorgesetzten,
das ist der Sonnenengel.

Der Sonnenengel eines jeden Menschen ist derjenige,
der den direkten Kontakt hält
zu dem nicht-inkarnierten Teil der Seele des Menschen, um den es
jetzt geht.
Er ist also derjenige,
der permanent den kompletten Überblick hat über die Abläufe,
die diese Seele,
diese inkarnierte Menschheit,
dieses inkarnierte Menschenwesen
vorhat, vorhatte, absolviert hat, erledigt hat,
er hat also immer den kompletten Lageplan vor sich
und kann von daher
in Absprache mit dem Höheren Selbst, also mit dem nicht-inkarnierten
Seelenteil,
Vorschläge ausarbeiten
und somit in das, was ihr euer Schicksal nennt, eingreifen.

Wenn Engel, die als reine Liebe geboren sind,
die Wesen aus dem direkten Herzzentrum Gottes sind,
in ihrer hochfrequenten Schwingung
sich zu sehr in die Nähe eines Menschen begeben,
das heißt, zu sehr hinabgleiten in die untere manifestierte feststoffliche Ebene,
wenn sie sich zu sehr aus ihrer Herzenszentrierung kippen lassen
und in ihrer liebevollen Güte zu sehr in die langwelligen Frequenzen
eines Menschen eintauchen, zum Beispiel wenn sie ihn trösten nach
großem Unglück
oder ihm Zuversicht in großer Verzweiflung spenden wollen
und dabei nicht in ihrer Neutralität bleiben,
dann bleiben sie unter Umständen in diesen feststofflichen Verwebun-
gen haften.

Ihr wisst, wie die menschliche Aura aufgebaut ist.

Engel, die tröstend, kraftspendend und Zuversicht spendend eingreifen wollen,

gehen über die Arbeit mit eurer Aura.

Wenn sie sich dabei zu sehr eurer Aura nähern

und es, ich sag jetzt einmal, zu einem „Haftkontakt" kommt,

dann passiert es, dass sie „kleben" bleiben,

so wie eine Fliege am Fliegenfänger

oder ein Wasservogel, der auf einem See oder dem Meer landen will

und dabei übersieht, dass dort ein Ölteppich schwimmt.

Er bleibt innerhalb kürzester Zeit kleben, sein Gefieder verpappt und verklebt,

und er kann aus dem Wasser nicht mehr starten, nicht mehr aufsteigen.

Wenn so etwas passiert,

muss der Engel, der sich in diese langwelligen Frequenzen begeben und seine Zentrierung verlassen hat,

den Weg der Inkarnationen beschreiten.

Er muss den Evolutionsprozess durchlaufen,

um diese „Schmutzpartikel" aus seinem Gefieder zu streifen.

Er hat sich also aus der Zentrierung kippen lassen,

und muss jetzt über den evolutionären Weg,

über den Weg des Lernens

des bewussten Lernens,

versuchen,

seine ursprünglich hergestellte Energiefrequenz wieder zu erarbeiten.

Da das natürlich von Anfang an,

vom ersten Leben an

mit dem Gesetz von Ursache und Wirkung,

dem Spiel des Karmas

in Zusammenhang steht,

könnt ihr verstehen,

dass, obwohl er mit relativ viel Wissen in diesen Inkarnationsprozess einsteigt,

es doch sehr, sehr, sehr lange dauern kann,

bis das Karma, das er aufgebaut hat,

auch wieder im Gleichgewicht ist.

Das sind also „gefallene Engel".

Engel sind geschlechtslose Wesen.

Es gibt keine männlichen und keine weiblichen Engel.

Am ehesten trifft es, wenn wir sagen,

sie sind androgyn,

also das, was ihr manchmal in Zeichnungen oder auch bei Künstlern darstellender Art findet,

Wesen, die keine eindeutig männlichen oder weiblichen Züge haben.

Engel vermehren sich nicht von sich aus,

sondern werden bei Bedarf gezeugt aus dem Herzen Gottes.

Er ist derjenige, der Engel direkt kreiert.

Engel haben in diesem Sinne zwar eine einzelne Identität,

aber in dem euch bekannten Sinne keine Familie, keine Verwandtschaft.

Es gibt unterschiedliche Engelfamilien,

die Seraphim, die Elohim, die Cherubim,

die auf Grund ihrer Grundstruktur unterschiedliche Aufgaben wahrnehmen.

Die Seraphim sind in aller Regel diejenigen,

die die Schutzengel und die Führungsengel stellen.

Cherubim sind in aller Regel diejenigen, die sich darum kümmern,
dass die verstorbenen Seelen aus den Körperlichkeiten aufsteigen
können,
und das nicht nur bei den Menschen, sondern auch bei den Tieren.
Und die Elohim sind diejenigen,
die in aller Regel mit den heilenden Aufgaben vertraut sind.
Das ist nur eine ganz, ganz grobe Aufteilung,
denn hier gibt es sehr, sehr viele feine Unterschiede,
die aber für euren evolutionären Prozess nicht wichtig sind,
denn es ist der Prozess der Engel
und nicht der eure.

Es hat mit eurer Evolution nichts zu tun zu wissen,
welcher Engel wie groß, wie schwer, wie breit, wie lang ist,
zu welcher Familie er gehört oder welche Aufgaben er hat.

Was für euch interessant ist für euren evolutionären Prozess
ist, die Engel kennenzulernen, die mit euch arbeiten
oder mit denen ihr arbeitet.

Ihr werdet das anhand der Texte in diesem Buch üben können,
denn es sind dort Texte von verschiedenen Erzengeln niedergelegt.
Und wenn es an der Zeit ist,
werdet ihr auch die anderen kennenlernen,
Uriel und Haniel,
und alle anderen, die hier nicht explizit zu Wort gekommen sind.

Nehmt die Anregungen des Buches.
Übt, Michael, Raphael und auch mich zu erkennen.
Spürt die Energie, die da ist, wenn ihr unsere Texte lest,
und so werdet ihr nach und nach in der Lage sein,
uns anhand unserer Schwingung auseinanderzuhalten.

Ich grüße euch,

Gott zum Gruße,
Gott zum Gruße.

Ich bin der Metatron,
Ich bin euer Freund,
euer euch immer hörender,
euch immer schützender,
euch immer liebevoll umsorgender Bruder aus dem Reich der Engel,
egal, ob ihr ein gefallender Engel seid
oder immer schon Mensch ward.

Gott zum Gruße.

☆☆☆

Der Kontakt mit den Engeln
(Erzengel Michael)

Gott zum Gruße,
Gott zum Gruße.

Wir sprechen heute über die Kontaktaufnahme mit den Engeln.
Wie mache ich das?

Wie erkenne ich sie?
Wie gehe ich mit der Frage um, die so oft gestellt wird:
Woher weiß ich denn, dass es ein „guter" ist und kein „böser"?

Das wollen wir heute erarbeiten.

Im Grunde genommen ist es ganz einfach.

ICH BIN MICHAEL.

Setzt euch hin mit den Füßen flach auf den Boden.
Schließt die Augen
und empfindet, nehmt wahr, fühlt einfach, wie sich das jetzt anfühlt.

Jeder, der diesen Text liest, wird MICH spüren können.
So, wie es mit all den anderen Texten in diesem Buch ist.

Der Leser ruft automatisch das geistige Wesen an, das diesen Text geschrieben hat.
Und so ist es auch hier.

So bitte ich euch nun, schließt die Augen und spürt einfach,
wie ich, Michael, mich anfühle.
Tut das jetzt!

Wenn ihr jetzt die Augen wieder geöffnet habt und weiterlest,
dann kann ich euch dazu sagen:
Wie sich die Energie „Michael" anfühlt
oder die Energie „Metatron"
oder eben die Energie „Serapis Bey", die Energie „St. Germain",
die Energie „Zadkiel", „Chamuel", „Haniel",
oder wer auch immer,
kann man sich genauso einprägen und merken,
wie man sich zum Beispiel Dinge, die schmecken,
einprägen und merken kann.

Wenn ihr wisst, wie Kaffee schmeckt,
kann ich nicht, wenn ihr die Augen geschlossen habt,
euch einen Orangensaft zu trinken geben
und euch weismachen: Das ist nun Kaffee.
Es ist eine Sicherheit in euch, ein Wissen um den Geschmack des
Kaffees.

Und so gibt es auch diese Sicherheit, dieses Wissen darum:
Dieses Wesen, diese Energie dieses Engels, dieser Erzengel
fühlt sich genauso an!
Und niemand kann mir weismachen, dass das jemand anderes ist!

Je mehr ihr euch schult,
je mehr ihr euch in Meditationen übt,
je mehr ihr Kontakt habt, Kontakt aufnehmt,
umso mehr wächst diese Sicherheit.

So könnt ihr zum Beispiel anhand dieses Buches lernen, wer sich wie
anfühlt,
denn bei jedem Kapitel ist beigefügt,
wer ihn gesprochen hat, wer ihn durchgegeben hat.
Ihr könnt die Texte lesen, die Augen schließen

und einfach fühlen und empfinden,
wie sich der- oder diejenige anfühlt.

Und so könnt ihr es lernen.

Und wenn ihr es wiederholt, dann kommt es irgendwann,
wird es gespeichert in eurem Gehirn,
irgendwann wird es gespeichert in eurem ganzen Körper, in eurem ganzen Sein,
eure Erinnerungen werden wachgerufen,
denn alles ist Erinnerung,
weil das Wissen in euch steckt.

Jegliches Wissen steckt bereits in euch.
Ihr müsst euch nur den Zugang erarbeiten.

Am leichtesten Kontakt aufzunehmen ist natürlich der Weg der Meditation.
Denn die Voraussetzung, gut geerdet und im Herzen zentriert zu sein,
ist das Bestmögliche, was ihr erschaffen könnt,
um in Kontakt zu gehen.
Denn in diesem Moment, wo ihr in der Neutralität seid, in eurem Herzen zentriert, habt ihr
die Ebene der Dogmen verlassen,
die Ebene des Wertens und Urteilens,
die Ebene der Angst und des Verzagens,
die Ebene der Unsicherheit und der Ungewissheit.

Habt ihr euch tatsächlich in die Neutralität begeben, in die absolute Neutralität,
und seid geerdet, verbunden also mit Mutter Erde,
dann ist der Kontakt zur Geistigen Welt
einfach nur noch als leicht zu bezeichnen,
leicht und so flüssig, so einfach.

Und das Einzige, was ihr tun müsst, ist:
zu bitten.

Michael, bitte komm,
und ich bin da.

Metatron, komm bitte, hilf mir,
und Metatron ist da.

Jeder von uns hier nimmt sich die Zeit, zu euch zu kommen,
mit euch Kontakt aufzunehmen.
Doch es liegt an euch, die Voraussetzungen dafür zu schaffen.

Das uralte Mittel, eine Kerze anzuzünden,
dieses Anzünden der Kerze,
das da bedeutet die Verabredung zwischen der Geistigen Welt und
den Menschen,
diese uralte Vorgehensweise also,
kann euch nur behilflich sein.
Und durch das Anzünden der Kerze, während dem Anzünden der Kerze,
wählt ihr, mit wem ihr Kontakt haben möchtet.
Denn die Geistige Welt wird sofort auf euch schauen, wird hellhörig,
sobald die Kerze brennt.

Ruft den, mit dem ihr Kontakt haben wollt.
Und wenn ihr nicht wisst, welchen der Unseren ihr ansprechen sollt,
dann bittet einfach um den, der euch hilft bei dem Problem,
bei zum Beispiel dem Problem der Eifersucht,
und ihr werdet den richtigen Kontakt bekommen.
Bittet um Hilfe, um Unterstützung,
zum Beispiel bei dem Problem „Neid" oder bei dem Problem „Wut",
„Aggression". „Disziplin", oder was auch immer.

Ihr werdet Unterstützung und Hilfe bekommen.
Immer und zu jeder Zeit.

Traut euch einfach.

Denkt nicht in Hierarchien.
Auch bei uns gibt es Hierarchien,
doch sie haben nichts zu tun mit dem Wort Hierarchie, wie ihr es gebraucht bei euch.
Es ist einfach eine Aufteilung der Aufgaben.
So haben wir öfters schon das Argument gehört:
„Ich kann doch nicht gleich einen so Hohen bitten."
„Der hat doch etwas Besseres zu tun."
„Metatron hat doch bestimmt etwas anderes zu tun, als zu mir kleinem, unwichtigem Menschlein zu kommen."

Täuscht euch nicht.
Ihr seid alle eins.
Ihr seid alle Licht.
Ihr seid alle göttlich.
Und jeder von euch ist es wert, unterstützt zu werden,
zu jeder Zeit, zu jeder Sekunde.
Warum nicht du?
Du, der du das gerade liest, das gerade eben liest.

Im Moment bin ich es, der dir zur Seite steht.
Und nicht nur durch die Worte, die dort stehen,
durch die Worte, die ich gesprochen habe,
nein,
du wirst auch unterstützt durch die Energie, die die Worte in sich tragen,
die Energie, die zwischen den Zeilen einprogrammiert ist, eingelagert ist.

Alle diese Texte dienen zu eurer Heilung,
zu eurem Fortschreiten, zu eurer Unterstützung.

Und jeder aus der Geistigen Welt, der an diesem Buch teilhat,
hat Dinge eingelagert, eingewebt
in die Worte, in die Zwischenräume, in die Zeilen dazwischen,
um euch zu unterstützen und euch zur Seite zu stehen,
so dass ihr, während ihr lest,
eine Art Wandlung durchlaufen könnt,
wenn ihr es denn zulasst.

Die Angst davor,
jemand „Böses"
oder jemand von der dunklen Seite der Macht,
jemand aus Luzifers Kreis
könnte mit euch Kontakt aufnehmen,
wenn ihr um Hilfe bittet,
ist unbegründet.
Denn niemals werdet ihr in eurem Leben einen Gegner haben,
der stärker ist als ihr.
Niemals.
Eure Gegner sind euch immer ebenbürtig.
Ihr müsst es nur erkennen.
Und selbstverständlich ist Luzifer immer wieder im Spiel.
Denn es ist sein Job, euch zu verführen,
euch Ängste einzupflanzen,
euch zweifeln zu lassen,
euch Sicherheiten wünschen zu lassen,
an euch zu nagen, zu ziepen und rumzuhacken,
bis ihr den Mut verliert, euren Weg zu gehen.
Ja, das ist sein Job.
Und er kommt immer in unterschiedlichster Weise auf euch zu,
denn das ist das Geniale an seinem Job, dass er ihn so ausfüllt,
dass niemand ihn erkennt.

Er ist wirklich gut in seinem Job.
Er nimmt ihn ernst.

Hadert nicht mit ihm.
Denn auch er ist ein Erzengel, der freiwillig diese Aufgabe übernommen hat.
Und all seine Helfer und Heerscharen, die ihm zur Seite stehen, sind da,
weil er diesen Job übernommen hat.
Doch der Sinn des Ganzen ist, euch solange zu piesacken und zu ärgern,
bis ihr nicht mehr darauf reinfallt und ihr ganz klar euren Weg geht,
egal, welcher Helfer Luzifers euren Weg kreuzen möge,
euch solange zu ärgern, bis ihr euren Weg geht,
direkt und in absoluter Neutralität.

Und so werden die Angriffe Luzifers und seiner Helferscharen
immer eurem Wissensstand angemessen sein.
Und darum sage ich es noch einmal:
Eure Gegner sind nie stärker als ihr selbst.
Niemals.

Auch Luzifers Angriffe sind immer eurem Wissen angepasst.
Das gehört zu dem Deal, den er geschlossen hat mit Gott, dem Allerhöchsten.
Denn es muss immer ein faires Spiel bleiben, und das ist es.
Ihr habt also immer die Wahl.
Immer.

Und wenn ihr hört auf euer Empfinden, auf eure Wahrnehmung,
kann euch nichts geschehen.
Geht in die Neutralität, sobald ihr unsicher seid.
Sobald ihr nicht mehr wisst,

bin ich mir sicher, dass zum Beispiel Michael, Raphael, Gabriel,
dann diesen Kontakt beenden.
Hört auf euer Gefühl.

Niemand aus der Geistigen Welt wertet euch, ist euch „böse",
wenn ihr den Kontakt abbrecht.
Vielleicht ruft es ein Schmunzeln hervor,
ja,
aber selbst dieses Schmunzeln ist ohne Wertigkeit.
Und es bedeutet nicht, dass wir uns komplett zurückziehen und euch
alleine lassen.
Es bedeutet einfach nur, dass wir einen Schritt zurückgehen und abwarten,
bis ihr wieder um Hilfe bittet, bis ihr wieder Kontakt aufnehmen möchtet.

Wir werden euch nie alleine lassen,
nie, niemals.

So geht in den Mut.
Geht mutig voran.
Traut euch.
Geht in das Vertrauen.
Und nichts wird euch geschehen.
Lasst sie reden, die anderen Menschen.
Lasst sie reden über euch.
Lasst sie urteilen und werten über euch, wenn sie es denn wünschen.
Und geht ihr konsequent euren Weg.
Geht ihr dorthin, wo ihr wünscht hinzugehen.
Lasst euch nicht beirren.
Lasst euch nicht beirren.

Gott zum Gruße,
Gott zum Gruße.

Ich verneige mich vor dir, dem Leser.
Ich verneige mich vor dir, der du gewählt hast, dieses Buch zu lesen.
Ich verneige mich vor dir, der du bereit bist, Wissen aufzunehmen.
Ich verneige mich vor dir.

Und so tat ich es viermal, viermal,
aus jeder Himmelsrichtung einmal, den vier Kräften angemessen,
und so können wir uns begegnen in der Mitte,
dem fünften Element,
der Quintessenz allen Wissens.

Gott zum Gruße.

Wertungsfreie Hierarchie
(Metatron)

Ich möchte heute mit euch über ein Thema reden,
das eigentlich auch schon lange klar ist,
aber immer wieder noch der Klarstellung bedarf.

Gerade bei den Menschen,
die sich mit den Energien der Engel beschäftigen,
ist zu einem großen Prozentsatz noch nicht klar,
dass es hierbei nicht um eine Wertigkeit geht.

Der Sonnenengel oder Führungsengel
ist nicht mehr wert wie der Schutzengel,
er hat nur eine andere Aufgabe.

Stellt euch vor, ihr sitzt im Hochgebirge auf einer Bergwiese
und schaut über das unter euch liegende Tal auf das gegenüberliegende Bergmassiv.
Wenn ihr in das Tal und den gegenüberliegenden Berg schaut, dann seht ihr,
dass unten ein sattes Grün in den Wiesen ist,
unten im Tal also die Pflanzen wachsen,
die für die Tiere vordergründig notwendig sind.
Etwas weiter den Berg hinauf stehen die Bäume in ihrer eigenen Region,
und oberhalb der Bäume sind nur noch die kahlen Felsen,
wo außer Moosen und ein paar Farnen
im Grunde genommen keine Vegetation vorhanden ist.

Jedes dieser drei Ökosysteme hat seine Bedeutung,
jedes dieser drei Ökosysteme ist gleich wichtig,
und keines dieser Systeme könnte ohne die anderen existieren.

Die Bergspitzen und Felsen werden gebraucht,
um das Klima in dieser ganzen Region zu gestalten.
Wenn diese Bergspitzen nicht wären, würden die Wolken nicht hängenbleiben,
und es würde kein Regen in das Tal fallen.
Die kahlen Berghänge haben im Winter auch die Aufgabe, den Menschen Freude zu bereiten,
sie mit den Energien der Steine, der Felsen,
des Wassers über den Schnee,
also auch den Emotionen näherzubringen.
All das hängt unmittelbar zusammen.
Es ist die Bewegung im Schnee/Wasser ja nicht ohne irgendeinen Sinn,
es hat natürlich den Sinn der Freude,
aber es hat auch den Sinn, Gleichgewicht zu lernen,
es hat den Sinn, Körperbeherrschung zu lernen,
es hat den Sinn, Muskulatur kennenzulernen,
es hat den Sinn, auch zu begreifen, was mit dem menschlichen Körper passiert, wenn man ihn überschätzt oder überanstrengt,
das seht ihr dann bei den Unfällen, bei den gebrochenen Beinen und Armen.
Also, alle diese Dinge haben natürlich ihren Sinn und ihren Grund,
und der findet nun mal in den oberen felsigen Regionen statt.

Über die Bedeutung der Bäume haben wir schon kurz gesprochen.
Und selbstverständlich sind sie auch ein Energieträger
für das Heizen, für das Bauen,
für die Häuser, für die Brücken,
für die Wege usw., usw.,
überall da, wo Holz benötigt wird.
Sie schützen aber auch die darunterliegenden Häuser und Weideregionen für die anderen Tiere
vor den emotionalen Massen aus den Bergen, vor dem Schnee,

vor den sich manchmal mit gewaltigen Kräften entladenden Emotionen.
So wie ein Wutausbruch bei einem einzelnen Menschen den Emotionsüberdruck freisetzt,
so sind Lawinen Ausdruck eines großen emotionalen Ungleichgewichts in den entsprechenden Regionen.
Wir werden sicherlich zu einem späteren Zeitpunkt noch einmal darauf eingehen,
wenn es um das Verständnis der einzelnen Dinge und Vorgehensweisen geht.

Mir geht es heute darum, ganz klar zu sagen und zu vermitteln,
dass es unabdingbar ist,
um die universellen Gesetze zu verstehen und anzuwenden,
dass jedes Teil gleichwertig ist.
Es gibt kein Wichtiger oder Unwichtiger,
kein Größer, Schneller, Besser, Weiter, Höher.

Die Aufgestiegenen Meister sind alle eure Brüder,
es sind alle Engel gleich viel wert,
sie haben alle ihre unmittelbaren Aufgaben übernommen,
und so spielt es keine Rolle, in welcher der drei Hierarchie-Ebenen ein Engel angesiedelt ist.

Wir haben im Wesentlichen die drei Hierarchie-Ebenen,
die wir zu einem anderen Zeitpunkt noch einmal genauer betrachten,
beziehungsweise schon betrachtet haben,
aber euch muss klar sein,
dass auch ich, der König der Engel,
nur in sofern eine besondere Position habe,
als ich es aufgrund meiner Veranlagung schaffe,
meine Frequenzen in relativ kurzer Zeit zu verändern.
Das heißt, ich kann mich in die unmittelbare Nähe des ursprünglichen Lichts begeben,

und das ist meine Hauptaufgabe:
Die Vermittlung des Wortes des Schöpfers
an die Heerscharen der Engel, die mir unterstellt sind.
Ich bin sozusagen der Chefdolmetscher.
Das ist alles, was sich hinter dem Titel „König der Engel" verbirgt,
und es geht nicht darum,
dass ich eine Weisungsbefugnis über verschiedene Engel habe,
die ich selbstverständlich habe,
aber das ist nicht der Punkt,
ich delegiere an meine Heerscharen auch nach Veranlagung die Aufgaben,
so, wie sich das in den menschlichen Strukturen fortsetzt.

So, wie wir im Himmel organisiert sind,
um einen euch geläufigen Ausdruck zu gebrauchen,
so ist es in einer gut organisierten Firma auf Erden.
Wir haben eine Führungskraft, wir haben einen Führungskreis,
der sich in seinen Energien ergänzt und berät,
wir haben dann, nach unten fortgesetzt, Wesen,
die diese Aufgaben übernehmen und ausführen,
und so ist es auch bei euch.

Lernt also daraus,
dass die Wertigkeit eines jeden Einzelnen dadurch gestaltet wird,
wie präzise und liebevoll er seine Arbeit vollführt.
Das ist das Einzige, was zu bewerten ist.

Mache das, was du tust, in Liebe und präzise,
lerne korrekt zu sein
und deine Arbeit mit Freude zu machen,
so wie wir euch immer wieder versucht haben zu vermitteln,
dass ihr nur das an Arbeit vollführen sollt,
was euch mit Freude und Stolz erfüllt, wenn es gelungen ist.

Es ist dabei sicherlich immer eine Frage des Standpunktes.
Ich kann mich auf die Notwendigkeiten auch einstellen,
so wie es euch der Zen-Buddhismus lehrt:
Tue die Arbeit, die du tun sollst oder musst, weil sie jetzt erforderlich
ist, mit Freude,
nicht mit Zorn oder Wut oder übler Laune.
Sonst lass es sein,
weil du sonst deine niederfrequenten Energien in diese Arbeit hinein-
gibst
und sie sich so manifestieren und weitertragen.
Also lerne einfach rechtzeitig, die Spreu vom Weizen zu trennen,
und auch bei den Arbeiten dafür zu sorgen, dass du das, was du tust,
mit Freude machst.

Es wird bei jedem Menschen im Laufe seiner Arbeitszeit
immer wieder auch Momente geben,
wo ihn die Arbeit nicht mit Freude erfüllt.
Es ist nicht das, was gemeint ist,
sondern die grundsätzliche Einstellung, die dahintersteckt,
dass du das, was du tust, mit Freude tust
und zum Gelingen des Ganzen beisteuerst,
so, wie auch im Allgemeinen ungeliebte Arbeiten zum Ablauf eines
Haushalts notwendig sind.
Das Abwaschen, Fensterputzen und Fußbodenwischen ist genauso
notwendig,
und daher mit Freude und liebevoll zu tun,
wie das kreative Gestalten einer Wandmalerei
oder eine bildhauerische Arbeit.
Es sind auch hier Energien, die aus dem Kosmos in diese einzelne
Arbeit fließen,
und so gelangt dann natürlich auch die schlechte Laune, die ihr als
Menschen fabriziert,
über eure Hände in das Abwaschwasser oder in das Aufwischwasser,

und gelangt somit als niederfrequente Energie in den Kreislauf der Erde
und belastet diese.
Das sind die Dinge, die ich euch klarmachen möchte.

Hört auf, in Wertigkeiten zu denken, wenn es um Hierarchien geht,
und macht euch klar, dass das Universum nicht wertet,
also keine Instanz da ist,
die die von euch geschaffenen Energien, die ihr in irgendeine Arbeit gebt, neutralisiert,
weil sie für euch erkennt, dass das eine „schlechte" (Energie) ist.

Es gibt keine schlechten Energien. Das muss euch klar sein.
Und ihr müsst anfangen,
ganz automatisch,
aus diesem Wissen heraus
euch zu bewegen und zu verändern.

Es sind diese Kleinigkeiten,
die die Grundlagen des Gesetzes im Universum repräsentieren.
Das sind die kleinen Schritte im alltäglichen Leben,
die große Schritte in der Entwicklung machen,
denn dann, wenn dieses Wissen wirklich integriert ist,
setzt es sich immer weiter fort,
setzt es sich fort im Nicht-Werten,
bei dem Umgang mit Menschen,
mit Mitarbeitern, mit Untergebenen,
mit Familienangehörigen, mit den Kindern,
es setzt sich fort im Umgang mit den Tieren in der Nachbarschaft
und den von euch genutzten Tieren.

Versteht, dass die Gesetzmäßigkeiten immer gelten,
und nicht nur dann,

wenn sie euch gerade in den vom Kopf gesteuerten logischen Verstand passen.

Sie sind immer da
und finden immer ihre Anwendung.

So ist es notwendig, das zu verstehen und nicht zu werten
beziehungsweise über die Hierarchien nachzudenken,
die vollkommen unerheblich sind für den einzelnen Menschen.

Ob sein Sonnen- oder Führungsengel ein Elohim, ein Seraphim,
ein Cherubim oder was auch immer ist,
ob er ein Erzengel ist oder zu den Heerscharen der anderen Engel
gehört,
ist vollkommen ohne Belang,
denn die Strukturen innerhalb unseres Reiches sorgen dafür,
dass jeder Mensch zu jeder Zeit
hundertprozentig mit den führenden, betreuenden, schützenden und
tröstenden Energien versorgt wird, die seiner Situation angemessen
sind und entsprechen.

Es ist nicht wichtig,
ob ich persönlich als Sonnenengel für euch agiere oder nicht,
oder ob das jetzt gerade Michael oder Raphael ist.

Ich möchte Folgendes in aller Deutlichkeit sagen,
damit euch klar ist,
wie wichtig es ist, dass das eine Hauptsäule des Bestandteils eures
Wachstums ist:

Es ist das Erkennen und Verarbeiten des nicht wertenden Verstandes,
des nur sortierenden, des
„Für-mich-brauche-ich-dieses-nicht"-Verstandes,

492

ohne zu sagen,
dass es „schlecht" ist.

So viel für den Moment.

So ziehe ich mich jetzt wieder zurück.

Gott zum Gruße,
Gott zum Gruße.

Euer Metatron.

16. DER KONTAKT MIT DER GEISTIGEN WELT

Euer Kontakt mit der Geistigen Welt
(Metatron)

Gott zum Gruße,
Gott zum Gruße.

Heute geht es um die Gewichtung
und das Verständnis der Inneren Stimme oder
der Arbeit mit eurem Team oder
ich weiß nicht, wie ich sagen soll,
das Channeln, das mediale Hinhören.
Was passiert da eigentlich?

Es ist ein Thema von großer Wichtigkeit!

Wie funktioniert eigentlich Channeln,
wenn man es einmal von der „mechanischen" Seite betrachtet.

Ganz viele von euch Menschenkindern hören also auf ihre Partner,
ihre Partner aus der Weißen Bruderschaft,
ihre Partner aus dem Reich der Engel,
ihre Inneren Indianer, Mediziner, Chemiker,
oder wer auch immer so zu ihrem Team gehört.

Macht euch bitte in aller Deutlichkeit klar,
und wenn ich könnte, würde ich das FETT sagen, FETT drucken,
mit tausend Ausrufezeichen!!!:
IHR SEID JEWEILS DAS ZENTRUM EURES UNIVERSUMS!!

Ihr bestimmt,

494

und ihr, als Menschen, die ihr inkarniert seid, habt den freien Willen.

Diesem freien Willen beugt sich jede Wesenheit,
die mit euch zum Wohle des Ganzen zusammenarbeitet.
Wenn ihr also auf eure Innere Stimme hört,
wenn ihr auf die Stimmen eurer Partner hört,
müsst ihr immer berücksichtigen, um welche Zielsetzung es geht.

Wir werden niemals sagen, das ist ein falscher Weg,
denn es gibt keinen falschen Weg.

Wenn ihr bestimmte Ziele erreichen wollt, Ziele, die ihr euch gesteckt habt,
so müsst ihr immer daran denken, dass es einen Dialog gibt
zwischen eurem Höheren Selbst, das den totalen Überblick
über alle gelernten Fähigkeiten, alles gelernte Wissen, alles, einfach alles hat,
und dem, was ihr in euren tausenden von Inkarnationen erworben habt.
Euer Höheres Selbst ist als Regulativ
die einzige, von euch zugeordnete Höhere Instanz.

Wenn also zu eurem Ausbildungsweg ein wichtiger Einschnitt,
ein wichtiger Eindruck, ein wichtiger Lerneffekt gehört,
den ihr als Katastrophe, als schlimmes Versagen oder als Fehler bewerten würdet,
so wird euer Team euch auf dem Weg in diese Katastrophe
immer bestärken.

Ihr müsst einfach verstehen,
dass manche Menschen gewählt haben,
sich große Belastungen, große Prüfungen, große Ereignisse zu schaffen

um durch diese großen, schwierigen, schmerzvollen, traurigen Ereignisse,
möglicherweise endlich, aus ihrer Sicht, den Kick zu bekommen,
sich in die Richtung zu verändern,
die sie in das Licht, in das Zentrum des Lichts, auf dem kürzesten Wege zum Vater,
zum Licht des Schöpfers bringt.

Versteht einfach, dass wir nicht werten.

Wir werden niemals eine Frage beantworten, die da lautet:
Ist das ein schlechter Weg?

Es gibt keinen schlechten Weg.
Es gibt nur den Weg,
der möglicherweise einige Erfahrungen mehr beinhaltet als der andere.
Es gibt Wege, die euch manchmal als schlechte Wege erscheinen,
aber wenn ihr aus einer gewissen Distanz diesen Weg betrachtet,
werdet ihr feststellen,
es ist der einzige, der euch mit euren Erfahrungen, mit eurer Prägung ans Ziel bringt.
Und dann ist es ein guter Weg.

So sitzt ihr also manchmal in euren Meditationsräumen,
oder auch im freien Dom der Natur,
und seid verbunden mit eurem Team.
Ihr fragt euren persönlichen Meister.
Ihr fragt euren Führungsengel, und ihr bekommt Antworten.
Diese Antworten sind einfach davon abhängig, was für euren Weg das Richtige ist,
und zwar zum Ende hin.
Das ist eine der wichtigen Feststellungen, die ich jetzt treffen wollte.

Seid also auch bei dem Bewerten der Kommentare von euren geistigen Helfern neutral.

Habt keine Erwartungshaltungen.

Denkt daran, dass es nicht die Aufgabe der Aufgestiegenen Meister oder eures Führungsengels ist,

eure Erwartungen zu erfüllen.

Nein.

Sie sind wie die älteren Geschwister, die euch bei der Hand nehmen,

und euch manchmal auch sehenden Auges in ein schmerzvolles Ereignis laufen lassen,

weil sie genau wissen, es ist mit eurem Höheren Selbst so abgesprochen.

Und das, was sich vordergründig jetzt da anbahnt,

vielleicht sogar als Katastrophe empfunden wird,

ist der Schlüssel zu viel Wachstum, zu viel Begreifen, zu viel Verstehen.

Ich möchte, dass ihr das unbedingt versteht, dass ihr das unbedingt begreift:

WIR WERTEN NICHT.

Aus dieser Position heraus müsst ihr immer anschauen,

wie die Antworten auf eure Fragen lauten.

Denkt daran, je spezifizierter die Frage ist, desto klarer kann die Antwort sein.

Aber ich sage es noch einmal, weil es eminent wichtig ist:

Wir werten nicht!

Wir werden niemals sagen, das ist ein schlechter Weg,

denn, wie schon gesagt,

alle Wege führen irgendwann ans Ziel.

Versteht also,
dass in euch möglicherweise zwei komplett unterschiedliche Stimmen
miteinander ringen.
Das eine ist die Stimme,
die euch am liebsten auf dem kürzesten Wege zur Quelle des Lichts
führen würde.
Das andere ist die Stimme in euch,
die an ihren Gewohnheiten hängt,
die seit Jahrtausenden eingeübte Muster lebt,
eingeübte Verhaltensweisen an den Tag legt,
seit Jahrhunderten ritualisierte Feste und Feiern begeht.
Möglicherweise ist es erst einmal notwendig,
an dieser Stelle das eine oder andere Dogma aufzulösen,
damit ihr überhaupt in die Lage versetzt werdet,
euch auf die in diesem Sinne gechannelten Texte einlassen zu können.

Ein anderer Punkt, der in diesem Zusammenhang immer wieder auftaucht,
und den ich noch einmal ansprechen möchte:

Wenn ihr mit einer bestimmten Erwartungshaltung in die Übermittlung
von Texten geht,
dann beeinflusst ihr damit euer Energiefeld,
und das ist für den channelnden Geist, für die arbeitende Wesenheit
schwierig,
durch diese geprägte Energie
mit einer neutralen Information zu gehen.

Das Zweite, was ihr niemals vergessen dürft, ist:
Der Erzengel Luzifer!
Wer schwach ist in seiner Zentrierung,
wer zweifelhaft in seinen Entscheidungen,

wer immer wieder hadert und zaudert,
ist ein leichtes Spiel für Luzifer, der ja nur seine Aufgabe erfüllt.
Es ist seine Berufung, euch in Versuchung zu führen.
Es ist seine Berufung, euch zu irritieren.
Es ist sein Job, einfach da zu sein, um euch immer wieder Prüfungen
aufzuerlegen.
So denkt auch daran, dass er durchaus in der Lage ist,
wenn ihr nicht im Licht zentriert seid,
euch Informationen zuzuspielen,
um euch in Versuchung zu führen.

Er benutzt sehr gerne die vorgefertigten und vorgeprägten Muster, die
in euch eingebettet sind,
denn das ist ja seine Aufgabe, euch immer wieder zu fordern, diese
alten Muster zu revidieren, diese neuen Lebensweisen in euren Zell-
körpern zu integrieren.
Und dazu ist es einfach erforderlich,
die alten immer wieder bloßzustellen,
die alten Muster immer wieder anzukratzen,
damit ihr in der Lage seid, euch diese anzuschauen.
Das ist der Weg dieses Lebens,
das ist der Sinn dieser Inkarnation,
das ist die Schulung, um die es geht,
das Löschen der alten Programme in den Zellen,
um sie durch neue zu ersetzen.
Das ist seine Aufgabe,
euch bewusst zu machen,
dass ihr hier immer noch in den alten Mustern hängt.
Seid ihm dankbar dafür, dass er diese Aufgabe übernommen hat,
aber bleibt in eurer Neutralität.

Nehmt einfach euren Weg ernst und bedenkt immer diese Möglichkeiten,

so werdet ihr lernen, die Entscheidungen zu fällen,
die euch auf dem kürzesten Wege in die Nähe der lichten Gestalten führen
und euch wieder an die Quelle zurückführen.

Metatron

17. MACHT

Machtgebrauch und Machtmissbrauch
(Serapis Bey)

Gott zum Gruße, meine lieben Freunde,
ich bin ein bisschen aufgeregt, denn es ist heute das erste Mal, dass ich über dieses Thema referieren darf, und es ist auch für mich auch insofern etwas Besonderes, dass ich heute mit diesem Kanal arbeite, der normalerweise nicht so häufig für mich die Stimme in die Öffentlichkeit ist.

Ich bin der, den ihr Serapis Bey nennt.

Ich hüte nicht nur die Flamme in den Tempeln des Aufstiegs,
sondern ich habe in der Zusammenarbeit mit den Heerscharen der Engel innerhalb der gesamten kosmischen Verbindung weitreichende Aufgaben,
denn ich bin in der Weißen Bruderschaft der einzige aktive Aufgestiegene Meister,
der aus dem Reich der Engel gekommen ist.

Wir werden an anderer Stelle über die Bedeutung dieser besonderen Verbindung und Kombination noch einmal reden,
aber ich möchte mich heute in Abstimmung mit meinen Freunden und Brüdern
mit euch ein wenig über den Begriff der Macht unterhalten.

Es gibt in dem Sprachgebrauch von euch Menschen kein Wort, keinen Begriff, keine Umschreibung, die zu so großen, kontroversen Verhalten von euch Menschen führt, wie das Wort „Macht".

Es gibt ganz viele Menschen, die ihre Macht permanent in euren Augen missbrauchen.

Wir sagen, sie lernen immer noch, mit der Macht umzugehen.
Es gibt mindestens genauso viele Menschen, die ihre Macht dadurch missbrauchen,
dass sie sie nicht gebrauchen,
denn Macht, die ich habe und nicht nutze, missbrauche ich genauso wie Macht, die ich habe und zum Schaden anderer wissentlich oder auch unabsichtlich einsetze.

Ich will versuchen Schritt für Schritt mit euch die unterschiedlichen Aspekte des Gebrauchs der Macht zu besprechen.

Ihr müsst euch als Allererstes darüber im Klaren sein, dass jeder Mensch Macht hat.
Jeder Mensch ist ein Kind Gottes,
ein Kind der schöpferischen Urkraft, die ihr Gott nennt,
und wir wollen der Einfachheit halber bei diesem Begriff bleiben.

Aufgrund allein schon dieser Tatsache, dass ihr ein Kind dieses Gottes seid, habt ihr göttliche Abstammung,
und aufgrund dieser zweifellos vorhandenen Abstammung auch göttliche Macht.

Wenn es euch schon schwerfällt, im Laufe des Lernprozesses zu verstehen, was es bedeutet,
dass jeder Mensch permanent sein eigenes Universum erschafft,
indem er permanent die Gesetze der Manifestation benutzt,
wissentlich oder unwissentlich, das ist unerheblich,
allein dadurch, dass er als Mensch lebt, dass er denkt und handelt,
kreiert er sein Universum, seine eigene Welt
in jeder Sekunde seines Lebens auf der Erde
oder irgendeines anderen Planeten.

Ich bin also ständig in der Situation, meine Macht zu leben.

In jeder Sekunde, in der ich lebe, bewege ich elektrische Teilchen,
bewege ich Moleküle, bewege ich feststoffliche Teilchen,
bei jedem Schritt, bei dem ich mich bewege, kommt mein feststofflicher Körper mit anderen feststofflichen Körpern in Berührung,
egal, ob es Bakterien sind, Pilze, Pilzsporen, Pflanzen, kleine oder große Tiere.
Allein aufgrund der Tatsache, dass ich lebe, dass ich bin, beeinflusse, beinträchtige, behindere, begünstige ich andere Lebensformen.
Das ist ein vollkommen normaler Zustand.
Es gibt keine Möglichkeit, sich aus dieser Normalität zurückzuziehen,
denn selbst dann, wenn ich mich nur auf einen einzigen Platz setze,
sind an diesem Platz Bakterien.
Selbst wenn ich mich von diesem Platz nie wieder entfernen würde,
atme ich, bewege die Luft,
und in der Luft sind Pflanzensporen oder andere Kleinstlebewesen,
die durch meine blanke Anwesenheit, allein durch mein Atmen, allein durch meine Körperausdünstung, allein durch die Temperatur, die mein Körper produziert,
in irgendeiner Form beeinträchtigt werden.

Wer also, aus welchen Gründen auch immer, glaubt,
sich einfach zurückzuziehen, sich in einen Schmollwinkel zu setzen,
sich in einem Keller zu vergraben oder wo auch immer hinzuflüchten,
keine Entscheidung zu treffen, keine Handlung zu tätigen, nichts zu tun, nichts zu bewegen,
wäre auf dem Weg, keinen Machtmissbrauch zu begehen,
der irrt.

Stellt euch vor, ein medizinisch ausgebildeter Mensch kommt zu einem Unfall, egal, ob Verkehrsunfall, Sportunfall, oder was auch immer,
und weigert sich, in irgendeiner Form eine Handlung vorzunehmen,
weil er Angst hat, er könnte etwas Falsches tun,
allein dieses Nichtstun wäre eine „falsche Handlung".

Er hat sich nicht bemüht, sein Wissen nach bestem Wissen und Können einzusetzen.

Nur dieser Weg zählt, nur dieser Weg ist der gangbare,
nämlich das, was ich jetzt, heute, in dieser Sekunde weiß,
als Entscheidungsgrundlage zu benutzen für die Entscheidung, die ich jetzt in dieser Sekunde zu treffen habe.
Wenn ich morgen, nächste Woche, nächsten Monat oder in zehn Jahren andere Erkenntnisse habe, anderes Wissen habe,
dann würde ich vielleicht andere Entscheidungen treffen,
aber dieses Wissen ist jetzt nicht verfügbar,
und jetzt muss ich entscheiden.

Also löst euch von dem Phlegma des Rumsitzens, des Nichthandelns, des Nicht-Entscheidens,
denn ihr vertrödelt durch Nicht-Entscheiden nur Zeit.

Was immer ihr entscheidet, es ist niemals falsch.
Es ist immer nur die Entscheidung, die ihr jetzt treffen könnt.
Und diese Entscheidung, die ihr jetzt trefft, ist Grundlage eures Lernprozesses für die folgenden Sekunden, Minuten, Stunden, Tage, Monate und Jahre.

Leben ist ein sich ständig wiederholender, fortwährender Prozess,
ein Prozess von Entscheiden und Handeln,
immer aus dem Jetzt heraus.

Wer sich vor Entscheidungen drückt, vertrödelt Zeit, verschenkt Zeit,
und er stiehlt anderen Menschen die Zeit, die an seinen Entwicklungsweg gebunden sind.
Auch darüber müsst ihr euch im Klaren sein.
Niemand, kein Mensch, lebt alleine auf dieser Welt.
Jede Entscheidung, jedes Handeln eines einzelnen Menschen

ist gebunden an andere Menschen, die von seinem Handeln beeinflusst werden.

Alle diese Menschen haben sich in ihren vorgeburtlichen Absprachen zu dieser Zusammenkunft verabredet und bekannt.

Es gibt keinen Grund dafür, sich jetzt vor diesen Entscheidungen zu fürchten.

Alle Menschen sind an ihrem Platz, weil sie ihn gewählt haben.

Jeder Mensch hat zu jeder Zeit die Macht, diesen Platz zu verlassen und zu wechseln.

So lebe dein Leben.

So triff deine Entscheidungen.

So mache Gebrauch von deiner Macht.

Was ist Gebrauch von Macht alles?

Es gibt einige Dinge, die euch geläufig sind.

Kindererziehung durch ältere Geschwister, Eltern oder Großeltern ist immer Einsatz von Macht.

Zu sagen, du bekommst jetzt keine Schokolade, ist Einsatz von Macht.

Zu sagen, es ist jetzt Zeit ins Bett zu gehen, ist Einsatz von Macht.

Selbst die Entscheidung über den Zeitpunkt des Wickelns eines Kleinkindes ist Einsatz von Macht.

Der Elternteil, der jetzt die Entscheidung trifft, jetzt die Windeln zu wechseln,

macht von seiner Macht Gebrauch.

Du könntest es eine halbe Stunde später tun oder fünf Minuten früher, es ist egal, es ist deine Entscheidung, es ist Einsatz von Macht.

Kein Mensch denkt über diesen Einsatz von Macht nach, weil ihr ihn gewohnt seid.

Warum wird es dann auf einmal schwierig, seine Macht zu gebrau-

505

chen, um Kindern beizubringen, ihre Zeit richtig zu nutzen, aus eurer Sicht, in dieser Sekunde, in diesem Moment.

Wieviel Zeit dürfen sie fernsehen, welche Sendungen dürfen sie sehen, wie viel Zeit dürfen sie Musik hören, welche Musik dürfen sie hören, was sollen sie essen, was dürfen sie essen, was können sie essen?

Und dann macht euch klar, was passiert, wenn einer dieser Schutzbefohlenen plötzlich durch bestimmte Krankheiten einer besonderen Fürsorge bedarf, Hauterkrankungen wie Neurodermitis, die in unmittelbarem Zusammenhang mit Nahrungsmittel stehen, auch hier müssen Eltern von ihrer Macht Gebrauch machen.

Es gibt unmittelbaren Einfluss von Eltern auf ihre Kinder, wenn es um die schulische oder berufliche Ausbildung geht. Überhaupt kein Problem. Jeder versteht das.

Aber dann gibt es andere Dinge, wo ihr eure Macht einsetzen könnt und euch scheut.

Und jetzt wird es dann wirklich etwas komplizierter, deswegen sage ich noch einmal:

Jede Entscheidung basiert auf dem Wissen dieser Sekunde und ist die Grundlage aus dieser Sekunde heraus.

Ich kann mein Wissen über bestimmte Zusammenhänge innerhalb der Familie, innerhalb der Nachbarschaft, innerhalb der Gemeinde oder einer Stadt, eines Volkes nutzen,
um in einem nach Möglichkeit für alle Beteiligten positiven Effekt zu handeln,
oder ich kann mich zurückziehen und sagen, ich kann ja doch nichts ausrichten.

Schaut euch an, wie viele Menschen von ihrer Macht zu wählen nicht Gebrauch machen, wenn Wahlen sind. Ihr lebt in einem System der

506

Demokratie, und jede einzelne Stimme hat Macht.

Also, warum gehen so viele Leute nicht und machen von ihrer Macht Gebrauch.

Weil sie nicht bereit sind, sich vorher Gedanken zu machen, welcher Mensch ihre Stimme, ihre Power, ihre Kraft haben sollte, um nach Möglichkeit in ihrem Sinn zu entscheiden.

Ein schwieriger Prozess, aber denkt mal darüber nach.

Ihr habt diese Macht, und eigentlich seid ihr auch verpflichtet, diese Macht zu nutzen,

denn das, was ihr für richtig haltet für die Entwicklung dieser Welt, könnt ihr hier zum Ausdruck bringen.

Es gibt Wissen, das ich manchmal gerne verbreiten möchte,

aber nicht weiß, ist es nur zu meinem Vorteil oder ist es zum Vorteil des Ganzen.

Denkt mal darüber nach, nur unter dem Aspekt der Korruption, wie häufig zum Beispiel Mitglieder in Gemeindeverwaltungen rechtzeitig erfahren, welches Grundstück sie kaufen sollen, weil es demnächst aufgrund der Tatsache, dass aus einer Wiese ein Bauland wird, in seinem Wert ungeheuer steigt.

Hier ist die Frage nach Machtmissbrauch oder Machtgebrauch schon sehr viel schwieriger.

Ich kann sagen, diese Person sitzt im Gemeinderat und kommt an die Information, um sie zu nutzen.

Ich kann sagen, diese Person sitzt im Gemeinderat und kommt an diese Information, um zu lernen, mit Informationen zum Wohle aller richtig umzugehen.

Es ist nicht die Frage von außen, das zu entscheiden, sondern es ist die Frage dieses Menschen, dieser Person, was mache ich mit meinem Wissen, wie gehe ich damit um, und was mache ich möglicherweise mit dem wirtschaftlichen Gewinn.

Ich kann als Mitglied dieses Gemeinderates das Grundstück kaufen, damit Gewinn erzielen

und mit diesem Gewinn möglicherweise etwas Wohltätiges tun, zum Wohle aller – einen Kindergarten unterstützen, ein Krankenhaus, eine Straße bauen, was auch immer euch einfällt,
oder ich kann es einfach nur benutzen, um mir eine Freude zu machen, zu verreisen, mein eigenes Haus zu finanzieren, was ich vielleicht brauche, um anderweitig tätig zu sein.

Merkt ihr, wie kompliziert es ist, den Stab über einen Menschen zu brechen, der eine Handlung vollzogen hat, die euch nicht gefällt oder die ihr nicht nachvollziehen könnt?

Ihr könnt sicher sein, dass die Universellen Gesetze immer dafür sorgen werden, dass eines Tages der Energieausgleich herbeigeführt wird.
Es ist nicht anders möglich.

Also hört auf, in der Nachbarschaft zu schauen, wer welchen Fehler gemacht hat,
um für euch eine Ausrede zu haben, nicht zu handeln.

Ihr seid gefordert, in jeder Sekunde eures Lebens zu entscheiden und zu handeln.
Macht von eurer Macht Gebrauch.
Ihr habt sie.
Ihr seid Gottes Kind.
Ihr habt die Macht.
Ihr habt die Macht des Handelns in der Hand, also handelt.

Natürlich gibt es offensichtlich Dinge, die einen Machtmissbrauch darstellen,
körperliche Gewalt im Einsatz gegen einen Schwächeren,
ich denke jetzt zum Beispiel an Kindesmisshandlung oder solche Dinge.

Aua.
Habe ich euch gefangen?

Ich habe euch ganz zu Anfang gesagt, es existiert alles in Absprache.
Das Kind und der, der es misshandelt, treffen nicht zufällig aufeinander.
Lasst euch nicht in die Irre führen.
Lasst euch nicht ablenken.
Geht in eure Entscheidung.
Geht in eure Neutralität und trefft eure Entscheidung.

Ihr schaut immer in der Umwelt nach Dingen, die aus eurer Sicht
fehlentschieden sind,
aus Machtmissbrauch entschieden sind,
und ihr schaut nicht wirklich hinter die Kulissen.
Es sind nur Ausreden für euch.

Ihr für euch, geht in die Neutralität,
setzt euch hin und entscheidet nach euren Kriterien, nach eurem Wissen.
Und wenn ihr das verstanden habt, wenn sich das wirklich in euch etabliert hat, wenn ihr begreift, dass das Kind und der Kinderschänder,
der, der einen anderen Menschen misshandelt und quält, nicht zufällig
zusammentreffen,
dann habt ihr keine Ausreden mehr, von eurer Macht keinen Gebrauch
zu machen.

Auch Dinge, die für euch entschieden werden, nach eurem Sprachgebrauch möglicherweise auch gegen euch entschieden werden, haben
ihren Sinn.
Wenn der Hausbesitzer euch die Wohnung kündigt und ihr das Gefühl
habt, das ist ungerecht,
dann schaut nur nach, wie ihr jetzt zu entscheiden habt.

Kümmert ihr euch um eine neue Wohnung?

Kümmert ihr euch um euer Fortkommen aus der jetzigen Situation heraus?

Es ist für euch nicht wichtig, wie der Hausbesitzer zu dieser Entscheidung gekommen ist.

Wenn euer Arbeitgeber euch den Arbeitsplatz kündigt,

dann hat das nichts mit der Überlegung zu tun, ob er seine Macht richtig gebraucht oder aus eurer Sicht missbraucht.

Macht ihr eure Entscheidungen, kümmert ihr euch um einen neuen Arbeitsplatz, macht euch keine Gedanken um den Arbeitgeber.

Schaut euch all das an, was rundherum passiert,

aber schaut euch das nicht unter dem Aspekt an,

und dieses „nicht" möcht ich dick unterstreichen:

Wie dient es mir als Ausrede, dass ich nicht entscheiden muss!

Schaut euch diese Dinge an, nehmt das Wissen auf, baut es ein in eure Entscheidungen.

Es ist das Wissen, das ihr bekommt.

Es ist die Erfahrung, die ihr bekommt.

Und so verändert sich alles innerhalb von Sekunden.

Innerhalb von Sekunden verändert sich die Grundlage eurer Entscheidungsfreiheit,

eurer Entscheidung,

der Boden,

der Nährboden eurer Gedanken, eurer Machtentfaltung.

Er verändert sich ständig.

Und das ist es, worum es geht,

das Wachstum in euch, durch euch,

auf der Erde, im Universum, in euren Lichtkörpern.

Dieses Wachstum dokumentiert ihr durch veränderte Entscheidungswege.

So überlegt also jedes Mal neu.

510

Kontrolliert mit eurem Herzen und eurem Bauch,
ist diese Entscheidung so richtig, stimmt sie so für mich,
nach meinem Wissen?

Hört auf zu flüchten in die Ausrede der Angst vor Machtmissbrauch.
Hört auf zu flüchten in den Gedanken:
„Wenn ich nichts entscheide, kann ich nichts falsch machen."
Hört auf zu glauben, irgendjemand lenkt eure Geschicke.

Niemand lenkt eure Geschicke, außer ihr selbst, denn ihr habt die
Macht.
Ihr habt die Macht für euch,
für euch zu entscheiden,
für euch zu sagen,
für euch zu denken,
für euch zu handeln.

Ihr seid Macht.
Es führt kein Weg daran vorbei, zu erkennen,
dass jeder Mensch aufgrund seines ICH BIN
über ungeheure Macht verfügt,
die Auswirkungen hat auf das gesamte Universum.
Denn jede seiner einzelnen Welten innerhalb der Welten der Erde,
ist verbunden mit allem, – jedem und jeglicher Form des Seins.

Jeder Mensch ist also ein Teil des Ganzen.
Jeder Mensch baut auf sein eigenes Universum,
und dieses Universum ist Teil des Ganzen, wie jeder Wassertropfen
Teil ist im gesamten Ozean.
So, wie sich die Informationen in einem einzigen Wassertropfen verändern
und dann doch weitergegeben werden an jeden anderen Wassertropfen im Ozean,

so ist jeder Mensch Teil des ganzen Universums,
und seine Veränderung verändert das Universum.

Je mehr Menschen das begreifen,
dadurch an ihrem Licht arbeiten,
ihre Entscheidungen mehr aus der Neutralität heraus treffen,
desto heller wird der Ozean Universum.

Je mehr Wassertropfen sich verändern,
desto mehr verändert sich der ganze See, der ganze Ozean.
Je mehr Menschen sich verändern,
desto mehr verändern sich einzelne Welten und ganze Universen.

Versteht also bitte, dass es für euch keinerlei Fluchtmöglichkeit gibt,
keinerlei Ausrede zulässig ist,
nichts euch davon entbindet,
von eurer Macht Gebrauch zu machen.

So wünsche ich euch Wachstum
durch Ruhe und Gelassenheit,
durch Selbstsicherheit,
durch die Erkenntnis der Kraft des ICH BIN,
und gute Entscheidungen,
und jetzt lächle ich ein wenig,
denn jede Entscheidung, die ihr trefft, ist eine gute Entscheidung,
weil ihr eine Entscheidung getroffen habt.

So sage ich dir, Mensch, stehe auf, mache dich gerade,
lass dein Licht leuchten in deiner ganzen Kraft,
in deiner ganzen Pracht, in deiner ganzen Präsenz
und handle,
handle durch Taten oder handle durch Worte,
lebe dein ICH BIN,

denn du hast das ICH BIN Gottes, um zu sein,
und sein heißt leben,
und leben heißt handeln.

Ich wünsche dir immer die Kraft der Neutralität
und die Gelassenheit, die Kraft dieser Worte zu verstehen.

Handle gelassen, nicht verbissen.
Handle mit einem Lächeln.
Handle mit Licht.
Handle niemals voll Angst, sondern immer voll Zuversicht und Liebe.
Und jede Handlung, die du in Zuversicht und Liebe vollbringst, ist eine Handlung im Licht.
Das ist der Weg. Das ist die Grundlage.

Erkenne deine Arbeit in Liebe.
Erkenne deine Neutralität im Licht.
Arbeite an deinem Licht und handle aus deiner Mitte heraus, und jede Handlung ist gut.
Dann gibt es keinen Machtmissbrauch, es gibt keine Ausreden, es gibt kein Flüchten, es gibt kein Ungemach, es gibt nur das Ergebnis der Handlung
zum Wachstum aller, zum Vorteil des Ganzen.

Also, Mensch, handle.

ICH BIN.

Serapis Bey.

Gott zum Gruße.

Macht und Lebensfreude
(Serapis Bey)

Gott zum Gruße, meine Lieben,

ich möchte gerne etwas hinterherschicken,
und zwar etwas, was die Frequenz wieder etwas ändert,
ich möchte über die Freude sprechen.

Denn Freude und Macht
kann man durchaus sehr angenehm verbinden,
denn im Allgemeinen ist der Mensch der Meinung,
sobald es um Macht geht, darf keine Freude im Spiel sein.
Aber da irrt ihr euch.
Denn wenn Macht richtig eingesetzt,
so eingesetzt, dass sie aus Licht geboren ist,
dass ihr eure göttliche Macht, die ihr seid, die ihr repräsentiert,
dass ihr diese göttliche Macht lebt,
schwingt automatisch die absolute hundertprozentige Lebensfreude
mit.

Das eine ohne das andere ist nicht denkbar.

Denn Lebensfreude, die wahre Lebensfreude,
die aus dem Innersten eures Herzens entspringt,
ist die Freude, die aus Genuss über das ICH BIN,
das „Ich lebe“,
das „Ich bin göttlich“,
„Ich bin Liebe“
geboren ist.
Und sobald ihr dieses ICH BIN, „Ich bin Göttlich“, „Ich bin Liebe“ lebt,
lebt ihr auch eure Macht.
Anders ist es nicht möglich.

Du kannst nicht „Ich bin Licht" leben
und gleichzeitig Machtmissbrauch betreiben.
Das ist undenkbar.
Du kannst nicht die wahre neutrale göttliche Liebe sein und leben,
wenn du Machtmissbrauch betreibst.

Wenn du aber diese Liebe, dieses Licht bist,
wenn du es lebst,
dann empfindest du eine Freude, die so tief in dir sitzt,
aus deinem Innersten entspringt,
dass du strahlend durchs Leben läufst.

Und es mag durchaus sein, dass du die anderen, die es nicht tun,
damit verschreckst oder erschreckst,
dass sie dir nicht gewachsen sind,
dass sie von dir drei Schritte zurückweichen
und es als „unnormal" empfinden, vielleicht sogar als arrogant.
Denn sich selbst zu leben, sein Licht zu leben,
bedeutet, den Weg gerade zu gehen.
Und das sind die Menschen nicht gewohnt.
Sie empfinden das durchaus manchmal als egoistisch, hartherzig,
emotionslos,
oder was auch immer für Worte den Menschen dafür einfallen,
aber niemals als neutral.
Doch die Neutralität ist es,
wenn du sie lebst aus deinem Herzen heraus,
die Neutralität ist es,
die dich diese Lebensfreude empfinden lässt.
Und wenn du mit dieser Lebensfreude, über die ich hier spreche,
durch das Leben läufst,
dann lebst du dich,
dann lebst du dich als die Macht, die du bist.

Und glaube mir, es ist ein Genuss,
es ist wahre Freude,
sich selbst zu leben.

Lasst euch nicht schrecken von den Menschen in eurem Umfeld, die von euch weichen,
die nicht mehr klarkommen mit dem, was ihr repräsentiert,
die nicht mehr klarkommen mit dem, was ihr ausstrahlt, was ihr seid,
wie ihr durchs Leben schreitet.
Lasst euch nicht abschrecken durch ihr Urteil, durch ihr Verurteilen eurer Haltung.
Lasst euch nicht abschrecken von der Meinung der anderen,
ihr wäret nicht mehr „normal",
denn für sie ist Normalität das, was sich ihnen im Alltag hunderte von Malen zeigt,
nämlich der Mensch, der in seinen Emotionen gefangen ist
und keine Ahnung davon hat, was Neutralität ist,
und vor allen Dingen, um es wieder gleichzusetzen,
überhaupt keine Ahnung hat, was Lebensfreude ist.

Denn schaut euch doch einmal an, was tatsächlich dahinter steckt,
wenn ihr einen Menschen lachen seht.
Schaut euch an, wenn ihr in einem Restaurant sitzt, und ein Tisch neben euch mit,
ich sage jetzt einmal,
sechs Damen, gackernd Witze reißt und alle lachen.
Soll das Lebensfreude sein?
Es ist ein Lachen an der Oberfläche. Es ist nicht aus dem Herzen geboren.
Es ist nicht die Art Freude, Lebensfreude,
die geboren ist aus dem „Ich lebe mich",
„Ich bin göttlich", „Ich bin Licht", „Ich bin Macht".
Nichts hat dieses Lachen damit gemein.

Es ist ein Ausdruck von Gemeinsamkeit, um dem einzelnen Menschen zu erleichtern,
sich wohlzufühlen in einer Gruppe
und ihm so zu ermöglichen, nicht weitergehen zu müssen,
weiter auf seinem Weg ins Licht.

Habt ihr verstanden, was ich euch sagen will
mit dem Unterschied von Lebensfreude und Freude,
von der wahren Lebensfreude zu lachen, gackern, grinsen.
Denn wie oft ist in dem Lachen etwas Hämisches,
wie oft ist in dem Lachen der Menschen etwas Niederdrückendes,
etwas Arrogantes,
wie oft ist in dem Lachen der Menschen etwas Ausrichtendes, etwas,
das einen anderen wertet,
wie oft ist in dem Lachen der Menschen etwas, das dich bedrückt,
etwas, um dich zu unterdrücken,
wie oft ist das Lachen des Menschen dazu da, sich selbst zu betrügen,
um nicht hinschauen zu müssen, was gerade tatsächlich ansteht,
wie oft hole ich mir die Clique und das gesellige Beisammensein, um
einfach weitermachen zu können wie bisher.

Schaut euch selbst an.
Schaut in euer Herz.
Schaut, wo eure wahre Lebensfreude sitzt.
Könnt ihr das Fünkchen erkennen, wie ein Fünkchen Glut,
das entfacht werden möchte zu einem lodernden großen Feuer?
Könnt ihr euch vorstellen, wie es zu leben wäre, wenn dieses Feuer
tatsächlich auflodert
und alltäglich zu jeder Sekunde brennt,
so voll und so mächtig, wie es dem Feuer nur möglich ist?
Könnt ihr euch so eure Lebensfreude vorstellen?

Es ist möglich.

Es gelingt euch, wenn ihr euch selbst lebt,
wenn ihr euch selbst als die Macht anerkennt, die ihr seid,
wenn ihr euch anerkennt als das Licht, das ihr seid,
wenn ihr euch selbst lebt,
mit der göttlichen Hand über euch
und dem Licht, aus eurem Herzen geboren.

Schreitet mutig voran,
immer dorthin, wo euer Herz euch hinführt,
immer dorthin, wo ihr wisst, „das will ich",
nicht das „Ich will", aus Neid oder sonstiger Emotion geboren,
sondern dieses „Ich will", aus dem Licht geboren.
Das ist der Weg.

Ich segne euch.

Es war mir eine Freude,
und es hat mir Spaß gemacht,
Ja,
es hat mir wirklich Spaß gemacht.

(Kurze Pause)

Ach ja, wenn wir schon einmal dabei sind,
es wird nicht viel, es geht ganz kurz:

Es ist einfach nur, dass bei all dem, was ich euch gerade gesagt
habe,
natürlich etwas anderes jetzt nicht missverstanden werden sollte.

Leute wie Charly Chaplin, wie große Komiker,
die ein Lachen für eine halbe Stunde, eine Stunde, eineinhalb Stunden, zwei Stunden produzieren,

518

haben selbstverständlich ihre Kraft, ihre Berechtigung,
sie produzieren ungeheuer viele Heilwirkungen,
wie jeder Show-Act, der Freude produziert,
aber es geht einfach darum, das eine mit dem anderen nicht zu übertünchen,
das sind zwei unterschiedliche Welten.
Das eine ist die Freude in dir, in dem gelebten ICH BIN,
und das andere ist die Freude nach außen getragen, überpointiert,
aber sie hat auch ihre Berechtigung.
Nur, wenn das nur an der Oberfläche ist, wenn jemand nur Witze reißt,
um abzulenken,
dann ist es natürlich kontraproduktiv,
und damit sind wir wieder bei dem, wo wir angefangen haben:

Handle aus dem Jetzt heraus,
aus deinem Jetzt-Wissen,
und alles ist richtig.

Denn auch Lachen und Freude zu produzieren ist natürlich Macht.
Und so hängen Macht und Freude ungleich zusammen.

Und jetzt sind wir fertig.

(Kurze Pause)

Noch etwas.

Es gibt eigentlich nicht mehr viel zu sagen.
Und trotzdem habe ich so eine Freude daran, mit euch heute zu
sein,
dass ich euch einfach nur noch mitteilen möchte,
das, was ich empfinde,
das ist Lebensfreude.

Es ist kein Unterschied,
ob ihr inkarniert seid oder nicht.

Lebensfreude ist einfach durch das ICH BIN geboren.
Und dieses ICH BIN seid ihr immer.
Überall.
Wo auch immer ihr euch aufhaltet.
Ob ihr gegangen seid, oder ob ihr gerade inkarniert.

Diese Art Lebensfreude ist ein Seins-Zustand.

Es ist einfach nur so,
dass wir ein Wort benutzen müssen, das annähernd das beschreibt,
was wir ausdrücken wollen mit diesem Empfinden,
denn ihr seid inkarniert, und ihr lebt in einem Körper, und ihr empfindet
Emotionen,
und so muss es auf irgendeine Weise verständlich sein.
Doch tatsächlich ist es so, dass es ein Empfinden im Sein ist.

Und so ist es so, dass auch ich in diesem Moment dieses eben empfinde,
diese Lebensfreude,
obwohl das Wort in sich eigentlich beinhaltet, ich müsste leben, das
heißt, ich müsste inkarniert sein, ich müsste Emotionen haben, also
Freude empfinden.
So ist es eben nicht.

Mit diesem Wort Lebensfreude ist
dieses absolut friedvolle glückselige Sein gemeint, aus dem ICH BIN
geboren.
Dieses ICH BIN LICHT.

Und damit beende ich nun tatsächlich unsere Runde.

520

Und was ich gerne zum Abschied noch tun möchte, und das gilt auch für das Buch,
für alle, die ihr jetzt den Text lest:

Lasst die Augen geschlossen,
und ich schütte ein bisschen Lebensfreude über euch aus.
Lasst es einfließen in euer Herz
und empfindet dieses ICH BIN.

Gott zum Gruße,
Gott zum Gruße.

Euer Serapis Bey.

18. DOGMEN

Das Dogma „Ich bin eine Frau" und „Ich bin ein Mann"

(Metatron)

Gott zum Gruße,
Gott zum Gruße.

Heute sind wir alle versammelt.
Wir sind hier, alle Erzengel, alle Aufgestiegenen Meister,
die Elohim, die Seraphim, die Cherubim, und auch Gott Vater selbst.

Wir sprechen also über die Dogmen,
die Dogmen,
das Dogma.

Was ist ein Dogma?

Ich weiß, dass dieses Wort bekannt ist in eurer Welt,
und doch ist es oft missverstanden,
denn es gibt unendlich viele Facetten, ein Dogma aufrechtzuerhalten,
ein Dogma mit Energie zu schüren, zu füttern.
Es gibt unendliche Facetten eines jeden einzelnen Dogmas,
und vor allen Dingen, es gibt Dogmen,
die ihr nie und nimmer so bezeichnen würdet.

Ich möchte heute mit euch über das Dogma sprechen:
„Ich bin eine Frau" beziehungsweise „Ich bin ein Mann".

Denn es ist ein Dogma, das dürft ihr nicht übersehen,
denn was seid ihr denn wirklich?
Ihr seid Licht, ihr seid aus Licht geboren,

und nichts an euch, nichts an solch einem göttlichen Licht
ist männlich oder weiblich.
Es ist immer beides zugleich.
Es ist eins, und somit löst sich das, was ihr Geschlecht nennt, auf.
Es ist ein körperloses Existieren im Licht.
Es ist ein Aufgehen in dieser Einheit in Gott.
Es ist Weisheit, unendliche Weisheit.
Und ihr habt entschieden,
aus der Unendlichkeit eurer Seele einen Bruchteil abzuspalten,
um ihn auf die Reise zu schicken,
eine Reise dorthin auf Mutter Erde, um dort zu inkarnieren,
um dort in einem Körper zu wohnen, den ihr gewählt habt,
dessen Form ihr gewählt habt, dessen Aussehen ihr gewählt habt,
vielleicht auch dessen Behinderung ihr gewählt habt.
Was auch immer dieser Körper an Ausdruck, an Anatomie, an Physi-
ologie mitbringt,
es war und ist eure Wahl.

Ihr wähltet einen weiblichen oder einen männlichen Körper.
Ihr wähltet zum Beispiel, in einem männlichen Körper zu wohnen
und als Frau zu empfinden, oder umgekehrt.
Ihr wähltet ein Geschlecht, um zu begreifen, um bestimmte Dinge zu
begreifen.
Doch das heißt noch lange nicht, dass ihr dieses Geschlecht seid.
Wenn ihr also den Körper einer Frau bewohnt,
ihr seid nicht deshalb Frau geworden.
Ihr seid immer noch das, was ihr seid:
Ihr seid Licht.

Und euer Weg, euer Zweck, den ihr zu leben habt,
der Lebenszweck also, den ihr ausfindig machen sollt, müsst, könnt
oder auch wollt,
bedingt, zu begreifen,

dass ihr weder Mann noch Frau seid,
obwohl ihr im Körper eines Mannes oder einer Frau wohnt.

Ihr seid immer beides zugleich,
immer und zu jeder Zeit,
und mag es euch noch so sehr in frauliches Gehabe, in männliches Getue ziehen,
mag es euch noch so sehr männlich oder weiblich handeln lassen,
mag euer Körper noch so sehr weiblich sein und somit das Männliche betören,
mag euer Körper noch so sehr männlich sein und damit weibliche Begierde auslösen,
mögt ihr noch so sehr sexuellen Trieben, seien es männliche oder weibliche, ausgeliefert sein,
ihr seid dennoch beides zugleich.
Und je mehr ihr das Empfinden, Frau zu sein, ausgeprägt habt,
umso mehr müsst ihr euch bemühen darum,
das Männliche in euch wachsen zu lassen,
so dass es im Lot ist mit dem Weiblichen.

Ihr braucht den Ausgleich männlich/weiblich,
um in eure Mitte zu gelangen.

Es ist nicht möglich, aufzusteigen ins Licht,
hinter sich zu lassen den Weg der Inkarnationen,
wenn ihr nicht begreifen könnt und wollt,
dass ihr nicht als Frau oder als Mann geboren seid.

Ihr seid als Licht geboren.
Und das, was ihr Geburt nennt,
das Heraustreten des kleinen Kindes, des Babys aus dem Mutterschoß,
das ist das, was dort auf Erden passiert, in der Manifestation.

524

Und natürlich hat dieses Kind, dieses Neugeborene ein Geschlecht,
ist es männlich oder weiblich.
Doch es ist der Körper, der dieses Männliche oder Weibliche bestimmt.
Es ist das emotionale Empfinden,
was euch männlich oder weiblich fühlen und denken lässt.
Und es ist die jeweilige Ethik oder Moral in eurer Gesellschaftsform,
die ihr gewählt habt,
was das Weibliche oder Männliche bestimmt.

Es gibt genauso gut Zonen auf Mutter Erde,
wo die weibliche Körperform durchaus absolut männliche Verhaltensweisen und Ausdrucksformen hervorbringt und diese Frauen dann absolut machtvoll und herrscherisch handeln lässt,
das, was ihr in einem anderen Kulturkreis allein den Männern vorbehalten würdet.

Aber schaut euch um, was typisch weibliches und typisch männliches Verhalten ist?
Ist es wirklich das, was ihr glaubt, das ihr seid?,
dieses in eine Richtung verzerrte Bild des „Ich-will-beschützt-Werdens",
oder „Ich bin der Beschützer",
dieses Sich-anlehnen-Wollen und „Ich kann das nicht"-Denken,
dieses „Ich muss immer stark und groß sein", das die männliche Seite oft so ausgeprägt hat,
all das, was es beinhaltet, dieses Teilen in Männlich und Weiblich,
wie „Technik und Frau passen nicht zusammen", „Frau am Steuer",
„Blond und Blöd", „Muskeln und Macho"!

Was auch immer für Sprüche ihr euch angeeignet habt,
die auch natürlich einen Wahrheitskern beinhalten oder beinhalten können,

sie beziehen sich doch rein auf das menschliche Dasein.

Doch Mensch seid ihr nur in der Zeit, wo ihr inkarniert auf dieser Erde,
in der Zeit eures Daseins auf dieser Erde.
Sobald ihr sie wieder verlasst durch den leiblichen Tod,
durch das Sterben eures Körpers dort auf Mutter Erde,
steigt ihr wieder auf und seid im Licht,
und euer Körper ist von euch gegangen,
ihr seid von diesem Körper gegangen,
ihr habt ihn dort gelassen, auf dieser Erde,
um ihn wieder zurückzugeben in den Wandel des Kreislaufs, der dort herrscht auf Mutter Erde.
Und vielleicht inkarniert ihr zwei/drei Tage, eine Woche, ein Jahr, fünf Jahre später wieder,
und seid genau das Gegenteil an Geschlecht, das ihr im Leben zuvor wart.
Was also soll das?

Ihr seid immer beides zugleich.
Ihr braucht einfach eine bestimmte Form, um bestimmte Dinge begreifen zu können.

Wenn ich das Thema „Macht" bearbeiten will, kann ich es aus verschiedenen Seiten betrachten
und es durch verschiedene Möglichkeiten, die sich mir bieten, anschauen
und mir verschiedenen Möglichkeiten wählen,
um bestimmte Dinge begreifen zu können.

Ich kann mir einen großen, kräftigen, muskulösen, breiten, männlichen Körper zulegen für diese Inkarnation und Macht in übelster Weise ausspielen,

und so der Herrscher über viele, viele Menschen sein, es auskosten,
und so diese Seite der Macht in allen Facetten kennenlernen,
indem ich derjenige bin, der die Macht ausübt.

Ich kann aber auch das Thema „Macht" von einer ganz anderen Seite
aus betrachten.
Ich kann mir einen zarten, weiblichen Körper wählen,
vielleicht sogar einen „wunderschönen", in der momentanen Sichtweise dieser Kultur,
also eine Frau, ein Frauenkörper, der dem absoluten Schönheitsideal
entspricht,
und ich, als das Licht, das ich bin, ich, als diejenige, die diesen Körper
bewohnt in dem Moment, habe ein Umfeld, das mich unterdrückt, das
Macht über mich ausübt,
vielleicht sogar so weit, dass ich vergewaltigt werde, sexuell missbraucht werde,
dass ich gemoppt werden wegen meines Frauseins,
dass ich unterdrückt werde, weil ich dieses Dogma Frau in mir habe
und mich dadurch automatisch schwächer fühle in einer männerge-
prägten Arbeitswelt.

Was auch immer ihr für Facetten wählt für euer Leben,
es ist selbst gewählt, und das vergesst ihr immer wieder.
Es ist nicht euer gewähltes Sein,
nicht Frau-Sein ist das, was das ICH BIN ausdrückt,
nicht Mann-Sein ist ein ICH BIN.
ICH BIN ist immer Mann und Frau zugleich.
Und somit löst es sich auf.

Lass zwei Dinge gleich sein.
Stell ein „Ist Gleich (=)" dazwischen, so dass es eins ist.
Und du kannst die Worte „Mann" und „Frau" nicht mehr benutzen.

Männlich und Weiblich ist vielleicht ein Synonym für bestimmte Kräfte, für bestimmte Energien, so wie vielleicht im chinesischen Yin und Yang oder vielleicht, wie ihr sagt, rechts – links,
oder eben männlich/weiblich oder Sonne/Mond.
Ja?

All das hat natürlich miteinander zu tun,
wenn du es aus dem Gesichtspunkt der Energie, der Frequenz, der Strahlung aus betrachtest,
der Kraft, die in ihr steckt.

Und doch ist es mit allem gleich.
Yin und Yang müssen sich zum Ausgleich finden, müssen sich vereinen.
Die Kräfte von Sonne und Mond müssen sich vereinen.
Das Männliche und das Weibliche müssen sich vereinen.
Und immer ist das Ziel: Einheit.

Ich bin eins mit allem.

ICH BIN.

Du fängst an mit:
Ich bin eins.
Ich bin Licht.
Ich bin Weisheit.
Ich bin Unendlichkeit.
Ich bin Fülle und Reichtum.
Ich bin Gottes Kind.

Doch am Ende bleibt über:
ICH BIN.

Und dieses Dogma „Ich bin Frau" oder „Ich bin Mann"
ist eines der mächtigsten überhaupt, das da herrscht auf Erden,
denn es prägt euer gesamtes Denken, euer gesamtes Empfinden,
euer Fühlen,
und all das, was ihr als Bauchgefühl oder „ich spüre", „ich fühle", „ich
möchte" bezeichnet,
ist doch immer nur noch geprägt von „Ich bin Frau" und „Ich bin
Mann".

Und auch die Liebe,
die wahre, unendliche, wertungsfreie Liebe
ist wahrhaftig nur zu erkennen und zu leben,
wenn ihr begreifen könnt,
dass ihr nicht Mann oder Frau seid,
sondern immer nur Mann und Frau zugleich.

So ist es.
So sei es.
So wird es immer sein.

Wir segnen euch, ihr geliebten Menschen,
die ihr Licht seid,
ihr geliebten Menschen,
die ihr in Wahrhaftigkeit weder Mann noch Frau seid,
sondern nur, jeder für sich, ein ICH BIN.
Und jedes dieser ICH BIN, die ihr seid,
ist ein Einziges,
ein Gemeinsames,
ein Gesamtes,
ein ICH BIN.

Ein ICH BIN IN GOTT und GOTT IST IN MIR,
ein ICH BIN LICHT,

ein ICH BIN WEISHEIT,
ein ICH BIN REICHTUM,
ein ICH BIN FÜLLE,
ein ICH BIN GOTTES KIND,
ein ICH BIN.

Gott segne euch, meine Lieben,
Gott segne euch.

Amen.

Geld

(Metatron)

Gott zum Gruße.

Ich möchte mit euch ein Thema besprechen,
das nicht direkt in Zusammenhang steht mit dem vorhergegangenen.
Und zwar möchte ich heute über Geld sprechen.

Geld ist etwas, was jeden von euch betrifft,
sei es, weil er viel Geld hat und nicht weiß, wohin damit, oder auch
zu wenig,
sei es, weil er hadert mit der Situation oder sich schämt dafür,
sei es, dass er es gerne ausgeben möchte für etwas, das ihm am
Herzen liegt, sich aber nicht getraut wegen der Meinung anderer in
seinem Umfeld,
oder sei es auch nur das Thema an sich, das Unbehagen bereitet.

Geld ist Materie, so wie jede andere Materie auch.

Euer finanzieller Hintergrund ist euch gegeben aus dem gleichen
Grund, wie jedes andere Ding in eurem Leben, das jetzt in dieser
Inkarnation in eurem Umfeld ist und euch als Umfeld präsentiert wird.

Ihr habt gewählt, bestimmte Dinge zu begreifen, zu lernen, zu vollziehen.
Das habt ihr euch vorgenommen.
Ihr habt euch vorgenommen, bestimmte Dinge zu tun, bestimmte
Lernschritte zu tun, zu vollziehen, fortzuschreiten, und dafür braucht
ihr ein bestimmtes Umfeld.
Und zu diesem Umfeld, das ich auch als eure Basis, euren Sockel
bezeichnen möchte,
um euer Ziel erreichen zu können,

gehört auch das euch zu verfügende Geld, eure finanziellen Mittel, die ihr zur Verfügung habt.

Keiner von euch braucht mit der Situation zu hadern, und doch tut ihr es alle.
Und ihr alle, die ihr da seid, wisst es.
Und doch hadert und zweifelt ihr und kippt aus dem Grund, den ich einfach nur als „Geld" bezeichnen würde, immer wieder aus dem Vertrauen,
verschwendet Unmengen Zeit, Unmengen Gedanken an dieses Thema,
und immer wieder habt ihr das Gefühl, ihr seid Opfer einer Situation, einer Gegebenheit.

Doch ihr vergesst, dass diese finanzielle Situation, so wie sich jetzt darstellt, in diesem Jetzt-Moment, das Optimum dessen bedeutet, um euch fortschreiten lassen zu können.
Und dieser Jetzt-Moment bedeutet in keinster Weise,
dass der nächste Jetzt-Moment und der übernächste und alle weiter folgenden Jetzt-Momente
die gleichen sein werden wie der jetzt in diesem Moment.
Ganz simpel ausgedrückt:
Der, der jetzt steinreich ist, kann morgen total verarmt dastehen,
und derjenige, der heute arm ist, kann der sein, der morgen in Geld schwimmt.
Das sind natürlich Extreme, die nicht unbedingt auf euch zutreffen müssen,
aber es ist einfach so, dass wir euch verdeutlichen möchten, dass das, was jetzt ist,
nicht heißt, dass es bis an euer Lebensende bleiben wird.
Es kann so sein, muss aber nicht.

Nehmen wir an, jemand von euch hat seiner Meinung nach zu wenig finanzielle Mittel zur Verfügung. Was ist zu wenig?

Ihr habt zu essen.

Und eure Lebensfreude sollte in keinster Weise davon abhängig sein, wie viel ihr euch kaufen, wie viel ihr euch leisten könnt, das heißt, wie viel euch möglich ist, dieses Geld in Umlauf zu bringen, in Tausch, in Austausch, um andere Dinge erwerben zu können.

Lebensfreude kommt von innen heraus.

Wir haben das schon mehrmals besprochen.

Lebensfreude ist ein Synonym für Neutralität

und zugleich ein Synonym für die reine göttliche Liebe.

Lebe ich in der Neutralität im Alltag.

Gelingt es mir, diese Neutralität aufrechtzuerhalten, breitet sich eine Lebensfreude in mir aus,

die alles überlagert, denn diese Lebensfreude ist gespeist und genährt in Vertrauen in das,

was geschieht und geschehen wird.

Und aus dieser Lebensfreude heraus, mit dem Leben und Erleben der Lebensfreude,

geboren aus der Neutralität, wird alles andere,

wenn ihr in eurer Wertigkeit bleibt, „unwichtig".

Unwichtig bezeichnen wir es deshalb, weil es in keinster Weise dazu beiträgt,

euch glücklicher oder unglücklicher zu machen.

Es erscheint euch nur so.

Es trägt in keinster Weise dazu bei, euch stabiler oder instabiler zu machen.

Es erscheint euch nur so.

Es trägt in keinster Weise dazu bei, euch mehr oder weniger Ansehen zu verschaffen.

Auch das erscheint euch nur so.

Natürlich ist es so, dass ihr euch, wenn ihr mehr finanzielle Mittel zur Verfügung habt, mehr „leisten könnt", wie ihr das nennt.

Ihr könnt auf Reisen gehen, ihr könnt euch Dinge kaufen, materielle Dinge zulegen,

aber ihr überseht dabei, dass Geld,

so, wie es euch „weiterbringen" würde,

so, wie ihr es nutzen könntet, müsstet, solltet, um euch weiterzubringen,

in einen Austausch gehen müsste,

der im Sinne des Karmas euch das zurückgibt, was ihr austeilt,

– es ist schwierig für uns, die richtigen Worte zu finden –

wobei, wie im Text zuvor schon erwähnt, Karma nichts Wertendes in sich trägt,...

sondern einfach: „Das, was ich aussende, ausstrahle,... kehrt zu mir zurück."

Wir wollen damit nicht sagen, hast du Geld, verschenke es einfach.

Das wäre absurd und völlig missverstanden.

Aber es kann durchaus dazu da sein, andere zu bereichern.

Und dieses Bereichern ist nicht so gemeint, dass der andere reich wird an finanziellen Mitteln, sondern reich im Herzen.

Eine Blume, vielleicht kostet sie einen Euro, weitet das Herz deines Gegenübers und lässt einen Funken Lebensfreude entstehen, so wie ein Lächeln, das du ihm schenken würdest.

Wenn du wieder die Finanzen betrachtest, hat es dich einen Euro gekostet,

bereichert hast du dein Gegenüber aber mit unendlicher Liebe und Freude.

Diese kleinen Dinge sind es, auf die wir euch aufmerksam machen wollen.

Und uns ist durchaus bewusst, dass nicht nur das Geben oft ein Problem ist, sondern viel öfter das Nehmen.

Denn ihr Menschen seid gewohnt, ständig zu glauben, dass ihr aufrechnen müsst, wer wem was, wann, in welcher Zeit zur Verfügung gestellt oder geschenkt hat, um da einen Ausgleich schaffen zu müssen.

Auch das ist missverstandenes Karma. Ich möchte es fast sogar als spitzfindig bezeichnen.

Denn diese Art Aufrechnen ist ein Rechenspiel, das nur innerhalb der Zeit existiert.

Eine Stunde mit einer Stunde aufzurechnen funktioniert nicht.

Eine Blume aufzurechnen mit „ich schenke jetzt auch eine Blume", funktioniert nicht.

Damit hab ich das von Herzen gegebene Materielle gekappt
und habe den „Sinn" dahinter, Lebensfreude entstehen zu lassen, den Funken zum Glühen bringen zu lassen, durchbrochen.

Nehmen ist also ein wichtiger Aspekt.

In Bezug auf Geld möchte ich noch ein ganz anderes Thema ansprechen,

das uns aber sehr wichtig erscheint.

Das ist die oft verbreitete Meinung, wenn ich den Weg des Spirituellen einschlage,

es nicht sein darf, dass ich vermögend bin.

Vergesst diese Aussage.

Das eine hat mit dem anderen nichts zu tun.

Denn, wie eingangs erwähnt, es ist durchaus teilweise sinnvoll, dass eine bestimmte Person vermögend ist, weil das eben zum Lernprozess dieser Person gehört.

Es ist unnötig, Neid aufkommen zu lassen oder auch Eifersucht, denn dieses Vermögend-Sein

wäre für den anderen, der nicht vermögend ist, der völlig falsche Weg in diesem Moment.

Ihr habt die Situation geschaffen, die für euch das Optimum bedeutet,

wir wiederholen es ausdrücklich noch einmal,

so wie ihr das Optimum geschaffen habt durch eure Familiensituation, die Eltern, Geschwister,

die Arbeitskonstellation, die Kinder, die ihr habt, die Partner, die Freunde, auch das Umfeld, wo ihr lebt, das Haus, der Garten,

es ist für diesen Jetzt-Moment das Optimum,

und dies gilt eben auch für eure finanzielle Situation.

Oft scheitert das Vermehren des Geldes daran,

dass ihr zweifelt und hadert mit dem Vermögend-Sein.

Glaubt mir, es steht euch allen zu.

So wie euch allen zusteht, froh zu sein, glücklich zu sein, den wunderbaren Partner an eurer Seite zu haben, die Blumenwiese, durch die ihr laufen und euch dran erfreuen könnt, die Sonne, die euch anlacht, der Schnee, der euch erfreut durch seine Flocken,

all das steht euch zu,

und so steht euch auch Vermögend-Sein zu.

Das aber müsst ihr erst begreifen.

Ihr müsst es zulassen.

Tatsächlich einen Job angeboten zu bekommen, wo das Gehalt eine bestimmte Höhe erreicht, und ihr euch dann überlegt, ob es denn anständig ist, ob es denn richtig ist, so viel zu erhalten, wenn ein anderer doch bloß so viel für seine Arbeit kriegt, sich aber viel mehr abschuften muss aus eurer Sicht, das ist der falsche Ansatz.

Wenn Geld zu euch fließt, auf welchem Weg auch immer,

dann ist es okay, wenn ihr in Liebe handelt.

Diese ganzen Unsicherheiten und verworrenen Ansichten über Geld sind hauptsächlich entstanden durch das, was ihr Menschen in dieses Geld hineininterpretiert, und auch durch das, wofür ihr es benutzt, nämlich hauptsächlich dafür, um Machtspiele zu betreiben und zu manipulieren.

So denkt ihr oft, ohne euch dessen bewusst zu sein,

dass, wenn ihr nicht vermögend seid,

es keinem anderem möglich wäre, euch zu beneiden, euch anzugehen in Worten, euch in bestimmte Schubladen zu schieben, weil ihr Geld habt,

und diese Machtspiele, die die Großen, wie ihr sie nennt, betreiben, euch gar nicht mal betreffen,

ihr also gar nicht in Versuchung geraten könnt, selbst Macht auszuüben in Bezug auf Geld.

Aber auch da täuscht ihr euch.

Denn ihr, die ihr nicht so vermögend seid, habt durchaus Mittel und Wege,

auch durch dieses Nicht-vermögend-Sein Macht auszuüben und zu manipulieren.

Es ist einfach eine andere Art, Macht auszuüben.

Allein durch Kokettieren mit „ich habe kein Geld" kann ich mein Umfeld manipulieren

und zu bestimmten Handlungen zwingen oder bringen.

Ich kann, selbst wenn ich nur Worte benutzen würde und nichts anderes hineingebe,

also keine Art von energetischer Manipulation betreibe, so nenne ich das nun mal,

selbst wenn ich nur Worte benutzen würde,

manipuliere ich die anderen Personen in meinem Umfeld,

da jeder ein bestimmtes Bild von Geld in sich trägt.

Und durch eure feinsten Wahrnehmungen, auch wenn ihr euch dessen nicht bewusst seid,

ist euch in dem Hundertsten von einer Sekunde klar,

wie ihr in diesem Moment eurem Gegenüber auszudrücken habt: „Ich habe kein Geld".

Das können hundert verschiedene Sätze sein,
gespeist mit verschiedenen Worten, die dasselbe ausdrücken,
und doch ist jeder Satz so anders geformt,
dass die Manipulation funktioniert bei dem jeweiligen Gegenüber.
Entweder er bekommt Mitleid, Überheblichkeit oder Arroganz, oder
was auch immer,
es gibt Unmengen von Reaktionen.
Und je nachdem, wie ihr es betreibt,
bekommt ihr dadurch Energie zugeschustert,
könnt ihr eurem Gegenüber Energie abziehen.

Wenn ich zum Beispiel auf Mitleid aus bin, werde ich so gespeist mit
Energie und vermeintlicher Kraft
und benutze dies als Ausgleich dafür, dass ich ja „so eine arme Sau
bin".

Also hört euch selbst zu, beobachtet euch selbst, schaut auf euch,
wie ihr sprecht über eure finanzielle Situation, wie ihr denkt über eure
finanzielle Situation, wie ihr es ausdrückt bei bestimmten Personen,
was ihr ansprecht, wo ihr schweigt.

Machtspielchen gibt es in Bezug auf jegliches Thema,
und wo es am meisten verbreitet ist, ist Sex und eben Geld.

Natürlich ist es so, dass jene, die vermögend sind, die also viel Geld
zur Verfügung haben und sich Dinge leisten können, es oft lieben es
zu zeigen, damit zu prahlen, auch wenn es nicht verbal ist. Sie wollen
gesehen werden, sie wollen bewundert werden.
Aber die Bewunderung gilt nicht ihnen.
Sie verwechseln den Respekt, den die Leute dem Geld entgegenbringen,
mit dem wahren Respekt, der besagt: Ich achte dich als das, was du
bist.

Und da sie nicht unterscheiden zwischen der Achtung und dem Respekt ihnen selbst gegenüber und dem Respekt, der ihnen entgegengebracht wird, weil sie zum Beispiel vermögend sind,
haben sie eins im Sinn, nämlich immer noch mehr anzuhäufen, sich immer noch mehr materielle Dinge leisten zu können, noch mehr zeigen zu können, was sie sich alles leisten können.

Ich sage es noch einmal.
Es ist kein Grund, Neid zu empfinden.
Denn es ist der Weg dieser Menschen zu begreifen und wahrzunehmen, was sie selbst da leben
und worin sie fälschlicherweise Bestätigung finden oder suchen.

Erst das wahre Begreifen der kompletten Zusammenhänge ermöglicht es dir auch, vermögend zu sein.

Sobald ihr nicht mehr gefährdet seid, mit großem Vermögen Machtspiele zu betreiben,
ist es auch nicht mehr angesagt, dass ihr unvermögend seid.
Für euch gilt: Vermögen wird in euer Leben treten,
wenn ihr begriffen habt, damit umzugehen, nicht vermögend zu sein,
im Vertrauen zu sein, in der Neutralität zu leben,
die Wahrheit endlich zu spüren und auszudrücken,
sich selbst zu achten als das, was ihr seid, ohne Wertung vorzunehmen in Bezug auf materielle Dinge,
eben Lebensfreude zu empfinden, obwohl ihr euch vielleicht dieses oder jenes nicht leisten könnt, es also davon nicht abhängig zu machen,
Lebensfreude zu empfinden, obwohl ihr vielleicht Reaktionen bekommt von anderen Menschen, die euch als minderwertig betrachten ob eurer finanziellen Situation.

Geht in euch und lernt, euch zu achten und zu schätzen.

Lernt, euch selbst zu respektieren mit dem, was ihr für euch gewählt habt.
Lernt, euch selbst zu respektieren mit dem, was ihr euch als Optimum geschaffen habt, um begreifen zu können.

Ich segne euch.
Ich segne euch.

Und ich kann euch versichern,
ihr werdet Reichtum erfahren im Herzen,
Reichtum erfahren in eurem Sein,
durch das Licht Gottes, das über euch strahlt, das in euch dringt,
so wie ihr es wollt und ihr es wünscht.

Das ist wahrer Reichtum.
Und nichts anderes.
Das ist wahres Glück.
Und nichts anderes.

Alles Materielle ist vergänglich.
Und keinen einzigen Cent könnt ihr mitnehmen in euren Sarg.

Gott zum Gruße.

19. GEHE DEINEN WEG

Disziplin und Zielstrebigkeit (I)

(El Morya)

Wisset, es ist wichtig, dass ihr euch immer daran erinnert,
dass wir, euer Team, eure Freunde aus der Geistigen Welt
euer Handeln nicht bewerten.
Und weil wir euer Handeln nicht bewerten, greifen wir auch nicht lenkend ein.
Wir haben an anderer Stelle schon häufiger darauf hingewiesen,
dass der Einzige, der von eurem Höheren Selbst die Freigabe hat,
lenkend einzugreifen, der Führungsengel ist, sonst niemand.

Wir alle in der feinstofflichen Welt sind an eurer Seite und verfolgen
eure freie Willensentscheidung und unterstützen euch dann beim Umsetzen eures freien Willens.

Zielstrebigkeit ist eines der wichtigsten Themen bei dem Prozess der
Evolution,
den ihr euch auf der Erde ja vorgenommen habt.
Zielstrebigkeit hat keinesfalls irgendetwas mit Geschwindigkeit zu tun.
Jeder Mensch hat seine eigene Geschwindigkeit.
Jeder Zellkörper hat seine eigenen Bedürfnisse, um die Erkenntnisse,
die der Verstand und das emotionale Feld gewonnen haben, in seinen
feststofflichen Speichern einzulagern.
Andersherum gesagt, es braucht jeder seine unterschiedliche Zeit, um
die Erkenntnisse, die er gewonnen hat, auch zu leben, zu beleben, zu
erleben, einfach wirklich zu leben,
sie einfach als ganz normale Verhaltensweise in seinem täglichen
Existenzbild zu integrieren.

Zielstrebigkeit bedeutet, sich ein Ziel zu setzen und dieses Ziel ganz
stringent anzupeilen.

Denkt an ein Schiff, das einen Hafen verlässt, um ganz zielstrebig einen anderen zu erreichen.

Manche Kapitäne versuchen es auf dem kürzesten Weg und gehen dabei das Risiko von Felsriffen, Untiefen oder auch Unwettern ein.

Andere Kapitäne entscheiden sich möglicherweise, Unwettern auszuweichen oder auch eine etwas längere Route zu wählen, dafür aber sicher im Hafen anzukommen.

Irgendwann werden beide Kapitäne mit ihrem Schiff den Zielhafen erreichen, aber welches ist jetzt der richtige Weg?

Der richtige Weg ist der, für den du dich als Kapitän entscheidest.

Wichtig ist, dass du dir beim Verlassen des Hafens genau überlegst, auf welcher Route du deine Strecke zurücklegen willst, und diese von dir festgelegte Route dann auch zielstrebig verfolgst.

Noch einmal:

Es geht nicht um Zeit.

Es geht nicht um die kürzeste Strecke.

Es geht darum, dass du dir überlegst, wie komme ich von einem Hafen zum anderen, und welche Strecke wähle ich dafür.

Das ist Zielstrebigkeit.

Und wenn du mit deinem Schiff unterwegs bist, dann können alle möglichen Dinge eintreten, die dich dazu bewegen, deinen Kurs zu überdenken.

Möglicherweise musst du ihn revidieren.

Auch das ändert nichts an dem Ziel, das du erreichen willst. Es geht nur darum, dann zu überlegen, inwieweit lasse ich mich von dem festgelegten Kurs abbringen.

Wenn du das bewusst tust und deinen Kurs bewusst änderst, weil einfach deine Entscheidung für diesen Kurswechsel die richtige ist, dann bist du trotzdem zielstrebig, wenn du letztendlich nach wie vor das Ziel verfolgst.

Wenn du allerdings irgendwann aufgibst und dich nur noch der Strö-

mung des Meeres, des Windes und der Gezeiten hingibst, dann ist die Zielstrebigkeit am Ende.
Also verfolge immer genau den Plan deiner Seele, den Plan deines Lebens,
verfolge immer genau und aufmerksam dein Ziel.

All den Seelen, die Schwierigkeiten mit dieser Zielsetzung haben, rate ich, sich Ziele in kurzer Distanz zu setzen.
Lernt ruhig mit kleinen Schritten, diese Zielstrebigkeit in eurem Leben zu integrieren,
sei es damit anzufangen, zu bestimmten Zeiten pünktlich aufzustehen,
sich möglicherweise entgegen langjährigen Gewohnheiten ein Frühstücksritual zuzulegen, um das Körpergewicht in den Griff zu bekommen,
oder euch morgens, bevor ihr das Haus verlasst, Zeit zu nehmen, die Tageszeitung zu lesen, um im Kreise der Arbeitskollegen mitreden zu können.
Was auch immer da an kleinen Zielen möglich ist, wenn es der richtige Weg ist, überlegt ihn euch und setzt diese kleinen Ziele zielstrebig um.
Mit der Zeit werdet ihr erkennen, dass es durchaus möglich ist,
größere, weiter entfernt liegende Ziele anzupeilen.

Soweit also hoffe ich, dass es mir gelungen ist, euch mehr Klarheit zu bringen,
wie wichtig Zielstrebigkeit ist,
und klarzumachen, dass diese Zielstrebigkeit nichts mit Dogmatismus zu tun hat,
sondern einfach nur damit, sich für seinen Lebensweg einen Zielpunkt zu setzen, den es zu erreichen gilt.

Eine Flexibilität auf dem Weg ist immer notwendig,
denn bedenkt immer, ihr seid nicht allein in eurer Welt,
sondern ihr habt Absprachen mit anderen Seelen getroffen,

die alle auch jederzeit ihrem freien Willen unterliegen,

und wenn ihr dann auf Seelen angewiesen seid, um das von euch gesteckte Ziel zu erreichen,

weil ihr sie passieren müsst oder mit ihnen einen Teil des Weges gemeinsam gehen wollt,

so kann es sein, dass diese freie Willensentscheidung der anderen Seele

euren Weg beeinträchtigt und beeinflusst.

Seid also einfach immer nur aufmerksam

und verliert niemals das Ziel eurer Bewegung aus den Augen.

Disziplin ist dabei ein wichtiges Hilfsmittel.

Ich rate euch also dringend an bei der Überlegung der Ziele, euch nicht zu überfordern.

Es sind viele Menschen, gerade in dieser Zeit in den Erdteilen, die ihr die westliche Welt nennt,

weit entfernt von den Disziplinveranlagungen, die sie als Möglichkeiten hatten.

Es ist nicht mehr „Mode", diszipliniert zu sein.

Disziplin ist aber ein wichtiges Hilfsmittel auf dem Weg der Zielstrebigkeit.

Disziplin heißt, dass ihr das, was ihr euch vorgenommen habt, mit euch selbst in Absprache bringt und euch auch dazu „unter Druck setzt", um euer Ziel zu erreichen.

Es ist einfach immer ein Balanceakt zwischen der Disziplin und der Zielstrebigkeit.

Disziplin wird von manchen Menschen als etwas von allerhöchstem Wert eingestuft,

genauso Begriffe wie Obrigkeitshörigkeit, Ehre usw.

Alle diese Dinge haben ihren Stellenwert auf eurer Reise von einem Hafen zum anderen.

Sie sind wichtige Punkte im Verfolgen der Zielstrebigkeit eures Anliegens,
aber sie beinhalten alle die Gefahr, wenn sie lieblos gehandhabt werden, großen Schaden anzurichten.

Disziplin ohne Liebe bedeutet,
dass ich das, was ich einmal festgelegt habe,
ohne Wenn und Aber durchziehe und zu Ende bringe.
Das ist eine falsche Auffassung, denn wenn ich liebevoll mit mir selbst umgehe,
muss ich erkennen, dass ich möglicherweise zu einem zurückliegenden Zeitpunkt
mit weniger Wissen, weniger Erfahrung, weniger Erkenntnis
eine Entscheidung getroffen habe, die ich heute revidieren muss, weil ich mehr weiß.
Dann hier aus Disziplinsgründen nur geradeaus zu marschieren, ist nicht Disziplin,
sondern blinde Sturheit.
Allerdings darf es nicht dahin umschlagen,
dass ich jeden Tag meine Meinung ändere wie eine Fahne ihre Richtung im Wind.
Findet also hier auch die Balance, und ihr seid immer auf dem sicheren Weg.

Wenn jemals das Gefühl auftaucht, dass ihr eigentlich genau wisst, wo der richtige Weg wäre,
euch aber diese Selbstdisziplin fehlt, diesen Weg zu gehen,
so ruft mich um Hilfe an.
Es ist meine Aufgabe, die ich übernommen habe,
diese Energie zu stärken und aufrechtzuerhalten,
und ich verspreche euch, wenn ihr mich um Hilfe bittet,
werde ich an eurer Seite sein und diese Energie der Disziplin in euch zum Leuchten bringen.

Ich sage euch aber jetzt schon,

dass dieses manchmal mit Schmerzen (Tränen) verbunden ist.

Es gehört für manche Seelen eine sehr große Kraftanstrengung dazu,

in die Disziplin zu gehen,

und wenn sehr große Verwerfungen in den gradlinigen Feldern der Emotionen, für die die Disziplin zuständig ist, vorhanden sind,

bedarf es manchmal großer energetischer Anstrengungen,

um diese Verwerfungen zu glätten

und wieder einen geraden Schwingungsweg in diese Frequenzen zu bringen.

Das ist manchmal leider nicht ohne Schmerzen möglich,

aber ich kann euch tröstenderweise sagen,

je später ihr euch dazu durchringt, in die Disziplin zu gehen,

desto schmerzhafter wird dieser Prozess.

Seid also nicht feige, sondern nutzt dieses Angebot von mir,

dieses Versprechen, an eurer Seite zu sein,

und wendet euch frühzeitig an mich mit der Bitte um Hilfe,

und ich werde sie euch gewähren,

das ist ein Versprechen.

Ihr werdet dann, nachdem ihr durch das Tal der Schmerzen gegangen seid, sehr schnell feststellen, dass Disziplin nicht nur etwas Anstrengendes ist,

sondern auch wunderbare Eigenschaften hat,

denn je disziplinierter ihr zielstrebig euren Hafen ansteuert,

desto schneller werdet ihr die Kräfte der Erkenntnis in euren Zellen speichern können,

und es wird euch mit jeder Sekunde, mit jeder Stunde, jedem Tag, jeder Woche, jedem Monat leichter fallen, gradlinig, zielstrebig, diszipliniert eure Reiseroute zurückzulegen, euren Weg zu gehen zu dem von euch festgelegten Ziel.

So habt also keine Angst vor diesen drohenden Worten Disziplin und Zielstrebigkeit.

Sie sind nichts Schlechtes, und sie haben nichts damit zu tun, unflexibel zu wirken.

Wer diese Worte von mir so auslegt, dass es kein Wenn und Aber gibt,

hat mich gründlich missverstanden.

Es gibt immer mehrere Möglichkeiten, sein Ziel zu erreichen.

Ich möchte nur, dass ihr euch bewusst entscheidet,

dass ihr genau überlegt, was ihr tut,

und dann das, was ihr entschieden habt, konsequent umsetzt.

Das ist das Geheimnis, der Schlüssel von Disziplin und Zielstrebigkeit,

den Geist zu gebrauchen, die Emotion zu benutzen, zu einer Entscheidung zu kommen,

und dann diesen Weg konsequent zu beschreiten.

So will ich es für heute dabei bewenden lassen.

Gott zum Gruße.

El Morya

Verführung

(Erzengel Raphael)

Gott zum Gruße, ihr Lieben,
Gott zum Gruße.

Ich freue mich ganz besonders, heute sprechen zu dürfen, und ich bin richtig fröhlich.
Am liebsten würde ich hüpfen vor Freude.

Und das Thema, über das ich mit euch sprechen möchte, klingt im ersten Moment nicht unbedingt fröhlich, aber ich habe Grund und Anlass dafür, Freude zu empfinden.
Es geht um das Thema Verführung.

Das Verführen kann manchmal durchaus ziemlich „gemeine" Auswirkungen haben.

Mit Verführen meine ich nicht das Verführen einer Frau für den Mann oder eines Mannes für die Frau, also ich spreche nicht über sexuelle Verführung.
Na gut ...
Man kann das natürlich auch übertragen.
Das, was ich gemeint habe, ist -
ich spreche über die Verführung im Allgemeinen.
Natürlich ist auch dieser Bereich dabei.
Worum es mir aber heute geht ist, dass manches einem so verlockend erscheint, vor allem, wenn es ein Thema streift, das wir uns so sehr wünschen, dass wir fast nicht mehr fähig sind, Nein zu sagen, nein zu dem uns Angebotenen.

Die Verführung dessen, was euch verführen will, zeigt sich in solch schönen Farben, in solch schönem Licht, in dem Gewand des Perfek-

ten, in dem Gewand des Angenehmen, des Reinen,
und es bedarf der Disziplin, um zu erkennen,
dass es nicht das ist, was auf eurem Weg liegt.

Ihr habt gerade gehört von der Zielstrebigkeit und der notwendigen Disziplin, um euren Weg zu gehen.
Die Verführung liegt abseits dieses Weges.
Sie lockt euch in den angenehmsten Tönen, in den schönsten Farben,
und der erste Moment, in dem ihr entscheiden würdet, wäre der abzuzweigen und euch direkt darauf zuzubewegen.
Doch halt.
Vergesst nicht, dass ihr immer, immer, immer zuerst in die Neutralität geht,
um wirklich zu erkennen, ob es das Passende ist für euch, ob es stimmig ist,
ob es sich wahrhaftig als das Richtige erweist
und ihr so fähig seid, „Nein" zu sagen zu diesem vermeintlich wunderbaren Angebot.

Das heißt nicht, dass ihr euch nicht ab und zu einen Abschwenker erlauben dürft, um Angenehmes zu erfahren auf eurem Weg.
Es heißt nicht, dass manches, was euch verführt, und ihr dieser Verführung erlegen seid, dass es euch nicht zusteht.
Ihr habt ein Recht auf Genuss.
Doch manche Verführung ist so groß in ihrer Auswirkung,
dass es, wenn ihr euch darauf einlasst, bedeutet,
dass ihr eine Abzweigung eingeschlagen und euren Weg verlassen habt.
Und manches Mal bedarf es sogar Jahre, zu erkennen, dass das geschehen ist.

Verführung kann sich in allem zeigen,

in einem Haus, in einem Mann, in der Vorstellung, wie Kinder zu sein haben oder nicht,
in der Vorstellung, wie die Arbeit ablaufen soll oder nicht, in deinen Gedanken.
Verführung muss nicht etwas Materielles sein, Verführung kann auch ein Gedanke sein,
ein Gedanke, der vielleicht nicht einmal aus deinem eigenen Sein geboren wurde,
ein Gedanke, der dir von anderer außenstehender Seite eingepflanzt wurde,
und du aus dem Aspekt der Verführung heraus nicht erkennst,
dass es nicht dein eigener Wunsch, dein eigener Wille, dein eigener Gedanke ist und war.

Gehe in die Neutralität und erkenne, was du wirklich wünschst,
erkenne, was du, was dein Höheres Selbst, was du selbst wählst, was für dich zum Besten ist,
erkenne deinen Weg und erkenne die Verführung.

Wenn ihr schon die sexuelle Verführung angesprochen haben wollt, dann möchte ich auch darauf kurz eingehen.

Es ist mittlerweile ja fast schon normal in eurer Gesellschaft,
dem Drang des Sexuellen nachzugeben, und sei es nur für einen Moment, eine Nacht.
Selbst wenn ihr zu Beginn der Begegnung schon wisst, dass es nur für dieses eine Mal ist,
selbst dann erliegt ihr der Verführung und lasst den Trieb euch lenken.
Geschehen kann das nur, weil ihr aus der Mitte geht.
Versteht mich nicht falsch.
Es ist keine Wertung. Es ist kein Urteil, kein Verurteilen.
Ich versuche nur klarzustellen, dass es nichts mehr mit Neutralität zu tun hat,

denn in sich zu ruhen, in seiner Mitte zu sein bedeutet wahrzunehmen, wo das Licht ist.

Und das Licht kann nicht in dem Moment der Vereinigung sich entfalten,

wenn gleichzeitig diese zwei Personen keine andere Verbindung haben außer den sexuellen Trieb.

Die Frequenzen, die sich bei dem sexuellen Vollzug, wenn er in reinster Form vollzogen wird, nicht nur erhöhen, sondern sozusagen verschmelzen und sich potenzieren, das kann bei so einer Konstellation nicht funktionieren.

Also hat Verführung auch etwas damit zu tun, den körperlichen Bedürfnissen nachzugeben und auf einen solchen Anreiz, eine solche Art der Verführung einzugehen und sich einen „Seitenschwenk" zu erlauben.

Ich sage es noch einmal: Auch das steht euch zu, denn ihr habt das Recht zu wählen.

Ich möchte euch nur darauf aufmerksam machen, dass ihr begreifen könnt, was dann mit euch geschieht.

Und obwohl dies oder jenes mit euch geschieht, habt ihr das Recht, es zu tun.

Verführung insgesamt, im Allgemeinen betrachtet,

kann, wie schon gesagt, recht „gemeine" Auswirkungen haben,

denn es kann sich so kleiden, dass ihr wahrlich nicht mehr in der Lage seid, es zu erkennen,

dass es überhaupt eine Verführung ist.

Mancher liegt im Sterbebett und hat nicht einmal in diesem Moment erkannt,

dass sein ganzes Leben aus Verführung bestand,

und empfindet noch in diesem Moment sein Leben als Genuss, als bereichernd,

und sieht nicht, dass er vollkommen abgekommen ist von seinem ursprünglichen von ihm selbst gewählten Weg.

Wenn die Seele Resümee passieren lässt nach dem Tod, wird sie begreifen, was geschehen ist, und ein erneuter Versuch wird starten.

Aber ihr, die ihr euch auf dem Weg bereits befindet,
ihr, die ihr bereits willig seid, die Dinge in euer Bewusstsein gelangen
zu lassen,
ihr solltet schauen, denn ihr habt die Möglichkeit,
all die Verführungen als die Verführungen zu erkennen
und dann, in diesem Moment zu wählen, ob ihr drauf eingehen wollt
oder nicht.

Lasst euch also nicht einfach treiben von euren Gefühlen, von den
Emotionen.

Lasst euch nicht treiben wie ein Schiff auf den Wellen, mit dem Wind,
ohne es bewusst zu steuern, denn ihr habt immer die Wahl, ihr habt
immer die Macht eurer Gedanken als Steuer,
und wenn ihr das Ziel vor Augen habt,
dann könnt ihr in jedem Moment, zu jeder Sekunde auch wählen, darauf zuzugehen.

In diesem Sinne möchte ich heute beenden,
und es ist mir sehr wichtig, euch noch einmal zu sagen,
dass meine Worte nichts mit einer Rüge gemein haben,
es ist eher so etwas wie ein Rat.

Gott zum Gruße, ihr Lieben,
Gott zum Gruße.

Disziplin und Zielstrebigkeit (II)

(El Morya)

Ich bin El Morya,

und ich spreche heute zu dir, um dir zu zeigen, dass Disziplin und Zielstrebigkeit durchaus ausgeprägt vorhanden sein können,

sie aber immer wieder blockiert werden können durch Dinge wie „Hintertürchen offenhalten".

Wenn du begreifst, dass du, auch wenn du in Liebe lebst,

auch wenn du in der Neutralität stehst,

auch wenn du fortschreitest auf dem dir vorgegebenen Weg,

auch wenn du also alles tust, um den Weg, den du vor deiner Inkarnation gewählt hast zu verfolgen, auch verfolgst,

du trotzdem dich selbst ausheblen und dich „blockieren" kannst, indem du Schutzmechanismen außer Acht lässt.

Dein Schutz muss aus Licht bestehen,

aus reinem göttlichem Licht,

wenn du also erkannt hast, wer du bist,

dass du reinstes Licht bist,

aus Gott geboren,

dass du Kind Gottes bist

und zugleich dich und Gott nichts trennt,

so hast du begriffen, dass du ein Recht hast auf DICH,

du hast ein Recht zu wählen,

ein Recht du zu sein,

ein Recht zu handeln, wie es dir in den Kopf kommt,

ein Recht zu entscheiden,

ein Recht zu sein.

Du kannst, wenn du den Weg deines eigenen Selbst bereits eingeschlagen hast, von nichts und niemandem mehr aufgehalten werden,

wenn du gewählt hast, der Disziplin in deinem Leben die Führung zu überlassen und du so mit Zielstrebigkeit deinen Weg verfolgen kannst,

ohne in Dogmatismus zu verfallen,

dann erstrahlst du im Licht,

und dann gilt es zu begreifen, dass du das Recht dazu besitzt,

dass es dir zusteht,

dass du in vollstem Licht auf dieser Erde wandelst und so das göttliche Licht verbreiten kannst.

Lass ab von Gedanken, es könnte den oder jenen verletzen,

es könnte dem oder jenem schaden,

es könnte dem oder jenem wehtun,

lass ab von dem Gedanken, jemand könnte damit nicht klarkommen, was du tust.

Es ist dein Recht, den Weg des Lichts zu gehen.

„Feinde" gibt es überall,

und das, was ihr Feinde nennt, ist ganz einfach nur jemand, der es dir verleiden will,

jemand, der nicht damit klarkommt, dass deine Frequenz sich hebt und hebt und hebt,

immer mehr,

immer klarer,

immer reiner,

und dass es immer mehr unmöglich erscheint

und auch immer mehr unmöglich ist, dich umzustoßen, Einfluss auf dich zu nehmen,

selbst nicht über andere Personen, also ums Eck herum,

über Personen, die dir nach Sicht dieses „Feindes" heraus so nahestehen, dass du auf sie hören würdest,

auch das ist nicht mehr möglich,

denn du bist im Licht und stehst im Licht.

Traue dir also zu, das Richtige gewählt zu haben, selbst wenn tausend andere es anders machen würden,

traue dir zu, DU zu sein, selbst wenn es bedeutet, dass die Familie sich spaltet, traue dir zu, du zu sein, selbst wenn um dich das Chaos ausbricht und keiner dir mehr als „normal" erscheint in seinem Verhalten.

Sie sind es, die nicht klarkommen mit der Anhebung deiner Frequenz,
sie sind es, die nicht bereit sind, an sich zu arbeiten,
die nicht bereit sind, Gott zu schauen,
und oft kleiden sie sich in schönen Worten wie „Reikimeister" oder „Schamane" oder Ähnliches.
Lass dich nie täuschen von Worten oder von vermeintlichen Titeln, Ausbildungen oder Wissenserrungenschaften,
lass dich nie täuschen von Geprahle und Erzählungen über spirituelle Erlebnisse,
lass dich nie täuschen von großem Gerede, und auch nicht vom „Schlechtmachen" anderer,
denn auch das ist ein beliebter Trick, eine beliebte Vorgehensweise,
nämlich so lange schlecht über andere „Heiler", andere „Spirituelle" zu reden, bis man selbst als der dasteht, der Durchblick hat,
bis man eben selbst als kompetent erscheint,
und immer müssen solche Leute nachschüren mit Worten,
um andere ständig auf dem Wissenstand zu halten, auf dem sie vermeintlich sind in ihrer Meinung (zum Beispiel über dich).
Sie haben Menschen um sich, die ihnen hörig sind,
Menschen, die sie umringen wie eine Fangemeinde,
Menschen, die an ihren Lippen hängen und ihnen jedes Wort von den Lippen ablesen, nur um von ihrer vermeintlichen Weisheit zu profitieren,
sie verstecken sich hinter falschem Lachen,
hinter einer Fröhlichkeit, die keine ist und nur sehr schwer durchschaut wird als das, was sie wirklich ist,
nämlich als nichts, als bloßes Aufgeblase, als bloßes Ich-bin-Wichtig.

Lass dich also nicht täuschen von den Rednern auf dieser Welt,

denn es ist nur äußerlich, dass sie so beliebt erscheinen,
dass sie so viele Freunde haben,
dass sie so viele Anhänger haben,
lass dich nicht täuschen, denn nach und nach werden die sie umgebenden Menschen sie durchschauen,
denn irgendwann machen diese Personen „Fehler" in ihrem Handeln, und die anderen werden stutzig.

Vielleicht mag es so sein, dass dies nicht in dieser Inkarnation geschehen wird,
vielleicht,
aber das mag dir egal sein.

Ich weiß, es ist nicht leicht, die Zielscheibe des Spottes, des Hasses zu sein,
es ist nicht leicht, als die- oder derjenige dazustehen,
die/der den „Unsinn" baut und vermeintlich der Realität mit Spinnerei entflieht,
die/der, laut Aussage dieser Personen, Macht ausübt, obwohl sie es selbst sind, die das tun.

Meine geliebten Menschen,
hört auf meine Worte, denn die, die ihr das lest, ihr werdet verstehen,
indem ihr euch hier oder eben da angesprochen fühlt,
ihr werdet verstehen.

Disziplin und Zielstrebigkeit sind wichtig, ist unerlässlich,
und mit ihnen werdet ihr euren Weg finden, ohne Angst vor den anderen zu haben,
denjenigen, die noch nicht bereit sind zu gehen, loszumarschieren.

Gott zum Gruße.
El Morya.

Die Erste und die Zweite Dimension

(Metatron)

Heute also wollen wir sprechen über die Dimensionen des Lebens.
Das klingt hochtrabend, ja,
aber es ist an sich sehr einfach.
Die erste Dimension des Lebens ist das Leben an sich, so wie ihr es kennt dort auf Erden,
die erste Dimension ist also die, die ihr als Leben bezeichnet,
das, was die meisten Menschen als das vermeintlich Ganze betrachten,
also die Spanne zwischen geboren werden und dem Vergehen des Körpers, dem Tod des Körpers, dem Tod eurer Hülle.
Diese Dimension ist gedacht für euch als Fahrzeug von einer in die nächste Dimension,
als Wegweiser für euch, um euch begreifen zu lassen, wohin es geht,
um euch wissen zu lassen, wohin euch euer Weg führt,
um euch verstehen zu lassen, was euer Lebenszweck ist.
Doch viele von euch nutzen nicht die Chance, die sich ihnen bietet,
nutzen nicht die Chance, die sie sich selbst auferlegt haben,
als sie festlegten, was sie alles zu lernen wünschen.

Es ist auch nicht so, dass euch ein Leben genügen würde, um euch ans Ziel zu bringen,
das da heißt: Zweite Dimension,
nein, ihr braucht viele, viele Leben, um dahin zu gelangen,
denn die Zweite Dimension ist jene, auf der ihr weilt,
wenn ihr den Zyklus des Inkarnierens abgeschlossen habt.
Doch das ist allein schon ein langer Weg,
und ihr habt ihn für euch gewählt.
Das ist eine große wunderbare Sache, eine großartige Sache,
denn das Inkarniertsein bedarf einer Größe, die euch meist nicht bewusst ist,

die Größe nämlich zu erkennen, was ihr dort tatsächlich tut,
zu erkennen, wohin es euch führt,
zu begreifen, dass ihr nur zum Ziel gelangt,
wenn ihr konsequent euren Weg verfolgt und ihn auch lebt,
und das ist das Schlüsselwort:
Wenn ihr ihn auch lebt!

Wie sonst soll sich eure Frequenz nach und nach verändern können,
wenn ihr nicht lebt das Licht,
wenn ihr euch gegen die Liebe entscheidet,
wenn ihr wählt, weiterhin in Emotionen gefangen zu bleiben,
nur um den anderen zu genügen?
Wenn ihr euren Weg erkannt habt,
wenn ihr also begriffen habt, wo ihr hinzugehen wünscht,
was es ist, das euch so magnetisch anzieht,
einfach deswegen, weil es euer Zuhause ist,
weil es euch nach Hause zieht,
wenn ihr das verstanden habt,
dann ist der Moment gekommen, wo ihr dranbleiben müsst,
wo ihr euch selbst an die Kandarre nehmen müsst,
wo ihr wählen müsst, zu jedem Moment neu, dass ihr diesen Weg weiterverfolgen wollt,
denn nichts ist leichter, als zurückzufallen in altes Verhalten, in alte Verhaltensmuster,
zurückzufallen in Empfindungen wie Urteil, Neid, Missgunst, Bewerten und Werten,
nichts ist leichter als sich abzuwenden von dem Weg des Lichts,
denn es erscheint so einfach aus der Sicht des Menschen,
es erscheint so vermeintlich einfach, in alten Gewohnheiten zu verbleiben.
Doch täuscht euch nicht,
denn alles, alles wird sich wiederholen, auf die eine oder andere Weise,

alles, alles wird wieder zu euch zurückkommen, so wie ihr es aussendet,

alles, alles wird euch einholen, so wie ihr es gewählt habt,

und wenn ihr wählt, den Weg des Lichts zu gehen,

dann wird auch das Licht es sein, das wieder auf euch zurückfällt,

und wird sich so mehren, wird euch erfüllen,

wird euch auffüllen, euch begleiten, euch nähren.

Wählt ihr aber, als Mensch zu leben in dieser dem Menschen so typischen Weise,

in der dem Menschen so typischen Frequenz,

dann werdet ihr gefangen sein,

werdet ihr gefangen bleiben in dem Erfüllen der Erwartungen anderer,

werdet ihr gefangen bleiben in den Emotionen, die euch so beherrschen,

werdet ihr gefangen bleiben in dem Handeln, das aus diesen Emotionen erfolgt,

werdet ihr denken und denken und denken, so wie es euer Gehirn vorgibt,

denn euer Gehirn, das ihr als Werkzeug zur Verfügung gestellt bekamt, wird euch beherrschen,

wird euch aufzwingen seine Weisheiten,

wird euch in Starre halten in den Überzeugungen der Wissenschaft,

in den Meinungen der Umwelt,

in den Vorgaben der Moral und der Ethik,

wird euch erklären, euch argumentieren, was ihr zu tun habt,

aus religiöser Sicht, aus gesellschaftlicher Sicht, aus wirtschaftlicher Sicht,

ihr werdet das Werkzeug eures Gehirns sein,

und das Gehirn euer Meister.

Doch seht ihr, was daran verkehrt läuft?

Erkennt ihr es?

Nicht ihr seid das Werkzeug, denn das Gehirn ist euer Werkzeug,

nicht ihr seid der Untergebene, sondern das Gehirn sei euch untertan.
Ihr sollt es beherrschen,
ihr sollt es benutzen können, so wie ihr es gerade benötigt,
ihr sollt es denken lehren,
ihr sollt es handeln lehren,
so dass die Gedanken euch von Nutzen sind.
Denn die Gedanken sind es, die die Welt erschaffen,
die Gedanken sind es, die die Welt steuern,
die Gedanken sind es, die die Kriege schaffen,
die Neid, Habgier, Geiz, Wut, Aggression hervorrufen.

Alles, alles, was ihr aussendet an Gedanken, ist Leben, ist lebendig,
ist eine Wesenheit, die lebt,
und diese Wesenheiten wollen leben,
sie wollen gefüttert werden, sie wollen genährt sein,
und sie schreien nach Futter.
Und was macht ihr?
Ihr füttert sie mit immer mehr und mehr Nahrung,
und so wachsen sie und wachsen sie,
und wenn ihr nicht aufpasst, entwickeln sie sich zu richtigen Dämonen,
zu Wesen, die euch und auch den anderen schaden,
denn, wie gesagt, es fällt alles auf euch zurück.
Was du sendest (säst), wirst du ernten,
was du verbreitest, wird zu dir zurückkehren.

So ist es doch logisch, so ist es fast schon selbstverständlich, seine Gedanken zu schulen,
so ist es unumgänglich, seine Gedanken zu lehren, was sie zu denken haben.

Vergesst den weisen Rat mancher Menschen, der da heißt: Denke positiv!

560

Es mag durchaus ein gut gemeinter Rat sein,
doch wenn du dich zwingen musst, ist es nicht das, was wir meinen,
ist es nicht das, was gemeint ist mit „schule deine Gedanken",
denn auch positiv ist ein Ausschlag bei einem Pendel,
auch positiv ist ein Pol.

Darum ist es weise zu meditieren,
weise, sich Klarheit zu verschaffen in der Meditation,
um zu erkennen, was gemeint ist,
um zu erkennen, wie du es schaffen kannst, in deiner Mitte zu sein,
in deinem Herzen zu leben, in der Neutralität zu stehen.
Hier also, in dieser Ersten Dimension, muss es dir gelingen, die Freiheit zu erlangen,
frei zu sein von Emotionen,
frei zu sein für den Schritt in die nächste Dimension,
frei zu sein für die Erleuchtung,
denn Erleuchtung ist nichts anderes, als das Licht in dir zu leben,
als das Licht, das du bist, durch die Welt zu gehen, zu jeder Sekunde.
Aber es wird nicht leicht sein.
Niemand wird dir versprechen, dass es leicht sein wird,
und wenn es doch jemand tut, dann höre nicht darauf.
Es wird nicht leicht sein, glaube mir,
und doch ist es der richtige Weg.

Wenn du also gehst diesen Weg des Lichts, wird sich deine Frequenz
nach und nach haben,
und du wirst auf der Erde mit einer Frequenz wandeln, die sich aus
der Masse hervorhebt,
und dann beginnen für dich die „Schwierigkeiten",
dann beginnt es erst, spannend zu sein.
Kannst du es durchstehen?
Kannst du wirklich konsequent sein auf diesem deinen Weg?
Kannst du die Disziplin aufbringen, diesen Weg zu gehen,

obwohl vielleicht manch anderer dich als hartherzig, egoistisch oder kalt bezeichnet?
Kannst du das?

Du kannst es, glaube mir, du kannst es.
Doch ohne Disziplin, ohne deine Überzeugung, ohne die von dir gelebte Konsequenz,
die durchaus auch bedeutet, dass Menschen dich verlassen werden,
die dir lange Zeit nahe standen, oder auch dass du sie verlassen musst,
also ohne deine gelebte Konsequenz geht es nicht.
Du musst zu dir stehen, zu deiner Wahl, zu deinen Wünschen,
du musst deinem Empfinden glauben, du musst dich für dich entscheiden,
anders geht es nicht.
Denn du bist das Maß aller Dinge,
du bist das Wissen, das dir mitteilt, was du zu tun hast,
du bist die Weisheit, die durch Empfinden, durch Gefühl, durch Wahrnehmung erkennen kann, was für dich richtig ist,
was dich auf dem rechten Weg hält,
was du zu tun hast, um das Licht, die Liebe Gottes zu leben.

Meine geliebten Menschen, ihr könnt es.
Ihr alle seid fähig, es zu tun.
Ihr alle.
Und ihr wählt den Zeitpunkt,
ihr wählt euer Handeln,
ihr wählt eure Geschwindigkeit.
So wie ihr es wünscht, wird es geschehen,
denn eure Gedanken sind Macht,
eure Gedanken sind euer Pferd, euer Fahrzeug, euer Geleit,
eure Gedanken sind der Schlüssel zum Licht,
denn damit könnt ihr alles steuern.
Ihr könnt Farben visualisieren,

ihr könnt Hass verbreiten,
ihr könnt vergeben,
ihr könnt Liebe leben,
ihr könnt jemanden beherrschen,
ihr könnt großzügig sein.
Alles steht in eurer Macht.

Und wenn ihr einmal gewählt habt, den Weg des Lichts zu gehen,
werden sich eure Gedanken von selbst verändern.
Wenn ihr gewählt habt, ins Licht zu gehen, wird sich alles ändern.
Und das zumindest wird leicht sein.
Das zumindest wird leicht sein, dass ihr euch sicher seid, das Richtige
zu tun.

Je mehr ihr gegangen seid auf eurem euch selbst gewählten Weg,
umso mehr wird es euch leicht fallen, konsequent zu sein.
Der Anfang ist schwer, ja,
aber schnell ist der Anfang kein Anfang mehr,
ihr seid ein Stückchen weiter auf eurem Weg,
und es wird euch leichter fallen.

Das Licht erwartet euch.
Es sehnt sich nach euch, so wie ihr euch nach dem Licht sehnt.
Das Licht erwartet euch, glaubt mir,
jeden von euch,
und keiner ist mehr als der andere,
keiner ist besser, schöner, weiser, weiter, höher, lichtvoller als der andere,
denn im Kern seid ihr alle eins, im Kern seid ihr alle Licht,
nur erkennen müsst ihr es,
nur zulassen müsst ihr es,
nur bereit sein müsst ihr,
um verstehen zu können.

Das Licht der Zweiten Dimension erwartet euch,
und wenn ihr es denn geschafft habt,
wenn ihr es denn geschafft habt, den Schritt in diese Zweite Dimension zu tun,
so dass es nicht mehr vonnöten ist, noch einmal zu inkarnieren,
dann habt ihr Großes geschafft,
denn ihr habt geschafft,
den Schleier zu durchbrechen, der aus Unwissenheit gewebt ist und euch so verblendet,
und euch so selbst den Weg gebahnt,
denn immer müsst ihr es selbst tun,
immer.
Niemand sonst kann es für euch tun,
niemand sonst.

Wenn ihr also angekommen seid in der Zweiten Dimension,
dann steht ihr im vollen Licht Gottes und seid aufgestiegen,
seid Meister eurer selbst,
seid Meister auf eurem Weg.

Es ist genug heute, euch den Weg bis hierhin zu erklären,
die Zweite Dimension werden wir ein anderes Mal besprechen.

Ich grüße euch,
ich grüße euch,
und bleibt tapfer auf eurem Weg,
bleibt tapfer in eurem Verstehen,
so dass ihr gehen könnt im Erkennen, worum es geht, worum sich alles dreht,
erkennen, wohin es euch zieht,
erkennen, was notwendig ist, um dorthin zu gelangen.

Konsequenz heißt das Zauberwort, Konsequenz.

Mancher nennt es auch Sturheit, doch das ist leicht missverständlich.
Doch gemeint ist dasselbe: Sturheit.

Wenn ihr euch also löst von der Belegung der Wörter, wie ihr sie im
Allgemeinen gebraucht,
Worte wie Sturheit, Konsequenz, Disziplin,
dann könnt ihr erkennen den wahren Wert in diesen Aussagen
und die Worte für euch nutzen,
und so wird Egoismus kein Egoismus mehr sein wie in eurem normalen Sprachgebrauch,
sondern er wird euch weisen den Weg zum Licht.
Wenn ihr fähig seid, Egoismus als das zu benennen, was es im Ursprung ist,
nämlich „zu sich selbst zu stehen",
sich selbst den Wert zu geben, für sich zu handeln,
sich selbst den Wert zu geben, für sich selbst zu entscheiden, was
einem guttut,
so werdet ihr es schaffen,
werdet ihr es weise tun,
werdet ihr handeln in Weisheit.

In diesem Sinne verabschiede ich mich heute
und grüße euch.

In Liebe.

Euer Metatron.

Was passiert, wenn meine Frequenz sich ändert?

(Djwal Khul)

Ich darf heute mit euch über dieses Thema reden, weil es in meine ureigenste Zuständigkeit fällt.

Wir wollen uns also heute für dieses Buch damit beschäftigen, was passiert, wenn ein Mensch seinen Weg des Lernens, der Ausbildung geht.

Ich will versuchen, noch einmal ganz von vorne anzufangen, mit dem Aufbau dieser Systematik, auch wenn der eine oder andere Leser vielleicht am Anfang denken wird, na ja, das weiß ich doch.

Seid euch einfach darüber im Klaren, dass dieses Universum niemals wertet.

Es gibt keine Wertung.

Und deswegen muss klar sein, dass sämtliche Entwicklungen immer ganz logische Folgeerscheinungen von vorangegangenen Schritten sind.

Wir sind uns alle einig – ich hoffe, dass auch die Leser des Buches inzwischen an diesem Punkt der Erkenntnis angelangt sind –, dass Alles-was-ist, jegliche Materie, nichts anderes ist als Energie.

Jede Energie ist in sich auch Masse. Daraus folgert: Jegliche Materie, alles was ihr sehen, spüren, anfassen könnt, ist nichts anderes als Energie.

Ihr wisst aus der normalen physikalischen Lehre, dass sich die unterschiedliche Dichtigkeit einer Materie aus ihrer unterschiedlichen Schwingung ergibt. Oder, anders gesagt, unterschiedliche Schwingung ist unterschiedliche Dichtigkeit.

So hat Luft als Gasgemisch eine andere Frequenz wie Helium, Sauerstoff oder Kohlensäure. So hat Metall eine andere Frequenz wie

Holz, Kupfer eine andere Frequenz wie Eisen, Birkenholz eine andere Frequenz wie Eiche oder Pappel.

Und wenn das auf jegliche Form von Materie zutrifft, so selbstverständlich auch auf jeden Menschen.

Hier geht es aber nicht darum, dass Menschen in ihrer Rasse, ihrer Volkszugehörigkeit, ihrer Altersstruktur oder ihres Geschlechtes wegen unterschiedliche Schwingungen haben. Das ist selbstverständlich der Fall.

Jede Gruppe, jede Volksgruppe lässt sich genauso anhand eines gewissen Schwingungsspektrums ausmachen, wie es jedem geübten sensitiven Menschen gelingt, männliche und weibliche Energien zu unterscheiden, selbst wenn viel weibliche Energie in einem männlichen Körper versteckt ist.

Nein, wir gehen einen Schritt weiter.

Jeder Mensch, jedes Individuum hat seine eigene Schwingung, hat seine eigene Frequenz.

Im deutschen Sprachgebrauch gibt es nicht umsonst den Satz: Der liegt auf meiner Wellenlänge.

Also, wenn zwei Menschen aufeinandertreffen, die annähernd die gleiche Frequenz haben, entsteht hieraus eine Anziehung, das, was ihr Sympathie nennt. Es sind zwei Menschen, zwei Seelen in feststofflichen Körpern, die aufgrund gleicher Schwingung, gleicher Frequenz in Harmonie nebeneinander existieren können.

Dieses ist zum Beispiel in Vereinen relativ offensichtlich. Wenn Fußball-, Tennisspieler, Radfahrer oder sonstige Sportler nicht die gleiche Grundschwingung hätten, könnten sie niemals in einem Verein den gleichen Sport als Mannschaftssportart ausführen.

Jemand, der aufgrund seiner Veranlagung Schwierigkeiten hat, sich in große Menschenmassen einzufügen, wird niemals an einer Mannschaftssportart gefallen haben, egal, ob Eishockey, Hockey, Fußball, Handball, oder was auch immer euch einfällt.

Je spezieller ein Mensch in seiner Schwingung ist, desto größer ist sein Drang nach Individualität auch in seinem persönlichen Umfeld, nach genügend Freiraum, weil er in seiner Entwicklung einfach mit anderen Menschen nur schlecht in Harmonie kommt.

Ich rede hier ganz bewusst noch nicht von hoch- oder niedrigschwingend. Macht euch das bitte klar. Auch Menschen, die eine extrem niedrige Schwingung haben, halten sich von der Masse der anderen Menschen fern oder suchen sich Ihresgleichen in ihrer Freizeit. Selbst bei den sogenannten Gangsterbanden, egal, ob sie Jakusa, Mafia, Cosanostra oder wie auch immer heißen, gibt es eine gewisse Grundfrequenz, eine gewisse Grundschwingung, die übereinstimmen muss. Das gilt auch für jegliche Berufsgruppen, Beschäftigungsmöglichkeiten oder für sämtliche Tätigkeiten, denen Menschen nachgehen können.

Schaut euch einfach einmal bestimmte Gruppen an, und ihr werdet verstehen, was ich meine.
Die Freudenmädchen haben eine eigene Frequenz, die in einem gewissen Harmoniefeld schwingt mit den Männern, die zu dieser Berufsgruppe gehören. Das Umfeld, in dem sie arbeiten, hat eine ähnliche Frequenz, die allerdings doch unterschiedlich ist. Ich denke jetzt zum Beispiel an die Personen, die in den Hotels, Bars, Gaststätten, Restaurants arbeiten, die zu diesem Umfeld gehören.

Versteht ihr so langsam, worauf ich hinaus will?
Es gibt immer eine gewisse Annäherung, eine gewisse Ähnlichkeit, die einen harmonischen Umgang miteinander bedingt.

Wenn ihr diesen Zusammenhang verstanden habt, werdet ihr in der Lage sein, dieses auch auf eine kleinere Gruppe zu reduzieren.
Jetzt sind auf einmal nicht mehr hundert Mitglieder in einem Verein, zwanzig Mitglieder in einem Club oder zehn Kollegen in einer Arbeitsstelle die Gruppe, sondern drei, vier, fünf Personen innerhalb einer

Familie. Eltern und drei Geschwister. Großmutter, Eltern und einige Enkelkinder, wie immer ihr es wollt.

Innerhalb dieser kleinen Gruppe gibt es eine gewisse Grundtendenz, die sich ergibt aus der Herkunft dieser Gruppe, aus familiären Banden, aus einer gemeinsamen Geschichte, aus dem Aufwachsen innerhalb einer bestimmten Volksgruppe, einer bestimmten Region, einer bestimmten Stadt.

Es gibt in den unterschiedlichen Volksgruppen einfach unterschiedliche Gepflogenheiten. Das äußert sich in ganz banalen normalen Dingen.

Wenn ihr euch anschaut, so ist in Norddeutschland zum Beispiel das Schützenfest das Volksfest überhaupt, dort sind Schützengilden eine große Gruppe. Im Süden, in den Bundesländern Bayern und Baden-Württemberg zum Beispiel gibt es auch Schützenvereine, aber nicht in dieser großen Zahl, und die Volksfeste dort haben einen gänzlich anderen Charakter, egal, ob es das berühmte Münchener Oktoberfest ist oder der ebenfalls doch sehr populäre Canstatter Wasen, das Volksfest in Stuttgart. Hier gibt es nicht so starke Schützenbruderschaften wie in Norddeutschland, also haben die Volksfeste einen anderen Charakter. Die Familien haben eine andere Grundströmung.

Ist euch klar, worauf ich hinaus will?

Ihr seid eingebettet in das Umfeld, in das ihr euch entschlossen habt zu inkarnieren.

Das ist der Grund, warum ihr euch gerade für diese Familie, für diesen Ort, für diesen Landstrich entschieden habt. Es lebt sich anders an der Meeresküste als im Gebirge. Es lebt sich anders in weiten Ebenen als in Gebirgstälern.

All diese Einflüsse wirken auf die persönliche Schwingung eines jeden einzelnen Menschen, und die einzelnen Schwingungen eines Menschen müssen in einer gewissen Harmonie mit seiner Gruppe, mit seiner Familie, mit seinem Clan, mit seiner Dorfgemeinschaft oder auch seiner Stadtgemeinschaft sein.

Wer immer aus den Gepflogenheiten dieser Gruppe ausbricht, weil er sich verändert,

und ich sage es noch einmal: egal, in welche Richtung, -

denkt jetzt nicht nur immer an die spirituellen Höhenflüge, sondern auch an die Entwicklung in der anderen Richtung, -

wer immer sich also aus dieser Gruppierung herauslöst, weil er seine Frequenz verändert,

wird in eine andere Gemeinschaft, in eine andere Gruppe rutschen, oder gänzlich in die Isolation gehen.

Gut.

Wenn ihr also bis hierhin die Systematik verfolgen konntet, wird es jetzt Zeit, sich die Veränderungen der Frequenzen und deren Folgen aus einer anderen Perspektive anzuschauen.

Es ist ein Phänomen, das viele Menschen an sich oder auch in ihrem Umfeld beobachten,

wenn sie anfangen, an ihrer spirituellen Weiterbildung bewusst zu arbeiten.

Auch bei den Menschen, die nicht bewusst arbeiten, passieren diese Veränderungen,

aber sie werden meistens nicht als solche erkannt.

Also, die Menschen, die zu irgendeinem Zeitpunkt entschieden haben, sich bewusst ihrer spirituellen Bildung zu widmen, fangen meistens an, sich in einer immer schneller drehenden Bewegung in ihrer Frequenz zu verändern.

Je mehr sie verstehen, je mehr sie erkennen, je mehr sie begreifen, was sich hinter den Floskeln „Licht" und „Liebe" verbirgt,

nämlich „das Licht Gottes" und die „bedingungslose Liebe Gottes",

je mehr sie das also erkennen und versuchen, dieses Begreifen in ihr Leben zu integrieren,

desto mehr verändern sich ihre Frequenzen,

ihre Frequenzen erhöhen sich,
ihre Schwingung wird also kurzwelliger, schneller.

Je kurzwelliger die Frequenz wird, desto mehr lösen sich diese Men-
schen von der Materie.
Von der Materie heißt:
Von den relativ langsam schwingenden, langwelligen Dingen in ihrem
Umfeld.

Wenn ihr euch jetzt die Grafik anschaut, die ich zur Verdeutlichung
dieser Thematik hier für euch habe abbilden lassen,
die beiden Kreise, die sich überlappen,
dann dämmert es euch so langsam, was passiert.

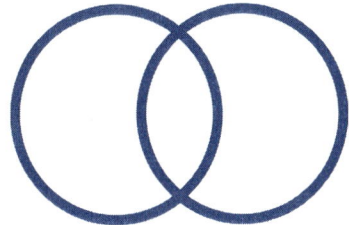

Ich will hier jetzt einfach nur auf zwei, drei oder vier, ach nehmen wir
vier, das ist eine gute Zahl, vier Kreise eingehen, die sich an bestimmten Stellen überlappen.

Wenn ihr euch jetzt diese sich überlappenden Kreise betrachtet, dann
entscheidet euch einfach mal für einen dieser Kreise. Habt ihr ihn gefunden? Gut.
Dann überlegt euch einfach, was jetzt passiert, wenn dieser Kreis sich
in seiner Masse verändert.
Stellt euch vor, diese vier Scheiben wären alle aus einem mehr oder
weniger leichten Holz, und einer dieser Kreise würde seine Frequenz
so absenken, dass er so langwellig wird wie Metall. Es leuchtet euch

sofort ein, dass hier auf einmal Risse in der Einheit entstehen, dass der Kreis aus Metall, eingebunden in die anderen Kreise, nicht in Harmonie existieren kann. Hier gibt es nur schwer Austausch. Schaut euch das in der Physik an. Wir können von Metall auf Holz nur ganz schwer Wärme übertragen.

Und so ist es auch im normalen Leben.

Menschen, die, um in unserem Gleichnis zu bleiben, auf der Frequenz von Holz schwingen,

tun sich sehr schwer, ihre Wärme, ihr Licht, ihre Liebe

auf eine Menschen weiterzugeben, der in der Frequenz von Metall schwingt.

Wenn sich jetzt die Frequenz in einer anderen Richtung entwickelt, wenn sich in diesem Verbund von vier Holzscheiben eine Scheibe plötzlich entscheiden sollte, ihre Frequenz so anzuheben, dass sie so kurzwellig schwingt wie zum Beispiel Luft oder elektrische Schwingung,

dann wird euch auch klar, dass diese Energien nicht mehr in Harmonie zu bringen sind.

Holz isoliert Elektrizität. Es gibt da nur ganz wenige Möglichkeiten, zu einem Energieaustausch zu kommen. Man muss dann zum Beispiel Katalysatoren verwenden: Ich kann Holz zum Beispiel verbrennen und diese Wärme dann der Luft zuführen usw.

Also.

Wenn ein Mensch, der eingebettet ist in so eine Gruppe, seine Frequenz dermaßen verändert,

dass er „leichter" wird, also kurzwelliger schwingt,

dann gibt es auch hier Spannungen,

denn, stellt euch vor, es wäre ein Luftballon, der immer größer werden würde,

er dehnt sich aus und treibt irgendwann von dem Holz davon,

das Holz kann ihn irgendwann nicht mehr halten,

und dann reißt diese Verbindung ab.

So ist das auch mit den Menschen.

Wer anfängt, sich für diesen Weg zu entscheiden und bewusst kontinuierlich und dauerhaft an diesem Weg arbeitet, wird sich aus dem Umfeld lösen.

Es werden dann aufgrund des Gesetzes der Anziehung, neue Partnerschaften entstehen, neue Freundschaften sich aufbauen, neue Menschen dazukommen,

die in ihrer Frequenz wieder entsprechend der Veränderung sind,

denn Gleiches zieht Gleiches an,

das ist auch eine Grundregel der Universellen Gesetze,

aber das Alte bleibt zurück.

Um es praktisch auszudrücken:

Freundschaften, die zwanzig, dreißig, vierzig Jahre lang gehalten haben, gehen plötzlich in die Brüche, weil man nicht mehr auf derselben Frequenz ist.

Auch Partnerschaften oder Ehen können aufgrund dieser Entwicklung auseinandertreiben.

Ich sagte ausdrücklich „sie können", denn es ist immer beiden Partnern einer Beziehung möglich, sich gemeinsam zu entwickeln.

Nur wenn der eine der beiden Partner von seinem freien Willen Gebrauch macht und sich nicht entwickeln will, oder der andere von seinem freien Willen Gebrauch macht und sich schneller entwickeln will als der andere, dann kommt es zu diesen Spannungen, die möglicherweise eines Tages zum Bruch dieser Beziehung führen.

Aber wenn das passiert, seid euch sicher, gibt es neue Menschen in eurer Umgebung, die sich auf eure Frequenz schwingen oder bereits geschwungen haben, und so mit euch in eine Partnerschaft gehen können.

Das muss jetzt nicht unbedingt eine neue Ehe oder Partnerschaft im Sinne von Liebespartnerschaft sein, sondern durchaus Freundschaften, Gemeinsamkeiten, gemeinsame Interessen.

Wenn ihr euch jetzt noch einmal das Bild mit den vier Kreisen von oben vergegenwärtigt, werdet ihr verstehen und auch einsehen, dass diese Veränderung einer einzelnen Person durchaus Auswirkungen auf ein größeres Umfeld hat, nicht nur auf die Partnerschaft, sondern auch auf die Beziehungen zur Familie, zu den Großeltern oder zu den Kindern, selbstverständlich zu alten Freunden oder Menschen in der Nachbarschaft.

Ihr habt eine Aura, die bis zu dreißig Meter um euren feststofflichen Körper reicht.
Und innerhalb dieser dreißig Meter bewegen sich viele andere Menschen, die auf eure Veränderung reagieren, am Arbeitsplatz, in dem Haus, in dem ihr wohnt, im Dorf, in dem ihr lebt, in der Straße, in der ihr einkaufen geht.
So, wie ihr euch verändert, gibt es also zwangsläufig Auswirkungen auf eure Umgebung und eure Nachbarschaft.

Es ist immer eurem freien Willen unterworfen, den Weg der Veränderung weiterzugehen oder stehenzubleiben.
Ihr seid derjenige, der für euch die Entscheidungen trifft.
Aber nachdem ihr das jetzt wisst und auch verstanden habt.
Wenn nicht, dann meditiert über diese Frage und bittet mich um Hilfe.
Ich werde an eurer Seite sein und dafür sorgen, dass ihr anhand der entsprechenden Beispiele in eurem erlebbaren Umfeld begreift, welche Systematik dahinter steckt,
ihr habt also jederzeit den freien Willen,
den Weg weiterzugehen oder stehenzubleiben.

Ihr könnt auf die Familie, den Partner, die Kinder, die Nachbarn, das Dorf warten,
oder euren Weg konsequent weitergehen.
Ihr habt das Heft in der Hand. Ihr habt den Wanderstab. Ihr habt den Zugriff auf die Geschwindigkeit.

Geht also euren Weg.

Bewusst.

Und seid immer gewiss, ihr geht den Weg nie alleine.

Es gibt einen anderen deutschen Spruch, der besagt:

„Je höher du kommst, desto dünner wird die Luft."

Damit ist gemeint, dass, je höher deine Frequenz wird, je höherfrequent du schwingst,

desto weniger Leute, desto weniger Menschen wirst du in unmittelbarer Umgebung treffen, die auf deiner Frequenz schwingen.

Je höher du kommst, desto dünner wird die Luft.

Aber: Je höher du kommst, desto stabiler bist du in dir selbst

und kommst irgendwann an den Punkt, dich zu lösen aus der Masse.

Einzugehen in die Einheit mit dem Licht bedeutet nämlich,

sich in die Nähe der ursprünglichen Kraft des strahlenden bedingungslosen Lichts der Liebe Gottes zu begeben und damit die Anhaftungen der Masse der langwelligen Frequenzen, der unausgegorenen Antworten, der nichtverstandenen Lehren hinter sich zu lassen.

Das ist der Endpunkt der Evolution,

einzutauchen in den Punkt, wo alles Wissen präsent ist, alles verstanden ist.

Dann hast du die Materie gemeistert.

Dann bist du ein Aufgestiegener Meister.

Dann bist du an der Seite derer, die den Weg vor dir gegangen sind.

Das ist das, was sich verbirgt hinter dem Ausdruck „Aufgestiegener Meister".

Du hast gemeistert alle Energien, die du dir geholt hast.

Du hast sie verstanden und erkannt.

Du hast die Fähigkeit erlangt, dich von der Materie zu trennen,

dein Geist kann ohne den feststofflichen Körper reisen,

dein Wille kann aus ungeprägter Energie feste Materie materialisieren,

du schwingst so hochfrequent, dass du keine feststoffliche Masse mehr repräsentieren musst.

Du hast also, wenn du jetzt den physikalischen Vorgang auf der Erde beobachtest,
deine Feststofflichkeit als Holzscheibe transformiert durch die Verbrennung, durch die Transformation der Flamme
in die Energie des warmen aufsteigenden Gases,
denn auch das ist Energie.

Alles klar?

Holz transformiert sich zu Gas,
und der Mensch, die Seele, behaftet, verhaftet oder wohnhaft in der festen Materie eines feststofflichen Körpers,
transformiert aufgrund von Wissen in bedingungslose Liebe.
Die schwingt so hoch, dass sie keinen feststofflichen Körper mehr braucht.

Und wenn du nicht verstanden hast, was ich dich lehren will,
gehe in dich, bitte mich um Hilfe, und ich bin an deiner Seite.

Denn ich bin Djwal Khul.
Ich bin der Meister der Zeit,
und der, der dich lehrt, die Tranformationsgesetze zu verstehen,
die mein Freund und Bruder St. Germain dich auf der feststofflichen Ebene lehrt.

Gott zum Gruße.

Liebe, Licht und Macht

(Metatron)

Wir wollen darüber sprechen, dass die Engel für jeden erreichbar sind.

Ich bin frei.
Ich bin Gottes Diener.
Ich neige mein Haupt in Demut.
Ich bin Licht.
Ich bin frei.
Das ist es, was es zu begreifen gilt für die Menschen.
Das ist es, was ihnen fehlt,
die Anerkennung Gottes als das Licht in ihrem Herzen.

Hört ihr Menschen, was ich euch sage, ich, Metatron, die Stimme Gottes.

Ihr alle seid fähig, mich zu hören,
mich, den Herrn, mich, Metatron, und all die Heerscharen der Engel.
Ihr alle habt die Fähigkeit, mit uns in Kontakt zu treten, zu jeder Sekunde.

Neigt euer Haupt in Demut und anerkennt Gott als euren Führer.
Er ist es, der das Licht ist.
Er ist es, der das Licht bringt.
Er ist es, der euch zurück ins Licht geleitet,
das Licht, aus dem ihr geboren seid,
das Licht, in das ihr zurückkehren werdet,
das Licht, das ihr seid, allezeit.

Vergesst nie, wer ihr seid.
Vergesst nie, dass ihr aus Licht geboren seid.
Vergesst nie, dass jede eurer Zellen aus Licht besteht,

und ihr selbst es seid, die sich in niederer Frequenz aufhalten und so
in die Manifestation gegangen sind.
Doch der Weg führt zurück über das Licht und in das Licht.
Das Licht ist der Schlüssel und das Ziel zugleich.
Das Licht ist der Ursprung und das Ende.
Das Licht ist allezeit.
Immer.

Es gibt keinen Moment, wo ihr nicht Licht seid.
Es gibt keinen Moment, wo euch der Weg zurück zum Licht versperrt
wäre.
Es gibt keinen Moment, wo das Licht euch nicht erreichen könnte.
Es gibt keinen Moment, wo ihr das Licht nicht erkennen könntet.

Öffnet euch.
Öffnet eure Herzen.

Lasst die Liebe, die göttliche Liebe, einziehen in euer Herz.
Lasst Gott in euch sein, mit euch,
und seid ihr in Gott, mit Gott.

Seid euch bewusst, dass ihr Gottes Kinder seid.
Seid euch bewusst, dass es bedeutet, dass ihr Licht seid.
Seid euch bewusst, dass es bedeutet, dass ihr Liebe seid,
Gottes Liebe,
die bedingungslose, wertungsfreie, neutrale göttliche Liebe.
Denn Liebe ist nichts anderes als Licht,
Liebe ist das Licht,
Liebe ist Gott.
Und Gott ist allmächtig, so wie ihr das auch seid.

Gottes Wille geschehe,
so, wie euer Wille geschehe.

Gott ist Macht, und Macht seid auch ihr.
Göttliche Macht.
Denn das Licht ist nichts anderes als Macht, gelebte Macht, wo auch immer,
gelebte Macht auf Erden und in den Himmelssphären.

Keine Angst vor dieser Liebe, die da Macht bedeutet.
Keine Angst vor dem Licht, das da Macht bedeutet.

Ihr seid das Licht.
Ihr seid geboren aus Licht.
Und Gottes Macht ist mit euch.
Gottes Macht lehrt euch, die Universellen Gesetze zu erkennen, zu lenken, zu benutzen, zu beherrschen, sie anzuwenden.
Und wenn ihr all das beherrscht, all das anzuwenden vermögt
und es im Licht, mit dem Licht, mit dieser Liebe tut,
dann ist die Macht, die daraus erwächst, göttliche Macht.
Und diese göttliche Macht hat nichts gemein mit der Macht, die ihr auf Erden kennt,
die Macht, die missbraucht,
die Macht, die anderen schadet,
die Macht, die andere manipuliert,
die Macht, die Erwartungen schürt, so dass ein anderer nicht mehr heraus kann,
die Macht, die schändlich ist.
Nein.

Die göttliche Macht ist ... Liebe.
Die göttliche Macht ist liebevoll,
liebevoll ... und voller Licht.
Und alles ist eins:
Liebe, Licht und Macht.
Nur das Wort ist es, das euch schreckt, das Wort „Macht".

Doch glaubt mir.

Macht ist nichts anderes als zu wissen, wie man die Universellen Gesetze beherrscht,

wie man die Gesetze aushebelt, wie man sie benutzen kann,

um so zum Beispiel Materie entstehen oder auch wieder entschwinden zu lassen,

um zu wissen, wie man ins Licht geht, obwohl man noch inkarniert ist auf Erden,

um zu wissen, wie man neutral aus dem Herzen urteilt, ohne zu werten.

Macht bedeutet zu lieben,

neutral zu lieben, ohne Emotionen kaltzustellen,

denn das ist es nicht, von dem ich spreche.

Die Emotionen werden euch entschwinden.

Sie werden nicht unterdrückt werden.

Wahre Liebe lässt euch handeln in wahrer Liebe.

Wahre Liebe lässt euch handeln in göttlichem Licht.

Wahre Liebe lässt euch Macht erlangen über euch und euer Sein,

über jegliches Sein auf Erden,

ohne sie zu missbrauchen, wie es üblicherweise das Wort Macht beinhaltet bei euch.

Ihr Menschen, hört mir zu.

Erkennt euer Licht.

Erkennt eure Liebe zu Gott.

Denn sie ist da, sie ist vorhanden, selbst wenn ihr euch Atheisten nennt.

Sie ist in euch, denn ihr seid von Gott gekommen, ihr seid aus dem Licht geboren.

Lasst zu, es zu fühlen, es zu spüren, es wahrzunehmen.

Lasst zu, dass die Liebe wächst ins Unendliche.

Lasst zu, dass das Licht euch umspült, euch umhüllt, euch auffüllt.

Lasst zu, dass euer Herz sich öffnet, und sich Gott wieder zuwendet.

Denn Gott ist mit euch, und mit euch sind all seine Diener,

alle Engelheerscharen, alle Aufgestiegenen Meister.

Und was anderes wollt ihr als selbst Aufgestiegene Meister zu werden?

Und das werdet ihr.

Jeder nach seiner Geschwindigkeit, jeder nach seiner Wahl.

Ihr werdet aufsteigen.

Alle.

Ich segne euch,
ich segne euch.

Euer Metatron,
euer Freund,
euer Helfer.

Amen.

Stehe zu dem, was du tust

(Metatron)

Gott zum Gruße, ihr Menschen,
Gott zum Gruße.

Heute wollen wir sprechen über das Thema:
Stehe zu dem, was du tust,
stehe zu dem, was du wählst.

Du hast immer, immer,
zu jeder Zeit, zu jeder Sekunde
das Recht zu wählen,
das Recht zu wählen, was du wünschst zu tun,
das Recht zu wählen, was du wünschst, was man mit dir tun möge.
Das heißt nicht, dass du dich in Erwartungen an andere verfangen
sollst,
es bedeutet einfach nur:
Schaue auf dich.
Schaue, was dir guttut.
Schaue, was dir zum Besten gereicht.
Lass dich nicht verwirren von den Aussagen anderer,
die da sagen, du wärest egoistisch,
die da sagen, du wärest hartherzig,
die da sagen, du wärest emotionslos.

Nur weil du den Weg ins Licht wählst und damit bedingt ist, dass du
zu dir stehst,
dass du zu deinen Entscheidungen stehst, du zu deinem Empfinden
stehst, zu deinen Wünschen, zu deinem „Ich will" oder „Ich will das
nicht", heißt das noch lange nicht, dass du egoistisch bist in dem Sinne, wie Menschen dieses Wort verstehen.

Es ist dein Recht. Es steht dir zu zu wählen, was du wünschst.
Und vor allen Dingen, es steht dir zu, deine Meinung zu ändern, aus welchem Gesichtspunkt heraus auch immer.

Du entscheidest immer nur aus dem Jetzt-Moment.
Und wenn dieser Jetzt-Moment, diese jetzige Sekunde mit deinem jetzigen Wissen dir vermittelt, dass genau diese eine Entscheidung die richtige ist, dann entscheidest du eben.
Und wenn es tatsächlich so ist, dass du drei Tage später zu dem Schluss kommst, aus diesem neuen Jetzt-Moment heraus, dieser neuen, jetzigen, einen Sekunde, dass es anders sein möge,
dass du das nicht aufrechterhalten möchtest, was du gewählt hast drei Tage zuvor,
dann ändere es. Triff eine neue Entscheidung aus diesem neuen Jetzt-Moment heraus.
Denn, wie gesagt, du kannst immer nur aus dem Jetzt-Moment heraus entscheiden,
mit all dem, was dir zur Verfügung steht an Wissen, an Tatsachen, an Fakten, an Empfinden.

Und natürlich ist der Jetzt-Moment von vor drei Tagen nicht der gleiche wie heute.
Natürlich ist der Jetzt-Moment jetzt in dieser Sekunde, jetzt, da du da sitzt,
nicht der gleiche wie in einer Woche, wie in einem Jahr, wie in drei Jahren.
Es kann nicht sein.
Denn ein Jetzt-Moment ist immer nur im Jetzt.
Und niemals in der Zukunft oder in der Vergangenheit.

Du musst dir klar werden, dass du das Recht hast, immer und zu jeder Zeit für dich Entscheidungen zu treffen.

Ich weiß sehr wohl um das Argument: „Das geht nicht, weil ...",
„Ich kann nicht nur immer für mich entscheiden, weil ...",
„Ich bin schließlich verheiratet, da muss man Kompromisse machen
...",
„Ich lebe schließlich in einer Gruppe, da muss man sich anpassen
...",
„Ich kann doch nicht ständig egoistisch nur das tun, was ich will. Wenn
das jeder täte ...".

Ich weiß sehr wohl um diese Argumente.
Doch glaubt mir, es geht, es funktioniert.

Warum solltet ihr nicht das Recht haben, nicht auf dieses Fest zu gehen, nicht in die Stadt zu gehen, weil euch gerade der Menschenan-
drang zu groß ist.
Warum solltet ihr nicht das Recht haben zu sagen, ich möchte jetzt
einfach nur auf der Couch liegen und einmal gar nichts tun.
Warum solltet ihr nicht entscheiden können, ich möchte dieses Fernseh-
programm sehen, einfach nur, weil ich will, weil es mir Spaß macht.
Kein anderer hat das Recht, über die Fernsehsendung zu werten, für
die ihr euch entscheidet.
Keiner hat das Recht, darüber zu werten, ob es blödsinnig ist, diese
Sendung anzuschauen, oder zu banal, oder die Art der Musik, die ihr
sehen wollt im Fernsehen oder auch hören wollt auf eurer CD, einfach
„bescheuert" ist, weil zum Beispiel der, der darüber urteilt, euer Partner zum Beispiel, nicht gerne Volksmusik hört, ihr aber schon.
Warum solltet ihr nicht dieses Recht haben?

Tut einfach, wonach euch ist.
Und glaubt mir, es wird sich zum Besten wenden.
Es ist nicht so, dass dann alles „kaputtgehen" muss.
Es ist nicht so, dass alles solche Konsequenzen trägt, dass ihr damit
nicht klarkommen würdet.

Ich weiß, dass ich heute viel in der Verneinung spreche.

Ich versuche es so auszudrücken, wie ihr Menschen es ausdrücken würdet.

Denn ihr drückt es aus mit „Nein" und „Nicht" und Verneinung und seid euch selten bewusst, dass ihr fast nie in direkter Aussage sprecht und denkt.

Eine direkte Aussage beinhaltet nicht die Verneinung, sondern eben das Gegenteil.

Wenn ich sage: „Ich kann das nicht, weil ...", ist es eine komplett andere Aussage, als wenn ich sage: „Ich kann das, weil ...".

Ich weiß nicht genau, wie ich euch beibringen kann,

euer Recht zu wählen, tatsächlich anzunehmen, zu erkennen.

Ich weiß nicht genau, wie ich euch beibringen kann, zu euch zu stehen und die Angst weichen zu lassen,

dass dadurch, dass ihr das wählt, was ihr tatsächlich aus eurem Innersten heraus wünscht,

nicht dazu führen wird, dass euer ganzes Leben nicht mehr lebenswert ist.

Denn das ist es, was in euren Köpfen vorgeht.

Ihr malt euch aus, was in der Zukunft geschehen würde, wenn.

Ihr malt euch aus, wer alles sich von euch abwenden würde, wenn.

Ihr malt euch aus, wie eure Ehe zerstört werden würde, wenn.

Was soll das?

Wenn ihr euch anschaut, wie viel „Wenn ich täte, dann ..." es in eurem Leben gibt,

dann sind das sehr, sehr, sehr viele dieser „Wenn ich täte, dann ...".

Und wenn ihr euch das einmal bewusst macht, müsst ihr nicht selbst zugeben, wie sehr ihr euch eigentlich selbst beschränkt,

wie sehr ihr euch selbst einengt,

wie sehr ihr euch mit diesem Wort „Kompromiss" selbst Fesseln anlegt? Schaut doch einfach mal hin, wo ihr eure Entscheidungen tatsächlich aus tiefstem Herzen heraus trefft und wo ihr Entscheidungen trefft, weil ihr meint, es tun zu müssen,

sei es „um des Friedens willen", sei es dem Partner zuliebe, sei es der Clique zuliebe, sei es der Familie zuliebe, sei es, weil man es einfach so tut oder weil ihr dieses oder jenes nicht tun solltet oder dürftet, sei es, weil es einer bestimmten Moral oder Ethik entspricht.

Es gibt so viele Argumente dafür, etwas nicht zu tun, was man eigentlich tun möchte.

Und es gibt hunderte von kleinen Momenten am Tag, wo ihr nicht tut, was ihr eigentlich tun möchtet.

Im ersten Moment erscheint es als ein „Na ja, manchmal passiert das schon, weil ...",

aber je mehr ihr hinschaut, bemerkt ihr,

wie oft ihr es eigentlich tut,

wie oft ihr euch eigentlich gegen euch selbst entscheidet,

wie oft ihr euch beschneidet und so damit verhindert zu wachsen,

und so damit auslöst, dass euer Licht geschmälert wird,

dass euer Licht in Schach gehalten wird,

dass ihr nicht weiterschreitet ins Licht, durch euer Licht.

Schaut euch an, ihr Menschen, was ihr tut.

Schaut euch an.

Es mag sein, dass der Weg ins Licht vorübergehend so ausschaut, als würde er in die Einsamkeit führen, doch das täuscht.

Es muss einen Wandel geben. Anders ist es nicht möglich.

Es muss einen Wandel geben.

Wenn ICH mich entscheide, mein Licht zu leben, ins Licht zu gehen, dann muss das zur Folge haben, dann wird das zur Folge haben, dann kann das zur Folge haben, dass bestimmte Menschen sich nicht mehr wohlfühlen in meiner Umgebung, im Zusammensein mit mir.

Das ist der Preis, doch das Wort „Preis" in eurem Sprachgebrauch beinhaltet in sich die Aussage, dass es etwas kostet, dass ich bezahlen muss, dass es irgendwie auf irgendeine Weise weh tut, dass ich es nicht umsonst bekomme.

Es ist natürlich wahr, ich bekomme es nicht umsonst, das Ins-Licht-Gehen.

Aber ist es nicht selbstverständlich, dass ich „Arbeit" investiere?

Um mir Dinge bewusst werden zu lassen, muss ich an mir „arbeiten".

Ich muss etwas dafür tun.

Wenn es einfach passieren würde, dann würde es unnötig sein zu inkarnieren,

dann könnten wir uns diesen ganzen langen Weg dieser hunderte von Inkarnationen sparen.

Wir müssen selbst den Weg wählen.

Wir müssen selbst wählen.

Wir müssen selbst wählen, zu jeder Sekunde,

so dass wir bestimmen, welchen Weg wir gehen, wo der Weg hinführt.

Und so kann es einfach sein, dass wir schneller gehen als andere,

dass unsere Schritte größer sind, als die der anderen,

weil wir es so wollen, weil wir es wünschen, weil ich es will.

Und es kann sein, dass die Gruppe um mich herum sich entscheidet, im gleichen Jetzt-Moment nicht so schnell zu gehen oder sogar stehenzubleiben, oder vielleicht sogar auch rückwärts zu gehen.

Versteht nicht falsch.

Vorwärts, rückwärts, stehenbleiben beinhaltet keinerlei Wertung.

Ich benutze einfach nur Worte, die es erklärbar machen, verständlich machen.

„Schneller zu gehen" heißt nicht „besser zu sein".
„Größere Schritte zu machen" heißt nicht „toller zu sein".
Es ist einfach, wie es ist.

Und ob du nun zwei Leben früher den Aufstieg geschafft hast oder der andere fünf Leben später, es macht keinen Unterschied.
Ihr werdet alle aufsteigen.
Und da Zeit sowieso nicht existiert, ist es einfach, was es ist.
Es ist am Ende der Aufstieg.
Es ist der Aufstieg an sich,
denn auch Ende beinhaltet das Wort „Zeit".
Und Zeit existiert nicht.

So ist „Ihr seid Licht", „Ihr seid aus Licht geboren", „Ihr geht ins Licht",
EINS,
denn alles geschieht im JETZT.

ICH BIN LICHT.
Das ist das JETZT.
ICH WERDE LICHT.
Auch das ist das JETZT.
UND ICH WAR LICHT.
Auch das ist das JETZT.

Und deshalb ist es so wichtig, aus diesem Jetzt heraus seine Entscheidungen zu treffen.
Und solange ihr inkarniert seid, hat es Auswirkungen auf die Zeit, die euch vorgegeben ist in diesem „Hologramm", das besteht aus Zeit, Raum und Ort.

Sobald ihr herausschreitet, ist Zeit nicht mehr existent.
Wählt also im Jetzt-Moment.
Wählt in diesem Jetzt „ICH BIN LICHT".

Wählt in diesem Jetzt-Moment „ICH BIN".
Und so könnt ihr nichts „falsch" machen.

Ihr findet immer euren Weg.
Ihr befindet euch immer auf eurem Weg.

Mit diesem Wissen:
ICH BIN LICHT,
ICH BIN,
seid ihr immer auf der Seite,
die euch zeigt, die euch spüren lässt, die euch fühlen lässt,
was ihr seid.

Und wenn ihr es spürt, es fühlt, es empfindet, dieses, was ihr seid,
dieses „Was bin ich?", dieses „Ich bin Licht",
dann wird jede Entscheidung von euch ein Leichtes sein,
jede einzelne Entscheidung aus jedem neuen Jetzt-Moment heraus
wird ein Leichtes sein.
Denn es wird keine Zweifel mehr geben.
Es gibt keine Zweifel mehr.
Denn jede Entscheidung, die ihr dann fällt, aus diesem Wissen heraus,
ist eine erneute Entscheidung für das Licht,
für das ICH BIN.

Und mit jeder kleinsten neuen Entscheidung für das ICH BIN
wächst euer Bewusstsein über dieses Wissen,
wächst euer Sein an sich,
wächst eure Größe,
wächst euer Licht.

In diesem Sinn,
Gott zum Gruße, ihr Lieben.
Euer Metatron.

Einigkeit und Einheit

(Hilarion)

Gott zum Gruße, Gott zum Gruße,
wir grüßen euch,
Gott zum Gruße.

Wir sprechen heute über die Einigkeit.

Die Einigkeit ist ein Wort, das sich unterscheidet von dem Wort Einheit.
Einigkeit bedingt mehr die Emotion, und Einheit ist ein Seinszustand
an sich.
Es sind also zwei vollkommen verschiedene Dinge, obwohl das Wort
oder die Silbe „eins/ein" in beiden beinhaltet ist.
Das hat auch einen Grund, auf den wir später noch kommen werden.

Einigkeit ist ein Verbund an Verständnis.
Einigkeit ist ein Sich-Verstehen und das daraus logisch erfolgte Handeln.
Einigkeit ist ein Zusammenspiel zweier Parteien, die sich aus logi-
schen Argumenten zusammengeschlossen haben, um einen Weg,
ein Stück lang gemeinsam zu gehen.
Einigkeit ist das, was manche mit Liebe verwechseln beziehungsweise,
was manchen Paaren als so erstrebenswert und harmonisch erscheint.
Aber Einigkeit ist etwas, was nur funktioniert, weil zum Beispiel zwei
Personen sich vorübergehend in der gleichen Frequenz aufhalten, es
ist etwas, bei dem die Betreffenden sich nicht bewusst sind, worauf ihr
Zusammenspiel beruht, es vermittelt eine Einheit.
Doch Einheit ist etwas komplett anderes.

Einheit ist ein Verschmelzen, ein Sich-Ergänzen dahingehend, eins
zu sein,
also das Zwei aufzulösen und gemeinsam ein Eines zu bilden.

Einigkeit dagegen bedingt immer das Zweisein,
denn diese Zwei sind sich über eine bestimmte Sache einig,
sei es ein Arrangement in der Ehe, im Bett oder am Arbeitsplatz,
sei es in der Vorstellung, wie man zu leben hat, oder auch in der Vorstellung, wie man zu sterben hat,
sei es im Glauben oder im Dasein an sich,
doch es ist immer aufgebaut auf gemeinsamen Dogmen, die die beteiligten Personen „zufällig" gemeinsam aufrechterhalten.
So also, im Leben dieser Dogmen, innerhalb der Begrenzung dieser Dogmen,
können sie eine Einigkeit empfinden, die sie als sehr verbunden empfinden lässt,
und wahrlich halten viele, viele von den Menschen diese Art der Verbundenheit ein Leben lang aufrecht,
das, was sie vielleicht so nennen:
„Eine wahre Freundschaft hält ein Leben lang" oder auch „Wahre Liebe hält ein Leben lang",
doch der „Preis" ist das Haften-Bleiben in einem oder mehrerer Dogmen, die mich verbinden mit einer anderen Person,
es nennt sich auch oft Ethik oder Moral,
und daraus entsteht eben dieses Sich-einig-Sein, auch oft durch eure Wortwahl „Sich eins sein" genannt,
aber das ist nun mal etwas anderes.
„Sich eins sein" ist nicht das gleiche wie „Eins sein",
das Wort „sich" erschafft die Begrenzung.
Durch das Weglassen dieses Wortes ist die Einheit geschaffen,
dieses bedingungslose Lieben, das den anderen sein lässt,
dieses wertungsfreie, das sich göttliche Liebe nennt,
und das ist Einheit.

Wahre Einheit ist ein Verbundensein mit allem,
und durch dieses Verbundensein gleitet ihr hinüber in die Erkenntnis,
dass ihr in Wahrheit nicht verbunden seid und dadurch eins,

sondern dass alles eben eins ist.

Denn das Einssein bedingt wiederum, dass es kein Einzelnes mehr gibt.

Einssein ist das komplette Verschmelzen mit dem Göttlichen,
das Aufgehen im Licht Gottes,
das Eingehen in das Unendliche mit dem Bewusstsein des Wissens,
mit dem Wissen um Weisheit,
mit der Erkenntnis des Verschmelzens mit dem Licht.

Einheit ist also etwas, das sich ablöst vom Menschlichen,
denn als Mensch bist du zwei,
du lebst Zweisamkeit,
du lebst das Duale,
du lebst die Zeit, den Raum und bist dir „bewusst", dass du ein Mann oder eine Frau bist.
Aber Einheit lässt dich begreifen, dass du weder Mann noch Frau,
dass du nichts anderes bist als Licht,
selbst wenn du noch wohnst in einem menschlichen Körper,
selbst wenn du noch inkarniert bist auf Mutter Erde, um zu begreifen oder auch um zu lehren,
egal, ob du also freiwillig gekommen bist oder noch im Strudel deines Inkarnationswegs hängst,
du bist Licht, und du bist vollkommen,
denn auch das bedeutet Einheit: Vollkommenheit.

Verwechselt also nie Einigkeit mit Einheit.
Verwechselt nicht das Zusammenspiel zweier Seelen, wohnhaft im menschlichen Körper und begrenzt durch seine Dogmen und sein Denken,
mit der göttlichen Einheit, die alles und jeden beinhaltet,
selbst euch, die ihr es nicht erkennt,
jeden Stein, jede Pflanze,
Alles und jegliches Sein.

Und wahrlich, es ist möglich, es zu leben,
es ist möglich.

So grüße ich euch, meine geliebten Menschen,
ich grüße euch und verlasse euch nun wieder,
ich segne euch,

euer Freund,
Hilarion,
der Hüter allen Wissens,
der Hüter der Weisheit.
Hilarion,
euer Freund.

Disziplin
(El Morya)

Gott zum Gruße, ihr Menschen,
Gott zum Gruße.

Ich bin es, El Morya,
der, den ihr oft nicht als Freund empfindet, sondern nur als streng strafenden, treibenden Vater,
als Geist in eurem Hirn, der die Peitsche schwingt, den Stachel zückt und euch in die Disziplin zwingt.
Aber auch das hat etwas mit Liebe zu tun,
denn ich habe diesen Strahl übernommen, weil ihn sonst keiner haben wollte.
Es ist angenehmer und leichter, der Heiler zu sein,
dem alle in Dankbarkeit zu Füßen liegen und um den Hals fallen,
als der, der durch Strenge die Disziplin lehrt,
weil er weiß, dass sie am Schluss den Triumph auslöst.

Wir sprechen also über die Disziplin.
Viele Menschen haben zu kämpfen mit dem schmalen Grad der Unterscheidung zwischen Aufrichtigkeit, Geradlinigkeit, Disziplin und Dogma.
Der Grad zwischen Disziplin und Dogmatismus ist sehr schmal.
Immer wieder aber gibt es Menschen, die zu unterscheiden lernen und die Größe ihrer Seele in Anspruch zu nehmen, um Entscheidungen zu revidieren,
Entscheidungen, die innerhalb gewisser disziplinarischer Abläufe sonst zwangläufig zum Tragen gekommen wären.

Wenn ihr euch zum Beispiel an eine Situation erinnert, wo viele, viele Menschen starben, wie zum Beispiel in einer Schlacht,
dann haben manche der auf der Erde lebenden Menschen inzwischen die Weisheit zu erkennen, dass auch diese Seelen sich damals für

diesen Weg der Inkarnation entschieden haben,
und jeder von ihnen hatte letztendlich die freie Wahl, in diesen Krieg
zu ziehen oder es zu lassen.

Wenn ihr heute sehen könntet, wie viele dieser Seelen inzwischen
großartige Leistungen erbringen, was sich daraus alles entwickelt hat,
so könnte diese Erkenntnis euren Schmerz lindern.
Das ist das, was ich mir wünsche.

Seid einfach stark in eurem Licht und erkennt,
dass auch ihr damals Entscheidungen getroffen habt, eine bestimmte
Position einzunehmen.
Fürchtet euch nie vor den Folgen eurer Entscheidungen.
Bleibt in eurer Stabilität und erkennt, dass Entscheidungen in der damaligen Zeit, aus dem damaligen Wissen einfach oftmals nicht anders
zu fällen waren.

Disziplin bedeutet, für sich das in einer konsequenten Art zu leben,
was man für sich selbst als richtig beschlossen hat,
unter der immerwährenden Maßgabe, jeden Tag Herr seiner Entscheidungen zu sein und einmal getroffene Entscheidungen zu revidieren.
Das bedeutet nicht, die Disziplin aufzugeben,
sondern einfach nur, die Erkenntnis umzusetzen in aktives Leben.
Es ist eines der schwierigsten Kapitel für euch in den inkarnierten Zu-
ständen, diese feine Unterscheidung zu begreifen.

Diese Art, mit der Disziplin umzugehen, ist so, wie ich sie mir von den
Menschen wünsche, wenn sie begriffen haben,
was unter Disziplin zu verstehen ist.
Sie würden sich das Leben an vielen Stellen erleichtern, wenn sie
Ziele setzten, die sie auch erreichen können.
Disziplin bedeutet gradliniges Leben (Zugehen auf ein sich gestecktes
Ziel).

Es ist für das Erlernen der Disziplin niemals zuträglich, sich zu überfordern,
sich Ziele zu setzen, die man nicht erreichen kann.
Es ist aber auch unsinnig, die Ziele zu flach zu stecken.
Lerne, realistisch zu leben, Mensch, indem du lernst,
Ziele zu stecken, die du erreichen kannst,
und auf diese steuere gradlinig zu.

Oft ist das Lernziel innerhalb eines Abschnitts eines gelebten Lebens ein komplett anderes, als ihr euch das vorzustellen wagt.
Als Feldherr durch die Schlacht zu ziehen und mit Disziplin das Heer zum Sieg zu führen, kann durchaus nur dieses eine Lernziel beinhaltet haben:
Wenn du diszipliniert bist, kannst du jedes Ziel erreichen.
Dass die Ziele im Laufe einer Inkarnation gänzlich andere sind wie die in einer Schlacht, ist klar. Nicht umsonst heißt Schach das Schlachtspiel der Könige. Dort werden Schlachten auf einem Feld ausgetragen, mit Opfern, mit Strategien, aber selbstverständlich mit Disziplin.
Lerne in der Disziplin, dieses Spiel zu beherrschen, und du lernst, die Schachzüge des Lebens vorauszuahnen und in der entsprechenden Gradlinigkeit auf dein Ziel zuzugehen, auch wenn du diese Herausforderungen umschiffst.
Damit verlässt du nicht den geraden Weg, sondern du gehst elegant auf deinem gradlinigen Weg weiter und richtest möglichst wenig Schaden an.

Disziplin und Gradlinigkeit sind niemals etwas Kaltes,
sondern letztendlich gespeist von der unendlichen Liebe Gottes,
des Gottes, der alles geschaffen hat,
der bedingungslosen Liebe, die nicht wertet.

In Liebe,
El Morya

Kontinuität

(Metatron)

Gott zum Gruße.

Wir möchten heute über etwas sprechen, das eigentlich jedem von euch geläufig ist, euch in seiner Bedeutung und Ausprägung aber immer wieder entgleitet,
für den Lebensweg eines jeden Einzelnen von euch jedoch immer wieder von Bedeutung ist.

Die Rede ist von der Kontinuität.

Kontinuität bedeutet nicht, ständig mit der größtmöglichen Anspannung irgendeinem angestrebten Ziel hinterherzujagen,
sondern Kontinuität im Sinne der Universellen Gesetze bedeutet, einen angefangenen Weg beharrlich weiterzubeschreiten.

Es sind alle Menschen unterschiedlich in ihren Geschwindigkeiten,
und ihr wisst, dass in den Universellen Gesetzen eigentlich Zeit keine Rolle spielt.
Von daher lasst euch nicht von der Zeit in die Irre führen.
Die Zeit ist eine Einheit, die in dieser ausgeprägten Form nur im Planetensystem um den Planeten Erde existiert.

Nehmt euch also jeder für sich die Zeit, die ihr braucht, aber bewegt euch.
Geht den Weg, den ihr angefangen habt in dem euch angemessenen Tempo, in dem euch angemessenen Schritt, Stück für Stück weiter.
Verliert niemals das Ziel aus den Augen und seid von daher beharrlich, auch kontinuierlich.

Es ist ein wichtiger Wesenszug des Lernens auf der Erde, dass ihr versteht, dass die Erkenntnisse, die ihr durch eure Inkarnationen und euer Leben auf der Erde gewonnen habt, sich in euren Zellen einlagern.

Es ist das, was ihr immer als „Gelebtes Wissen" bezeichnet.

So seid also bestrebt auf eurem Weg, Ziele in eure feststofflichen Körper zu integrieren,

indem ihr sie einübt, indem ihr sie lebt, indem ihr sie immer wieder in euer Gedächtnis holt

und dann, aus dem Willen heraus, in euren Tagesablauf einpflanzt.

Diese wichtige Grundregel beläuft sich auf alle eure neuen Errungenschaften.

Sie sind nicht gekoppelt an bestimmte Geschwindigkeiten oder Zeitabläufe.

Wenn ihr anfangt mit der Kontemplation oder der Meditation,

so löst euch von den Vorstellungen, die ihr durch Aufgestiegene Meister oder durch andere großen Lehrer erfahren habt, dass Meditation sich immer im Stundenrhythmus bewegen muss.

Es ist vollkommen ausreichend, wenn ihr hier mit kleinen Einheiten anfangt, aber macht diese kleinen Einheiten, ca. 5 oder 10 Minuten, regelmäßig.

Lieber nehmt ihr euch dreimal am Tag 10 Minuten die Zeit, um euch zurückzuziehen und zu meditieren, damit eure feststofflichen und feinstofflichen Körper gefestigt werden und in ihrem Zellsystem und Schwingungssystem auf eine einheitliche Frequenz gebracht werden, als dass ihr einmal im Jahr für zwei Wochen zu einem Meditationstraining fahrt.

Dieses Vorgehen ist für eure beiden Körper, für den feststofflichen und für den feinstofflichen, nicht zweckmäßig.

Seid euch darüber im Klaren,

dass jede Schwingung, jede Frequenz, die ihr in euren Körper hineinbringt,

sich verhält wie ein Training auf der materiellen Ebene.

So wie keiner von euch Menschen auf die Idee kommen würde, vollkommen untrainiert einen zweiwöchigen Marathonlauf anzugehen oder vollkommen untrainiert zwei Wochen mit dem Kanu eine Wildwasserstrecke zu befahren,
sollt ihr auch nicht vollkommen untrainiert in so einen Mediationsmarathon gehen.

Noch viel schlimmer als die Überforderung eures feinstofflichen Körper und der Zellsysteme in eurem feststofflichen Körper ist,
dass der eingeschlagene Weg, die Vibration, die durch die Meditationen aufgebaut wird,
von euch in der Folgezeit nicht fortgesetzt wird, werden kann oder auch gewollt nicht fortgesetzt wird,
weil ihr vielleicht in diesen zwei Wochen Intensivmeditation schlechte Erfahrung gemacht habt.
Es ist eine vollkommene Überforderung eurer Körper.
Das Gleiche gilt auf anderen Ebenen eures fortschreitenden Ausbildungsweges.
Macht euch eure eigenen Beispiele, um zu verstehen,
was euren Lernprozess wirklich ermöglicht.

Jedes Kind fängt in der Schule an, Schreiben Buchstaben für Buchstaben zu lernen.
Es werden einzelne Buchstaben geübt, und erst wenn diese einzelnen Buchstaben sitzen, werden daraus ganze Worte, ganze Sätze, später ganze Geschichten und manchmal ganze Romane oder dicke Bücher entstehen.

So solltet ihr auch mit euren anderen Lernprozessen verfahren.
So wie ihrLesen und Schreiben, Rechnen und Geografie gelernt habt,
so lernt auch die anderen Dinge.
Sie sind nichts anderes als ein Wissensstoff, der in euren Systemen wieder aktiviert werden muss.

Denkt daran, dass ihr im Laufe eurer vielen Leben schon etliche Male Lesen und Schreiben und Rechnen gelernt habt,
und so ist es auch in diesem Fall, dass viel Wissen in euren Zellen eingelagert ist, was nur wieder aktiviert werden muss.
Manchmal muss dieses eingelagerte Wissen aber auch überprüft und zum Großteil korrigiert werden.

Versteht, dass Wissen, Angewohnheiten, Überzeugungen einfach nur ganz arg verfestigte Energiefelder sind, die in euren Zellen schwingen.
Je älter und je fester die Überzeugung von etwas ist,
desto härter ist diese Frequenz in euren Körpern eingewebt,
je härter und je fester diese Frequenz in eurem feststofflichen und feinstofflichen Körper verankert und verwoben ist,
desto mehr Zeit, desto mehr Kraft, desto mehr Energie bedarf es, diese alten Muster aufzulösen.

Ihr könnt euch in diesen feinstofflichen Systemen bewegen, wie auch in den feststofflichen Systemen.
Macht es euch einfach und schaut nach den Beispielen in den euch bekannten Tagesabläufen.
Es ist euch allen bekannt, dass Wasser einen harten Stein durchlöchern und aushöhlen kann.
Es braucht dafür sehr lange Zeit, aber wenn dann dieses Loch in den harten Stein produziert ist,
ist es elegant, glatt und rund, rutschig, geschmeidig und ohne Ecken und Kanten.
Also langsam und ohne Zeitdruck hat das Wasser (Wissen) den harten Stein durchlöchert.
In diesem Fall geht es also auch um die alten, ganz stark verhärteten Einlagerungen in euren Zellen.
Gebraucht hier nicht unbedingt immer Dynamit und Brechstange,
sondern lasst euch die Zeit und habt die Geduld, auch hier langsam und elegant vorzugehen.

Es ist wie im richtigen Leben.

Wenn ihr mit Dynamit arbeitet, müsst ihr äußerst vorsichtig sein, und es gibt immer wieder Schäden im Umfeld.

Wenn ihr hier mit dem eleganten Wassertropfen arbeitet, entstehen keine Schäden, und es gibt auch keine Probleme in dem Umfeld des zu bearbeitenden Steins.

Macht euch hier nicht unnötig Druck und versteht,
dass wir in den Geistigen Welten ohne einen zeitlichen Ablauf euren Weg beobachten, stützen, unterstützen und begleiten.
Nehmt den Druck von euch
und glaubt nicht, ihr müsstet Dinge, die ihr in den letzten Jahrtausenden aufgebaut habt, innerhalb einer Sekunde bearbeiten.

Ich möchte allerdings auch hier jetzt nicht den Eindruck erwecken,
dass wir meinen, ihr sollt auf eurem Lebensweg den Schludrian einkehren lassen.
Es geht nicht darum, jetzt alles schleifen zu lassen und unsere Unterweisung so auszulegen, als ob es um nichts ginge.
Es geht um sehr viel. Es geht um euch.
Es geht um jeden einzelnen Weg, um jede einzelne Entscheidung,
aber wir möchten erreichen, dass ihr euch bewusst seid,
dass ihr mit einer kontinuierlichen Weiterbewegung eurem Ziel immer näher kommt,
dass ihr auf euer Ziel immer weiter zuschreitet, mit jedem noch so kleinen Schritt,
aber so wie in den Bergen ist dieser Weg, den ihr beschreitet,
nicht ohne Fußangeln, rutschige Stellen, Moosüberwachsene Stolpersteine und gelegentlich auch eisglatte Felder.

Haltet fest auf eurem Weg, aber geht kleine Schritte voran
auf dem Weg nach oben zur Bergspitze,
auf dem Weg nach oben ins Licht.

Macht diese kleinen Schritte und seid bei jedem Schritt darauf gefasst,

dass euer sicherer Tritt in Gefahr gerät, weil ihr eine Moosstelle oder eine Eisplatte übersehen habt.

Wenn ihr in diesem Wissen, dass der Weg mit rutschigen Flächen behaftet ist, voranschreitet,

seid ihr nicht überrascht, wenn ihr auf die Eisfläche trefft.

Und ihr geratet nicht ins Wanken.

Wer allerdings in den Bergen als „Hans-guck-in-die-Luft" unterwegs ist und nicht auf den Weg achtet, den er beschreitet,

der bringt sich und andere in Unannehmlichkeiten

und fügt manchmal auch seinem Universum Schäden zu.

Wenn ihr mich verstanden habt, dann wisst ihr, ich meine,

dass ihr bei einem unbedachten Durchschreiten der Landschaft Blumen und andere Wesenheiten zertretet, die vollkommen unnötig von euch in Mitleidenschaft gezogen werden, weil ihr nicht achtsam seid.

Das passiert in übertragenem Sinne auch in eurem Universum.

Die Dinge, die ihr alleine durch eure Anwesenheit beeinflusst und beeinträchtigt,

sind durchaus in eurer Umwelt, in eurem Universum präsent,

weil es zum Großen Plan gehört, dass sie zur Verfügung stehen.

Aber das bedeutet nicht, dass ihr sie einfach nur zerstören könnt,

denn ihr wisst, dass hierdurch Karma entsteht,

Karma – ein Wort, das wir immer wieder versuchen zu erklären,

das nicht mit „Oh Gott, wie furchtbar" oder „grauenhaft" oder „schwer" oder „schlimm" zu belasten ist,

sondern einfach nur zum Ausdruck bringt,

dass ein Ungleichgewicht in den Energien entstanden ist.

Ihr habt irgendwo in ein System eingegriffen

und mit eurer Energie Unordnung gestiftet.

Karma bedeutet, ihr seid in der Verpflichtung, hier wieder für Ausgleich zu sorgen.
Nicht mehr und nicht weniger ist Karma.
Nicht etwas, das euch fürchten lassen müsste,
sondern nur ein anderes Wort für Saldo, wenn ihr in eine Buchhaltung gehen würdet.

Schaut also immer wieder einmal auf euren Kontostand
und erkennt, wie sich die Summen unter dem Strich verändern.
Freut euch über eure Fortschritte.
Seid stolz, ohne überheblich zu sein, auf das, was ihr geleistet habt,
denn jeder Schritt auf dem steinigen Weg nach oben, der gespickt ist mit den Fallen, über die ich schon sprach,
ist ein Sieg eurer Seele über die Fallen des Universums.

Es ist jeder erfolgreich getane Schritt ein Stück weiter an die Spitze
und ein Grund, mit Freude, Zufriedenheit und auch Stolz auf den zurückgelegten Weg zu schauen.

Wenn ihr langsam Schritt für Schritt geht,
habt ihr genügend Muße, immer wieder mal auf den Weg hinter euch zu schauen und zu beobachten, was ihr auf diesem Weg bereits passiert habt, welche Stellen, welche Klippen ihr umschifft habt, welchen Felsüberhang ihr gemeistert habt.
Und ihr seid in der Lage, mit einer Zufriedenheit auf das Geleistete zu schauen, die euch stärkt in Zuversicht für den Weg, der da noch vor euch liegt.

Das von euch bereits Geleistete ist doch etwas, was euren Anstrengungen Rechnung trägt.
Das, was ihr bereits geleistet habt, ist eine von euch erledigte Arbeit, auf die ihr zurückschauen könnt, um, wie gesagt, Kraft zu schöpfen für den Weg, der noch vor euch liegt.

Geht also langsam, Schritt für Schritt, ruhig, euren Weg.

Lasst euch nicht von diesem Weg abbringen, wenn er von euch ausgesucht ist.

Folgt eurer eigenen Landkarte.

Folgt eurem Gespür.

Folgt eurem Willen.

Folgt eurem Plan.

Geht diesen Weg langsam und vorsichtig, mit sicherem Tritt.

Rennt nicht und meint nicht, schneller sein zu müssen als andere.

Wer auf den schmalen Wegen in den Bergen anfängt zu laufen, sich an anderen vorbeidrängen will, wird sehr schnell merken, wie groß die Gefahrenquelle ist durch dieses Handeln, und er wird lernen, dass er aufgrund dieses Rennens und des Gefährdens anderer nicht schneller am Ziel ist, sondern möglicherweise abstürzt und viele Meter oder Kilometer weiter zurück wieder seinen Weg erklimmen muss, um erneut die bereits umschifften Klippen und die gemeisterten Eisschollen zu erreichen, zu überqueren und seinen Weg nach oben fortzusetzen.

Dies ist meine Bitte an euch heute, aus euren Systemen den Druck zu nehmen, den ihr euch durch Ehrgeiz und falsch verstandene engstirnige Zielstrebigkeit auferlegt habt.

Seid ruhig. Seid gelassen.

Und geht in der Kraft des Wissens um die geleisteten Arbeiten weiter euren Schritt, ruhig und sicheren Tritts.

Dies ist der direkteste und kürzeste Weg zurück, zurück an die Quelle, zurück auf die Spitze des Berges, zurück in das hell gleißende Licht der Heimat, von der ihr vor so langer Zeit gekommen und abgestiegen seid in die Tiefen der Täler, an die Füße der Berge, um euren ureigensten Lebensweg zu erklimmen.

So sage ich euch, dass ich mit meinen Heerscharen

das Seil in den Bergen bin,
das gehauen ist an den Fels, um euch einen sicheren Halt zu geben.
Reicht uns die Hand, denn wir sind die Wesen, die eure Hand halten,
euch begleiten, euch stützen, euer Drahtseil sind
auf dem wackeligen Weg zurück an die Spitze.

Ich bin der, der ich bin,
denn ich bin der, der gesandt ist von Gott, euch zu schützen, euch zu führen,
euch meine Heerscharen zur Seite zu stellen,
der, den ihr den Metatron nennt.
Ich bin der, der euch liebt,
der Bruder des einen und der Freund des anderen.
Ich bin der, der den Busch zum Brennen gebracht hat.
Ich bin der, der in euren Herzen lodert als die Flamme des Mutes.
Ich bin der, der euch immer liebt, denn ich bin die Liebe der Engel in euch.

Seid umarmt.
Seid gegrüßt.

Amen.

20. DIE GESETZE DER MANIFESTATION

Die Wege der Manifestation
(Djwal Khul)

Gott zum Gruße.

Wir wollen uns noch einmal über die Gesetze der Manifestation unterhalten
und über die Dinge, die so gerne übersehen werden.
Ich will versuchen, sie noch einmal in aller Deutlichkeit und Eindrücklichkeit zu erklären.

Alle Materie kann von dir als Mensch beeinflusst werden.
Wir haben bereits geklärt, wie der eigentliche Materialisierungsvorgang vonstattengeht:
Über die Gedanken wird die ungeprägte Materie in Bewegung gesetzt,
setzt sich in Richtung Erde auf den Weg,
je dichter sie an die Atmosphäre herankommt, desto mehr verdichtet sie sich,
sie wird letztendlich dann in der Atmosphäre irgendwann als Gegenstand manifest,
weil ein Mensch aus seinem ICH BIN, aus seiner göttlichen Gegenwart diese Energie angefordert hat und diese so zur Manifestation gelangte.
Damit ist aber die energetische Abfolge bei weitem nicht zu Ende.

Ich möchte, dass ihr Menschen euch einmal in aller Eindringlichkeit klarmacht,
dass an jedem Gegenstand, den ihr geschaffen habt,
selbstverständlich auch eure Gedanken und somit eure Energie hängt.

Nehmen wir ein einfaches Beispiel:

606

Ein kleines Kind malt für seine Eltern mit ungelenken Händen das erste Bild von einem Auto, einer Sonne und einer Blume.

Dieses Bild wird von den Eltern stolz in der Wohnung aufgehängt und hängt dort möglicherweise zehn, zwanzig, dreißig oder noch mehr Jahre.

Es wird immer von diesem Bild aus genau diese Energie ausgestrahlt, die das Kind zum Zeitpunkt des Malens in dieses Bild hineingesetzt hat.

Und wann immer ein Elternteil oder beide Eltern dieses Bild betrachten, sind sie automatisch in der Zeit, als das Kind so klein war und dieses Bild so ungelenk, aber doch mit so viel Liebe gemalt hat.

Es gibt also immer von diesem Bild eine unmittelbare Verbindung von dem Kind zu seinen Eltern, unabhängig davon, ob das Kind inzwischen diese Welt verlassen hat, ob das Kind ausgezogen ist, ob man sich mit dem Kind entzweit hat, ob man keinen Kontakt mehr zu dem Kind hat, oder was auch immer. Diese Verbindung wird immer da sein.

Denkt daran, dass ihr in eurem Kulturkreis den Brauch habt, wenn ihr das Versprechen für den gemeinsamen restlichen Lebensweg abgebt, einen Ring zu tauschen.

Dieser Ring ist immer belegt mit dem Versprechen aus dieser Absicht, aus diesem Zeitpunkt, und selbst wenn die Partnerschaft, die mit diesen Ringen besiegelt ist, schon lange nicht mehr existiert, hängt in diesen Ringen selbstverständlich diese Absicht, diese Erklärung, diese Verbindung: Ich bin mit dir verbunden.

Wenn euch das klar ist, versteht ihr, warum manche Menschen, wenn diese Verbindung entzweigeht, diese Ringe voller Wut oder Trauer wegwerfen wollen, manche sie einschmelzen oder andere sie ewig unter ihrem Kopfkissen bewahren. Das ist die Energie, die in diesem Ring hängt.

Wann immer ihr euch über einen materiellen Gegenstand mit einem Menschen in Kontakt bringt, und sei es nur über die Erinnerung, sind selbstverständlich diese Energien da.

Denkt an das Lieblingsgericht, das die über alles geliebte Oma für euch als Kind gekocht hat.

Wann immer ihr dieses Gericht auf irgendeiner Speisekarte findet, werdet ihr automatisch in die Verbindung mit der Großmutter gehen.

Wenn euer Großvater ein Lieblingstier hatte, einen Kanarienvogel, einen Hund oder eine Katze, so wird immer, wenn ihr ein Tier seht, das dem eures Großvaters auch nur im Entferntesten ähnelt, wann immer ihr es seht, werdet ihr also in die Verbindung zu eurem Großvater gehen.

Ist das für euch soweit klar?

Wichtig ist, dass ihr verstehen müsst, diese Dinge funktionieren auch, wenn sie nicht an eure aktive Erinnerung gekoppelt sind.

So gibt es also Vorgehensweisen, die geschaffen werden durch Prägungen in frühester oder auch späterer Zeit.

Wann immer euch jemand zum Beispiel im Kindesalter gesagt hat, wenn ihr dieses oder jenes tut, das ist besonders gut für euch, oder etwas ist besonders schädlich für euch, so wird immer, wenn ihr euch an diese Regel haltet, die Verbindung zu dem damaligen Auftraggeber aktiv.

Wenn ihr also zum Beispiel als Kind gerne während der Mittagspause mit einem Ball in eurem Garten gespielt habt und sich ein Nachbar dadurch gestört fühlte und euch angeschrien hat, oder auf andere Art und Weise auf euch eingewirkt hat mit der Begründung: Jetzt ist Mittagsruhe, hier wird kein Lärm gemacht, das tut man nicht!, dann wirkt diese Energie so lange nach, wie ihr genau in dieser Mittagszeit euch nicht traut, mit einem Ball im Garten zu spielen.

Es ist vollkommen unabhängig, ob ihr noch in dem Haus wohnt oder anderswo.

Wann immer ihr euch an diese Regel erinnert, wird automatisch die Energie des damaligen Absenders bei euch aktiviert.

Wenn ihr mit dem Auto fahrt, ist also ein Leben lang zum Beispiel derjenige euer Begleiter, der euch irgendwann das Autofahren beigebracht hat, der große Bruder, der Vater oder der Fahrlehrer.

All das, was ihr in eurer Umwelt, in eurem Umfeld, in eurem Leben umsetzt,
ist immer gekoppelt an die Energie, die euch zu diesem Verhalten gebracht hat.

So wie ihr von einem Laib Brot mit einem Messer die Scheibe Brot abschneidet, ist die Verbindung da zu demjenigen, der euch das beigebracht hat.
So wie ihr mit einem Hammer einen Nagel in die Wand schlagt, ist die Verbindung da zu dem, der euch das gezeigt hat.
Das ist eine unglaubliche Wahrheit in diesem Universum, über die ihr euch einfach im Klaren sein müsst, denn nur wenn ihr diese Gewichtigkeit und diese Klarheit, diese Einfachheit erkennt, seid ihr in der Lage, diese Cords, diese energetischen Verbindungen auch zu lösen, euch zu lösen von den Bindungen der Vergangenheit, von den Bindungen an eure Lehrer.

Und das, was im Kleinen richtig ist, ist selbstverständlich bei den großen und wichtigen Lehren in eurem Leben genauso richtig.

So, wie es euch jederzeit freisteht, den Lehrer des Umgangs mit Hammer und Zange zu wechseln,
so, wie es euch jederzeit freisteht, euren Fahrlehrer zu wechseln,
so, wie es euch jederzeit freisteht, während der Universitätsausbildung euren Lehrer zu wechseln,
so steht es euch auch frei, während eures spirituellen Weges die Lehrer zu wechseln.

Ja, es ist geradezu ein wichtiger Grundsatz, den ihr immer wieder beherzigen solltet:
Überprüft, ob das, was euer Lehrer euch vermittelt, noch immer für euch richtig ist.

Jeder einzelne Mensch ist der Chef in seinem Universum.
Jeder ist der kreative Gott im Zentrum seines Seins.
Jeder ist als göttlich abstammender Funke sein eigener kreativer Pol der Welt.
So ist er auch jederzeit für alles verantwortlich.

Das, was für einen einzelnen Menschen richtig ist, kann für hunderttausend andere falsch sein,
und genauso kann es umgekehrt für hunderttausende richtig sein und für einen einzelnen Menschen falsch,
denn jeder hat seinen eigenen Lebensweg, seine eigenen karmischen Verstrickungen, seine eigenen vorgeburtlichen Visionen und Absprachen,
und nur daran muss er sich halten, nur daran wird er gemessen,
und zwar auch wieder nur von sich selbst, von sonst niemandem.

Es sind nicht die Herren des Karma oder ein „strafender" Gott,
die überprüfen, ob jeder Mensch sich auf dem Weg seiner Entwicklung dorthin bewegt, wie er es ursprünglich geplant hat,
sondern es ist ausschließlich der Mensch beziehungsweise die Seele, der nicht inkarnierte Teil seiner Seele, die diese Überwachungsfunktion innehat, und sonst niemand.
Daher ist es also immer richtig, als Schüler und als Lehrer zu überprüfen, ist das, was ich heute sage, oder das, was ich heute höre, für mich noch richtig.

Jeder Mensch hat das Recht, seinen Weg in jeder Sekunde zu ändern.

610

Und gerade dafür ist es wichtig, dass ihr euch über die alten Verstrickungen immer wieder Gedanken macht.

Übernehmt nicht einfach bedenkenlos Taten, Handlungen und Worte, nur weil ihr sie seit zehn, zwanzig, dreißig oder vierzig Jahren immer wieder für richtig empfunden habt.

Sie können im einundvierzigsten Jahr falsch sein.

Rituale verändern sich, bewusste wie unbewusste, und sie haben ihre Energie.

Und wenn wir schon bei diesem Thema sind, so möchte ich euch auch noch einmal auf die Schaffung der Wesenheiten aus eurem Geist hinweisen.

Es sind diese Wesenheiten, die noch nicht in manifester Gestalt vielleicht in eurer unmittelbaren Nähe auftauchen, die aber trotzdem schon einen gewaltigen Einfluss auf euer Leben haben.

Es ist egal, ob es das Wesen des Stolzes, der Angst, des Neides oder was auch immer ist.

All diese Wesenheiten sind von euch geschaffen und verleiten euch immer wieder, in ihre Richtung zu denken,

denn so, wie ihr denkt, produziert ihr Energie und schiebt diese Energie auf diese Empfänger „Wesenheiten" zu.

Das gilt im Feststofflichen wie im Feinstofflichen.

So, wie ihr das jetzt verstanden habt auf der feinstofflichen Ebene, funktioniert es auch auf der feststofflichen Ebene.

Dies ist der Mechanismus zum Beispiel, der sich dahinter verbirgt, dass manche Menschen dazu neigen, ihren materiellen Wohlstand nach außen zu tragen.

Wann immer andere Menschen diesen Wohlstand bemerken und feststellen: „Der hat aber viel Geld", schieben sie diesem Menschen schon wieder die Energie zu „er hat viel Geld".

Genauso ist es in der anderen Richtung, wenn ihr in das Mitleid geht und irgendjemanden bedauert und sagt: „Oh, der arme Mensch, diese arme Seele, die tut mir aber leid".

Ihr schiebt ihr schon wieder diese niedrigschwingende Frequenz zu, und das Leid dieser Seele wird sich nur noch verstärken.

Ich denke, dass ihr über genau diesen Punkt eingehend meditieren und versuchen solltet, diese einfachen Regeln in eurem unmittelbaren Umfeld anzugehen.

Fangt an, in kleinen Schritten zu überprüfen, wo eure Rituale liegen.

Fangt an, in kleinen Schritten zu überprüfen, wo eure mitleidigen oder neidischen Gedanken liegen.

Geht hier in die Neutralität der Beobachtung und erkennt das Wechselspiel zwischen dem von euch kreierten Energiefeld, und dem, wohin ihr es sendet.

Erkennt, wer euch etwas sendet und wohin ihr sendet.

Erkennt den Absender der Energien, die euch belasten oder stärken.

Genauso erkennt ihr dann auch, wohin ihr stärkende oder belastende Energien sendet.

Wenn ihr Schwierigkeiten habt, in diesem Prozess der Beobachtung in die nötige Neutralität zu gehen, so empfehle ich euch, euch auf eine dunkelgrüne Unterlage zu setzen.

Am besten geht das natürlich in der warmen Jahreszeit in der freien Natur, zum Beispiel auf einer grünen Wiese, aber wenn ihr diese äußeren Voraussetzungen nicht antrefft, nehmt euch ein grünes Meditationskissen, eine grüne Decke oder ein grünes Tuch auf einen Stuhl.

Sorgt dafür, dass ihr mit dem dunklen Grün gut in Kontakt kommt und geht so in die Neutralität.

Zentriert euch in eurem Herzen und schaut von dort aus, in der nicht wertenden Richtung eurer Energieströme, wohin eure Gedanken gehen, woher sie kommen, wer sie euch sendet oder wer euch jetzt vielleicht versucht hat zu beeinflussen.

Ich sage es noch einmal in aller Deutlichkeit:
Jeder Gedanke, den ihr produziert, ist eine Energie, die in eurem Universum wirkt.
Sie wirkt, um manifeste Gegenstände herbeizubringen, und sie wirkt genauso auf den feinstofflichen Ebenen.
Sie wirkt beim Absenden eines zornigen Gedankens genauso wie beim Absenden eines liebevollen Gedankens.

So seid immer bestrebt, euren Geist zu trainieren
und zu leben die Lehre der bedingungslosen Liebe,
der Liebe, die nicht gekoppelt ist an ein „ja, aber nur wenn",
sondern einfach nur IST.
Diese Liebe ist einfach nur Licht.

Ich weiß, dass dieses eine der schwierigsten Übungen für euch Menschen ist, aber ich sichere euch den Beistand nicht nur von mir, sondern aller anderen Aufgestiegenen Meister aus der Weißen Bruderschaft und auch eurer Freunde aus den himmlischen Heerscharen zu für diese Übung,
denn sie ist von ungeheurer Wichtigkeit und Bedeutung für das Fortschreiten eures evolutionären Wegs zurück zum Zentrum des Lichts, an die Seite des Vaters, der alles geschaffen hat.

So grüße ich euch
und sende euch meine Liebe,
meine Kraft
und meinen grünen Mantel der Neutralität.

Euer Djwal Khul.

Rituale

(Djwal Khul)

Ich will versuchen, den Energiefluss, in dem wir gerade sind, zu nutzen,
um das Thema der Manifestation um einen weiteren Punkt zu konkretisieren,
der auch von ungeheurer Wichtigkeit ist.
Es geht um Rituale.

Was ist denn eigentlich ein Ritual?
Und was passiert hier?

Ihr Menschen seid ständig dabei, mit Ritualen zu arbeiten.
Es ist das Ritual des Aufstehens oder bei Kindern das Ritual des Zähneputzens,
es ist das Ritual: Wie fahre ich mit meinem Auto aus der Garage,
wie betrete ich mein Büro, wie begrüße ich meine Kollegen.
All das sind Rituale, also,
was sind denn Rituale?

Rituale sind fest eingefahrene Abfolgen von Handlungen,
oder aber auch bewusst kreierte, festgelegte Reihenfolgen von Handlungen.

Ich habe bewusst diesen Einstieg gewählt, um euch klarzumachen,
dass es natürlich auch die mit diesem Namen „Ritual" belegten Rituale gibt, die auf eurem spirituellen Weg ständig von großer Bedeutung sind.
Es sind aber auch die kleinen Alltäglichkeiten, die Rituale eures Lebens, die sich in der Manifestation eures Lebens, in der Manifestation eurer Energien innerhalb des Universums immer wieder bemerkbar machen.

614

Wir hatten gerade darüber gesprochen, wie wichtig es ist, seinen Geist zu trainieren, um die unbewussten Rituale zu unterlassen, wie:
„Oh, der hat aber viel Geld" oder „Oh, der ist aber arm dran",
all diese Dinge hatten wir ja gerade geklärt,
auch das sind Rituale.
Das sind Wirkungen, die auftauchen, wenn ein Mensch in seinen festgefahrenen Gedanken, Handlungen (gedanklich oder feststofflich) verbleibt.

Es werden also durch diese Abfolgen Energien in Bewegung gesetzt.
Macht euch diese Vorgehensweise klar und beobachtet also eure Rituale, eure täglich wiederkehrenden Handlungen.
Überprüft sie auf den richtigen Sinn, oder ob ihr noch den richtigen Sinn in diese Handlungen hineingegeben habt.
Als ganz normales Beispiel:
Ihr habt ein bestimmtes Ritual, Zähne zu putzen. Welchen Sinn habt ihr hineingegeben? Was ist der Grund, warum ihr diese Handlung vollführt?
Reinheit der Zähne, Pflege der Zähne, Pflege des Körpers, Pflege des Atems, Pflege der Gesundheit?
Gut.
Denn nur, wenn ihr diese Dinge auch bewusst hineingebt,
führen die Rituale zu dem Erfolg, den sie haben sollten.
Wenn ihr also euren Kindern beibringt, das Ritual des Zähneputzens zu erlernen, zu üben, einzustudieren, dann macht ihnen auch diesen Sinn klar, so dass bei den Kindern nicht nur hängen bleibt, es ist eine lästige Pflicht, ich kann hiermit jetzt noch Zeit schinden und brauche nicht ins Bett zu gehen usw., usw.
Kinder denken anders als Erwachsene.
So bringt auch den Kindern bei diesen Ritualen bei, das hineinzugeben, was richtig ist.

Was ist der Sinn des Rituals beim Überqueren der Straße, erst nach links, dann nach rechts und dann noch einmal nach links zu schauen? Es ist der bei euch herrschende Verkehr auf der rechten Seite.

Macht den Kindern im Laufe der Zeit klar, warum diese Abfolge so ist, denn nur wenn sie bewusst damit umgehen, denken sie möglicherweise daran, wenn sie in einem anderen Erdteil sind, wo der Straßenverkehr auf der anderen Straßenseite geführt wird, dieses Ritual umzukehren, weil es richtig ist.

Genauso gilt es für die spirituellen Rituale.

Übernehmt sie nicht einfach von irgendeinem Lehrer – wir hatten die Einflüsse der Lehrer ja bereits in dem vorigen Kapitel besprochen –, sondern überlegt für euch genau, welche Bedeutung ihr in welche Handlung gebt.

Seid euch darüber im Klaren, was passiert, wenn ihr eine Kerze anzündet.

Mit dem Anzünden der Kerze lade ich alle Engel oder nur meinen Schutzengel oder einen ganz bestimmten Engel ein. Das müsst ihr hineingeben, wenn ihr die Kerze anzündet.

Gebt hinein, welchen Sinn ihr in die Farbe geben wollt, für die ihr euch entschieden habt.

So müsst ihr das mit dem gesamten Ritual dieses spirituellen Vorgehens weiterbetreiben.

Warum setze ich mich in dieser bestimmten Körperhaltung an diesen bestimmten Platz?

Gebt das hinein, und so wird es automatisch in der Zukunft immer wieder der Fall sein, wenn ihr diese Handlung begeht.

Warum stellt ihr ein Glas Wasser zu eurer Meditation an euren Platz? Was ist der Sinn?

Gebt es hinein.

Welche Hilfsmittel holt ihr euch für eine bestimmte Meditation?

Einen Stein? Eine Feder? Eine Kette? Was auch immer…
Ein Farbtuch? Was immer euch gefällt,
gebt hinein, warum ihr das dazu tut und gewöhnt euch dann dieses Ritual an.
Macht es bewusst.
Und ihr werdet sehen, der Aufbau der Energien erfolgt immer schneller,
und es ist dieses Ritual, das euch in eurer Frequenz schneller beeinflusst.
Es ist dieses Ritual, das euch schneller in den Kontakt zu euren Meditationspartnern bringt,
egal, ob zu den Aufgestiegenen Meistern oder den Engeln,
denn alle Wesenheiten im Universum reagieren gleich.

Es ist so, dass nicht nur der feststoffliche Hund bereits anfängt zu wissen, jetzt gibt es was zu essen, wenn Herrchen die Dose und den Öffner in die Hand nimmt,
auch wir feinstofflichen Wesen wissen sehr genau, wo ihr seid, wenn ihr einen bestimmten Handlungsablauf vollführt.

Es sind die Rituale, die euch im Laufe der Zeit das Leben einfacher machen können,
weil ihr bestimmte Handlungsabfolgen dadurch automatisiert
und in bestimmte kleine Handlungen auf diese Art und Weise
auch ganze große Anordnungsstränge hineingeben könnt.

Wie der Aufbau eines Rituals im Einzelnen erfolgt, werden wir an einer anderen Stelle noch einmal besprechen, wenn wir uns zum Beispiel mit Schutzritualen oder auch mit dem Aufbau von Programmierungen beschäftigen.

Ich möchte euch jetzt nur schon einmal diese kleine Übung mitgeben:

Wann immer ihr etwas tut, was mit eurer Meditation zu tun hat, macht es bewusst!

Überlegt euch genau, warum ihr jetzt hier diese Kerze anzündet und nicht eine andere,

warum ihr diesen Stuhl nehmt und nicht einen anderen,

warum ihr diese Feder wählt und nicht eine andere,

warum euch dieser Stein jetzt richtig erscheint und nicht ein anderer.

So grüße ich euch

und wünsche euch nicht nur Erfolg, sondern auch Spaß bei dieser Arbeit,

denn auch Spaßhaben gehört in den Einbau eines Rituals.

Es steht in keiner heiligen Schrift geschrieben,

dass die Arbeit mit sich selbst, die Arbeit für das eigene Wachstum und die eigene Evolution keinen Spaß machen darf.

Gott zum Gruße.

21. NEUTRALITÄT

Mut – Hochmut – Demut
(Metatron)

Mut ist in verschiedenster Weise definiert.

Bunjee-Jumping oder ein Fallschirmsprung erfordert zum Beispiel Mut.

Von dieser Art Mut wollen wir aber jetzt nicht sprechen, sondern tatsächlich von dem Mut, etwas zu entscheiden, um deinem Leben eine neue Richtung zu geben.

Mut, mutig sein, heißt nichts anderes,

als das umzusetzen, was dir selbst guttut,

was sich für dich selbst als richtig oder falsch erweist

und die Richtung einzuschlagen, in der es sich so anfühlt,

als wär es genau die richtige Richtung für dich, sprich: „Es tut mir gut“,

es ist das, was mich wohlfühlen lässt.

Hast du geschafft, diesen Mut aufzubringen und gehst diesen neuen Weg,

hast du diese neue Richtung eingeschlagen,

kommt wahrscheinlich, vermutlich bei den meisten, als Erstes der Stolz,

der Stolz darauf, etwas geschafft zu haben, es geschafft zu haben.

Und das ist schon eine gefährliche Richtung.

Denn Stolz kippt sehr schnell in Hochmut.

Egal, worauf du so stolz bist,

auf eine Leistung, eine Handlung, einen Lebensweg, ein Ich-kann-Was,

die Nuance zum Hochmut ist nicht fern.

Wenn wir sagen, wir sind stolz auf euch, so ist das die reine Wortwahl dahingehend, dass es nicht wirklich besser auszudrücken ist in eurer Sprache.
Wenn wir es sagen: „Wir sind stolz auf euch!" ist keinerlei Wertung drin.
Es ist eine Art Anerkennung,
Anerkennen dessen, was ihr vermögt zu leisten, was ihr geleistet habt oder eben gerade leistet.

Natürlich habt ihr das Recht, stolz zu sein auf eure Handlungen.
Natürlich habt ihr das Recht, euch gut zu fühlen, wenn ihr eine Entscheidung getroffen habt, die euch so schwergefallen ist und so viel Mut erfordert hat,
doch passt auf euch auf, ihr Menschen, dass dieser Stolz sich nicht manifestiert,
denn sobald es in die Manifestation geht, ist es Hochmut.

Drückt es vielleicht so aus, statt dieses „Ich-bin-stolz", drückt es so aus: „Ich freue mich sehr, dass ich es geschafft habe."

Es hat eine komplett andere Schwingung und kann durchaus das ausdrücken, was ihr empfindet.

Ihr wisst, dass der Hochmut etwas ist, das sich schleichend an euch heranträgt beziehungsweise was ihr erzeugt in euch, so langsam und so versteckt, dass es ungemein schwer ist zu erkennen, wann ihr im Hochmut angelangt seid.

Wenn in eurem Empfinden steckt: „Ich bin besser. Ich bin größer. Ich bin weiter gegangen", dann passt auf.
Wenn ihr bemerkt, dass ihr andere anfangt maßzuregeln, ihnen ständig vermitteln zu wollen, was sie falsch machen, sie ständig korrigieren zu wollen, dann passt auf.
Es könnte Hochmut sein.

Wenn ihr nicht mehr bereit seid,
andere, die Dinge tun, die eurer Arbeit ähneln, zu achten, sondern sie
nur noch mit einem Lächeln betrachtet,
wenn ihr anfangt, nicht mehr genau hinzuschauen, was deren Herz
sagt, wie sie sich selbst als Licht ausdrücken, sondern ihr automatisch
davon ausgeht, dass ihr es besser macht,
dann seid ihr im Hochmut.

Wenn ihr mit zu viel Stolz erzählt, was ihr geleistet habt, was ihr zu
leisten vermögt,
dann seid ihr im Hochmut.

Und es ist oft nur eine klitzekleine Nuance weg von dem ganz norma-
len wertungsfreien Ich-bin-gut.
Denn es ist wichtig zu wissen, dass man gut ist in dem, was man tut.
Es ist wichtig zu wissen, ich kann es.
Es ist wichtig, sich selbst bewusst zu sein: Ich weiß es.
Doch diese kleine Klippe zum Hochmut,
diese kleine Kante zu überschreiten, um im Hochmut zu sein, dieser
Grat ist so schmal,
ihr müsst auf euch aufpassen und euch selbst betrachten,
das, was ihr denkt, tut und sprecht, reflektieren.
Beobachtet euch selbst.

Die Demut ist ein Geschenk Gottes.

Es ist das Neigen des Hauptes, die Anerkennung der Größe der Geis-
tigen Welt.
Es ist das Anerkennen eurer Führung.
Es ist das Anerkennen dessen, dass ihr eins seid in einem Team.
Es ist das Anerkennen dessen, dass ihr in Verbindung seid mit eurem
Team, mit den Engeln und Erzengeln, mit Gott selbst, mit der gesam-
ten Geistigen Welt,

und ihr so die Möglichkeit habt, reich belohnt zu sein mit Wissen über sämtliche Gesetze des Universellen, über sämtliche Gesetze und Prinzipien, die da herrschen im gesamten Sein.

Demut ist der Schlüssel zur Wahrheit.
Demut ist der Schlüssel zum Wissen.

Demut ist der Schlüssel dahingehend, dieses Wissen zu leben,
eure Frequenz halten zu können,
die Geschwindigkeit, die sich vermehrt, ertragen, aushalten zu können, sie leben zu können,
und das, was diese immer höher werdende Geschwindigkeit an neuem Wissen, neuen Erfahrungen euch bringt, auch umsetzen zu können.

Demut ist der Schlüssel, diesen Aufstieg gehen zu können,
in Dankbarkeit und dem Wissen um euer selbst, um eure Position in diesem gesamten Sein.

Demut ist das, was ihr gestatten sollt sich auszubreiten in eurer gesamten Feststofflichkeit, in jeder einzelnen eurer Zellen, so dass es euch auffüllt mit dem Wissen um eure Führung zu jeder Sekunde, zu jeder Zeit.

Mit Demut seid ihr weit entfernt vom Hochmut.

Und mit Demut gibt es das Wort Mut nicht mehr.

Denn Demut löst jegliches Bedürfnis nach Mutigsein auf,
denn durch Demut, indem ihr also im Vertrauen seid,
braucht ihr den Mut nicht mehr,
denn euer Leben lebt sich von alleine
durch die Führung, durch dieses Geführt-Sein.

Demut ist also eure Begleitung auf dem Weg zum Göttlichen,
durch den Weg eurer letzten Inkarnation
und gibt euch die Sicherheit, nie den Weg zu verlassen durch Arroganz und Hochmut.
Denn das ist es, was geschehen würde, solltet ihr im Hochmut landen,
ihr werdet zurückgeschleudert auf weit tiefere Ebenen
und habt den Weg neu zu beginnen, den ihr bereits hinter euch gebracht hattet.

In Demut ist es unmöglich, neues Karma zu produzieren.

In Demut gelingt es euch, altes Karma in Höchstgeschwindigkeit aufzulösen,
durch Dankbarkeit und Anerkennen dessen, was ist.

Lasst niemals, niemals, niemals die Demut von euch gehen.
Nehmt sie mit in den Schlaf und nehmt sie mit in den Tag.
Lasst sie euch begleiten, wo immer ihr steht und geht.

Und damit ist nicht gemeint, dass ihr ständig auf Knien und mit geneigtem Haupt vor uns steht. Nein.
Es bedeutet: Steht da in eurer Größe, in eurem Licht.
Lasst das ausstrahlen, was ihr seid.
Stellt euch hin auf eure zwei Beine und seid das, was ihr seid, nämlich Licht und Gottes Kinder.
Und wisset trotzdem um diese Verbindung, wisset um die Geistige Welt.
Wisset, dass ihr euch auf dem Weg befindet
und euch immer noch Unendlichkeit an Wissen zur Verfügung gestellt werden wird,
je weiter ihr diesen Weg geht.

Ich weiß, dass viele überlegen, warum manche „Heiler" solch enormes Wissen erlangt haben und trotzdem ganz offensichtlich Hochmut ihr Leben steuert.

Glaubt mir, auch das hat seine Hintergründe, macht seinen Sinn, denn diese Person hat zu lernen, hat zu begreifen. Und es ist nicht nötig, immer alles im Detail zu erklären, was der- oder diejenige nun zu begreifen hat.

Dort finden sich Klienten, Patienten, Freunde, ein Umfeld ein, das auch wiederum bestimmte Dinge zu lernen hat, und sei es nur, an der Hörigkeit gegenüber einem „Guru" zu arbeiten.

Lasst also geschehen, was geschehen mag, und schaut auf euch selbst.

Entscheidet euch für die Demut.

Und somit seid ihr frei von Konkurrenzdenken, von Verachtung, von Wertung.

Denn mit der Demut breitet sich die neutrale Liebe, die wertungsfreie, göttliche, himmlische, lichtvolle Liebe in euch aus,

und ihr steht in eurer Größe

und habt die Möglichkeit, all euer Wissen anzuwenden in eurem Leben, in eurer Arbeit, in eurer Inkarnation.

Das Interessante an diesen drei Themenbereichen ist,

dass das Wort MUT in eurem Sprachgebrauch in all diesen Worten enthalten ist.

Mut.
Hochmut.
Demut.

Wenn ihr es auf einer Skala betrachten würdet, wäre, wenn man Mut als Ausgangsposition nimmt, der Hochmut einen Schritt höher als der Mut. Und die Demut einen Schritt tiefer als der Mut.

Das wäre das menschliche Auge, das betrachtet.

Mut ist etwas, das ihr alle als absolut notwendig und erstrebenswert empfindet.

Doch schaut ihr euch die Ebene der Demut an, die ihr eine Stufe tiefer einordnet, so ist es in Wahrheit nicht die unterste Stufe, sondern es ist die Stufe der Neutralität.

Aus dieser Neutralität gibt es keine Stufe hinauf und hinab.
Es ist, was es ist.

In Wahrheit ist die Demut die Mitte.

Aus dieser Demut heraus kann ich einen Schritt herausgehen
und bin so auch heraus aus der Neutralität, aus meinem Vertrauen.

Wenn ich herausgeschritten bin aus der Neutralität, aus dem Vertrauen, aus der Demut,
dann erfordert es Mut, wieder hineinzugehen.

Habe ich den Mut aufgebracht,
kann es sein, dass ich über das Ziel hinausschieße
und nicht in der Demut lande, sondern eben im Hochmut.

So wäre unsere Skala:

Die Demut ist in der Mitte.
Ein Schritt nach unten wäre der Mut.
Und ein Schritt drüber der Hochmut.

Gott zum Gruße.

Fülle und Reichtum

(Erzengel Haniel)

Ich grüße euch, ihr Menschen,
ich grüße euch.

Ich bin Haniel, ein Engel der Fülle.
Und mit Fülle ist der Reichtum in eurem Leben gemeint, Reichtum in
eurem Sein.
Und was ist Reichtum anderes als das Licht selbst, als das Licht Gottes, als Gott selbst.

Fülle.
Damit ist alles gemeint, was euch bereichert.
Sogar Geld, denn Geld ist auch nichts anderes als eine Art der Ener-
gieform, eine bestimmte Frequenz, eine bestimmte Schwingung, die
euch zusteht, die in Resonanz mit euch geht.

Fülle ist Reichtum in jeglicher Hinsicht,
Reichtum in eurem Herzen, in eurer Seele, in eurem Sein,
Reichtum in jeder eurer Zellen.

Fülle ist angefüllt zu sein mit Frieden,
angefüllt zu sein mit Licht,
angefüllt zu sein mit Liebe.

Und so, wie sie aus der Mitte eures Herzens entspringt, diese Fülle,
so wird sie auffüllen jede eurer Zellen,
euer gesamtes Wesen, euer gesamtes Sein.

Und je mehr Fülle ihr in eurem Leben empfindet, je mehr Fülle ihr
zulasst,
je mehr Reichtum ihr integrieren könnt in euer menschliches Sein,

umso mehr werdet ihr in Kontakt treten mit eurem eigenen Höheren
Selbst, mit euch selbst,
umso mehr werdet ihr in Kontakt treten mit all den Engeln und Helfern
Gottes selbst,
umso mehr werdet ihr in Kontakt treten mit Gott, mit dem Licht und der
Liebe Gottes.

Ihr selbst habt die Wahl, es ist eure Wahl,
die Fülle des Reichtums in euer Leben zu integrieren,
die Fülle der Gnade,
die Fülle des Lichts.

Was ihr selbst dazu beitragen müsst ist:
Liebe zu leben, göttliche Liebe zu leben, aus eurem Herzen geboren.
Was ihr selbst dazu beitragen könnt, ist:
Vergeben, vergeben in dieser Liebe, vergeben mit dieser Liebe,
diese Liebe, die da nicht wertet und urteilt,
die einfach existieren lässt, was existiert,
die einfach geschehen lässt, was geschehen mag.

Lasst ab vom Werten und Verurteilen und lebt in dieser Liebe,
lebt in eurem Herzen, aus eurem Herzen,
lebt in der Liebe, aus eurem Herzen geboren,
so dass ihr immer und stetig in Kontakt steht mit der Göttlichkeit, mit
dem Vater.
Denn alles ist eins und alles ist aus dem Einen geboren,
und jeder von euch trägt Gott in sich und ist mit Gott,
und Gott ist mit ihm.

Die Fülle aber in eurem Leben kann sich nur einstellen,
wenn ihr in dem Bewusstsein dessen ICH BIN IN GOTT, und GOTT
IST IN MIR lebt.
Die Fülle in eurem Leben wird sich einstellen,

wenn ihr dieses göttliche Licht lebt, diese Liebe,

wenn ihr nicht mehr abweicht von diesem lichtvollen Weg,

wenn ihr ihn integriert in euer Leben.

Diese Fülle in eurem Leben wird sich einstellen, wenn ihr konsequent euren Weg geht

und ablasst von den menschlichen Wertungen und dem Verurteilen.

Jeder Mensch hat das Recht zu handeln, zu denken, zu tun, was er selbst wünscht.

Und wenn es nach eurem Maßstabe nicht liebevoll sein mag, was ein anderer tut, dann lasst es trotzdem geschehen. Es ist die Wahl des anderen.

Betrachtet es mit Liebe.

Auch wenn ihr ihn nach eurem Sprachgebrauch „Blödmann" nennen würdet,

auch wenn ihr der Meinung seid, es ist jemand, der demütigt, der misshandelt, der missbraucht, der manipuliert, der Machtgelüste hat und Macht ausübt,

selbst dann begegnet ihm in Liebe.

Und so wird die Fülle in euer Leben kommen,

denn Fülle und Reichtum können nur dort Platz finden, wo Liebe herrscht, göttliche Liebe.

Fülle und Reichtum können dort Platz finden, wo sich diese Liebe ausgebreitet hat in eurem gesamtes Leben.

Nicht nur ab und zu ein Blinkern, ein Aufblitzen der kleinen Flamme in eurem Herzen,

nicht nur ab und zu, wenn ihr euch entschließt, heute mal zu meditieren, diese Liebe zu empfinden, nein.

Ihr müsst sie leben. Ihr müsst sie integrieren.

Ihr müsst euer gesamtes Sein darauf abstellen.

Denn ihr seid Licht.

Das ist es, was ihr immer wieder vergesst.

Ihr seid Licht, ihr seid dieses Licht, und das ist es, was es zu leben gilt,
dieses Licht zu leben, diese Liebe, diesen Reichtum, diese Fülle,
denn alles ist miteinander verbunden,
und Reichtum und Fülle werden sich einstellen in eurem Herzen,
denn das ist das Erste, was geschehen wird.

Sich frei zu fühlen, sich glücklich zu fühlen, das ist Reichtum.
Sich frei zu fühlen, sich voller Liebe zu fühlen,
sich zu freuen an der eigenen Existenz, am eigenen Sein,
zu genießen die Verbindung zu Gott,
zu empfinden das liebevolle Licht zu jeder Sekunde,
das ist Reichtum, das ist Fülle.

So schreitet durch euer Leben
in dem Bewusstsein, dass ihr Licht seid,
in dem Bewusstsein, dass ihr diese göttliche Liebe seid,
in dem Bewusstsein, dass ihr selbst gewählt habt diesen Weg, um zu
lernen, um zu begreifen,
dann wird die Fülle euch erfüllen, im wahrsten Sinne des Wortes,
sie wird mit euch sein.

So segne ich euch,
segne ich euch von ganzem Herzen, aus tiefster Liebe,
und sende euch das Licht Gottes,
so dass eure Flamme in eurem Herzen auflodern kann
und ihr begreift, was ihr seid, wer ihr seid, wie ihr seid,
wohin ihr gehört, wohin ihr geht, woher ihr kommt,
dass ihr begreift, dass Gott mit euch ist und in euch,
und ihr mit Gott und in ihm.

Gott zum Gruße,
Gott zum Gruße.
Euer Haniel.

22. FARBEN

Bronze

(Lord Sananda)

Ich, Lord Sananda, möchte heute sprechen,
denn es steht an mir, dich zu schulen in der Farbe Bronze.

Bronze ist die Farbe der Wehmut,
die Farbe der Trauer,
die Farbe des Geistes.
Es ist ungewöhnlich, was ich sage, es ist ungewöhnlich, ich weiß das,
und doch ist es das, was ich dir heute vermitteln möchte.

Bronze ist in seiner Art die Farbe des Göttlichen auf Erden,
denn nichts ist irdischer als das Braun
und nichts ist göttlicher als der Diamant.
Und die Verbindung dieser beiden ergibt das Bronze.
Schau es dir an, das Bronze.
Es enthält das Braun so, dass jeder es als Braun erkennen kann,
und es enthält das Glitzernde, das Göttliche, das Licht in solchem Maße,
dass es das Braun durchbricht
und es erscheinen lässt als etwas Großartiges,
als etwas Besonderes, als etwas Wundervolles.

Dieses Bronze ist es, was du dir zu eigen machen musst, du als Mensch,
dieses Bronze ist es, was du leben musst.
In dieser Farbe ist alles enthalten, was es auf Erden zu leben gilt,
denn nichts bringt dir mehr Macht, mehr Kraft dort auf Erden,
als die Mischung des göttlichen Lichts
mit der Erde von Mutter Erde.

Nimm das Licht des Göttlichen
und mische es unter die Erde, die du vom Boden aufhebst,
es entsteht Bronze,
es entsteht göttliche, leuchtende Erde.

Es ist natürlich selbstverständlich immer und zu jeder Zeit
das Licht enthalten in dem und in allem,
doch wenn es um die Energien der Farben geht, musst du ihre Wirkungsweise kennen,
musst du begreifen ihr Ansinnen, das dir als Mensch zur Verfügung
steht,
das für dich geboren wurde, um dir zur Handlung als Stütze zu dienen.

Du weißt, dass du dir jede Farbe zu eigen machen kannst, indem du
sie dir in Gedanken zur Unterstützung herbeiholst, so funktioniert das
auch mit der Farbe Bronze.
Hole sie dir in Zeiten der Not und gehe weg von dem Gedanken an
das Braun.
Du kannst Bronze nicht mit Braun in Verbindung bringen,
denn nichts, was das Braun an Schwingung enthält, ist in Bronce noch
vorhanden.
Bronze ist hochfrequent,
denn diese Farbe beinhaltet das Zusammenfügen von Oben und Unten,
es beinhaltet das Göttliche und das Irdische,
beinhaltet die Mitte,
das, worauf ihr alle hinarbeitet,
das, was ihr so oft vergesst,
dass der Weg, den ihr zu gehen gedenkt, nur im Zusammenspiel mit
dem Oben und dem Unten funktioniert
und nicht nur das Oben euch Erlösung bringt.
Denn um dort auf Erden zu wirken, müsst ihr auch mit der Erde verbunden sein,

um dort zu wirken, um dort euren Weg zu gehen.
Um ihn zuallererst einmal zu finden, um ihn zu begreifen,
müsst ihr euch zuallererst mit Mutter Erde anfreunden
und sie zu eurem ständigen Begleiter werden lassen.
Ihr müsst also dem göttlichen Licht das Braun beimischen,
das Braun des Geerdet-Seins,
das Braun des Irdischen,
das Braun des Geliebt-Seins auf Erden,
Geliebt-Sein von Mutter Erde.
Denn unterschätzt nie, dass sie es ist, die euch lieben muss.
Mutter Erde ist es, die euch schätzen muss, die euch führen muss,
euch geleiten muss,
und sie tut es zu jeder Zeit, immer.
Doch auch sie ist verletzbar, auch sie ist angreifbar,
und ihr seid es, die ihr wählt, sie zu verletzen,
sie zu missachten, sie mit Füßen zu treten,
bis sie unwillig ist mit euch,
bis sie empfindet Unmut mit euch,
bis auch sie so etwas empfindet wie Wut.

Ihr braucht sie, und sie braucht euch,
so wie alles ein Zusammenspiel ist auf Erden,
so wie alles ein Zusammenspiel ist im Universum,
so braucht ihr Mutter Erde, und sie braucht euch.

Wenn ihr das Gleichgewicht gefunden habt,
wenn ihr den Weg, den euch vorbestimmten Weg,
wenn ihr den Weg ins Licht gegangen,
dann seid ihr über Bronze gegangen,
über dieses Gleichgewicht an Achtung für Mutter Erde
und an Achtung für Gottes Licht.

Ich, Sananda, sage euch:

Bleibt auf eurem Weg,
in Achtung Mutter Erde gegenüber,
in Achtung euch selbst gegenüber,
in Achtung jedem Lebewesen gegenüber,
in Achtung und Respekt gegenüber jedem Sein.
Lebt in Liebe,
und die Freiheit wird zu euch kommen,
lebt in Liebe
und Gott wird euch empfangen,
euch mit offenen Armen empfangen,
lebt in Liebe,
und lasst die Liebe euch durchdringen,
und all die Farben werden sich vereinen,
und ihr werdet aufsteigen ins Licht des Göttlichen,
ins Licht der Liebe.

So wie alle Wesen auf Erden den Weg über die Farbe Bronze gehen,
alle Wesen, egal, ob Stein, Baum oder Mensch,
so ist es dem Universum vorbestimmt, sich aufzulösen
und einzugehen in das Eine.

Schaut also und erkennt in jedem die Farbe,
schaut und erkennt in jedem die Farbe Gottes,
und indem ihr die Farbe wahrnehmt,
indem ihr schaut mit euren inneren Augen, eurem inneren Sein,
schaut mit eurem wahren Ich,
werdet ihr erkennen die Schwingung in ein jeder Farbe,
und niemand mehr muss euch geleiten,
niemand mehr muss euch lehren,
niemand mehr muss euch führen,
denn ihr allein werdet es sein, die am Wissen teilhaben werden,
ihr allein werdet es sein, die wissend sein werden.

Lasst also zu, dass Wissen sich mehr und mehr eurer bemächtigt,
lasst zu, dass ihr wissend werdet,
lasst es einfach zu.

Nehmt die Farbe Bronze und lasst sie euch erzählen von ihrem wahren Wissen.
Lasst zu, dass sie euch teilhaben lässt an ihrem Sein,
und es wird euch eine Ahnung kommen
von dem, was ich euch heute versuche zu vermitteln,
denn nicht nur leere Worte sind mein Reden,
es ist tiefes Wissen in dem, was ich euch sage,
und um es zu verstehen, müsst ihr euch öffnen,
öffnen für die Worte, die in euch zu dringen vermögen, sobald ihr es zulasst.
Lasst also fallen die Arroganz,
lasst fallen die Logik,
lasst fallen das Werten
und lasst zu,
dass ihr dazwischen steht, zwischen dem Oben und dem Unten,
und werdet so zum Mittelpunkt des Universums.
Denn der Mittelpunkt, ihr als Mittelpunkt
seid der Ausgangspunkt dessen, was den Aufstieg möglich macht,
ihr als Mittelpunkt, seid das Ziel und zugleich der Startpunkt,
Ihr seid zugleich das Ziel und der Moment, wo es losgeht.

Denn erst zu diesem Zeitpunkt beginnt das eigentliche Spiel,
erst zu diesem Zeitpunkt beginnt die wahre Reise,
die Reise zu Gott, die Reise zu dir selbst, die Reise ins Licht.

All das zuvor,
all das, was du Licht nanntest,
all das, was dir schon spirituell erschien,
war nichts im Vergleich zu dem jetzt beginnenden Weg,

all das zuvor war das Vorspiel,
denn jetzt erst, jetzt, mit dem Integrieren der Farbe Bronze,
jetzt erst geht es los.

Und glaube mir, jetzt wo es losgeht,
jetzt bist du in dir,
jetzt bist in deiner Energie, jetzt bist du DU,
und so ist es dir auch erst möglich zu gehen den wahren Weg.
Du stehst auf der Startrampe, nun, wo du in der Mitte bist,
du stehst am Beginn deiner Reise,
und nichts mehr kann dich erschüttern,
und das ist auch der Moment, wo du es tun wirst,
wo du den Aufstieg beginnen wirst.

Das ist es, was gemeint ist mit „Hier geht es los",
das ist es, was gemeint ist mit „Wenn es soweit ist, wirst du es in einem Leben tun",
denn hast du in deinem Leben diesen Punkt erreicht,
den Punkt, den du mit Bronze geschafft hast,
mit dem Entstehen lassen von Bronze in deinem Leben,
dann also,…
dann wirst du es tun in diesem einen Leben,
dann wirst du es vollbringen,
dann wirst du es beenden, dein irdisches Sein.

Lass dich also nicht schrecken von den Menschen um dich,
lass dich nicht schrecken von Meinungen und Wertungen,
lass dich nicht abhalten von deinem Weg,
denn du kennst ihn,
du allein,
und die Meinung der anderen kann nicht repräsentativ sein,
denn sie, die noch nicht die Bronce geschaut,
die noch nicht vollbracht den Weg bis zu diesem einen Punkt,

können nicht,
und das ist wichtig zu wissen,…
können nicht mitreden,
sie können es nicht.
Denn sie kennen den Punkt nicht,
den Punkt dieses Startplatzes.

Also lass dich nicht herausbringen, lass dich nicht abbringen,
denn dein Handeln ist nun mal anders als das der anderen Menschen,
dein Handeln ist nicht mehr vergleichbar mit dem der anderen Menschen,
denn hast du erreicht diesen Stand,
stehst du also am Beginn deiner letzten lichtvollen Reise,
dann bist du herausgetreten aus dem Menschsein,
und du wirst Taten vollbringen, die nicht mehr messbar sind,
die nach menschlichem Ermessen nicht mehr nachvollziehbar sind.

Lass also sein das Lauschen auf anderer Leute Gedanken,
auf anderer Leute Wahrnehmung, wenn du die Bronze geschaut.
Lass sein das Herbeiholen anderer Leute Wertung.
Sie können dich nicht mehr schulen in ihrer Art.
Suche dir als Lehrer die Gleichgesinnten,
suche dir als Lehrer die Hierarchien des Himmels,
suche dir als Lehrer deinen Seelenbruder,
doch niemals, hörst du,
niemals suche dir als Lehrer einen Menschen, der in seiner Frequenz
unter dir,
und das ist wichtig, höre zu, das ist sehr, sehr wichtig,
denn nichts verleitet mehr,
als denjenigen zu lauschen, die vormals deine Partner, deine Freunde, deine Familie, deine Kinder,
denn sie sind es, die du hinter dir gelassen,
sie sind es, die du hinter dir lassen musst.

Es tut weh, ja, es tut weh,
doch der Weg ins Licht ist der Weg ins Neutrale,
ins Wertungsfreie, ins Liebevolle,
doch ohne sich mehr anzuhaften,
ohne sich mehr zu binden, ohne sich mehr zu verbinden
mit den Meinungen des Menschlichen.

Der Punkt des erreichten Bronze-Standpunktes,
dieser Punkt, ist der Startschuss zur Freiheit,
und die Freiheit bedeutet nichts anderes, als ins Licht zu gehen,
aber auch verschmäht zu sein von manch menschlicher Seele,
die eben noch in ihrem menschlichen Denken gefangen.

Befreie dich davon,
befreie dich, befreie dich,
und so, indem du dich befreist,
wirst auch du das Bronze hinter dir lassen,
und hinfortschreiten,
hin zu Gott,
und du wirst leben auf Erden als das, was du bist,
du wirst leben auf Erden
im Licht des Göttlichen,
immer mehr, immer stärker,
immer klarer, immer reiner,
denn immer mehr wirst du erstrahlen in deiner Schönheit,
und diese Schönheit wird dich tragen,
tragen durch diese letzten Jahre auf Erden,
und du wirst wirken in deinem göttlichen Plan,
und dein Weg wird leuchten, bis du alle Farben vereint,
bis du alle vereint,
und am Ende wird stehen das reine Licht,
das alles und jeden beinhaltet,
alles und jede Farbe,

alles und jedes Sein,
und du wirst mit ihm sein.

Glaube mir,
das Bronze ist dein Ziel, um zum Ziel zu gelangen,
so wie du das Unten und das Oben vereinen wirst,
um zum Einen zu gehen.

Meine Lieben,
es ist so verwirrend,
es ist so unglaublich,
es ist so, wie nennt ihr es, absurd?
Aber das scheint euch nur so.
Es ist, wie es ist.
Das sind die Gesetze.
Das ist die Wahrheit.
Und das ist es, was niedergeschrieben wird.

Und bedenkt die Worte vom Beginn, die euch gegeben als Einführung:
Lest es immer und immer wieder,
und das Wissen wird mehr und mehr in euch dringen,
lest es immer und immer wieder,
und das, was euch absurd erschien, wird euch bekehren, wird euch leiten,
das, was euch vielleicht nicht klar war zu Beginn,
wird sich euch als Wahrheit zeigen,
und ihr werdet verstehen, nach und nach.
Und so wird es auch mit der Farbe Bronze sein,
so wird es auch sein mit allem,
so wird es mit all den Gesetzen sein, die da herrschen im All.

Fügt euch diesen Gesetzen, und sie können für euch sein,
fügt euch, und sie können für euch arbeiten,
fügt euch, und sie werden euch untertan sein.

So beende ich nun diese Sitzung,
beende ich nun meine Worte,
und, meine Lieben dort auf Erden,
ich bedanke mich für euer Zuhören, eurer Lauschen, euer Wahrnehmen,
denn ohne dieses werdet ihr nicht erkennen den Sinn hinter den Worten,
ohne dieses nicht begreifen, was dahinter steht.

Gott zum Gruße, ihr Lieben,
Gott zum Gruße.

Gold und Silber
(Thor)

Gott zum Gruße,
Gott zum Gruße

GOLD UND SILBER.

Gold und Silber sind zwei Farben, und vor allen Dingen zwei Metalle. Vorrangig ist im Zusammenhang mit diesem Buch wichtig, dass wir uns mit den Eigenschaften dieser beiden Metalle beschäftigen.

Ich möchte als Einstieg ein paar grundsätzliche Dinge vorweg klären.

Gold repräsentiert die Sonne, und damit die männliche Energie.
Silber repräsentiert den Mond, und damit die weibliche Energie.
Sonne – männlich – gebendes Prinzip.
Der Mond leuchtet auf der Erde nur, weil er das Licht der Sonne annimmt,
also nehmendes Prinzip – weibliches Prinzip.

Silber ist von seinem spezifischen Gewicht her leichter als Gold.
Silber ist weicher als Gold.
Und Silber ist auf der Erde auch, zumindest im Moment noch, mehr vorhanden als Gold.
Wenn ihr Menschen nicht aufpasst, wird sich das in einiger Zeit verändern, aber das ist im Moment unerheblich.
Das Silber wird von euch aufgebraucht, verbraucht für eure chemischen Prozesse.
Gold wird mehr recycelt, wie ihr inzwischen sagt.

Diese beiden Metalle dienen auch in eurer Umwelt als Farben. Innerhalb des normalen Farbspektrums des Regenbogens sind diese beiden Farben nicht vorhanden, wirken aber selbstverständlich auch dann, wenn ihr sie in eurer Umgebung benutzt.

Sie wirken als Metall und als Farbe, wenn ihr sie benutzt als Besteck, als Trinkgefäß, als Vase, als Wandbemalung, als Teil eines Mandalas oder eines Bildes.

Sie wirken immer und überall, wo sie in eurer feststofflichen und natürlich auch in eurer feinstofflichen Welt von euch als Menschen eingesetzt werden.

Und über den Einsatz dieser beiden Farben/Metalle möchte ich euch jetzt einiges lehren, vor allen Dingen das Gold.

Wenn ihr die Wirkungsweise von Gold verstanden habt, könnt ihr daraus automatisch Rückschlüsse auf den Umgang mit Silber ziehen.

Gold ist ein von seinem spezifischen Gewicht her sehr schweres Material.

Ihr wisst aus der Physik, aus den Lehren der Gravitation, dass der schwerere Körper den leichteren anzieht.

Also, wann immer ihr Gold in eurer Umgebung habt, als Farbe an der Wand oder als Körperschmuck auf eurem feststofflichen Körper, so fängt dieses schwere Material an zu arbeiten, Vibrationen auszustrahlen und aus der Materie Stoffe anzuziehen.

Gold wirkt also, um es also etwas plastischer zu sagen, wie ein Magnet.

Es sendet die Vibration in die Atmosphäre, und diese Vibration sagt: Hier ist etwas Schweres mit einer hohen Anziehungskraft.

Und jetzt kommt euer menschlicher Verstand, euer Wille, eure Kreativität, eure schöpferische Energie ins Spiel.

Das, was ihr in dieses Gold, was ihr bei euch tragt oder in eurer Umgebung habt, hineingegeben habt als Auftrag, das ist das, was dieses Gold aussendet.

Wenn ihr Gold tragt als Ausdruck von Macht, Reichtum, von Geld, dann wird dieses Gold diese Vibration in die Atmosphäre ausstrahlen und zu einer Resonanz führen.
Wenn ihr Macht ausstrahlt, wird dieses Gold auch Macht anziehen.
Wenn dieses Gold Macht anzieht, müsst ihr in der Lage sein, diese Macht zu handhaben, zu bewältigen, damit umzugehen, sie zu lenken, zu steuern.
Wenn dieses Gold aus eurer Sicht Reichtum, finanzielle Ausdrucksstärke beinhaltet, dann wird das Gold diese Vibration in die Atmosphäre senden und diese Energie zu euch heranziehen.
Es wird also auch für euch dann die Aufgabe darin bestehen, diese finanzielle Macht, Energie, Masse, richtig zu handhaben, damit richtig umzugehen.

Wir haben an anderer Stelle darauf hingewiesen, dass Geld auch nichts anderes ist als Energie.
Ihr holt euch also eine Energie in euer System, und diese Energie müsst ihr lernen zu beherrschen, zu lenken, zu gebrauchen, zum Wohle aller.

Wenn ihr mit Gold arbeitet, dann müsst ihr euch immer vergegenwärtigen, dass dieses Gold sehr, sehr schwer ist.

Es gibt unterschiedliche Meditationstechniken, in denen Gold, visualisiertes Gold, benutzt wird für das Einbringen von Symbolen in eurer Aura.
Dieses Gold wird benutzt als reinigende Energie zum Durchspülen eurer energetischen Systeme.
Das funktioniert hervorragend und einwandfrei.

Ihr müsst euch nur immer wieder daran erinnern, dass ihr dieses Gold dann auch neutralisieren müsst.

Wenn ihr euch Gold in euer System holt, müsst ihr damit umgehen können.

Ihr müsst verstehen, was in diesem Gold im Laufe von Jahrtausenden, im Laufe von vielen Generationen Menschenleben, eingelagert ist an Information.

Gold war für die Menschen immer schon Ausdruck von Macht, Reichtum, Wohlstand.

Könige, Kaiserreiche, Regierungsformen jeglicher Art haben Gold als Ausdruck ihrer Macht benutzt.

Goldene Zepter, goldene Teller oder sogar goldene Wasserhähne, goldene Autos,

alles Mögliche ist aus Gold hergestellt worden, um Macht, Einfluss, Wohlstand zu repräsentieren.

All diese, von euch Menschen ausgesandten Impulse sind gespeichert in dem Gold, denn viele Menschen sind auf diese ausgesandten Vibrationen eingestiegen und haben auf ihre Art dazu beigetragen, diese Ausdruckskraft des Goldes zu stärken.

Denkt einmal, wie es euch geht, wenn ihr einen Menschen seht, der euch auf der Straße, auf einer Party oder wo auch immer begegnet und mit Goldschmuck behangen ist.

Es drängt sich sofort in eurem Verstand auf: Der hat aber Geld. Der ist wohlhabend. Der kann sich dieses Gold leisten.

Und so bringt ihr mit der Kraft eurer Gedanken wieder die Information in das Gold: Reichtum, Macht, Einfluss.

Was ihr auch noch macht ist, dass ihr mit diesem Gedankengang dem Menschen, der das Gold trägt, diese Eigenschaft als Energie zuschiebt:

„Er ist reich. Er ist mächtig. Er ist einflussreich."

Diese Kräfte wirken über Zeit und Raum, zu jeder Zeit,
in jedem Goldmolekül, was auf Mutter Erde vorhanden ist.

Wenn ihr euch jetzt für euch Gold in eure Systeme holt, müsst ihr bedenken,
dass diese Informationen in dem edlen Metall bereits gespeichert sind.

Überlegt euch auch, welche Informationen ihr jetzt hineingebt, zum Beispiel wenn ihr einen goldenen Ring kauft, um ihn zu verschenken.
Welche Absicht von euch wird projiziert auf diesen Ring?
Wenn es ein Freundschafts-, Partnerschafts-, Ehering ist, was schwingt dann mit?
Du gehörst zu mir, für immer und ewig, für alle Zeit, symbolisiert durch den Kreis, durch den geschlossenen Ring?
Schwingt da mit: Du bist mir wertvoll?
Oder schwingt da mit: Ich will dich besitzen? Ich kann dich mir leisten?
Was soll der Ring aussagen?
Welche Bedeutung gebt ihr in den Ring?

Überlegt es euch wohl, wenn ihr Gold benutzt,
denn diese Information summiert sich zu den bereits gespeicherten Informationen in diesem Ring.

Bedenkt auch, dass ihr Schmuck an bestimmten Stellen auf eurem Körper tragt.
Ein bestimmtes Symbol auf eurer Brust vibriert sehr schnell in der Nähe des Herzchakras.
Eine Kette, kurz getragen, vibriert sehr schnell in die Energien des Chakras am Hals.
Was passiert, wenn ich ein Goldkettchen um den Bauch trage?
Dieses Gold vibriert in das dritte Chakra, das für den Informationsaustausch extrem wichtig ist.

Wo vibriert ein Goldkettchen am Fuß? Welche Energien werden hier beeinflusst?

Wenn ich einen goldenen Ring an einen Finger stecke,
welche Meridiane, die durch diesen Finger laufen, werden jetzt besonders beeinflusst?

Probiert es einmal aus, wie es sich für euch anfühlt, wenn ihr ein und denselben Ring an unterschiedlichen Fingern tragt.

Versucht einmal zu erspüren, was passiert, wenn ihr zum Beispiel einen goldenen Ring an einer Kette kurz oder länger um den Hals gebunden tragt.

Versucht einmal zu erspüren, wie dieses Gold sich in eurem System auswirkt, was es mit euch macht.

Und so, wie das Gold als Metall wirkt, wirkt es selbstverständlich auch als Farbe.

In bestimmten Regionen dieser Erde werden große, schwere, wichtige Bilder in einen goldenen Rahmen gehangen.

Was gebt ihr in dieses Gold hinein?

Soll es die Gewichtigkeit dokumentieren?

Soll es die Macht dieses Bildes unterstützen?

Soll es ausdrücken, wie wertvoll, teuer dieses Bild ist?

Oder nehmt ein anderes Beispiel: Ein Bild, das ihr euch aufhängt von einem geliebten Menschen oder ein Bild von einer Wesenheit aus der Geistigen Welt, ein Bild von einem Engel oder ein Bild von einem der Aufgestiegenen Meister.

Wenn ihr es aufhängt und es mit einem goldenen Rahmen umfasst, was ist der Auftrag in das Gold?

Die Kraft, die das Gold ausstrahlt, zu übertragen auf die Wirkung des Bildes?

Die abschirmende Energie, die reinigende Energie des Goldes um das

Bild herum zu halten, um die Kraft des Bildes dadurch zu schützen?
Oder geht es euch um andere Dinge?

Überlegt es euch sehr genau und sehr weise, welche Aufträge ihr gebt
in das Gold, denn es ist von ungeheurer Kraft, die da ausstrahlt von
diesem Metall.

Und jetzt, wo ihr wisst um die Eigenschaften des Goldes, fällt es euch
nicht schwer, die Eigenschaften des Silbers analog dazu zu verstehen.

Es ist weicher.
Es repräsentiert nicht unbedingt die Macht des Goldes, aber es ist
auch machtvoll,
denn es vibriert in euer Leben die machtvollen weiblichen Energien
hinein:
Intuition, Emotion, Anmut, Leichtigkeit.

Silber ist auch die Farbe der Musen, ist auch der Farbstrahl derjenigen,
die jegliche Form von Kreativität nicht nur bei, wie ihr manchmal glaubt,
arrivierten Künstlern, sondern bei jedem Menschen unterstützt.

Jeder Mensch hat seine Muse. Jeder Mensch hat Energien an seiner
Seite, die seine Kreativität fördern, und diese arbeiten immer mit dem
silbernen Strahl.

Versteht die Wichtigkeit dieser Worte im Umgang mit diesem machtvollen Stoff.
Metall ist ein Element, ist ein Stoff, ist etwas Festes, ist etwas sehr,
sehr Mächtiges.

Seid euch über die Kraft eurer Gedanken, über die Kraft eurer Visualisation,
über die Macht eures ICH BIN im Klaren

und betrachtet dementsprechend respektvoll die Kraft und die Macht der Metalle/Farben Gold und Silber.

Nutzt sie. Nutzt sie weise.
Und sie werden euch von großer Hilfe sein.
Nutzt ihr sie gedankenlos, habt ihr noch viele Aufgaben auf eurem Weg des Aufstiegs vor euch, habt ihr noch viele Aufgaben zu lösen.

Ich wünsche euch einen weisen, neutralen, liebevollen Blick auf das Metall Gold oder Silber
und verspreche euch, dass ihr lernt, es zu gebrauchen,
zum Besten aller Beteiligten in diesem Universum,
wenn ihr es betrachtet mit der Distanziertheit, der Neutralität eures Herzens.

Lasst euch nicht blenden von dem Funkeln.
Lasst euch nicht verleiten von der Macht,
sondern geht in die Neutralität.
Betrachtet dieses Gold und dieses Silber genauso wie ein schönes Stück Holz, wie eine schöne Seidenmalerei, oder was auch immer euer Herz erfreut.

Nehmt beim Betrachten dieser Stoffe die Macht des Reichtums,
das verblendende Argument des Wohlstands, des Geldes heraus
und lernt, diese tückischen Werkzeuge zu nutzen, so wie sie gedacht sind,
ohne Bewertung, ohne Verurteilung,
anerkennend ihrer großen Kräfte.
Nutzt sie weise.
Nutzt sie weise.

Ich segne euch.
Thor

23. NACHTRAG

Metatron

Macht klar euch, ihr Menschen, die ihr jetzt bis an diese Stelle gelesen habt,
dass es eine ständige Arbeit ist, all diese Dinge, die wir euch vermittelt haben, zu üben,
einfließen zu lassen in die Programme eurer feststofflichen Zellen.

Dieses Einfließen-Lassen ist das, was ihr als Leben bezeichnet.

Ihr müsst diese Erkenntnis leben.
Und es sind so viele alte Programme vorhanden,
dass ihr niemals in einem Leben alles aufarbeiten könnt.

So gesteht euch zu, sogenannte Fehlentscheidungen zu treffen,
gesteht euch zu, euch, wie ihr glaubt, zu irren,
gesteht euch zu, wie ihr glaubt, falsch zu reagieren.

Wir haben mehrfach versucht, euch begreiflich zu machen, dass es keine Fehler gibt,
dass alles immer seinen Zweck erfüllt,
und auch die sogenannten Fehler letztendlich bei den Seelen gegenüber, auf der anderen Seite des Gesprächsfadens, Entwicklungsprozesse ablaufen lassen,
die durch eure Aktionen oder Reaktionen gefördert, befördert oder zu Ende gebracht werden.

Also kommt herunter von dem Ast der Depression,
wenn euch die Vorhaben nicht gleich alle so gelingen,
kommt in die Lockerheit und versteht,
was immer wieder gemeint ist, wenn wir von dem „Spiel" reden, dem Spiel des Lebens.

Es ist ein spielerischer Umgang mit all dem Wissen,
ein spielerischer Umgang mit all dem Können,
ein spielerischer Umgang mit den Karten, dem Pendel, dem astrologischen Zirkel,
oder was immer ihr für euch entdeckt habt.

Nehmt es spielerisch, nehmt es leicht, nehmt es nicht so furchtbar ernst,
denn: Wenn ihr es als dogmatischen Ernst betrachtet,
verkrampft ihr wieder eure Wahrnehmungsfähigkeit und verliert den Spaß.

Bleibt immer auf der fröhlichen Seite des Lebens.
Nehmt es locker.
Und gesteht euch Fehler zu.

In diesem Sinne

grüße ich euch, ihr Lieben,
Ich bin mit euch.

Euer Metatron.

Jesus

Wir sind also nun am Ende des Buches angelangt,
und so möchte ich euch, sozusagen als Nachwort, noch etwas ans Herz legen.

Ich möchte noch einmal mit euch über das Wasser sprechen,
als Abschluss unserer Lehren, die in diesem Buch enthalten sind,
um euch die Arbeit mit euch selbst zu erleichtern.
Obwohl wir also am Ende des Buches angelangt sind,
ist doch gerade jetzt die richtige Zeit, um über diese Thematik zu sprechen.

Das Wasser ist das wichtigste Element im Lebenszyklus auf eurem Planeten,
denn es ist das Element, was alles miteinander verbindet.
Ihr wisst, dass Alles-was-ist beseelt ist.
Ihr wisst, dass Alles-was-ist entsteht aus dem Schoß von Mutter Erde,
gezeugt durch Vaters Atmosphäre, der das Licht repräsentiert.
Ohne die Kräfte und Energien aus dem Schoß der Erde,
der Krume des Bodens und allem, was daraus wächst,
das geküsst wird durch den Vater, die Atmosphäre, das Licht,
ist kein Wachsen möglich,
und selbst wenn diese beiden Dinge zusammenkommen,
wird das Wasser benötigt.
Es ist kein Leben auf dem Planeten ohne Wasser möglich,
und selbst die Steine werden durch das Wasser erweicht.
Es hat also alles nur seine zeitliche Begrenzung.

Seid euch über die Symbolik im Klaren, die dahintersteht.
Ihr wisst, dass das Wasser als Repräsentant der Emotionen gilt,
und nun versteht ihr auch, wie das zusammenhängt,
denn es ist kein Leben möglich, kein Wachstum möglich

ohne die Emotion der Liebe.

Die Liebe ist eine Emotion, eine emotionale Empfindung,

auch die bedingungslose Liebe ist eine Emotion,

auch wenn sie vielleicht nicht mehr emotional gesehen wird, emotional wahrgenommen wird,

aber zu lieben ist eine Emotion.

Es ist keine intellektuelle Leistung,

das ist nichts, was mit der Kraft der Gedanken zu tun hat.

Sondern die bedingungslose Liebe ist ein Ergebnis der im Gleichklang schwingenden Emotionen.

Das bedeutet, es gibt nichts, was deinen Emotionalkörper so schmerzhaft belasten könnte,

dass du aus der bedingungslosen Liebe kippst,

und es gibt nichts, was deinen Emotionalkörper aus Freude so belasten könnte,

dass du aus der bedingungslosen Liebe kippst.

Du bist neutral.

Du bist eingebunden in eine vollkommen ausgeglichene Schwingung im emotionalen Feld.

Nur dann ist es dir möglich, die bedingungslose Liebe zu leben.

So ist sie quasi auf einer nach oben und unten ausschlagenden Skala die Nulllinie.

So, wie du dir eine Sinuskurve vorstellen kannst,

bist du in dem Moment, wo die beiden Kurven die Nulllinie passieren, in der Neutralität,

nicht darüber und nicht darunter,

sondern genau in der Mitte,

in der Neutralität.

So ist also auch klar, wie diese Emotion in den Wachstumsprozess der Menschen gehört.

Das ist das, was das Wasser repräsentiert.

Bedingungslose Liebe ist das glatte, im Grunde genommen stehende Wasser, das sich nicht bewegt, aber: Was alles Wissen in sich hat!

Wasser ist der größte Wissensspeicher auf dem Planeten Erde.
Wasser übergibt Informationen, Wasser transportiert Informationen, Wasser speichert Informationen.
Wasser ist von einer ungeheuren Wichtigkeit für das Wissen auf diesem Planeten.
Über das Wasser kann ich Informationen an jede Pflanze, an jedes Tier, an jeden Menschen geben.

Ihr wisst das schon seit langer Zeit
und nutzt diese Transportkapazität des Wassers nicht nur für Schiffe und große Frachten,
sondern auch in einer unglaublichen Feinheit für die Übermittlung zum Beispiel in der Medizin.
Ihr benutzt das Wasser als Informationsträger, zum Beispiel bei der homöopathischen Therapieform.

Aber, und das ist, was jetzt eigentlich der Schlusspunkt dieses Buches ist:
Ihr habt so viel gelernt über die Universellen Gesetze,
ihr habt so viel gelernt über das Wirken von Farben, von Mineralien, von Kristallen, von Pflanzen, von Symbolen, und was macht ihr jetzt damit?
Das ist eigentlich der entscheidende Satz aus diesem Buch.

Mensch, was fängst du jetzt mit diesen Informationen an?
Mensch, Gott,
Gott in Tätigkeit,
das haben wir dich gelehrt,
das bist du jetzt.
Du bist jetzt das große ICH BIN.

Du bist der Mensch, der schöpferisch tätig ist.

Du bist der Mensch, der jetzt wissend ist.

Was machst du damit?

Wie gehst du mit diesem Wissen um?

Bist du bereit, jeden Tag in dich zu gehen, in dich zu lauschen, in dich zu hören,

und zu erforschen, ob das Wissen, das du dir intellektuell angeeignet hast,

auch in jeder Zelle deines Körpers angekommen ist?

Bist du bereit, dieses Wissen zu leben und umzusetzen?

Bist du bereit, jetzt in diesem Wissen in die verantwortungsvolle Art des Handelns zu gehen?

Was machst du jetzt zum Beispiel mit dem Wasser?

Bist du bereit zu erkennen,

dass das Wasser, da, wo du es als positiven Informationsträger für dich nutzt,

logischerweise auch dort als Informationsträger arbeitet, wo du nicht dran denkst?

Ist dir klar, dass jedes Glas Wasser, das du an deine Blumen oder Pflanzen im Garten schüttest,

von dir mit deinen Wünschen, mit deinen Energien aufgeladen werden kann wie mit einem Dünger?

Ist dir klar, dass du jedes Glas Wasser, das du einem Freund reichst, segnen und mit positiven Energien aufladen kannst?

Ist dir klar, dass jedes Glas Wasser, das du trübe aus irgendeinem Tümpel trinkst, wenn du schwer durstig bist, durch die Kraft deiner Hände, neutralisiert werden kann?

Ist dir klar, dass du jedes Tröpfchen Wasser von seinen Giften befreien kannst?

Bist du bereit, dieses nicht nur dann zu tun, wenn du dieses Wasser, diese Feuchtigkeit für dein unmittelbares Überleben benutzen möchtest, sondern selbstverständlich auch, wenn du dieses Wasser unter dir lässt?

Ist dir klar, dass mit dem Ausscheiden der Flüssigkeit aus deinem Organismus Informationen in den Wasserkreislauf gelangen, die langwellige Frequenzen sind, ich sag jetzt mal extra „giftig"?

Ist dir klar, dass du immer wieder Schadstoffe produzierst, die den Organismus von Mutter Erde belasten?

Und bist du nun endlich bereit, diese Belastungen zu neutralisieren?
Bist du bereit, in die Verantwortung zu gehen für die Energien, die du hinter dir lässt?
Bist du bereit, die Energien, die du hinter dir lässt, sorgsam zu beachten?
Bist du bereit, diese Energien jetzt endlich zu neutralisieren?
Bist du bereit, dieses Wissen um die Farben, das Aufspalten von Frequenzen durch Farben zu benutzen?

Das sind viele Fragen, die ich da jetzt an dich gestellt habe, Mensch,
aber sie sind mir wichtig,
denn das ist es, worum es geht:
Du bist verantwortlich für das, was du tust!

Wir alle aus dieser Hierarchie haben uns bemüht,
Informationen an euch weiterzugeben,
die praktikabel sind,
die ihr umsetzen könnt,
die ihr verstehen könnt,
die euch jetzt weiterhelfen,
aber jetzt, an diesem Punkt, wo das Buch sich dem Ende neigt,
entlassen wir dich in deine Verantwortung und fragen dich:
Bist du bereit dazu?
Diese Entscheidung kannst nur du treffen.

Du Mensch, der du dieses Buch gelesen hast,
du Mensch, der du mein Freund bist,
du Mensch, der du mein Kind bist,
du Mensch, der du mein Bruder bist,
sei dir im Klaren,
du bist gleichwertig mit allen Wesenheiten, die in diesem Buch zu dir
gesprochen haben,
du bist gleichwertig mit allen Engeln, mit allen Aufgestiegenen Meistern,
du bist sogar gleichwertig mit Gott,
denn du bist sein Kind,
und er hat uns beauftragt, mit dir Seite an Seite zu gehen.
Aber erweise dich würdig,
das heißt:
Nimm diese Verantwortung an.
Bekenne dich zu deiner Größe.
Gehe in die entscheidenden Schritte
und überlege,
und übe,
und lerne,
den Schaden zu begrenzen, den du durch dein Leben anrichtest.
Ich drücke es bewusst so aus,
denn alles, was ihr tut, hinterlässt irgendwo Spuren,
die Frage ist, welche Spuren.

So sage ich dir,
wenn du die Toilette benutzt,
wenn du Wasser benutzt, um deine flüssigen und feststofflichen Hin-
terlassenschaften zu entsorgen,
dann benutze genauso selbstverständlich dazu Ultraviolett.
Neutralisiere alle Elemente,
die gebunden sind an langwellige Gedanken, an langwellige Frequenzen,

und helle sie auf,
spalte sie ab.

Erkenne, dass die Macht deines Wortes, die Macht deiner Gedanken
in der Lage ist, diese Energien zu verwandeln,
aber: Sei bewusst!

Bitte Mutter Erde,
die von dir jetzt aufgespaltenen Elemente und Frequenzen
zu transportieren und zu transformieren, wo es möglich ist,
aber, wenn sie sie transportieren kann an den Platz, wo sie gebraucht
werden,
wird sie das tun,
auf dem Weg über das Wasser.

Viele von euch beten im Laufe des Tages oder auch am Abend.
Egal, ob als Gebet, als Meditation, als Mantra, oder wie auch immer,
sie setzen sich mit den Helfern der Geistigen Welt auseinander.
Warum benutzt ihr bei dieser Kommunikation nicht auch die Möglichkeit,
dem Wasser Aufträge zu erteilen, und zwar sinnvolle Aufträge?

Gewöhnt euch an, jedes Glas Wasser, das ihr trinkt, mit eurer Energie
aufzuladen,
gewöhnt euch an, euer Essen zu segnen
und seid euch dabei immer im Klaren,
die schnellsten Beeinflussungen dieser Frequenzen
funktionieren über die Wassermoleküle in den Speisen, in den Ge-
tränken.
Und genauso könnt ihr die Wassermoleküle, die euren Körper verlassen, beeinflussen,
in der Dusche, im Bad, beim Schwimmen im See und im Fluss,
oder wo immer ihr mit Wasser in Berührung kommt.

Seid euch darüber im Klaren, dass das Wasser das Element ist,
das das Leben ermöglicht,
das aber auch selbstverständlich Leben zerstören kann, wenn es belastet ist.
Giftiges Wasser zerstört.
Aber positiv aufgeladenes Wasser ist wie Dünger.

Wenn ihr das verstanden habt, wenn ihr das integriert,
in eurem Kreislauf des Lebens verstanden habt,
wie wichtig das Wasser ist,
dann habt ihr verstanden, wie wichtig die Emotion ist.

Wenn ihr die Wichtigkeit des Wassers verstanden und gelernt habt,
das Wasser zu benutzen und zu beeinflussen, wie es eurer Macht entspricht,
seid ihr in der Lage, Emotionen, eure Emotionen, zu benutzen, zu beeinflussen.

Viele von euch haben gelernt, die Emotionen anderer Menschen zu beeinflussen,
indem sie auf sie einwirken, um sie zu benutzen.
Aber:
Lerne, deine Emotionen zu benutzen!

Lerne, deine Emotionen zu beherrschen,
lerne, deine Emotionen zu erkennen und kennen.
Was sagt mir welches Gefühl?
Was sagt mir welche Emotion?
Dann bist du auf dem letzten Schritt zur Meisterschaft angelangt.

Das sage ich dir in aller Liebe,
denn ich bin für den Strahl der bedingungslosen Liebe auf die Erde gekommen,

ich bin für die Emotion auf der Erde gewandelt.

Ich bin der, den ihr nennt Jesus von Nazareth,
ich bin der, der der inkarnierte Teil des großen Lord Sananda ist,
ich bin der, der jetzt zu dir gesprochen hat
in dieser Einheit des kleinen Stückchens,
aus der großen Liebe des Universums,
aus der bedingungslosen Liebe,
die zusammenhält ganze Planetensysteme, ganze Milchstraßen und
ganze Galaxien,
von denen du noch nicht einmal im Ansatz erkennen kannst, wie groß
sie wirklich sind.
Aber ich bin der, der dich liebt,
dich, Mensch, in deiner Unvollkommenheit
und in den Wünschen und Ansätzen, vollkommen zu werden.

Ich bin der, der dich liebt,
bedingungslos,
immer,
jeden Tag, jede Stunde,
jede Sekunde deines Lebens.

Ich bin der, der dich liebt und immer an deiner Seite ist,
ich bin der, der dein Herz berührt in Freuden
und der dein Herz stärkt in leidvollen Momenten.
Ich bin die Emotion für dich.

Ich bin der, der dich trägt, wenn du am Ertrinken bist,
und ich bin der, der dich bremst, wenn die Höhenflüge der Emotionen
mit dir durchgehen.

Ich bin der, der dich gewähren lässt in dem Wissen,
dass du von den gleichen Eltern geboren wurdest,

von den gleichen Energien gezeugt wurdest,
und ich bin der, der immer weiß, dass er einfach nur „älter" ist.

Ich bin der, der ich bin,
denn ich bin der Sohn meines Vaters,
ich bin der Bruder von dir.

So gehe hin in Frieden,
in jeder Sekunde deines Lebens.
Sei friedvoll und ausgeglichen
in der bedingungslosen Liebe.

Shalom,
Friede sei mit dir,
Salam alaikum,
welche Sprache auch immer dir genehm ist,
es ist alles eine Sprache von Gott,
und alle haben ein Wort für Frieden.
Den wünsche ich dir,
denn Frieden ist das Ende eines jeden Kampfes der Emotionen.

Dort, wo keine Emotion mehr kämpfen muss,
dort ist der bedingungslose Frieden,
dort ist die bedingungslose Liebe.

Und nun …

Steh auf und lebe sie.

24. MEDITATIONEN

Meditation 1 – Erden und Zentrieren

(Metatron)

Gott zum Gruße, meine Lieben,
Gott zum Gruße.

Ich möchte euch heute, hier und jetzt, eine Anleitung an die Hand geben, die ihr, wenn ihr bereit seid,
als Grundstock all eurer Meditationen verwenden könnt,
und mit der ihr auch, wenn es euch geläufig geworden ist,
durchs Leben gehen könnt,
zentriert in eurem Herzen und verbunden mit Mutter Erde,
so, wie es angedacht war und ist, durch diese eure Inkarnation zu
wandeln,
im Ausgewogensein zwischen Oben und Unten,
und im Ausgewogensein von Rechts und Links, dem Yin und Yang,
dem Männlichen und Weiblichen.

Das soll euch stützen und euch geleiten,
und wenn ihr diese Übung beherrscht,
könnt ihr euch zu jeder Sekunde besinnen auf eure Herkunft, euer
Sein, euer Werden.
Und es wird euch möglich sein,
der Herrscher eures Universums zu sein, der Chef in eurem Haus,
ohne dass ein anderer vermag, euch zu schaden
oder in sonst einer Weise zu beeinträchtigen.

Beherzigt also meine Worte.
Sie sind für euch.

Setzt euch auf einen Stuhl, mit den Füßen am Boden,
und lasst so den Kontakt zu Mutter Erde durch die Berührung eurer

gesamten Fußsohlen entstehen.

Haltet diesen Kontakt aufrecht, also bleibt in der Berührung des Bodens mit euren Fußsohlen.

Wenn euch der Stuhl zu hoch erscheint, legt ein Kissen unter eure Füße, damit ihr gerade und aufrecht, und vor allem bequem sitzen könnt.

Ich bitte euch, diese Anleitung erst zu Ende zu lesen, dann vielleicht sogar ein zweites Mal,
bis ihr für euch klar seid, dass ihr verstanden habt,
und dann bitte ich euch, probiert es aus.
Lasst es einfach geschehen.
Und dann gebt ihr, durch die Kraft und die Macht, die euren Gedanken innewohnt,
den Auftrag zu all den Geschehnissen innerhalb dieser Meditation.

Für jene, die ungeübt sind in Meditation, empfehle ich,
euch für den Anfang eine kurze Zeitspanne auszusuchen, vielleicht zehn Minuten,
die ihr aber kontinuierlich jeden Tag einhalten könnt.
Sucht euch innerhalb dieses Tages eine Zeit aus,
die ihr für einen Zeitraum von drei oder vier Wochen jeden Tag einhalten könnt,
und überlegt euch wohl, welche Zeit ihr wählt,
so dass ihr nicht gestört werdet von euren Kindern, eurem Partner, dem Telefon oder sonst irgendeinem Ereignis.

Es ist wichtig, dass ihr diese Zeit in Ruhe verbringt und euch nichts und niemand ablenken kann.
Denn erst durch dauerhafte Übung erlangt ihr eine Art Selbstverständlichkeit in eurer Arbeit,
die das euch Umgebende ausblenden lässt
und ihr so nicht mehr „gefährdet" seid, mit den Gedanken abzuschweifen.

Ich bitte euch, euch auf die Meditation in ganz bestimmter Weise vorzubereiten.

Das soll euch unterstützen im Aufbau einer gewissen Grundenergie, die euch umschließt,

und den Raum, in dem ihr zu meditieren wünscht, auflädt wie ein Bassin.

Das hat für euch zur Folge, dass ihr immer und immer wieder in die gleiche Energie eintaucht,

sobald ihr all die Dinge, die ihr gewählt habt aufzubauen, aufgebaut habt,

sozusagen als Basis, als Voraussetzung für euer folgendes Arbeiten.

Ihr könnt die Meditation an einem euch beliebigen Platz vollziehen,

aber auch hier bitte ich euch für den Anfang, immer den gleichen Ort zu wählen,

sei es eine Ecke in eurem Schlafzimmer, sei es im Wald oder wo auch immer.

Ihr müsst euch wohlfühlen, geborgen

und das Gefühl haben, das ist der richtige Ort dafür.

Stellt eine weiße Kerze auf und stellt auch ein Glas mit Wasser daneben.

Sucht euch einen Stein aus, der euch besonders anspricht.

Es braucht kein Edelstein zu sein, einfach ein euch angenehmer Stein, der euch „anlacht".

Und da wir dafür sorgen wollen, dass auch die Naturwesenheiten präsent sind,

bitte ich euch zusätzlich, etwas aus der Natur dazuzustellen oder dafür bereitzuhalten,

sei es eine schöne Blume, eine Feder oder ein besonders schönes Stück Holz.

Auch hier wählt ihr nach eurem Empfinden.

All diese Dinge, die ich euch heute nenne,

sind gedacht für den Einstieg in eure Meditationen.

Wenn ihr so weit seid, sie zu beherrschen,

ist es nicht unbedingt mehr nötig, „Dinge" vorab zu arrangieren.

Wenn ihr diese Art der Zentrierung und Erdung beherrscht,

werdet ihr sie überall und zu jeder Zeit überprüfen beziehungsweise neu aufbauen können,

sogar im Supermarkt an der Kasse.

Doch zuvor macht es in angenehmer, ruhevoller Umgebung

und eignet euch den Aufbau Schritt für Schritt an.

Entscheidet euch für eine Musik, die euch angenehm erscheint,

eine Musik, die euch das Meditieren erleichtert.

Wählt die Musik bewusst,

und damit meine ich nicht das Entscheiden aus eurem logischen Denken heraus,

sondern ein Entscheiden aus „dem Bauch heraus".

Für den Anfang nehmt bitte zu jeder eurer Meditationen immer wieder die gleiche Musik.

Das erleichtert euch, ebenso wie die von euch aufgebauten Gegenstände,

den Einstieg in das Meditieren.

Wenn ihr eine Weile immer wieder und regelmäßig meditiert habt, werdet ihr merken,

dass allein schon durch das Aufstellen des Wasserglases,

das Anzünden der Kerze und das Auflegen eurer Musik

das Meditationsritual beginnt.

Bevor wir beginnen, nun noch eine kurze Erklärung,

wo und wie ihr am schnellsten und treffsichersten euer Fußchakra findet:

Ihr könnt den Punkt, wo sich das Fußchakra befindet, mit dem Finger ertasten, indem ihr in der Mitte eurer Fußsohlen euren Fuß mit sanftem Druck berührt.

Der Ort, wo sich euer Fußchakra befindet, reagiert ein bisschen empfindlich.

Doch wenn ihr alles einfach geschehen lasst innerhalb eurer Meditation, so wie ich es euch beschreibe, werdet ihr ihn von selbst gefunden haben,

denn die Macht eurer Gedanken leitet die Energien dorthin, wo sie fließen sollen.

Nun beginnen wir also:

Ihr sitzt so aufrecht wie möglich, aber vor allen Dingen bequem.
Achtet auf den Kontakt eurer Füße zum Boden.

Jetzt lasst aus der Mitte eures Fußes, das ist dort, wo das Fußchakra ist, Wurzeln in die Erde wachsen.
Macht das so, wie alles andere auch, durch euer Denken, euer Wollen, eure Vorstellungskraft.
Gebt den Auftrag, dass es so geschehen möge, und es wird sein.

Stellt euch vor, es wären die Wurzeln einer hundertjährigen Eiche.

Fangt mit dem linken Fuß an und verwurzelt ihn tief, tief, tief in die Erde.
Wenn die Wurzeln des linken Fußes tief in die Erde eingedrungen sind,
geht genauso mit dem rechten Fuß vor
und lasst auch hier aus dem Fuß heraus Wurzeln tief in die Erde wachsen.
Dringt richtig tief in die Kruste von Mutter Erde ein,
durch den Boden eures Zimmers, durch die Wohnung,
durch den Keller, durch das Fundament,

664

bis hinunter in die Erde.
Und wenn ihr dabei das Gefühl habt, dass eure Wurzeln mit dem
Grundwasser in Kontakt kommen, ist das vollständig in Ordnung.
Lasst es geschehen.

Jetzt, wenn ihr mit beiden Füßen fest verwurzelt seid,
zieht ihr, so als ob ein Baum Wasser aus der Erde ziehen würde,
durch den linken Fuß ein ganz dunkles, sattes Grün aus der Erde.
Lasst es aufsteigen durch die Wurzeln eures linken Fußes.
Lasst es aufsteigen durch den Fuß, durch den Unterschenkel, durch
den Oberschenkel.
Lasst es langsam aufsteigen, bis es durch den Oberschenkel euer
Becken erreicht.

Füllt dann mit diesem dunklen Grün euer Becken
und lasst es durch das rechte Bein wieder zurück in die Erde laufen,
durch den Oberschenkel, durch den Unterschenkel, durch den Fuß
und durch die Wurzeln wieder zurück in die Erde.

Lasst also dieses dunkle Grün zirkulieren.
Lasst es so fließen, dass es ein gleichmäßiger Fluss ist,
dass immer genauso viel Grün einfließt, wie auch ausfließt.
Lasst es zirkulieren.

Die Farbnuance, die ihr jetzt dabei wählt,
die euch also als Erstes in den Sinn kam,
ist vollständig in Ordnung.
Es ist eine Farbe, die in etwa dem eines ausgewachsenen Gummi-
baumblattes,
einem richtig satten, dunkelgrünen Rasen oder auch einem Tannen-
baum entspricht.
Das, was sich euch anbietet, wird richtig sein.

Lasst dieses dunkle Grün jetzt zirkulieren.
Konzentriert euch am Anfang dieser Übung nur darauf, dass das Grün zirkuliert.
Zieht es links hoch, schiebt es durch das Becken und rechts wieder zurück.

Wenn das Grün dann richtig gut fließt, beginnt ihr damit,
eure Beine und das Becken komplett damit aufzufüllen.
Geht auch hier der Reihe nach vor,
also zuerst den linken Fuß, dann den linken Unterschenkel,
den Oberschenkel, das gesamte Becken,
und dann das rechte Bein wieder abwärts,
bis ihr das gesamte Auffüllen eures Unterkörpers geschafft habt.

Ihr werdet jetzt vielleicht das Gefühl haben, ein bisschen schwerer zu werden
oder richtig gut und satt und schwer auf dem Stuhl zu sitzen.
Das ist gut so.

Unser Anliegen ist es,
eine optimale Verbindung zwischen Mutter Erde und Vater Atmosphäre, also:
Zwischen dem Planeten Erde
und den Energien aus der Geistigen Welt zu schaffen.
Und mit dem Grün haben wir begonnen,
den Kontakt zu Mutter Erde in optimaler Weise herzustellen.

Jetzt, nachdem das Grün satt und fett zirkuliert,
seid ihr hundertprozentig mit den Energien von Mutter Erde verbunden.

Um euch nun zu zentrieren,
in eurer Herzensmitte zu zentrieren,

also die Mitte, den Mittelpunkt eurer Ausgewogenheit zu finden
und in dieser Mitte auch ausgewogen zu stehen und zu sein,
müsst ihr als Erstes euer Herzchakra finden beziehungsweise euch
dessen bewusst sein.

Am Besten ist es natürlich, es zu „fühlen", es zu wissen, weil ihr fühlt.
Doch wenn euch das noch nicht gelingt, versucht es mit dieser kleinen
Anleitung:
Nehmt euren Zeigefinger
und berührt euch an der Brust,
etwa in der Mitte des unteren Drittels eures Brustbeins.
Ich werde eure Hand führen,
und wenn ihr nicht mit der Macht eurer Zweifel dagegenarbeitet,
werdet ihr auch auf Anhieb diese Stelle,
diesen Ort eures Herzchakras, finden können.

Seid euch darüber im Klaren, dass ihr,
wenn ihr diese Meditation im Anschluss (oder wann auch immer)
für euch aufbaut
und Schritt für Schritt vorgeht,
automatisch an diesen Punkt herangeführt werdet
und so im Laufe der Zeit, vielleicht aber auch auf Anhieb,
erspüren könnt, wie es sich anfühlt,
dieses, was wir Herzchakra nennen.

An dem Punkt also, den ihr nun gefunden habt,
bildet ihr mit der Kraft eures Geistes,
mit der Kraft eurer Visualisation
einen kleinen Lichtpunkt,
einen kleinen Lichtpunkt, so groß wie der Kopf einer Stecknadel.

Und wenn ihr diesen Punkt geschaffen habt,
dann versucht ihr, diesen Punkt zu vergrößern.

Entweder ihr vergrößert ihn durch euer Einatmen auf diesen Punkt hin,

ihr lenkt also die Energie dort auf diesen Punkt hin bei jedem Einatmen,

oder aber, wenn es euch leichter fällt:

Ihr blast diesen Lichtpunkt auf beim Ausatmen, so als ob ihr einen Luftballon aufblast.

Lasst diesen Lichtpunkt etwa so groß werden wie einen Tischtennisball.

Dann schiebt ihr diese kleine Lichtkugel
ganz langsam und vorsichtig
mit der Kraft eurer Gedanken
nach hinten auf die Wirbelsäule zu.
Schiebt ihn ganz vorsichtig und langsam immer weiter
in euren feststofflichen Körper hinein,
nach hinten, auf die Wirbelsäule zu.
Kurz vor der Wirbelsäule werdet ihr merken,
wie dieser tischtennisgroße Lichtball „einrastet",
etwa so, als ob ihr eine Glasmurmel über eine glatte Holzplatte schiebt,
und diese hat irgendwo eine kleine Delle, wo diese Glaskugel dann liegenbleibt.

Eure Kugel rastet ein, und wenn sie das getan hat,
dann habt ihr die Mitte eures Herzchakras gefunden.

Hier ist die Mitte all eurer Energien.
Hier ist das Zentrum eures Seins.
Hier ist der absolute Mittelpunkt eures feinstofflichen Körpers.
Hier ist euer Zentrum.

Wenn ihr also die Kugel jetzt in der Mitte eures Herzens platziert habt,
dann wollen wir nun diese Lichtkugel schützen durch ein heiliges Zeichen, das da heißt: „ICH BIN".

Dieses ICH BIN ist das Symbol des Einen,
das Symbol der absoluten Ausgewogenheit,
das Symbol des Schutzes und des Lichts in allem und jedem.
Es ist die Größe Gottes zugleich mit dem Wissen um das „Alles-ist-Eins".

Es ist der Kreis mit dem darin enthaltenen gleichschenkligen Kreuz.

Ihr kennt dieses Symbol aus tausenden von Anwendungen.
Wenn ihr offenen Auges durch die Welt geht, werdet ihr dieses Symbol immer wieder finden,
in allen Religionen, in ganz vielen Gebäuden,
immer wieder wird euch dieses Symbol begegnen,
der Kreis mit dem Kreuz.

Baut nun also dieses „ICH BIN" in eure Lichtkugel ein.

Zieht den Kreis im Uhrzeigersinn
und vollendet ihn so zu seiner vollen Rundung.
Wenn ihr euch vorstellt,
dass ihr mit eurem imaginären Finger von vorne auf euer Herzchakra zugeht,
dann wisst ihr, wie ihr vorzugehen habt.

In diesen Kreis zeichnet ihr nun das gleichschenklige Kreuz.
Alles mit der Kraft eurer Gedanken.

Wenn ihr jetzt dieses Zeichen „ICH BIN" erstellt habt,
kippt ihr es in die Waagerechte
und fertigt ein zweites „ICH BIN" noch einmal senkrecht an.

Alle Kreuzlinien treffen sich absolut hundertprozentig in der Mitte,
und so habt IHR
die absolute Zentrierung in eurem Herzen geschaffen.

Ihr seid hundertprozentig in der Mitte eures Herzens zentriert.

Wenn ihr das geschafft habt, ist es vollbracht.

Dies ist die Ausgangsbasis all eurer Meditationen,
egal, in welcher Form und auf welche Weise ihr auch sonst meditiert.

Das Zentriertsein im Herzen,
und zugleich verbunden zu sein mit Mutter Erde,
ist die Grundvoraussetzung allen Seins hier auf Erden.

Dies ist die Übung, die wir euch an die Hand geben,
die wir euch bitten zu üben, zu üben und zu üben,
denn Zentriertsein in eurem Herzen,
zusammen mit dem tatsächlichen Verbundensein mit Mutter Erde,
also dem „Geerdet-Sein",
ist das, was euch in Fleisch und Blut übergehen muss.
Das ist es, wie ihr durch die Welt gehen müsst.
Denn wenn ihr aus dieser Zentrierung herausschaut,
seid ihr neutral
und alle Wertung und Verurteilung ist von euch gewichen,
aller Neid, aller Hass, alle Wut ist von euch gegangen.

Doch hadert nicht mit euch, wenn es euch nicht gelingt, diese Erdung,
dieses Zentriert-Sein zu halten.

Es bedarf der Übung auch im Alltag.
Und wenn ihr fleißig damit arbeitet,
wird es euch mehr und mehr gelingen,
es im Alltag auch zu leben
und euch auf die Schnelle wieder aufzubauen, wenn ihr merkt,
dass ihr doch einmal herausgekippt seid aus eurer Neutralität.

Ich grüße euch, meine Lieben,
und hoffe, ihr bleibt fleißig in eurer Arbeit,
kontinuierlich auf eurem Weg
und geht mit Disziplin und aufmerksam
auf das zu, was ihr bereits seid,
nur noch nicht wirklich erahnen könnt,
nämlich LICHT.

IN LIEBE.

Euer Metatron.

Meditation 2 – Schutzmeditation
(Metatron)

Meine Lieben,

dies ist eine fortführende Meditation.

Wenn ihr also den Aufbau in der ersten Meditation beherrscht und euch zu eigen gemacht habt, könnt ihr fortfahren mit dieser Arbeit, die da aufbaut auf der ersten.

Wenn ihr also all das aufgebaut habt, was ich euch im vorigen Kapitel gelehrt habe, wenn ihr also geerdet seid im Grün und zentriert in eurem Herzen,
wenn also das „ICH BIN" in eurer Lichtkugel platziert ist und stabil steht,
könnt ihr diese Lichtkugel nach und nach, immer weiter, immer mehr, Stückchen für Stückchen wachsen lassen.
Ihr erinnert euch: Je nachdem, was euch mehr zusagt, lasst sie wachsen durch euer Einatmen oder aber durch euer Ausatmen.

Macht die Kugel so groß wie einen Tennisball.
Und wenn euch das gelungen ist, lasst sie langsam weiterwachsen bis zu der Größe eines Fußballes zum Beispiel.

Schaut, wie sich das für euch anfühlt.
Was empfindet ihr?
Fühlt ihr die Wärme in eurem Herzen?
Fühlt ihr das Licht, das euch durchströmt?

Es ist euer Licht.
Es ist euer Herzenslicht.
Das seid IHR.
Wenn euch das ein Leichtes ist, dann probiert, diese eure Lichtkugel

noch ein wenig mehr wachsen zu lassen.

Lasst sie so groß wachsen, dass sie euren gesamten Brustkorb aus-füllt,

bis zum Hals und nach unten bis zu eurem Bauchnabel, so dass euer gesamter Oberkörper in dieser Kugel Platz findet.

Wie fühlt es sich an?

Wie fühlt es sich an, wenn ihr diese Kugel so groß macht, dass sie über euren Kopf hinausgeht?

Geht vorsichtig vor.

Zwingt euch zu nichts.

Macht es langsam und eurer Geschwindigkeit gemäß.

Und wenn es euch heute zu viel ist, dann versucht es ein anderes Mal.

Hört auf euch.

Auch auf eure Ängste.

Hört auf euch.

Wenn ihr euch denn nun traut, wenn ihr es wagen wollt,

dann lasst die Kugel so groß werden, bis ihr komplett in dieser Kugel Platz findet, bis ihr komplett darin sitzen könnt, sie also bis zum Boden reicht und euch umschließt.

Aber vergesst nicht:

Immer, immer und immer ist das Zentrum dieser Kugel in eurem Herz-chakra.

Und wenn ihr diese Übung eine Weile gemacht habt (übertreibt es nicht für den Anfang), dann, und das dürft ihr niemals vergessen, müsst ihr das, was ihr aufgebaut habt, auch wieder abbauen.

Also bitte nicht zu schnell vorgehen.

Nehmt euch Zeit.

Und lasst eure Lichtkugel wieder schrumpfen, lasst sie kleiner werden, bis sie wieder die Größe eines Tischtennisballs erreicht hat.

Geht langsam dabei vor, denn es kann sein, dass es euch sonst schwindlig wird oder ihr durch mangelnde Übung eure Erdung verliert.

Macht es also langsam, das Kleiner-werden-Lassen der von euch aufgebauten Lichtkugel.

Und wenn ihr sicher seid, dass die Lichtkugel in der ungefähren Größe eines Tischtennisballs wieder beziehungsweise immer noch genau dort platziert ist, wo ihr sie haben möchtet, nämlich stabil und unverrückbar in der Mitte eures Herzchakras,
dann gebt ihr ihr den Auftrag, so bestehen zu bleiben.
Gebt den Auftrag an diese Lichtkugel und an euer Selbst, dass ihr zentriert bleiben möget, auch wenn ihr jetzt aus dieser Meditation heraustretet.

Gebt den Auftrag an eure Erdung, die da noch besteht, dass ihr geerdet bleiben möget, auch wenn ihr nun diese Meditation beenden werdet.

Und beendet die Meditation durch ein kräftiges Ausatmen und ein gleichzeitiges Verbeugen gen Mutter Erde, mit dem Haupte geneigt in Richtung Mutter Erde, so dass alle „überschüssige" Energie abfließen kann durch euer Kronenchakra, und zudem im Dank an all die Wesenheiten, die euch beschützt, begleitet und geführt haben in eurer Arbeit.

Solange diese Lichtkugel steht und von euch unverrückbar gehalten wird, in der festen Überzeugung:

„ICH BIN",
„ICH BIN GOTTES KIND",

„ICH BIN LICHT",

„ICH BIN GOTT IN TÄTIGKEIT",

solange steht ihr hundertprozentig in eurer Kraft,
seid ihr geschützt und geführt,
denn ihr erkennt an, dass ihr Licht seid,
dass ihr von Gott gekommen,
und so seid ihr gefeit vor jeglichen Angriffen,
denn es ist allgegenwärtig und zu jeder Zeit immer gültig:
Dort, wo mein Licht steht, kann kein anderer zum gleichen Zeitpunkt
sein.

So, wie das physikalische Gesetz es euch seit langem lehrt, so gilt
das auch hier:
Es können niemals zwei Energien zur gleichen Zeit am gleichen Ort
sein.
Dort, wo also eure Energie ist,
dort, wo ihr seid,
dort, wo euer Licht leuchtet,
kann nichts anderes eindringen,
kann nichts anderes passieren,
kann sich keine andere Energie ausbreiten.

Gott zum Gruße,
Gott zum Gruße, meine Lieben,
Ich erwarte euch.
Ihr braucht mich nur zu rufen.

Euer
euch liebender, begleitender und schützender
Metatron.

25. PROBIERE ES AUS

Der Tomatenversuch
(Metatron)

Eine wunderschöne Übung für alle großen und kleinen Kinder, für alle, die gerne einmal ausprobieren möchten, wie effizient ihre Energien arbeiten, wenn sie sich mit Pflanzen beschäftigen.

Jeder, der diesen Versuch machen möchte, benötigt dafür Platz auf seinem Balkon oder in seinem Garten, an dem er drei oder fünf Blumenkübel aufstellen kann.

Der Versuchsaufbau:

Ihr geht zu einem Gärtner und besorgt euch drei oder fünf Tomatenpflanzen aus der gleichen Zucht, also sucht sie aus dem gleichen Kasten aus, so dass ihr davon ausgehen könnt, dass sie bis zu diesem Zeitpunkt die gleichen Wachstumsbedingungen gehabt haben.

Besorgt euch die entsprechenden Blumenkübel, ausreichend Erde vom gleichen Hersteller oder aus der gleichen Quelle.
Sorgt also dafür, dass alle Tomatenpflanzen die gleichen Voraussetzungen bekommen.

Stellt dann die Kübel mit den eingepflanzten Tomatenpflanzen nebeneinander an den von euch ausgesuchten Platz und entscheidet euch jetzt für eine dieser Pflanzen, die ihr sozusagen zu eurer Lieblingspflanze macht.
Zu der ihr sagt: „Du bist meine Tomatenpflanze!"

Ab diesem Zeitpunkt widmet eure Aufmerksamkeit, aber nur eure Aufmerksamkeit, ganz besonders dieser einen Pflanze.

Lobt sie.

Sagt ihr: „Oh, bist du schön gewachsen. Was hast du für tolle Blätter. Ich habe dich lieb." Oder was auch immer.

Versorgt sie sonst aber genauso wie alle anderen Pflanzen auch.

Sie bekommt genauso viel Wasser oder genauso wenig Wasser.

Gießt sie also mit einem Messbecher, um sicher zu sein, dass alle Pflanzen immer genauso viel Wasser bekommen.

Ihr habt jetzt also einen Versuchsaufbau, in dem die Tomatenpflanzen die gleiche Erde haben, den gleichen Platz, also genauso viel Sonne oder Schatten haben, sie bekommen genauso viel Wasser, und ihr werdet sehen:

Eure Pflanze, die ihr mit besonders viel Liebe bedenkt, beachtet, lobt, verfolgt,

diese Pflanze wird sich auf eine ganz besondere Art und Weise entwickeln.

Eva-Maria Ammon
Metatron
Selbstermächtigung durch Selbsteinweihung in
Ancient-Master-Healing
272 Seiten, A 5, broschiert
ISBN 978-3-938489-63-5

Die Einweihung in deine Selbstermächtigung ist ein wundervolles Geschenk an dich, an die Erde und an die Menschheit. Erst die jetzige Zeit mit ihren erhöhten Energien macht dieses Wunder möglich, dass du wieder zu dem erwachen kannst, was du in Wahrheit bist – Licht! Diese deine Vollkommenheit wird dir überreicht durch Metatron, Miranlaya, Sananda, Lady Nada, Lady Gaia, Lady Kwan Yin und Saint Germain. Dieses Arbeitsbuch ist ein Buch zur Selbsteinweihung und ermöglicht dir, dich in Verbindung mit den Aufgestiegenen Meistern und Meisterinnen in die kraftvolle Energie der Quelle selbst einzuweihen.

Petra Aiana Freese
Lady Portia – Die Kräfte der neuen Weiblichkeit
144 Seiten, A 5, broschiert
ISBN 978-3-938489-53-6

Auf Grund ihrer tiefen Liebe zur vollkommenen Schöpfung und der Großen Göttin macht uns die Aufgestiegene Meisterin Lady Portia ein Konzept zum Geschenk, mit dem wir uns als vollständige und freudvolle Wesen der Großen Göttin kennen, verstehen und lieben lernen, indem wir die vier Aspekte in uns lieben: Die Priesterin, die Lehrerin, die Heilerin und die Kriegerin. Mit ihrer Hilfe gelingt es, uns als Frauen klar und neu zu definieren und somit auch das mannigfaltige Leid unserer Ahninnen und das von Gaia zu heilen. Und daher wünscht sie sich, dass auch Männer dieses Buch lesen und umsetzen, wenn sie bereit sind, sich auf ihre weibliche Seite einzulassen.

Jahn J Kassl
Die Jesus Biografie – Mein Leben auf Erden
168 Seiten, A 5, gebunden, mit Leseband
ISBN 978-3-938489-58-1

· Wie und wo verbrachte Jesus seine Kindheit?
· Warum wurde Johannes der Täufer wirklich getötet?
· Wer war Maria Magdalena?
· Wie verwandelte sich Wasser in Wein?
· Was sättigte die fünf Tausend?
· Wie verstehen wir SEINE Botschaften?
· Wodurch erklärt sich das „Phänomen" der Stigmata?
· Was ereignete sich in jener Nacht, als Jesus verhaftet wurde, tatsächlich?
· Was hat es mit dem „Tod am Kreuz" auf sich?
· War das Grab leer?
Diesen und vielen anderen Antworten werdet ihr in diesem Buch begegnen, - eine Begegnung, die euer Leben verändern kann, denn ihr begegnet SEINER Kraft und SEINER ewigen Liebe zu den Menschen.